中山大學饒宗頤研究院　主辦

U0743658

饒學

第十三輯

饒宗頤先生仙逝五周年紀念專號

曾憲通　主編

中西書局

本書係"古文字與中華文明傳承發展工程",國家社科基金重大項目"戰國文字詁林及數據庫建設"（17ZDA300）、"戰國文字研究大數據雲平臺建設"（21&ZD307）的階段性成果。

《華學》編輯委員會

（按姓名拼音爲序）

目　録

讀饒宗頤先生《甲骨文研究斷想》所獲

吳麗婉

饒宗頤先生博覽古今,學貫中西,在史學、文學、考古學、古文字學、經學、藝術學等多個學科領域造詣深厚,是當代享譽海内外的學術泰斗。在甲骨文研究方面,饒先生致力於著錄材料的整理與彙集,且在文字考釋理論及實踐、殷商史研究等方面多有創見,貢獻卓著,有"甲骨第五堂"之稱。饒先生在甲骨學上的成就,已有多位學者作了介紹和評述。[1]最近筆者拜讀了饒先生《甲骨文研究斷想》[2]一文,收穫頗豐,同時驚訝於先生的遠見卓識。文章篇幅雖不長,但可從中看出一代宗師所具備的大格局和高眼光。

《甲骨文研究斷想》是饒先生在于省吾先生誕辰一百周年之際,爲紀念于老在甲骨文研究方面的突出貢獻而作。饒先生在文中談及不少甲骨文研究的想法,既包括文字考釋方法,也涉及具體的研究内容。該文提綱挈領,對甲骨文研究具有重要作用,即使在今天,仍不失其價值。

饒先生在文中強調熟悉和掌握典籍對研究甲骨文的重要性,"用先秦典籍對照甲骨文來考索甲骨文字字義,是正確順暢通讀卜辭的必由之徑"[3]。這種方法,是饒先生從多年的治學實踐中總結出來的,也貫穿他整個治學過程。從饒先生所著《殷代貞卜人物通考》一書中,我們可以找到不少這種例子。比如,饒先生以《書·盤庚》"乃登進厥民"等古語訓釋卜辭"登人"的含義;[4]以《韓非子·說林》"雨十日,夜星",《說苑·指武》作"夜晴"爲證,把卜辭"大星"讀作"大晴";[5]借《淮南子·本經訓》"破紂牧野,殺之宣室",高誘注"宣室,殷宫名",訓釋卜辭祭祀場所"南宣"。[6]諸如此類,均是獨到的見解。饒先生之所以能熟練地利用古書注解來解釋甲骨文字字義,是因爲他對先秦典籍極其熟悉。這種方法是我們應借鑒的。

此外,饒先生還非常強調字義訓釋在甲骨文字考釋中的作用和地位:

> 在考釋字形的同時,必須強調的是要把甲骨文字字義的訓釋放在重要的位置。

在有的情况下字義比字形顯得更爲重要,因爲字義的訓釋有時會影響對字形的考釋。字形考釋只是第一步手段,最終解決字義纔是目的。時常會因過於强調字形的分析而忽視了字義的理解和卜辭的通讀。一定要在字形確定後,結合典籍中的訓詁材料和典籍經義對字形所記録的字義進行深入細緻的考求,這一點在甲骨文研究中極爲重要。[7]

古文字考釋要兼顧字形和文例,這是大家所熟知的;如此强調字義訓釋的作用,則鮮有人做到。

在具體的甲骨文字考釋中,饒先生提出了一些要注意的問題:

> 在甲骨文字考釋中,實踐證明必須密切注意三點:一是要多注意甲骨文這一文字系統本身的特點,即甲骨文字本身的一些特殊的書寫形式問題。有時斷代中的分組字形考察也會爲我們提供字形演變的綫索。一是要注意後世字形材料在甲骨文考釋上所起的作用。近些年來不斷出土的大量的秦漢篆隸資料中,保存了一些文字的早期形構,經常有一些可以上溯至甲骨文,讓我們用逆推的辦法找尋到甲骨文中的形態。一是要進行更爲細緻精密的文例比較。事實證明甲骨中一字異體的現象十分嚴重,有時一個字異體間的差異很大,這就非常需要從文例的比較和同文的比勘上發現問題。[8]

這三點,不僅僅是甲骨文字考釋所應密切注意的,實際上也指出了甲骨文的三個重要研究方嚮。最近二三十年,甲骨文許多重要的研究成果幾乎都囊括在這裏面。

饒先生强調的第一點是重視分組字形。分組分類是甲骨文研究的一個重要課題。隨着研究的不斷深入,學者們越發認識到不同組類的文字在形體結構、用字習慣上有很大差異。近年來,經過陳劍和王子楊兩位先生系統全面的闡發以及在文字考釋實踐中取得的豐碩成果,[9]甲骨文分組分類的考察方法,已經從在文字考釋中的運用,上升到了理論高度。這是甲骨學最近十多年在理論上的重大突破。饒先生在將近三十年前就指出要注重這方面的研究,實在令人折服。

在强調重視"分組"的同時,饒先生也指出了要避免的誤區:

> 目前我們已經從斷代分組中更深入地瞭解到了卜辭中以往不知道的一些内容,尤其是歷史演變中不同階段的變化,也包括字形在不同時期和組別中的差異和特點,這對於其他方面的研究都大有裨益。但是同時我們也要切忌不要陷於無休止的煩瑣的分組討論中,一味地進行類似筆迹比較的瑣碎考證。[10]

這段話,對於今天的甲骨文組類研究很有指導和啓發意義。現階段的分組分類工作愈發細緻,常常是一個類別下又細分出好些個小類。劃分組類的目的在於解决甲骨疑難問題,衡量劃分的標準在於是否具有實際意義、是否能解决問題,而不是劃分數量的多少。組類劃分并非越多越細就越好,過於繁瑣細碎的組類劃分,令人眼花繚亂,無法掌握劃分要領,對研究而言,其實助益不大。這是在劃分組類時應警惕和避免的,也就是饒先生所説的"不要陷於無休止的煩瑣的分組討論中"。

饒先生强調的第二點是注意後世出土材料對考釋甲骨文疑難字的作用。二十世紀九十年代以來,簡帛文獻大量出土,爲古文字研究帶來了新的契機。簡帛材料中保留了一些文字的古老寫法和用法,爲考釋甲骨文字的形、音、義提供了更豐富的材料。學者通過戰國文字尤其是楚文字來考釋甲骨文,取得了不少可信的研究成果,裘錫圭先生利用郭店簡將甲骨文"視""見"二字區分開,[11]是最典型的例子。利用戰國簡帛材料考釋甲骨文字,已成爲一種重要的新方法和新潮流,正如趙平安先生所説:"利用新出土的簡帛文字資料,特別是戰國簡帛資料來釋讀商周未釋古文字,無疑是未來古文字考釋的一個重要方嚮。"[12]越來越多的學者在這方面進行實踐并取得重要成果,最近已有碩士和博士論文專門對此進行了總結和梳理。[13]簡帛材料還在不斷公布,這種方法在以後的甲骨文字考釋中還會發揮更大的作用。

饒先生在1996年就指出"要注意後世字形材料在甲骨文考釋上所起的作用",當時許多重要的楚簡,如上博簡、清華簡、安大簡等尚未公布,大部分學者還没意識到簡帛材料對甲骨文考釋的重要性。在當時的歷史背景下,饒先生能提出這樣的觀點,實在是眼光超前,獨具慧眼。

饒先生强調的第三點是注重文例的比勘對照。甲骨文例大多簡短晦澀,因此更需要用不同卜辭互相比對,纔能更好地釋讀文字,理解辭意。早在1934年,郭沫若先生就説:"卜辭紀卜或紀卜之應,每一事數書,因之骨片各有損壞時而殘辭每互相補足。"[14]此後,"殘辭互足"的方法被廣泛應用在同文卜辭、成套卜辭的研究當中,目前學界對同文卜辭和成套卜辭的研究已經取得了比較成熟、系統的成果。

除了同文卜辭和成套卜辭以外,甲骨文中還有不少可以互相對讀的材料,對解答甲骨疑難問題有很大裨益。比如裘錫圭先生通過不同辭例的對照以及字形的分析,推論出"俪"就是"屍"、"又"就是"灸";[15]陳劍先生指出"（廌）"與"（亩）（芻）"是同一人名,均是"魷伯"的私名。[16]像這樣的一些疑難文字,如果不是通過辭例之間的對讀來卡定字詞的關係,是很難取得令人信服的結論的。

利用出土戰國材料考證甲骨文,是一種可取的方法,但我們也應看到,很多甲骨材料無法與後世出土文獻相聯繫,"外證法"也有局限。甲骨文疑難問題的解決無法脱離甲骨材料自身,如何充分發揮甲骨文内部材料在研究中的作用,這值得我們深入思考和探討。通過卜辭對讀的方式進一步挖掘甲骨文内部隱藏的信息,以彼此補足的方式解決文字和文例的釋讀問題,也是行之有效的方法。筆者於 2020 年申報并獲批準立項的國家社科基金青年項目"甲骨文對讀材料的收集、整理與研究",其目的在於搜集和整理除了同文卜辭和成套卜辭以外還可以互相對讀的材料,將之彙聚在一起,進行比照研究,以便更好地釋讀甲骨文字和辭例。非同文類的對讀材料,因不是同文的關係,難以發現彼此間的聯繫,因此較少有人涉及。若能細細爬梳,做到饒先生所言"更爲細緻精密的文例比較",這方面還有可做之處。

除了闡述甲骨文字考釋方法和研究方嚮以外,饒先生在文中還批評了文字考釋存在的弊端和錯誤傾嚮等,指出其他一些需更深入研究的工作,如占卜形式、對貞格式、鑽鑿形態、殷商禮制等,并且強調要注意方法的更新和角度的變換。如此種種,同樣發人深省。

《甲骨文研究斷想》是饒先生根據自己的治學經驗總結出來的,是甲骨學上的一篇重要文獻,具有方法論意義上的指導作用,文中的理論觀點對今後更好地開展甲骨文研究有很大啓迪。想要瞭解甲骨文研究狀況,不可不讀此文。饒先生耕耘的學科領域衆多,雖非專治甲骨,但在甲骨學上貢獻甚多,治學的廣度和深度,我等後輩仰之彌高。謹以此文表達對饒先生的景仰。

蒙陳偉武先生審閱指正初稿,謹此致謝!本文爲國家社科基金青年項目"甲骨文對讀材料的收集、整理與研究"(2020CYY040)、國家社科基金重大委托項目"清華大學藏甲骨的綜合整理與研究"(16@ ZH017A4)的階段性研究成果,"古文字與中華文明傳承發展工程"規劃項目。

注 釋

[1] 劉釗:《談饒宗頤教授在甲骨學研究上的貢獻》,《華學》第二輯,廣州:中山大學出版社,1996 年,第 5—10 頁。陳偉武:《選堂先生語言文字學成就述略》,《饒宗頤學術研究論文集》,香港:中華書局,2015 年;後收入氏著《愈愚齋磨牙二集》,上海:中西書局,2018 年,第 287—303 頁。胡孝忠:《饒宗頤早期甲骨學研究的淵源、方法與成就》,《華南師範大學學報(社會科學版)》,2018 年第 6 期,第 174—182 頁。陳民鎮:《甲骨之選堂:饒宗頤先生與甲骨學研究》,《饒宗頤國學院院刊》第七期,香港:中華書局,2020 年,第 1—38 頁。

[2] 饒宗頤:《甲骨文研究斷想——爲紀念于省吾先生百年誕辰而作》,首次發表於《史學集刊》1996 年第 3 期,第 11—13 頁;後改名《甲骨文斷想》收入氏著《饒宗頤二十世紀學術文集·卷二》,北京:中國人民大學出版社,2009 年,第 1158—1161 頁。該文由饒先生口述,劉釗先生整理。

［ 3 ］饒宗頤：《甲骨文研究斷想——爲紀念于省吾先生百年誕辰而作》，第 12 頁；《饒宗頤二十世紀學術文集·卷二》，第 1159 頁。

［ 4 ］饒宗頤：《殷代貞卜人物通考》，香港：香港大學出版社，1959 年，第 168 頁；《饒宗頤二十世紀學術文集·卷二》，第 126 頁。

［ 5 ］饒宗頤：《殷代貞卜人物通考》，第 83 頁；《饒宗頤二十世紀學術文集·卷二》，第 76 頁。

［ 6 ］饒宗頤：《殷上甲微作裼（儺）考》，《傳統文化與現代化》1993 年第 6 期，第 35 頁；《饒宗頤二十世紀學術文集·卷二》，第 1012 頁。

［ 7 ］饒宗頤：《甲骨文研究斷想——爲紀念于省吾先生百年誕辰而作》，第 12 頁；《饒宗頤二十世紀學術文集·卷二》，第 1160 頁。

［ 8 ］饒宗頤：《甲骨文研究斷想——爲紀念于省吾先生百年誕辰而作》，第 12 頁；《饒宗頤二十世紀學術文集·卷二》，第 1159 頁。

［ 9 ］陳劍：《殷墟卜辭的分期分類對甲骨文字考釋的重要性》，收入氏著《甲骨金文考釋論集》，北京：綫裝書局，2007 年，第 317—454 頁。王子楊：《甲骨文字形類組差异現象研究》，上海：中西書局，2013 年。

［10］饒宗頤：《甲骨文研究斷想——爲紀念于省吾先生百年誕辰而作》，第 12 頁；《饒宗頤二十世紀學術文集·卷二》，第 1159 頁。

［11］裘錫圭：《甲骨文中的見與視》，首次發表於臺灣師範大學、“中研院”史語所合編：《甲骨文發現一百周年學術研討會論文集》，臺北：文史哲出版社，1998 年，第 1—6 頁；後收入氏著《裘錫圭學術文集》（甲骨文卷），上海：復旦大學出版社，2012 年，第 444—448 頁。

［12］趙平安：《郭店楚簡與商周古文字考釋》，《古籍整理研究學刊》2003 年第 1 期，第 3 頁；後收入氏著《新出簡帛與古文字古文獻研究續集》，北京：商務印書館，2018 年，第 144 頁。

［13］孫超傑：《新出楚系簡帛資料對釋讀甲骨金文的重要性》，吉林大學碩士學位論文，指導教師：何景成，2017 年。李聰：《戰國簡帛資料與甲骨文字考釋》，清華大學博士學位論文，指導教師：趙平安，2021 年。

［14］郭沫若：《殘辭互足二例》，首次發表於《古代銘刻匯考》，東京：文求堂，1933 年；後收入《郭沫若全集·考古編》第一卷，北京：科學出版社，2002 年，第 373 頁。

［15］裘錫圭：《論“歷組卜辭”的時代》，首次發表於《古文字研究》第六輯，北京：中華書局，1981 年，第 281 頁；後收入氏著《裘錫圭學術文集·甲骨文卷》，第 109 頁。

［16］陳劍：《釋“出”》，《出土文獻與古文字研究》第三輯，上海：復旦大學出版社，2010 年，第 26—28 頁。

（作者單位：暨南大學文學院）

饒宗頤《選堂集林・敦煌學》讀後

榮新江

　　饒宗頤先生治學範圍極廣,敦煌學是他宏偉學術大廈中的一部分。據筆者所知,饒先生在某一方面的論文發表到一定數量的時候,就會結集出版,隨寫隨編,這可以説是饒公治學的一大法寶。除了每個專題的專著外,按類而言,有關史學的文章集爲《選堂集林・史林》三册(香港中華書局 1982 年版),有關文學的文章集爲《文轍》(臺灣學生書局 1991 年版),有關美術史的文章集爲《畫頻》(臺北時報出版社 1993 年版),唯獨敦煌學過去沒有集爲專書,雖然各篇文章大多散入其他文集或專著,但不易體現其敦煌學的研究成就,而且有些書,如《固庵文録》(臺北新文豐出版公司 1989 年版),印數有限,傳播不廣,其所收敦煌學文章,往往被學界忽略。2015 年 12 月,香港中華書局出版了《選堂集林・敦煌學》,首次將饒先生的敦煌學論文結集出版,填補了這一空白。本書共收録饒公有關敦煌學文章五十餘篇,按内容分爲六類,大體上是:(1) 敦煌文獻,(2) 敦煌語言文學,(3) 敦煌曲子詞,(4) 敦煌琵琶譜,(5) 敦煌書法與繪畫,(6) 饒先生和敦煌學。每類中的文章大體按時間排列,可以看出饒先生對敦煌學某個方面的貢獻與推進的年代。這種編排很有匠心,既能反映饒先生敦煌學研究的學術成就,又能從學術史的角度看這些研究的歷程與文章之間的相互關聯。

　　書前有敦煌研究院院長樊錦詩先生撰寫的《序言》,該文從治學具有極爲廣博宏通的視野,對每一個領域力求開拓創新,對每一項研究力求窮其源流,到敢於提出不同意見,堅持自己的學術觀點等幾個方面,高屋建瓴地提示了饒先生治學的方法和境界。筆者自二十世紀九十年代初以來,有機會多次赴香港,從饒公游學討教,也曾先後撰寫過《饒宗頤教授與敦煌學研究》[1]、《敦煌:饒宗頤先生學與藝的交匯點》[2] 兩篇文章,對饒先生敦煌學研究的成績有所闡述,這裏不必重複。

　　本書所收,有些篇章不常爲學界關注,筆者雖然都曾讀過,今日重新學習,又有所感,因就讀後心得,補述一二。

第（1）類敦煌文獻部分，有《寫經別錄引》一篇，是爲1987年香港中文大學文物館展覽圖錄《敦煌吐魯番文物》所寫，其中概述唐朝官府寫經制度，并勾稽文集、筆記中有關寫經的記録，論述北魏至趙宋時的寫經情形，是僅從敦煌寫經題記來談寫經問題者所不及的。饒先生學問廣博，見到一題，就有所發揮，如他給王堯、陳踐《吐蕃時期的占卜研究》作序，論及吐蕃鳥占淵源於漢地鳥情占；爲王素、李方《魏晉南北朝敦煌文獻編年》作序，演成一篇《敦煌出土鎮墓文所見解除慣語考釋》；爲趙和平《敦煌本〈甘棠集〉研究》作序，引入《通鑒》記劉鄴上疏爲李德裕昭雪之相關史事，以證此書論證劉鄴疏非僞作之功。此外如《敦煌本〈瑞應圖〉跋》《敦煌本〈立成孔子馬坐卜占法〉跋》《敦煌〈大學〉寫本跋》，均有發明。

第（2）類敦煌語言文學諸篇中，有《記唐寫本唵字贊》一文，持P.3986唐玄宗所題梵書詩，指出與陝西咸寧縣卧龍寺宋熙寧十年（1077年）石刻的不同，以及與河南登封縣元至大元年（1308年）石刻的相同現象。文章雖短，却是寫本與石刻對照研究的佳例。

第（3）類敦煌曲子詞是饒先生用力很多的領域，他曾在1971年編成《敦煌曲》一書，由戴密微（P. Demiéville，1894—1979）譯成法語，合漢法雙語在巴黎刊行[3]。以後又續加探討，特別是回應任半塘先生要破除“唐詞”的説法，爲“唐詞”辨正。這部分的文章，構成本書最厚重的部分，前面從《〈敦煌曲〉引論》，到《敦煌曲繫年》，録自《敦煌曲》一書，此後各文也基本收入作者《敦煌曲續論》（臺北新文豐出版公司1996年版）。這部分我首次讀到的是1980年8月寫於北海道大學的《敦煌資料與佛教文學小記》，該文文字不長，言韵文部分解釋佛教釋子爲何在敦煌寺院中喜抄曲子詞，散文部分提示《梁武帝東都發願文》爲北人抄寫的原因，以及唐人所寫僧人別傳，以及學僧讚文等的價值。佛教文學是敦煌學不容忽視的組成部分，對此饒先生早有論説。

第（4）類敦煌琵琶譜爲專門之學，筆者没資格討論。其中頗涉歸義軍史事，筆者認爲饒先生的意見是對的。

第（5）類敦煌書法與繪畫方面，對於敦煌寫卷中書法和白畫資料的發掘，饒先生絕對是着鞭在先。這裏收録的是原載於1959年香港大學《東方文化》雜志上的《敦煌寫卷之書法》和1978年原在巴黎所刊《敦煌白畫》[4]中的各篇，都是不太容易見到的，也是今日討論相關問題所不可缺的。今日重讀，仍有感觸，因爲本身具有書法和繪畫的造詣，饒先生纔能將敦煌寫本中的書畫資料，一把提煉出來。

第（6）類是饒公談自己和敦煌學的關係。在《我和敦煌學》一文中，饒公追憶了與敦煌資料接觸的機緣，按時間先後，把所涉及的多個敦煌學領域都説了一遍，對後學十分有益。饒先生説：“我喜歡運用貫通的文化史方法，利用它們（敦煌經卷文物）作爲輔助的史料，指出它在某一歷史問題上關鍵性的意義，這是我的着眼點與人不同的地方。”這樣的總結,對於理解饒先生的敦煌學十分重要。在 2006 年發表的《敦煌學應擴大研究範圍》一文中,饒先生提出:"1. 敦煌學要突破以研究隋唐爲主要的時代坐標的局限,所以我的關注點是：由秦代到魏晉南北朝都有仔細研討的必要。2. 敦煌學也要突破以經卷文獻和石窟圖像爲主要研究材料或物質對象的局限,所以我提倡研究簡牘和石刻史料等等。"這是饒先生對自己敦煌學研究特色的闡述,也是對今後敦煌學發展提出的希望,值得我們牢記在心。

本書編校品質頗佳,唯第 13 篇之標題中"吐魯番"當作"吐蕃",目錄與正文均誤,再版時一定要改正。

近三年前的 2018 年 2 月 6 日,饒宗頤先生離開我們,不過他給我們留下了豐富的學術遺産,包括他的敦煌學論著,是我們取之不盡、用之不竭的文化源泉。

2021 年 2 月 1 日完稿

注　釋

[1] 初稿載香港《信報財經月刊》1993 年 5 月號,修訂稿載《中國唐代學會會刊》1993 年第 4 期,第 37—48 頁。

[2] 原載中央文史研究館、敦煌研究院、香港大學饒宗頤學術館編:《慶賀饒宗頤先生九十五華誕敦煌學國際學術研討會論文集》,北京: 中華書局,2012 年,第 21—29 頁。

[3] *Airs de Touen-houang* (*Touen-houang k'iu*), *textes à chanter des VIIIe-Xe siècles.* Manuscrits reproduits en facsimile avec une Introduction en chinois par Jao Tsong-yi, adaptée en français avec la traduction de quelques textes d'Airs par Paul Demiéville, Paris 1971.

[4] *Peintures monochromes de Dunhuang. Manuscrits reproduits en facsimile, d'après les originaux inédits conserves à la Bibliothèque Nationale de Paris*, avec une introduction en chinois par Jao Tsong-yi, adaplée en français par Pierre Ryckmans, preface et appendice par Paul Demiéville, 3 v., Paris 1978.

(作者單位: 北京大學歷史學系暨中國古代史研究中心)

選堂教授與梨俱室藏書

林楓林

饒宗頤教授是國際漢學界公認的權威學者。學界稱他爲海内外著名的史學家、經學家、考古學家、古文字學家、文學家和書畫家,又是出色的翻譯家。而且,他還是一位名副其實的藏書家。儘管他珍藏的典籍數量,未能及他的先翁饒鍔先生天嘯樓十萬藏書,但在當代的大學問家中,像饒教授這樣擁有這麽多藏書的,可説是寥若晨星。

今年年初,香港一家出版機構派出一位記者訪問饒教授,該記者一進入饒教授的書房,就望"洋"興嘆:"這簡直是古今中外知識的海洋與寶庫,是人類文化史的精華集成!"他這樣描述:"作爲個人藏書,其涉獵面亦廣泛得驚人,從考古、文字、歷史、天文、地理、宗教,到文學、藝術、音樂、書畫……無所不包羅,其中某部分更是一般學者難求的珍貴學術資料與論著。"[1]

饒教授藏書室名爲梨俱室。"梨俱室"有兩層意義。第一層意義,梨俱源自印度語Rig-Veda之譯音,它是古印度婆羅門的經典吠陀(Veda,意譯爲知識、學問)中的一部。吠陀分四部:梨俱吠陀(Rig-Veda)、娑摩吠陀(Sama-Veda)、夜殊吠陀(Yajur-Veda)、阿闥婆吠陀(Atharva-Veda)。梨俱編定於公元前1500年前後,主要内容爲贊頌神明的詩歌,它是印度宗教哲學及文學的基礎。

饒教授爲何用梨俱名其藏書室呢? 我們有必要瞭解一下他的學術成就的發展歷程。這一歷程從時間上大致可以分成三個階段。第一階段是1962年之前,他的主要成就在於地方文獻的整理及古文字的研究。其學術活動的範圍以華南地區爲主。然而其治學風格已打破南學、北學的疆界,并不局促於南粤一地。1962年,饒教授獲法國法蘭西研究院(Institut de France)頒漢學儒蓮獎(Prix Stanislas Julien)。第二階段從1963年始,他應印度班達伽東方文化研究所(The Bhandarkar Oriental Institute in Poona India)之聘,從事中印關係史之研究,其間,他的足迹遍及印度南北,先後游歷斯里蘭卡、緬甸、泰國、柬埔寨各地。此後,他又在多個國家及地區的著名學府或學術研究機構從事學術研究或講學,包括法國國家科學研究中心(Centre National de la Recherche Scientifique France)(1965—1966)、新加坡大學中文系(1968—1973)、美國耶魯大學研究院(1970—1971)、臺灣"中研院"史語所(1972—1973)、香港中文大學中文系(1973—1978)。這個時候,饒教授還利用假期到歐洲各國考察,并研習西亞古文字。他從印度學、東方學入手,進行中外多種學術史的比較研究,他的興趣從中國古代的研究擴展到人類文化史的研究,追溯中國古代文明在世界文明史上的地位。此時,他的治學已進入融貫歐亞的階段。第三階段啓始於 1978 年,饒宗頤教授自香港中文大學退休之後,擔任多家學府或學術機構的榮譽職務,計有: 法國高等研究院(École pratique des hautes études)宗教部客座教授(1978—1979),日本京都大學人文科學研究所客座教授(1980 年),香港大學中文系、香港中文大學藝術系、香港中文大學中國文化研究所、澳門東亞大學等機構榮譽講座教授,全國古籍整理出版規劃領導小組顧問,復旦大學顧問教授。這個階段,他以香港作爲學術研究的主要基地,多次赴中國大陸(内地)和臺灣以及東南亞、西歐各國進行學術考察,參加各種學術活動,培養及訓練高級研究人員。他的研究工作則在前兩個階段的基礎上更進了一步,他擁有中國文化的深厚功底,又瞭解西方文化的發展路嚮,博古通今,中西融貫,進行了一些綜合性及開拓性的研究工作,他的不少著作都反映出那種跨越南學北學,跨越東海西海的治學氣概。

考察完饒教授學術發展的三個階段,人們無不贊賞他那種勇於進取的治學精神。法國的漢學儒蓮獎,各方認爲其榮譽比美於諾貝爾獎,以往得獎者多爲西方學者,他們大多窮其一生纔能取得這項殊榮,一些學者得獎后功成名就,就隱身而退了。而饒教授獲得儒蓮獎時,纔逾不惑之年。是何原因使他再轉入新的研究領域呢?

原來,他在 1959 年出版了《殷代人物通考》之後,就想學習一種外國古文字以瞭解另一古文明作比較,剛好,他港島住宅有一印度鄰居名白春暉(V.V.Pahanjepe)。此人爲印度駐港領事,一邊向唐蘭先生學文字學,一邊向拜饒教授爲師學《説文》;作爲交換,饒教授在教導這個學生的時候,跟他學了三年的梵語。在與白的接觸中,饒教授發覺,作爲婆羅門教徒的白對佛教抱輕視的態度。爲何玄奘歷經艱苦取回的佛經在印度却不受重視? 又爲何晚清的沈曾植等人又發奮研究譯典? 這確實是一個很有趣而又值得探討的問題。1963 年,饒教授應印度班達伽東方文化研究所之聘,前往蒲那(Pune)從事中印關係史的研究。在印度期間,九十多歲的名學者凱恩(Kane)對饒教授產生了很大的影響。凱恩著有《印度文化史》(*History of Dharmasastrar*),該書可説是印度人文科學的百科全書: 縱的方面尋根溯源,從吠陀開始,探討某種學術的源流演變;橫的方面則涵蓋了文化史的多個學科及多個層面。從饒教授的治學格局——跨越文史哲藝多個學科,研究問題時注重溯

"源",可見凱恩的影響之深。正是從在印度研究婆羅門經典開始,饒教授游學歐亞大陸數十年,努力去探討中華文明與世界文明的關係,弘揚中華文化,而他本人也因卓越的研究成果爲國際漢學界所推崇。綜上所述,我們就不難理解饒教授爲什麼用婆羅門的經典梨俱來命名其書室了。

第二層意義,梨俱爲英文 Recording Room(記録室)的諧音,這一意思不用贅述了。學習與研究貫穿了饒教授的一輩子,時至今日,七十三歲高齡的他,每天讀書不輟,即便是在旅途中,他都堅持讀書。他接受別人的贈書,而且一定會將該書瀏覽一遍,不管該書是否對他的研究有幫助,内容是否吸引人。他曾説過:"古人云讀萬卷書,這有何難哉。每日讀他二卷,堅持不懈,自有過萬。"從藏書室名的第二層意思,我們可以看出,饒教授不同於一般的藏書家,他們追求善本、罕本,而他的藏書着眼於學習和研究,兼收并蓄,多多益善。

對於自己的研究有幫助的書,他收藏得較多些,就是多花些錢也在所不惜。二十世紀五十年代初期,饒教授集中精力研究甲骨文,當時急需胡厚宣先生主編的《甲骨學商史論叢》一書,因此書印數較少,難以尋覓。朋友在上海的舊書攤找到了這本書,但奇貨可居,那個書攤主漫天要價,一本原來纔幾毛錢的書漲到一百多元,而當時一般人的每月收入也纔幾十元,這相當於一個人的半年薪水。没辦法,爲了學術研究的需要,饒教授只得咬牙置下這本比原價高出百餘倍的書。正因爲他的收藏是出於研究的需要,所以他的藏書有明顯的特點,這就是:他的研究成就較大的那一門類,其藏書也相對較豐,如敦煌學、甲骨學、詞學、史學、目録學、楚辭學、考古學、金石學以及書畫藝術等。

1900 年,封閉的莫高窟的萬餘卷經卷文書被發現,這批珍貴的中國古代文化典籍舉世矚目,引起了各國學者的研究興趣,從而出現了敦煌熱及"敦煌文化"的概念。敦煌文化的覆蓋面甚廣,除了中原漢文化外,還包括西域各民族文化和鄰國文化,也包括西方文化。近年來,敦煌學研究有了很大成就。而饒教授在國際敦煌學界處於備受尊敬的崇高地位。1980 年,日本敦煌學界出版了十多卷本的《敦煌講座》。按日本出版界的慣例,出書時會約請該學科的權威學者撰文推薦。《敦煌講座》的四位推薦人中,日本以外的學者有兩人,饒教授就是其中之一。而他對敦煌學的研究涉及文史、書信史、書史、經學史、音樂史、中外關係史等。而他關於敦煌研究方面的藏書就已有三百多種。當然,按學科分類來説,這還是饒教授藏書較少的一類,但敦煌學作爲一個學科來説仍很年輕,因而相關的研究資料仍不算多。根據不完全統計,1909—1989 年,有關敦煌吐魯番學的專輯及專著有四百多種,而較早的一部專著是王仁俊的《敦煌石室真迹録》(國粹堂印行)。饒教授這麼多的藏書,占目前坊間所見的敦煌研究專書的比例自然是相當可觀的了。

在這些藏書中,有一本是 1936 年 9 月由上海中華書局出版的《斯坦因西域考古記》,

該書也是較早論及敦煌的。英籍匈牙利裔考古學家斯坦因(Marc Aurel Stein, 1862—1943)是國際敦煌學研究的開山鼻祖,也是敦煌文物的最早研究者和公布者之一,從1900年開始,他四次前往中亞考察,前三次導致了中國敦煌文物的外流,第四次考察後,他著書記錄前三次中亞考察的經歷。斯坦因這本書完成於1932年,1933年出版之原書名爲《在中亞古道上——在亞洲腹地和中國西北部三次考察活動簡述》(*On Ancient Central-Asian Tracks: Brief Narrative of three expeditions in Innermost Asia and North-Western China*)。是書介紹了敦煌文化發現的過程,透露出斯坦因的考察重點是新疆和甘肅,他所發現的敦煌吐魯番文物及中亞文物是今天國際敦煌學研究的重要資料。斯坦因的敦煌經歷曝光之後,中國舉國上下一片嘩然。因而當斯坦因的這本書由英國的麥克米倫出版公司修訂出版後,向達先生立即將之翻譯成中文出版,即《斯坦因西域考古記》。這一中譯本,對中國學者瞭解斯坦因的考察和蒐集品,對推進中國的敦煌學研究起了重要作用。

　　饒教授的其他有關敦煌的藏書,涉及敦煌學研究的各個方面,如《敦煌莫高窟供養人題記》(敦煌研究院編,北京:文物出版社,1986年)、《中外著名敦煌學家評傳》(陸慶夫等,蘭州:甘肅教育出版社,1989年)、《敦煌遺書總目索引》(商務印書館編,北京:商務印書館,1962年)、《敦煌裝飾圖案》(劉慶孝等編繪,濟南:山東人民出版社,1982年)、《敦煌吐魯番文獻研究論集》(北京大學中國中古史研究中心編,北京:中華書局,1982年)、《吐蕃時期的占卜研究——敦煌藏文寫卷譯釋》(王堯、陳踐,香港:中文大學出版社,1987年)、《敦煌民俗學》(高國藩,上海:上海文藝出版社,1989年)、《敦煌的唐詩》(黃永武,臺北:洪範書店,1987年)、《敦煌俗文學研究》(林聰明,臺北:臺灣東吳大學,1984年)等。

　　除了上述信手拈來作爲介紹的各種專著外,饒教授也注意收集各種分散的研究論文,一些是抽印件,一些是論文集,如大陸和臺灣都舉辦過有關敦煌學的國際研討會,多次研討會論文結集出版後,饒教授都有收藏。1991年6月臺北"中國文化大學"出版的《第三屆敦煌學國際研討會論文集》,1990年遼寧美術出版社出版、段文傑主編的《敦煌石窟研究國際討論會文集》。其他刊物有甘肅人民出版社出版、敦煌文物研究所編的《敦煌研究》,蘭州大學歷史系印行的《敦煌學輯刊》,臺北新文豐出版、"中國文化大學"敦煌學研究會編的《敦煌學精刊》。1951年由北京文物參考資料編輯委員會編、中央人民政府文化部文物局出版的《文物參考資料》第2卷第4期《敦煌文物展覽特刊》也在收藏之列。

　　在這些敦煌學著作中,還有一些是研究生論文,如已出版的《敦煌曲研究》(林玫儀撰,臺灣大學中國文學研究所碩士論文,1974年);也有一些是油印本或是手抄本,包括一些外國人的敦煌研究專著,如日本學者川口久雄的《繪解世界——敦煌よりの影》,水原渭江的《敦煌舞籍の解讀研究》。

　　當然饒教授本人的著作也充實着藏書：1971 年他和戴密微（P. Demiéville,1894—1979）教授合作出版的中法文對照本《敦煌曲》，1978 年由他編撰的作爲法國遠東學院考古學專刊的《敦煌白畫》，1985 年臺灣新文豐出版公司出版的由他選編的《敦煌琵琶譜論文集》，1990 年新文豐出版公司出版的《敦煌琵琶譜》，以及他利用巴黎所藏敦煌經卷資料分類編輯成的《敦煌書法叢刊》，這套書既是書法史，又是敦煌學的珍貴研究文獻，分爲29 册，由日本二玄社印行，也自然成爲他的藏書的一部分。

　　從上述敦煌研究類藏書，我們可以看出饒教授藏書的又一個特點，這就是：某一類的藏書，不單有中國出版的，也有外國出版的；既有中文的，也有外文的。單這一點，就使訪問過饒教授的不少大陸的或臺灣的知名學者都自嘆不如。由於種種限制，學者們不可能收藏到那麼多的外文圖書，所以他們在饒教授的書房中算是大開了眼界。這一點，亦是饒教授引以爲豪的，他曾經説過：在香港做學問有一個好的條件，這就是"能提供最便捷的信息資源條件，各種最新的學術動態和最新研究成果均可第一時間得到"[2]。或者，這也是造就饒教授既是一位學問家又配稱得起藏書家的條件。

　　今年秋天，饒宗頤教授在香港大會堂舉行大型書畫展覽，香港十多家主要報紙及電視臺都花很大的篇幅作了報導，其轟動程度是前所未有的。這不僅是一位國學大師的書畫作品的影響，也是一位不折不扣的書畫藝術家的作品的感染力。他的書畫藝術造詣被其學術光芒蓋過而未像後者一樣爲世人所矚目。而任何觀賞過他的畫作的人都對他的藝術成就讚嘆不已。評論家認爲，"選堂先生的書畫，輕狂跌宕不可一世，溫文雅逸莫之與京"[3]，"選堂先生畫，乃學者畫，或學人畫，屬畫史中最爲稀罕珍貴的藝術。選堂先生畫氣格爲三雅，即文雅、清雅、高雅"[4]。饒教授自少年時即拜師學畫，數十年來，利用各種餘暇致力於書畫創作，他和當代的書畫大師張大千、劉海粟、吳冠中、啓功、關山月等人交情頗深，保持經常聯繫，探討切磋技藝。他認爲生活是最寶貴的創作來源，而不斷讀書及研究別人的作品亦很重要。在前一點上，他游歷世界，瞭解各地風俗文化，這是一般的書畫家都無法比肩的；後一點，我們從他的藏書中可見一斑。有關書畫藝術類的藏書，他收藏有一千五百種，古今中外，包羅萬象，其中有不少是著名書畫大師的作品選，這些大師大多來自中國和東南亞國家，還有繪畫習字的基本書籍、書畫家的評傳、對各流派的藝術理論的探討文集、書畫展覽會的畫册、寫生稿及攝影集等。饒教授還收藏了一些大型工具書，如辭典、百科全書等。

　　上面我們談到饒教授與一般藏書家的不同之處在於藏書的選擇。在藏品的保管方面，饒教授也和一般的藏書家不同。當然，爲了保護好藏書，他的書室請人製作了各種書櫥及書架，并有空調機及抽濕機。不同的是饒教授的藏書不像古董一樣被束之高閣，擺起來欣賞,而着重於應用,不刻意在保管上下功夫。他是一個真正把書讀爛讀化的人。一些書的書角起卷,書頁殘破,封面也脱落,書裏既有摺起的痕迹,也夾有一些寫有簡單字句的只有他本人纔懂的紙條,一些書更用圓珠筆批有注解,或是改正該書的錯謬,或是作一簡單補充,或改正錯別字,至於他本人的著作,任何一個錯別字都難躲過他的眼睛。由此可見他讀書的認真。

他的藏書中,有一本上海文藝聯合出版社出版的《敦煌曲校録》,該書出版日期爲1955年,全書204頁,12萬多字,校者爲任二北先生。據作者所述,他作此書是下過一番功夫的,他將分散於敦煌不同卷子裏的敦煌曲辭545首,進行分類整理校譯,參照羅振玉、王重民、鄭振鐸、唐圭璋、朱祖謀等名家的有關校譯,并參考了日本《大正新修大藏經》及北京圖書館鈔敦煌卷子等十多種校正文本。[5]他又認爲"集體校訂其法甚至善",因而,"就蓉地交游中,先後懇請王文才先生……商討指示"。[6]按理,這應是一本編撰較爲嚴謹的書了。但是,饒教授的這本藏書,大約有2/3的頁數上面有饒教授的批注,粗略統計,字數逾萬。有的書頁上,批注的字比原書的字數還要多。據饒教授相告,六十年代中期,他受聘於法國國家科學研究中心,從事敦煌文獻的研究。其間,他花了近一年的時間泡在圖書館裏,親手摩挲過數以千計的敦煌卷子,蒐集中、法、英、俄、日等國現存的敦煌卷宗中有關曲子詞及佛曲的資料,眼看手録,逐字逐句校對,修補了這本《敦煌曲校録》的錯漏。而他本人正是在上述科學研究的基礎上,和當代歐洲中國學大師、世界佛學權威、法國學術院院士戴密微教授合作,於1971年出版了《敦煌曲》一書,這一中法合璧本,在敦煌文獻學研究上有重要意義:在中國音樂史、音樂文學史方面,它追溯至梵唄、法樂的源頭,以及聲曲折、民謡的源頭,探討了這些源頭如何演變爲雜曲、曲子,又如何影響到後來的文人詞;在佛經文學方面,它研究了長行與短偈文體,又據巴黎和俄國藏卷研究了佛教贊文。學者們認爲這是一部對國際敦煌文學發展有重要影響的巨著。[7]

饒教授指出,《敦煌曲校録》一書,一些東西是靠臆念推測,作者沒有看到原物,就做出猜想及推理,這不是科學的研究方法。當然這也和當時國内學者客觀條件上受到的限制有關。但話又説回來,沒有深厚的學術基礎及精深的專門學識,入了寶山也會空手而歸。由此可見,饒教授的這本藏書,并非一般的藏書那麽簡單。

在饒教授的藏書中,也有一些式樣、形狀頗爲奇特的書。較小的一本是摺子本的《現代詞韻》袖珍本,大概是2寸見方。而大部頭的,動輒十幾斤的亦不在少數。其中有一套頗爲特別,饒教授稱之爲"別開生面而最富有吸引力,有關世界古典禮制之巨著"。[8]這部書上下兩大册,合起來十多斤重,裝在一個特製的紙盒裏,并配有録音帶。這是加州大學史達爾教授(Frits Staal, 1930—2012)所著的《火祭》(*Agni*)——一本有關印度火祭典禮的書。在印度南方的南布迪里（Nambudiri）地區，每年四月起即舉行火祭。作者深入該地區，描繪了建立祭壇、蘇摩（Soma）祭酒、禮讚唱頌的各種狀況，并將每一個動作攝影成圖，配以誦唱聲音，可謂是圖文并茂、聲情俱佳。該書將已經遺失了的遠古祭壇盛事，包括曲折的禮讚、繁瑣的手續予以復原，令讀者如身臨其境般躬逢其盛。饒教授讀完了這部書，認爲"蘇摩祭在古代印度异常隆重，華僧視吠陀爲外道，介紹者極少，今從史氏此書可以知道蘇摩祭之真相，令人大開眼界"[9]。他爲此寫了《F. Staal 著〈Agni〉書後》一文推薦這本書，并爲之作了兩點補充：一是漢譯佛典中有關火祭的記載及古梵文 Agni 的數種中文譯法，二是祭臺形狀和華夏神話的比較以及古代齋學與梵書關係的推測。寫成之日，正值北京大學爲慶祝原副校長、著名東方學權威季羨林教授八十大壽征集論文。饒教授和季教授是老友，這一文章自然成了首選之作，收進《季羨林教授八十華誕紀念論文集》一書，而現時此書也已和史達爾教授的書陳放在一起，成了饒教授藏書樓的藏品了。從這兩本藏書，我們既感嘆史達爾教授"慧眼識英雄"，贈書於饒教授這一知己，因爲在學術界上，論述這樣的問題并從事這類研究的人并不多，更不用説遇到有共鳴的人；我們也不能不感嘆饒教授的淵博學問，能爲此書論證。不過從先前的叙述中，我們已瞭解饒教授和印度學術的淵源，他能做出論證也就不足爲奇了。數十年來，饒教授致力於人類文化史的溯源及中國文化史定位的研究，一些冷僻難出成果但又有意義的研究工作，也是饒教授所樂意從事的，而他在這方面做出的不少成績，已另有專文，我們在此不再贅述。

當然，并非每本書的作者都像史達爾教授這樣幸運——著作能受到饒教授的好評，而饒教授也并非只爲作者寫一篇書評那麼簡單。他常常從一本書中得到啓發，引出靈感，從而進行一系列研究，我們可以用另外一本藏書來説明，這同樣是一本有關人類文化史溯源的書。二十世紀六十年代末期至七十年代初期，饒教授任教於新加坡大學，一位外國學者輾轉給他送來一本有關文字起源的書，他依據日本人的研究材料，認爲西方的字母起源於中國古代的星宿學，如"A"字，即是由中國的牛頭演變而來的……這是一本很有趣的書，但饒教授讀完這本書，發覺作者的論點及論據都有不少錯誤。最終，饒教授没爲此書寫書評。但正是這本書，使饒教授覺得有責任探討文字的起源。從那時起，饒教授系統地收集起了遠古時期的中外器物上的圖形、符號及文字。每到一處參觀出土文物，他都會拿出紙筆，將見到的文物上的符號描出來，見到已發表的文物圖有相類似的符號，他也加以注意，并進行比較分析，研究中外文字的師承及發展。這項研究至今已持續了二十多年，饒教授不斷積累材料，寫出了十多萬字的文稿，年前（1991 年），他受中國社會科學院邀請前往北京講學，當時，他已擬將這本書稿拿出付梓，但到了後來，他還是忍住了。因爲這是一個很有意思而影響又相當大的問題，一定要慎之又慎。他表示，他有關文字起源及發展的研究雖只是一家之言,但他手頭掌握的材料,足以支持他的觀點;同時他言之成理,絶無標新立異的意思。儘管我們未能完全知道饒教授這本書的内容,但從下面兩點可看出端倪。一是今年年底在香港中文大學舉行的一次國際會議上,饒教授接受一家通訊社的采訪時語出驚人,否定漢字拉丁化——這是郭沫若先生生前一直倡導的。饒教授稱,他不僅研究甲骨文,也研究古埃及、古印度等的文字,通過比較,他得出結論:"不是中國人不懂字母,而是不要字母。"[10]他認爲漢字造字起點高,形聲俱美,具有很高的藝術性,歷史上,中國人放棄采用字母是經過選擇的,是有其原因的。二是在完成這一未刊書稿的整個研究過程中,饒教授也有不少副産品問世,如《談印度河谷圖形文字》(《選堂集林·史林》,香港:中華書局,1982 年)、《絲綢之路引起的"文字起源"問題》(《明報月刊》1990 年 9 月)、《説卍——青海陶符試釋之一》(《明報月刊》1990 年 10 月)、《"羊"的臆想——青海彩陶、陰山岩畫的⊕號與西亞原始計數工具》(《明報月刊》1990 年 11 月),這些都是饒教授研究中外遠古圖形文字、陶文符號的力作。當然,人們期待着饒教授的成就早日問世,爲他的書室增添新藏品,使人類文化史研究又有新突破。

饒宗頤教授曾在多個國家的著名大學及學術機構任教或從事研究。作爲一位學問家,他的藏書也往往反映出他的游學歷程。在他的外文藏書中,有一套精裝的《柏拉圖全集》,在這套書的扉頁上,有 20 個左右的法文簽名,這足以反映他在法國漢學界的地位。

1962 年 11 月,他獲得了法國法蘭西研究院頒授的漢學儒蓮獎。儒蓮(Stanislas Julien,1797—1873)爲十九世紀歐洲最偉大的漢學家,主持法蘭西研究院的中文講席四十餘年,逝世後,法蘭西研究院特設立漢學獎以資紀念。饒教授獲得此項獎項有兩項創舉。一是他是在國人洪煨蓮之後。二是他是香港的次位得獎者,首位得獎者爲英國學者理雅各,在饒教授得獎的九十餘年前獲得此獎項。饒教授於 1965—1966 年在法國國家科研中心研究敦煌寫卷。1974 年,他被選爲法國遠東學院院士。1978—1979 年,他被聘爲法國高等研究院宗教部客座教授。1980 年他又被選爲巴黎亞洲學會的榮譽會員。這個亞洲學會具二百年歷史,該學會門户開放,會員衆多,而其榮譽會員屈指可數,中國籍的榮譽會員更是絶無僅有。[11]正因爲有這一榮譽,饒教授的藏書中還有一套由這個學會出版的書刊,由這個學會贈送,每年一期,從不間斷。

上述的那部《柏拉圖全集》,就是饒教授的法國學生送的。而這些人現時都是法國漢學界的精英。饒教授受聘於法國高等研究院宗教部時,主持"中國古代宗教"一課,全部課程分二十四講。法國高等研究院在學術架構上相當於中國社會科學院,一般規定只有任職過巴黎大學教授的,纔有資格登其講壇,每個部都會開學術講座,學生多是學術界的資深學者,而研究院也會請國際著名學者主持講座。饒教授博大精深的學術造詣,使他的學生們爲之折服,他們把他比爲古希臘著名的哲學家柏拉圖,周游列國,設會授徒,著書立說,從者甚衆。因而,在饒教授的離任送別晚會上,他們特地購買了一套《柏拉圖全集》相贈,并在上面簽上名字,以志紀念。

順便提一句,不久前,承學術界的朋友相告,法國高等研究院已決定授予饒教授一個國家博士學位,并將在明年年底舉行一個儀式。據說,給予一個外籍人這樣的榮譽,也是從未有過的。

我們已經談過,饒教授的藏書以應用爲主,與學術研究有關的,即使是罕貴,也當收集。而他的藏書中,有相當的部分是來自贈送。

按照常理,一部書籍行將面世之時,作者總會請人題簽、寫序,以對著作起推薦褒揚的作用,而政壇人物、學術權威及書法家,往往是作者尋求支持的對象。饒教授既是書法大家,又是文史哲藝大師,中國及新馬泰等國時常有人請求饒教授題簽寫序,而這些書籍出版後作者都會贈送給饒教授。

在饒教授的藏書中,也有一部分是出版部門或其他文化部門贈送的。他身上各種各樣的顧問頭銜有數十個之多,出版部門的出版選題、規劃,甚至編審都要找他幫忙,他還擔任過期刊、叢書編輯。在他的藏品中,有一套日本二玄社贈送的《原色法帖選》,此一套精裝法帖自 1959 年 10 月開始出版,全套書 49 冊,裝幀精美,選取碑帖卷出自顏真卿、懷素、王羲之、歐陽詢等人之手,亦是非常寶貴的。

饒教授曾在多家國際知名學府任教數十年,而且,他又主持過多個學系,是多門學科的講席,是跨系的教授,因而他培養了數以百計的學生,桃李滿天下。他的學生在國際上享有盛譽的不乏其人,就是他的學生的學生,也有不少活躍在國際學術界中,他的徒子徒孫們出版書刊,也總會向"師父""師爺"呈上一冊,請求指教,在饒教授藏書中,自稱爲弟子、門生敬奉的,爲數不少。

作爲一位早歲即蜚聲中外的學術大師,饒教授的學術生涯跨越了兩個世代,他的學術年齡和他的生理年齡相比并不年輕。他年纔弱冠,即嶄露頭角,爲顧頡剛、葉恭綽、王雲五等人所器重:曾佐葉編《全清詞鈔》,爲顧編撰《新莽史》及《古史辯》第八册,替王的《中山大辭典》寫稿。半個多世紀以來,他和國際不少知名學者論藝交友,友情頗深。如書畫界的啓功、張大千、劉海粟、吳冠中、黃永玉、關山月,歷史地理學界的譚其驤、史念海,詩詞界的唐圭璋、錢仲聯、夏承燾,考古學界的賈蘭坡、李濟,又如錢穆、王力……這些學者的出版物也自然成爲饒教授的藏品。除了學者們自身的著作外,生前故後,他們的弟子們爲紀念大師而編輯的各類紀念文集或舉行學術研討會的論文集也構成了饒教授藏書的另一大類。這一類的藏品也不下百種:如《王力先生紀念論文集》(香港中國語文學會,香港:三聯書店香港分店,1978 年)、《紀念陳寅恪教授國際學術討論會文集》(廣州：中山大學出版社,1989 年)、《慶祝胡適先生六十五歲論文集》(臺北：商務印書館,1956 年)、《慶祝蔡元培先生六十五歲論文集》(北平：國立中央研究院,1933 年)、《神田喜一郎博士追悼——中國學論集》(日本：二玄社,1986 年)。在這類藏書中,扉頁多有名家的簽名或附言,書中或有批校;若書是郵寄或是托人帶上的,作者多有信件或附言。而饒教授也往往將之夾在書裏。由於這些人絕大多數站在學術潮流的前頭,左右着整個學術界的發展方嚮,因而從某一角度來看,這一類藏書對於當代漢學界及其有關人物的研究來説也是很有意義的參考資料。

一份梨俱室藏書目録,也是饒教授的已讀書目,但既然是學問家的藏書目録,就可以確切地説,這只是饒教授已讀書目的一部分而已。所以説,從梨俱室的藏書,我們可以找到室主人學術研究的軌迹。梨俱室的藏書,又冷僻又完備。一方面,"冷僻"是指很多藏書的印數較少,可屬"陽春白雪",坊間流行不多。就説藏書中的一部分——饒教授本人的四十多部書及數百篇論文,專門學者視之如寶,但對於一般的百姓來説,就是初出茅廬的文史哲大學生,也不是輕易啃得動的,故而發行量不大,亦必然不會擺在一些用此裝潢門面的人的書櫃裏。但另一方面,對於某一個小的研究領域來説,饒教授的藏書,又相當完備、相當全面,包羅萬象、兼收并蓄,用起來得心應手。一些連續出版物保存完整,其連續性就連該出版社的編輯部門也自嘆不如。

饒教授的興趣相當廣泛,一些自然科學,包括醫學、植物學、地理學的書都有收藏。甚至還有一些文藝小説、風水命理的專書……值得提出來的,還有下列幾類較爲獨特的藏書。

第一類是關於宗親團體的紀念特刊。饒教授是潮州人。"潮州位於廣東東部,地沿南海,數百年來,以人口繁衍,耕地無多……而天災人禍,時有所聞。我潮居民,爲謀生計,不憚山海梯航,向外發展,足迹所至,無遠弗屆,凡所營施,皆卓然有成……時至今日,寰宇各通都大邑,幾無處不聞潮聲。"[12]潮人重鄉情,世界各大華人主要僑居地,都設有潮州會館或其他同鄉聯誼組織。一方面,饒教授作爲一個潮州人,多年來爲弘揚潮汕歷史文化不遺餘力,年僅十八,就整理完成其先翁饒鍔先生的遺著《潮州藝文志》,在《嶺南學報》分期刊行,其後又陸續發表有關潮州歷史文化的著作。在國際潮團聯誼年會上,他和其他人一起,提議成立國際潮人文化基金。對於潮汕地區的各項文化事業,包括汕頭大學,他也多方扶持。另一方面,饒教授作爲潮人的表表者、潮人引以爲榮的鄉賢,海外的潮州會館多請他出任榮譽職位,各類刊物也多請他題字或撰文。因而,各種有關家鄉的書籍——地方文獻、海外潮人的出版物,饒教授也收藏很多,如 1965 年出版的《新加坡應和會館 141 周年紀念大會特刊》,1966 年出版的《砂膀越古晉潮州公會百周年紀念特刊》,1977 年出版的《雪蘭莪潮州八邑會館 84 周年紀念特刊》《臺北市廣東同鄉會新會所大廈落成紀念特刊》,又如香港潮州商會的 30 周年、40 周年、50 周年、60 周年及 70 周年紀念特刊,由香港潮州會館國際潮團通訊中心主辦的十多期《國際潮訊》,饒教授都完整保存下來。這一類藏書,對於華僑史的研究或是華人居住國家有關問題的研究來說,都是很有價值的。

還有兩本藏書也值得一提。第一本是廣東人民出版社於 1985 年出版的《明本潮州戲文五種》。這五種戲文,有兩種是五十年代及七十年代出土的,另外三種是國內已失傳而流落國外的,由饒教授從牛津大學、奧地利維也納的國家圖書館、日本東京大學東洋文化研究所取回影印件,將之合刊出版。這爲研究元明戲曲史提供了第一手的可靠資料,對於潮劇乃至中國戲曲史的源流探討,有很高的歷史價值和學術價值。另一本是中山大學出版社出版、陳香白輯校的《潮州三陽志輯稿·潮州三陽圖志輯稿》。據陳香白先生介紹,三陽志輯稿的内容大部分輯自香港龍門書店 1965 年出版的饒宗頤先生編集的《潮州志匯編》中的永樂大典"潮"字號部分。[13] 有關《潮州志匯編》的出版,龍門書店有如下説明:

> 惟潮州有志,實濫觴宋之《潮州圖經》及《三陽志》。明文淵閣書目著録《三陽志》多種,久已亡佚,幸《永樂大典》潮字號所著録部分,尚存梗概。嚮以存於大内,世所難見;後經庚子之亂,該册被劫,流落國外,六十年來,其書更無緣獲覩。嘉靖本及順治本世亦罕覩。本書店承香港大學饒宗頤先生之助,從日本蒐得嘉靖本八卷,順治本十二卷;益以《永樂大典》所收《三陽志》資料,并饒氏所纂民國本十八厚册,彙合成書,名曰《潮州志匯編》,影印精本刊行。

饒教授對於鄉邦文獻,或者説,對於中外文化交流的貢獻,由此可見一斑。

第二類值得一提的是各種各樣的手册,這一類藏品包括旅游勝地、古迹遺址的導游手册或簡介,也包括一些學術機構、高等院校的部門設置、課程設置的介紹手册,等等。人們都知道饒教授有一閒章借用了顧炎武的名言:"九州歷其七,五岳登其四。"饒教授數十年來,足迹遍布世界各地,每到一處,便收藏起這些小册子,一方面作爲紀念品,另一方面,這些小册子的設計各具特色,反映了當地人的審美觀和價值觀,一些封面或插圖,也具有一定的工藝水平,在藝術創作方面有可供借鑒之處。另外,這些藏品也反映出所在地的風土人情。因而,身爲一位興趣廣泛的大學問家,收藏這些東西是很自然的。

第三類是外語藏書,饒教授是語言天才,能閲讀及運用多種外語,他的外文圖書擺滿了整整一室,足足有數千本,包括有英、日、德、法、印度等多國文字。論述文法、語音的字典、詞典亦有近百種之多,其中還有印度河谷文字譜、蘇美爾楔形文、叙利亞文,還有中國少數民族語言字典或書籍,如蒙古語、維吾爾語、彝語、藏語。

在饒教授的衆多藏書中,每一本書都有一個故事,這些故事,真是一千零一夜都講不完。與饒教授濡沫與共數十年的饒師母,則爲筆者講述了另一個故事。1968 年,饒教授被聘爲新加坡大學中文系講座教授兼系主任,赴任之時,他們全家的旅費使總務主任嚇了一跳——饒教授的一百幾十箱書籍亦陪伴他們漂洋過海。饒師母説,要包裝這些書,我請了一班人,足足忙了兩個月,後來這些書又運回香港了。談起書,饒師母心有餘悸,現在每天都收到各地寄來的書,饒教授每次外出返港,數天後,又有大包小包的書寄來,他們夫婦原來是住在一樓的三房一室的套間裏,現在這套間全給書"住"滿了。每個房間靠牆的部分全都做成書架,檯檯櫈櫈,地板上,就連原來的廚房及各條通道都是書,客廳、廚房、寢室都轉變原來的功能了。他們不得不讓位於書,把較少用的綫裝書打成包寄放在小女兒家,兩口子也搬到已移民的大女兒的家裏。而現在,他們住宅裏的一間房成了書庫,客廳的書架上也放不下了,不少書只能放到客廳的地板上,有的甚至放到了寢室裏饒師母的衣櫃中。又是書滿爲患了。筆者笑着對饒師母説:過不了多久,你們又該給書讓位了。

數十年來,饒教授埋首梨俱室,蓽路藍縷,成就輝煌;他愛書如命,把書讀透讀化,他亦爲梨俱室花費了不少心血;爲各式各樣的圖書"量體裁衣",製作書架,安置空調等抽濕設備,將圖書整理分類,編制目録……無奈,他的藏書數目增長甚快,已使他的梨俱室"暴棚",在寸土寸金的跑馬地,他不得已將一些較少用的書"打包"寄放。書室裏汗牛充棟,盈樑疊架的藏書,已影響了藏書的使用效率,有時不得不花上半小時甚至幾小時去翻尋一本書。細看之下,部分書籍也已見蝕蛀的痕迹。如何更好地保護好這一珍貴的學術資料,更快地提高這些藏書的使用效率? 實在是當務之急。

饒宗頤教授在當代國際漢學界的權威地位免容贅述。他的家鄉——中國歷史文化名城潮州,已着手將他的故居改建爲博物館,名"饒氏學圃"。該市古城辦沈啓綿主任認爲這一舉措是表彰鄉賢、勉勵後學,名城名人,相得益彰。饒教授曾執教多年的香港大學及香港中文大學,爲慶祝饒教授七十五大壽,聯合編輯出版一部論文集。該書約請多位國際知名學者執筆,多種文字同存一書之中,該書的出版也是文壇的一大盛事。聽聞内地有出版社擬將饒教授一百多萬字的論著結集出版,以廣流傳,這是一項浩大的學術工程,必將嘉惠士林,造福後代子孫……這一切,都是很有意義的事。而筆者則期待着,有朝一日梨俱室的藏書條件得以改善,并且有更多的學者能共享這些珍貴的藏書,這將是功德無量的大事,因爲得益的并不僅僅是饒宗頤教授本人。

1992 年冬完稿

注 釋

[1]《商訊・人物專訪》,香港:商務印書館,1992 年第 4 期。

[2]引自《"我是一個默默耕耘的人"——訪香港著名學者饒宗頤教授》,《紫荆》1991 年 10 月號。

[3]何懷碩:《率性隨心,文采淋漓》,《饒宗頤翰墨》,香港:香港藝苑出版社,1992 年。

[4]萬青力:《選堂先生與學者畫》,《饒宗頤翰墨》,香港:香港藝苑出版社,1992 年。

[5]參見任二北校:《敦煌曲校録》凡例,上海:文藝聯合出版社,1955 年,第 1—4 頁。

[6]參見任二北校:《敦煌曲校録》凡例。

[7]姜伯勤:《從學術源流論饒宗頤先生的治學風格》,《學術研究》1992 年第 4 期,第 94—101 頁。

[8]饒宗頤:《F. Staal 著〈Agni〉書後》,《季羨林教授八十華誕紀念論文集》,南昌:江西人民出版社,1991 年,第 679—686 頁。

[9]饒宗頤:《F. Staal 著〈Agni〉書後》,第 679—686 頁。

[10]參見可嚴文:《當今漢學界導夫先路的學者饒宗頤否定漢字拉丁化》,《大公報》1992 年 11 月 26 日。

[11]楊興安:《饒宗頤教授談治學因緣》,《星島日報》1989 年 4 月 17 日。

[12]林萬任:《潮汕名人采訪録・序》,載周昭京:《潮汕名人采訪録》,上海:知識出版社,1991 年,第 1 頁。

[13]參見陳香白輯校:《潮州三陽志輯稿》叙例,《潮州三陽志輯稿・潮州三陽圖志輯稿》,廣州:中山大學出版社,1989 年,第 9 頁。

（作者單位:中山大學饒宗頤研究院）

饒宗頤先生與中山大學的因緣

李啓彬

　　饒宗頤先生是當代著名的漢學泰斗,學貫中西,博通今古,於甲骨學、簡帛學、敦煌學、史學、文學、詩詞學、宗教學、潮學、藝術等領域均有卓越建樹。在超過八十年的治學生涯中,饒先生取得了非凡的學術和藝術成就,同時與海內外多所高等學府和研究機構也結下了深厚的緣分。這些高等學府不僅是饒先生展示學術才能的平臺,而且爲其學術研究提供了優越的條件。其中與之結緣最久遠且持續不斷者,首推中山大學。中山大學作爲華南第一學府,饒先生作爲一代通儒,兩者在因緣際會之下,創造了中國現代學術史上的一段佳話。饒先生成爲著作等身、享譽寰宇之學術宗師的治學生涯即是從中山大學起步。2004 年中大八十周年校慶時,饒先生特意題辭"嶺學輝光,開來繼往",以表祝賀,足見饒先生對中大的深情和厚愛。關於饒先生與中大的因緣,陳偉武教授已作了深入的研究,其《選堂先生與中山大學之夙緣》[1]一文,列舉了饒先生各時期與中大交往的事件,收羅巨細,發揚幽潛,對於研究饒先生生平有重要意義。本文參考陳教授大文所列的有關事迹,略述饒先生與中大結緣的歷程,并窺探中大對其治學生涯産生的重要影響。

一、饒先生與中大結緣的歷程

　　饒先生曾説:"我今天成爲一個學人,這是有因緣的。因緣這個東西很重要,就是條件好,應該有的條件都成熟了。"[2]可見學術因緣和機遇對於學者發展的重要性。饒先生與中山大學結緣甚早,最早可追溯到 1934 年。自此之後,饒先生與中大結下了超過八十載的學術情緣。在這漫長而又重要的歷程中,大約分爲三個階段,分別爲二十世紀三十年代、七十至九十年代和二十一世紀。

（一）二十世紀三十年代

1. 受聘爲中山大學廣東通志館藝文纂修

饒先生幼承家學,博極群書。十六歲繼承父志,續修《潮州藝文志》。因爲學術功底深厚,所以在 1935 年十九歲時,受父親恩師溫丹銘先生推薦,被中山大學校長鄒魯聘爲廣東通志館藝文纂修。這也是他人生中首次進入高等學府工作。其時饒先生的學歷只是廣東省立第四中學肆業。關於能够順利進入廣東通志館的原因,他在《饒宗頤學述》中有所述及:

> 我父親寫過《潮州藝文志》,我做了整理後,就連續在廣州《嶺南學報》分兩期發表,那是 1935—1937 年的第五、六合卷。因爲此書在這兩個大的專號上刊載,我在廣州就有地位了,大家都説我目録學功夫很深,因此我就有機會到中山大學廣東通志館作專任的纂修。[3]

由上可見,饒先生能够任通志館纂席,内因是目録學功底深厚。其自幼受家學的熏陶和父親的影響,打下了目録學方面的基礎。在此之前續修《潮州藝文志》,即是最好的明證。後來饒先生也提到,他有五個基礎來源於家學:一是寫詩、填詞,寫駢文、散文;二是寫字畫畫;三是目録學;四是儒、道、釋學;五是乾嘉學派的治學方法。

外因是溫丹銘先生的提攜舉薦和鄒魯校長的破格聘請。近代以來,廣東曾多次編纂省志。1932 年,廣東省政府決定,修志事務交由中大負責,故廣東通志館也更名爲中山大學廣東通志館。通志館設有專任纂修五人,在全省分五區聘五人各負責一區志稿,由校長聘任。修纂通志乃一省之文化盛事,其工作一般由有地方影響力之碩學鴻儒擔任。此時饒先生還是處於嶺東的未冠少年,能够由中大校長聘任爲專任纂修,與諸耆宿共事,參與修志工作,實屬罕見之事,足見溫、鄒二氏之慧眼識珠。自此,饒先生的學術生涯也掀開了嶄新的一頁。

當時中大新校區在石牌,廣東通志館的館址設在老校區文德路。在通志館期間,饒先生的職務爲"藝文纂修",主要負責藝文方面的編纂,首要任務是纂修《藝文略·經部》。當時負責《藝文略》的同事還有嶺南大學教授冼玉清。在此之前,冼氏已經做了部分工作,但始終交不出材料。後來饒先生便接替冼氏的工作,繼續纂修《藝文略》。

除《藝文略·經部》之外,饒先生還負責《藝文略·集部》的潮州府部分。根據現存《廣東通志稿》來看,其中收録有《藝文略·集部·潮州》一至六卷。志稿上有"天嘯樓著述稿本"字樣。其內容在原《潮州藝文志》的基礎之上,加以修訂完善。另外,饒先生還根據館藏資料,單獨撰成《廣東易學考》,收録歷代廣東地區有關易學的書目,此書可以説是纂修《藝文略》的衍生品,後因戰亂散佚,殊爲可惜。

繼而全民族抗戰爆發,1938 年 10 月廣州淪陷。早於 1937 年 9 月 11 日,中山大學已向通志館發布了停辦通知。饒先生遂離開通志館,返回故鄉潮州,但一直和中大保持着聯繫。

2. 受聘爲中山大學研究員

1939 年,由中大教授詹安泰推薦,饒先生受聘爲中山大學研究員。當時饒先生的學歷仍然是初中肄業。能够受聘中大研究員,不僅是詹氏舉薦有方,而且更能體現中大兼收并蓄的精神。饒先生後來自述道:

> 那個時候,詹安泰在雲南,寫信來建議我去中大,他説中大答應給我一個位子,聘爲研究員。我決心要去,雖然路途阻隔,行旅非常艱難。那時已不能經由汕頭前往,只能從水路走。[4]

當時正值抗戰軍興,中大已經遷往雲南澄江。從廣東去雲南,陸路已無法通行,需從水路繞道香港,再從越南入滇。雖然路途阻隔,行旅艱難,但饒先生仍然決心要去。後來在途中因患上瘧疾,便滯留在香港。

饒先生之所以決心要去已西遷雲南的中大,其原因約有二端,一是和中大深厚的緣分。饒先生自 1934 年在《文學雜志》發表《優曇花詩》後,又相繼在中大《史學專刊》發表《廣濟橋考》《商即湯説》《説祖》等文章,中大已成爲他發表學術成果的重要園地。二是中大優良的研究條件。饒先生結束在通志館的工作之後,曾在家鄉的韓山師專代課三個月。但此時如能繼續到中大工作,憑藉高校優越的條件和廣闊的平臺,可以專心於學術事業,則是最好的選擇。基於以上原因,饒先生纔義無反顧要赴雲南。後來雖未能如願,滯留在香港,協助葉恭綽編《全清詞鈔》,和王雲五編《中山大辭典》,但這兩項工作其實也是饒先生早年學術事業的延續。

1941 年香港淪陷之後,饒先生回到家鄉潮州,任金山中學國文教員,時金中遷校於鳳凰山。雖然輾轉多地,但中大的學人對饒先生仍充滿關懷。饒先生回憶説:

> 那時中山大學有朋友很關心我,鄭師許推薦我到無錫國專去任教。鄭與馮振心是朋友,馮是當時國專在廣西時期的校長,周振甫、馮其庸是他的學生。我在國專教古文字學,後來纔教一點詩詞。[5]

可見後來饒先生到無錫國專任教也和中大學人推薦有關。饒先生在無錫國專時期,和鄭師許、冼玉清、羅香林等人仍有詩詞酬唱。有《冼玉清自連州燕喜亭貽書及詩,予避兵西奔,倉皇中賦報》《聞警移居村夜坐月奉寄羅元一羊石》等佳作傳世。

饒先生受聘爲中大研究員,雖因故未能履職,但仍然昭示了兩者之間深厚的情緣。中大在當時名師雲集的情況下,能夠包容開放、兼收并蓄,破格聘請年輕學者,爲其提供更爲廣闊的學術平臺,這種機緣也不失爲饒先生人生歷程中的佳話。正是有着這些難得的學術機緣,最後纔匯成了饒先生舉世矚目的學術成就。

(二) 二十世紀七十至九十年代

1. 參加學術活動

1949 年,饒先生移居香港。但和中大學人并未中斷聯繫,和容庚、商承祚、詹安泰等先生仍保持書信往來和著作投贈。雖然久居香港,但其思鄉之情絲毫未減,故其於 1965 年在《潮州志匯編·序》中提到:"久去鄉關,累十餘稔,山川喬木,望之暢然。"[6]

1979 年 9 月,饒先生闊別故土三十年之後,首次重返內地,到中大參加中國古文字研究會第二次學術年會。其間,見到了容庚、商承祚等中大舊友,還有于省吾、徐中舒、胡厚宣、周祖謨、朱德熙等學界朋友。與舊雨新知相談甚歡,諸友還請饒先生現場揮毫,留贈墨寶。會後,吳南生先生邀請饒先生多回內地旅行觀光。1980 年秋,饒先生由中大曾憲通先生陪同,暢游國內名山大川,行迹遍及十四省市,收穫甚人。

此後,中大敦聘饒先生爲名譽教授及中華文化研究中心名譽主任。饒先生也多次光降中大,參加學術會議,開展學術講座,與中大的關係更加密切。如 1987 年 4 月和 12 月,饒先生在中大分別作關於《四方風新義》和敦煌曲的學術演講。有時饒先生因故未能親臨中大活動現場,也向大會提交論文,爲活動增色。如 1994 年,饒先生向"紀念容庚先生百年誕辰暨中國古文字學學術研討會"提交了論文《釋 𢀛 與瞽宗》。諸多事例,不勝枚舉。

2. 與中大學者合作研究

二十世紀八九十年代,饒先生和中大學者交流日繁,在學術上多有合作。不僅體現了饒先生治學兼收并蓄的風格,而且也可見其獎掖後進、扶持晚輩的精神。經過饒先生的學術指導和點撥之後,多位中大學者在各自的研究領域上逐步取得驕人的成績。

1980 年秋,饒先生暢游內地回港後,邀請中大曾憲通先生到香港中文大學開展合作研究,以"楚地出土文獻研究"爲專題,先後合作出版了《楚帛書》《隨縣曾侯乙墓鐘磬銘辭研究》《雲夢秦簡日書研究》三本著作,掀起了楚文化研究的熱潮。

另外,饒先生在開闢學術平臺方面也有諸多創舉。如在香港中文大學設立"敦煌研究計劃"和主持"出土史料繫年長編"項目。分批次邀請并資助內地中青年學者到香港中文大學做學術研究,爲期一至數月,其間爲學者提供津貼、辦公室和宿舍。其中受邀請的中大學者有：姜伯勤(1991 年)、陳偉武(1999 年)、劉昭瑞(1999 年)、陳煒湛(2002 年)。

後來姜伯勤和項楚、榮新江等學者合著了《敦煌邈真讚校錄并研究》,作爲饒先生主編的《香港敦煌吐魯番研究中心叢刊之三》出版。劉昭瑞撰寫《漢魏石刻文字繫年》,作爲饒先生主編的《補資治通鑒史料長編稿系列》出版。

3. 編纂《饒宗頤文集》

饒先生在中大有兩大學術工程,分別是編纂《饒宗頤文集》和創辦《華學》集刊。這兩大創舉,在中國現代學術史上有着重要意義,至今仍對學界產生影響,可謂嘉惠學林之舉。

《饒宗頤文集》即《饒宗頤二十世紀學術文集》的前身,是饒先生二十世紀學術成果的結晶,共分爲十四個門類二十卷。迄今爲止,是收錄饒先生學術著作和文章最爲全面的匯集,也是饒學研究者必讀之書。其編輯構思,最早肇端於中山大學。1993 年 4 月,爲了順利開展《饒宗頤文集》的編纂工作,編輯委員會首次工作會議在中大貴賓樓黑石屋召開,由曾憲通教授任編委會主任,中大其他文史哲諸系同仁,也參與其中,編校文稿,費力甚多。此後饒先生多次蒞臨中大,商討文集編務。

《饒宗頤文集》原擬由廣東人民出版社出版,總字數約爲六百萬字,擬分十卷二十冊。各卷內容分別爲：

> 一、古史及其他史學論著
>
> 二、文字(包括符號、比較古文字學、甲骨學及書法)
>
> 三、宗教及禮制
>
> 四、敦煌學
>
> 五、文學論叢
>
> 六、繪畫藝術
>
> 七、地方史
>
> 八、中外文化交流研究
>
> 九、文學創作
>
> 十、年譜及讀用書目

《饒宗頤文集》原計劃五年內完成,但數年後因故未能在大陸正式出版。後由臺灣新文豐出版公司以《饒宗頤二十世紀學術文集》爲名出版。即使如此,其編纂的構思和舉措,最早也是發端於中大。基於此點,中大諸學人可謂功不可没。故而,饒先生後來在《饒宗頤二十世紀學術文集·後記》中仍特意提及此事,可見他對這段往事和中大學人的情誼仍念念不忘。《後記》曰：

《饒宗頤二十世紀學術文集》之構思,肇始於上世紀九十年代初,當時得廖烈智先生巨資勸助,工作得以進行,又得曾憲通教授延攬粵中及中外文史名宿,主持編審文稿,經多次集會商討,聯絡出版事宜,隆情渥誼,殊深銘感。[7]

4. 創辦《華學》集刊

饒先生在中大的另一項學術舉措和貢獻就是創辦《華學》集刊。1994 年,由饒先生發起,聯合清華大學國際漢學研究所、泰國華僑崇聖大學中華文化研究院,於中大創辦大型學術集刊《華學》。《華學》以"嚴謹、求實"爲主旨,發表人文科學方面的最新研究成果。饒先生在《華學發刊辭》中揭橥了華學發展三個趨嚮:

> 一是縱的時間方面,探討歷史上重要的突出事件,尋求它的產生、銜接的先後層次,加以疏通整理。二是橫的空間方面,注意不同地區的文化單元,考察其交流、傳播、互相抱注的歷史事實。三是在事物的交叉錯綜方面,找尋出它們的條理——因果關係。[8]

《華學》長期由饒先生擔任主編,迄今已出十二輯,第一、二、五、七、十一、十二輯於中大刊行。在每一輯中,饒先生都提供最新的研究成果,以供編輯出版。這些文章代表了饒先生晚年的學術高度,是其多年來研究心得的體現,也可見其對《華學》集刊的支持和厚愛。

在《華學》創刊時,饒先生便寄予了厚望。"希望共同墾殖這一塊新辟的園地,爲華夏深厚的文化根苗做一點灌溉和栽培的工作,開花結果,正待我們的努力。"[9]經過二十多年的發展,在饒先生和其他同仁的不懈努力下,《華學》秉承饒先生"求真、求是、求正"的治學理念,至今仍在刊行,已成爲海内外頗有影響力的學術集刊。

(三) 二十一世紀

1. 賀辭題簽

進入二十一世紀之後,饒先生雖然年事已高,深居簡出,較少蒞臨中大,但是一直關心中大的發展,對中大的關懷和厚愛,依然不減。每逢中大有重大活動或項目時,饒先生皆揮毫祝賀,康樂園中不少建築也留下了饒先生珍貴的墨寶。如 2004 年,中大八十周年校慶之際,饒先生特意題辭"嶺學輝光,開來繼往",給予中大極高的評價和殷殷期望。2012 年,中大化工與化學工程學院設立"芙蘭獎",饒先生題辭"芙蕖自潔,蘭若自芳"。在此之前,饒先生還曾爲中大歷史學系題寫"永芳堂",爲人文學院題寫"郁文堂"等匾額。

另外,每逢中大學人的著作出版,敦請饒先生惠賜題簽時,饒先生無不應允,給予後輩學人極大的激勵和鼓舞。如曾憲通之《選堂訪古留影與饒學管窺》,陳煒湛之《甲骨文論集》,姜伯勤之《敦煌社會文書導論》《饒學十論》,陳偉武之《簡帛兵學文獻探論》,等等。這些題簽筆力遒勁,高古飄逸,或篆或隸,獨具一格,可見皆爲饒先生精心之作。

2. 獲頒"陳寅恪獎"

陳寅恪先生是近現代久負盛名的學術大師,以秉持"獨立之精神,自由之思想"著稱,也是中國知識分子的典範。饒先生與之也素有淵源。早在 1988 年,中大舉辦"紀念陳寅恪教授國際學術討論會"時,饒先生向大會提交了論文《敦煌石窟中的誠尼沙》,并次《寒柳堂詩存》之《題有學集高會堂詩》原韵,賦詩以賀,曰:

苦向書叢覓駢枝,古辭今典恰相期。上清淪謫開來學,絶代蘭芳繫所思。

萬里西風關運會,廿年南服久棲遲。網繆勝義空今古,莫道因緣僅一時。[10]

後來"陳寅恪故居"重新修繕對外開放時,饒先生也欣然爲故居題寫匾額。饒先生晚年經常提起一件憾事,就是没能與陳寅恪先生在中大成爲同事。

2014 年 11 月,中大在九十周年校慶前夕,爲了感謝饒先生大半個世紀以來對中大的深情厚誼和重大貢獻,也對饒先生淵博的學識、"萬古不磨意,中流自在心"的人生信念和與人爲善、心懷大衆的慈悲之心表示崇高敬意,特地向饒先生頒授了"陳寅恪獎"。饒先生的學術生涯起步於中大,而又獲此殊榮,其道德、精神、學問正與陳寅恪先生相呼應,在中國現代學術史上,如兩顆耀眼巨星,前後輝映。

3. 成立中山大學饒宗頤研究院

爲了更好地弘揚和研究饒先生的學術文化,傳承中大的治學傳統和饒先生的治學精神,延續饒先生和中大深厚的學術情緣,2014 年 2 月,中大許寧生校長赴港拜會饒先生,商議成立中山大學饒宗頤研究院事宜。

經過一年多的籌備,2015 年 4 月,中山大學饒宗頤研究院在廣州市增城區皇朝集團總部正式成立。百歲高齡的饒先生專程親臨揭幕典禮,中大校長羅俊、黨委書記陳春聲及海内外嘉賓數百人出席了典禮儀式。

中山大學饒宗頤研究院由中山大學黨委書記陳春聲教授擔任院長,中山大學古文字研究所所長陳偉武教授擔任執行院長。自成立以來,每年開展各項饒學相關的活動和項目,旨在弘揚饒先生的學術和藝術精神,促進饒學和中華傳統文化研究的發展。如舉辦"饒學研修班",邀請著名饒學研究專家蒞臨講課,并招收國内各大高校、研究機構的青年教師、博士後、博士、碩士等作爲學員,開展研修學習。設立"饒學研究招標課題"項目,資助有志於饒學研究的學者,促進饒學研究的持續發展;設立"饒學研究生論文資助計劃"項目,資助和饒學相關的研究生論文,培養饒學研究相關人才和後備力量。另外,還多次舉辦研討會、講座、論壇等學術活動。

二、中大對饒先生治學生涯的影響

(一) 樹立著書之志

饒先生幼承家學,早年除了讀書之外,還協助其父親饒鍔先生收集資料和謄寫書稿。如饒鍔先生治《清儒學案》,饒先生便協助撰寫《顧炎武學案》。《饒宗頤學述》中寫道:

> 家父爲寫清儒學案收集資料,我一邊幫他,一邊也是東施效顰地學家父寫文人的學案,在家父的指點下,我 20 歲前就試着寫作《顧炎武學案》(稿已散佚),對他佩服得不得了。[11]

1932 年,饒鍔先生逝世,留下尚未完稿的《潮州藝文志》。饒先生繼承父志,續修是書,在《潮州藝文志·序例》中提到:

> 先君既歿,是編零亂篋衍中。宗頤懼其久而散亡,輒爲條次,復依原目,旁事蒐討,欲爲補訂,以成先君之志。……宗頤伢瞀不學,而年未弱冠,何敢妄言纂述。惟以是書爲先君盛業所在,尤不敢任其散亡。竊不自揆,爰勒全書爲二十卷,加以訂譌補遺。[12]

由上可見,饒先生早年的讀書撰寫經歷,多數在其父親的指導下進行。研究工作多爲其父親首先發起,饒先生充當協助的角色,此時尚未開始獨立的學術研究。後來饒先生續修《潮州藝文志》,則是根據原書的體例綱目,進行訂譌補遺,延續了其父親的治學命脈。續修是書也屬於補訂的性質。進入廣東通志館之後,其情況則大爲不同。廣東通志館當時館藏方志數量達一千餘種,居全國第二。在此期間,饒先生幾乎披閱過所有館藏方志,其讀書的數量和範圍,與早年在家中天嘯樓相比,已得到極大的提升。饒先生在《懷念顧頡剛先生》中説道:

> 館藏方志近千種,使我對古代地理發生極大的興趣。流覽既廣,兼讀楊守敬的著作,漸有著書之志。我曾選集若干近賢論著,益以自己的札記,擬編成《古地辨》一書。我又究心兩漢史事,復以餘力搜集王莽事迹,準備爲他寫一斷代史。[13]

這段材料披露了一個重要的信息：饒先生漸有著書之志。在此之前,饒先生撰寫《顧炎武學案》和續修《潮州藝文志》,尚不屬於獨立完成著作。而到了通志館之後,優越的研究條件和豐富的館藏資源激發了饒先生的"著書之志"。從協助撰寫學案、續修藝文志到獨立的著書立説,標志着饒先生逐步成爲獨立研究的學人。根據現存資料,饒先生在通志館時期的著述成果,大致如下:

1. 《廣東通志稿·藝文略·潮州》 存
2. 《楚辭地理考》 存
3. 《廣東易學考》 佚
4. 《潮州叢著初編》 存
5. 《新莽史》未刊 僅發表《序目》

除以上成果之外,饒先生在《饒宗頤學述》中還提到:

因爲我那個時候有一個很大的志願,就是要把我所知道的古書裏的所有的地名,全部抄録一遍,可惜的是所抄的資料都丟掉了。我當時的目的是想補《史記》的"輿地書"之缺,因爲《史記》沒有"輿地書"。所以也做過《史記》裏頭的地名的很多考證,試圖發現其中内在的規律。[14]

由此可見,饒先生在通志館時期,其著述成果相當豐富,遠遠超過了早年研究鄉邦文獻的範疇。如未刊的《新莽史》和醖釀中的《史記·輿地書》最好地體現了饒先生的"著書之志":其研究的志嚮已不滿足於區域史,而是擴大到斷代史的範疇。作爲弱冠之年的饒先生有此遠大的抱負,和通志館時期豐富的館藏閱讀、廣泛的交游密不可分。可以説,通志館的經歷使饒先生的治學生涯發生了質的變化。

另外,對比饒先生早年在潮州時期和後來通志館時期的文章風格,也可一見端倪。其文章風格前後差異較大。如早年續修的《潮州藝文志》部分,其按語多爲對書目的作者、版本、存佚的辨析和介紹。而進入通志館之後,則完全不同,開始獨立撰寫并發表了《古海陽考》《海陽山辨》《惡溪考》等一系列文章(後來結集出版爲《潮州叢著初編》)。這些文章的風格和顧亭林之《天下郡國利病書》頗爲相似,文筆老成,思路縝密,考據充分,是其早年史地研究的代表作。

(二) 拓展研究視野

1. 由目録學向歷史地理學之轉變
饒先生早年潛心於鄉邦文獻,在潮州時期,多關注本土的歷代方志、文集著作、金石碑刻,治學視野以地方文獻爲主。任通志館纂席之後,研究視野得到了很大的拓展。特別是在披閱了館藏一千多種方志之後,爲日後歷史地理學研究打下了堅實的基礎。《饒宗頤學述》中提到:

> 在通志館,有很多難得見到的志書上的材料,該館擁有 1 000 多種志書,我差不多都翻了。《楚辭地理考》是當時一個產品。今天做楚辭地理的人,都無法利用這麼多方志,有些書恐怕連見都見不到的。這引起我對於研究古地理學的興趣。[15]

通志館地處省城廣州。自明清以來,廣州爲經濟發展而文化繁榮之地,交通便利,資訊發達。加之清末學海堂、菊坡精舍、廣雅書院等一系列講學之所的創辦,開民間講學風氣之先。一大批碩儒名士,雲集於羊城,學術氛圍極其濃厚。到了近代,中國傳統文化和西方的新思潮也在這裏碰撞交融。可以説,這種新舊融合的潮流促進了學術的多方面發展。饒先生在通志館時期,可以接觸到更多的學者和大量的學術資訊。相比於潮州處在嶺東一隅,其治學視野和眼界,自然不可同日而語。在此之前,饒先生也加入了顧頡剛先生主持的"禹貢學會",受顧氏青睞,多篇史地文章發表於《禹貢》期刊,并主編《古史辨》第八册。與此同時,饒先生着手撰寫《新莽史》。饒先生在《懷念顧頡剛先生》中提到:

> 我少年時候,曾經是北京"禹貢學會"的會員。1936 年,我開始在《禹貢》發表文字。1937 年童書業兄爲《禹貢》主編"古代地理專號",我有論文二篇參加,此時我已在廣州中山大學廣東通志館工作。[16]

可見,饒先生到通志館和加入"禹貢學會"之後,收穫最大的不僅是本身的目錄學,而且爲其歷史地理學研究奠定了基礎。這段經歷促使饒先生在治學上從藝文志目錄學向歷史地理學轉變。這種轉變,也間接影響到饒先生後來的治學格局和規模。從目錄學到歷史地理學,再到後來的甲骨學、敦煌學、中外關係史等,其中治學脉絡的演變,有其內在的聯繫,即一個領域向另一領域的跨越,從"專才之學"起步,最終達到"通才之學"。所以通志館時期的這段寶貴經歷,便是饒先生從專才向通才蜕變的轉折點。

2. 接觸國内出土文獻

1979 年,饒先生重返内地,首站便是中山大學。在參加古文字年會期間,不僅見到了往日的友朋,而且也接觸到了新材料。回港之後,饒先生致函曾憲通先生,特別提到:

> 此次(回來)有機會接觸新材料,真勝讀十年書! 而舊雨新知,聚首一室,倍感親切。而弟又得與昆仲會面,愉快萬分。[17]

1980 年秋,饒先生赴成都出席中國古文字研究會第三屆年會,會議結束後由中大曾憲通先生陪同游歷各地,行迹遍及十四省市,參觀了三十三家博物館,暢游名山大川,考察文物勝迹,凡三閱月。在三個月的游歷過程中,饒先生飽覽山川秀色,接觸出土文物無數。當時饒先生先抵西安,參觀陝西省博物館(1991年改名陝西歷史博物館),登慈恩塔。後轉入河南,歷游洛陽、鄭州、登封、開封和安陽。再轉入湖北,參觀湖北省博物館,又登漢陽琴臺。隨後又參加在武昌召開的全國語言學會議。繼而暢游三峽,登白帝城。後北上游京華,遍覽首都文物,訪承德避暑山莊。後又橫貫山東,登泰山、謁孔廟。南下南京,再南下湖南,登衡山,訪王船山故居。最後游江浙,觀賞蘇州園林,等等。

三個月的游學訪古,可以説是饒先生人生中極爲壯觀的歷程。這段歷程使饒先生接觸到國内諸多出土文獻,對饒先生的治學生涯也産生了重要影響。其在《饒宗頤學述》中有高度的概括:

　　所以説我這次旅歷,學術研究的色彩還是頗爲濃郁的,我前面提到過顧亭林先生"讀萬卷書,行萬里路"對我治學路數的影響,那是很大的,80年代以來我纔真正做到這一點。[18]

雖然饒先生中年時期遍游宇内,但在闊別故土三十年之後,纔首次暢游祖國山河,真正做到"行萬里路"。游畢回港之後,饒先生即與曾憲通先生合作,開展關於楚地出土文獻的研究。先後出版了三本相關的巨著。饒先生也繼甲骨學、敦煌學等領域之後,逐步開創簡帛學的研究領域。

(三)擴大學術交游

饒先生治學廣博,其學術交游也極其廣泛。"五洲歷其四,九州歷其七",可見其平生足迹之廣。早在少年之時,饒先生便經常參加家中"蓴園"的雅聚,還加入了其父親主持的"壬社",與諸多耆宿酬唱詩詞,談學問道,和潮州府城的文人圈交往密切。後來到了通志館工作,其學術交游又進入新的階段。範圍從原來的潮汕地區擴展到廣東地區,這是饒先生受中大影響的結果,也是他擴大學術交游的第一階段。

在通志館時期,饒先生接觸到更多嶺南學界的名家前輩,這些名士對青年的饒先生也産生了一定影響。根據現存1938年通志館人員名册,從學歷職務來看,其中有惠潮梅師範學校(今韓山師範學院)校長、國立廣東大學(今中山大學)教授、通志館纂修兼主任温丹銘,清末舉人冒鶴亭,嶺南大學教授冼玉清,又有上海法政學校畢業的饒聘伊,清末附生、江蘇法政畢業的黄仲琴,只有饒先生的學歷是廣東省立四中肄業。從年齡來看,大部分纂修人員集中於五六十歲之間,只有饒先生的年齡是二十一歲。可見在通志館同仁中,既有獲得前朝科舉功名者,如舉人、廩生、附生,又有新型高等學府畢業者,更有大學教授者。饒先生置身其中,不僅年紀最小,而且學歷最低,能與諸多耆宿碩儒交游,既是極爲難得的機緣,也足見其獨特和過人之處。

另外,當時通志館除了日常修志工作之外,每逢周末,經常組織雅集活動。在温丹銘先生傳世詩作中,有通志館時期所寫的《登越秀山》《游蘿崗洞》等詩作,從側面可以推想當年通志館同仁雅聚和郊游的情形。而青年時期的饒先生參與其中,無論是學識上,還是閱歷上,都可以得到不同程度的提升,獲益匪淺。

饒先生擴大學術交游的另一階段是二十世紀八十年代之後。這一階段是饒先生繼中年時期和國際漢學界深入交流之後的重要階段,主要體現在和國內學術界的廣泛交流,而中大便是饒先生瞭解國內學術界的重要窗口。這個時期,饒先生與中大年輕一輩的學人交往密切,結下了深厚的情誼,如曾憲通、李新魁、姜伯勤、胡守爲、陳煒湛、林悟殊、劉昭瑞等。這些學者的研究領域涉及古文字學、史學、語言學、宗教學等,在二十世紀九十年代編纂《饒宗頤文集》時,出力至多,貢獻尤巨。

後來饒先生多次邀請這些學者到香港合作研究,共同促進學術的發展。饒先生也通過這些友朋,關注和瞭解內地的學術動態,特別是關於新出土文獻的資料。饒先生利用新出土的文獻,與傳世文獻相對比,闡發高論,屢創新見,逐步開拓其研究領域。在研究的同時,饒先生也多次回內地參加相關的學術活動,其交游範圍逐漸從中大向國內學術界拓展。如 1983 年赴蘭州出席首次全國敦煌吐魯番學會會議,1984 年赴復旦大學出席“《文心雕龍》國際學術研討會”,1999 年赴武漢大學出席“郭店楚簡國際學術研討會”。這些活動見證了饒先生晚年學術交游的歷程。在這段歷程中,因爲中大和饒先生有着深厚的情緣,所以也逐漸成爲聯結饒先生和國內學術界的紐帶,爲其擴大學術交游起到了積極性作用。

三、結　語

饒先生晚年曾動情地説:“我的學問是中山大學濡染出來的,我十分感謝中山大學。”[19]饒先生一生治學廣博,著作等身。也曾在香港大學、香港中文大學、新加坡國立大學、耶魯大學、日本京都大學、法蘭西學院、法國遠東學院等海內外高等學府教學和工作過,名揚四海,碩果累累。而其波瀾壯闊又充滿傳奇的學術生涯,正是起步於中山大學。饒先生在與中大結緣的歷程中,樹立著書之志,并拓寬研究視野,擴大學術交游,爲日後創造巨大的學術成就奠定了基礎,也產生了深遠的影響。饒先生一生對中大念念不忘,掛懷於胸,時刻關注着中大的發展,其對中大的情結早已深深植入精神世界之中,并綿延其一生。饒先生也成爲中大師生景仰和推崇的楷模,其卓越的學術成就和"求真、求是、求正"的治學精神,激勵着一代又一代的中大人奮發嚮前。中大作爲華南地區的百年名校,饒先生作爲百年難得一遇的大師,在因緣際會之下,饒先生與中大獨特的情緣共同構成了中國現代學術史上一段久爲傳頌的佳話。

注　釋

[1] 陳偉武:《選堂先生與中山大學之夙緣》,《華學》第七輯,廣州: 中山大學出版社,2004 年,第 3 頁。

[2] 饒宗頤述,胡曉明、李瑞明整理:《饒宗頤學述》,杭州: 浙江人民出版社,2000 年,第 1 頁。

[3] 饒宗頤述,胡曉明、李瑞明整理:《饒宗頤學述》,第 10 頁。

[4] 饒宗頤述,胡曉明、李瑞明整理:《饒宗頤學述》,第 14 頁。

[5] 饒宗頤述,胡曉明、李瑞明整理:《饒宗頤學述》,第 15 頁。

[6] 饒宗頤:《潮州志匯編·序》,《選堂序跋集》,北京: 中華書局,2006 年,第 26 頁。

[7] 饒宗頤:《饒宗頤二十世紀學術文集》卷十四《文録·詩詞》,北京: 人民大學出版社,2009 年,第 iii 頁。

[8] 饒宗頤:《華學發刊辭》,《華學》第一輯,廣州: 中山大學出版社,1995 年。

[9] 饒宗頤:《華學發刊辭》。

[10] 饒宗頤:《清暉集》,深圳: 海天出版社,1999 年,第 262 頁。

[11] 饒宗頤述,胡曉明、李瑞明整理:《饒宗頤學述》,第 3 頁。

[12] 饒鍔、饒宗頤:《潮州藝文志》,上海: 上海古籍出版社,1994 年,第 2 頁。

[13] 饒宗頤:《懷念顧頡剛先生》,《紀念顧頡剛先生誕辰 110 周年論文集》,北京: 中華書局,2004 年,第 51 頁。

[14] 饒宗頤述,胡曉明、李瑞明整理:《饒宗頤學述》,第 12 頁。

[15] 饒宗頤述,胡曉明、李瑞明整理:《饒宗頤學述》,第 11 頁。

[16] 饒宗頤:《懷念顧頡剛先生》,《紀念顧頡剛先生誕辰 110 周年論文集》,第 51 頁。

[17] 曾憲通編:《選堂書札: 致曾憲通》,上海: 中西書局,2019 年,第 3 頁。

[18] 饒宗頤述,胡曉明、李瑞明整理:《饒宗頤學述》,第 71 頁。

[19] 饒宗頤、陳韓曦:《選堂清談録》,北京: 紫禁城出版社,2009 年,第 7 頁。

(作者單位: 中山大學饒宗頤研究院)

通古今之變

——憶饒宗頤教授及其晚年學術風景

黃杰華

一

記得杜維明教授曾以《莊子·齊物論》中"參萬歲而一成純"來形容饒宗頤教授的學術成就,可謂實至名歸。晚年的饒教授,除親自修訂《饒宗頤二十世紀學術文集》外,還著有《符號·初文與字母——漢字樹》《饒宗頤新出土文獻論證》及《西南文化創世紀:殷代隴蜀部族地理與三星堆、金沙文化》三書,其中《中國古代"脅生"傳說》(1997年,以下簡稱《脅》)一文令筆者印象深刻,文章不長,却饒富趣味,足以體現饒教授通古今之變的大家風範。今特別重溫該文,以紀念饒公逝世五周年。

提到脅生,總令人想到佛陀於母親摩耶夫人右脅出生的神話。印度婆羅門教的四種姓階級中第二刹帝利種姓也爲梵天腋下所生。饒文將中西方的脅生傳說詳加比較,論盡古今。饒文分三部分,第一部分從梵文《梨俱吠陀》(Rig-Veda)的"正"(ṛta)字説起,比對古波斯文 aša(神的法則)及《左傳》的"禮"觀,發現三者有共通之處,繼而舉出當時歐洲的最新研究,指出"波斯"的另一譯名 Arteans 暗含"禮"的意義。他又從波斯文 Pārua/Pārsua 想到吠陀文獻内 Parsu(二十女)的名稱源自古波斯的二十部族,指出 Parsu 原就是"脅"的意思。因此,Parsu 既指二十之數,也隱含脅生的意義。他廣引漢文佛經記載佛陀出生的片段,并據研究佛教藝術的法國學者富莎(Foucher)的論點説明佛陀脅生之説係從婆羅門教因陀羅神(Indra)演變而來。

第二部分饒公轉而細述西方學者未加注意的古代中國脅生傳說,文中特別關注從脅下而生的火神祝融及其子孫。饒教授表列祝融世系,指出火神在夏代時的活動範圍,并以考古資料如《包山楚簡》、邾公釛鐘銘及殷墟甲骨等佐證其説,指出《大戴禮記·帝繫》内一嚮被人輕視的神話,如説鬼方氏之妹"啓其左脅,六人出焉"等表述并非子虛烏有。關於祝融的研究,饒公另有《三首神考》及《川北營盤山五千年遺址與岷山"與子"、朱帝與祝融之關係》等文,可見他對祝融有濃厚的興趣。饒公對火及火神的興趣,也許與他曾隨法國學者蒲德侯(Jean Bottéro,1914—2007)學習楔形文字,從其對火的研究得到啓發有關。

第三部分,饒公從《詩·大雅·生民》一詩指出周代已有夏禹及契"坼疈"而生的傳說,到漢代哀平以後緯書盛行,結果對聖人君主的降生每說是感天而生。然而對於感生說的起源,他認爲仍是古史上的謎。饒公還記述祝融後代陸終的妻子爲外族鬼方氏的女兒,鬼方族后代先零羌,散居西北,與夏禹於西北興起相關,故猜想脇生神話始自羌戎,後來纔傳入夏境。此外,饒公又比對了西方《創世記》謂耶和華以肋骨造人,與感生說一樣將聖人神化。熟知巴比倫文化的饒公更指出巴比倫以人的形象塑造神,與上帝按照自己的意象造人大相逕庭。文化的差异,確是一個有趣的現象。最後,他認爲波斯以"脇"(Arteans)爲國名,當是以"脇"爲吉兆,與《孟子》所記周文王於岐社得赤鳥銜書,授天命滅殷商相似,故中西文化有其同异之處,值得加以比勘。

饒公晚年重視跨民族文化的比較研究,只消翻開上文提及的《漢字樹》等三書,讀者當會驚訝他那馳騁中西古今文化、比對分析的既博又專的能力。在他手上,一個小問題即成一幅諾大的文化長卷,《脇》文即屬一例。文中他對佛教、婆羅門教、基督教、古巴比倫、米索不達米亞,以至中國古代帝王聖人的脇生傳說加以比較,旁徵博引,見其异同,讀來雖然似懂非懂,還是覺得十分有趣。饒公對中西宗教經典非常熟悉,特別是對婆羅門《梨俱吠陀》及漢文佛經的引用,於《脇》文中比比皆是,如說婆羅門 Indra 神爲脇生,他引梵文原文"nākam(余)ato nir aya durgahatat(長)tiras-Catā(從)Pārsvan(脇)nir gamāni(出)"以證之。

二十世紀六十年代,他在印度班達伽東方研究中心學習婆羅門經典,奠定了梵學的研究基礎。筆者任職於香港大學饒宗頤學術館期間,見饒公書庫闢有梵學佛學部,當中包括不少梵學經典著作,諸如繆勒(Müller)的《奧義書》(The Upaniṣads)、葛德納(Geldner)的《梨俱吠陀》(Der Rigveda)、英格爾斯(Ingalls)的《梵文宮廷詩歌選》(An Anthology of Sanskrit Court Poetry)、莫特瓦尼(Motwani)的《摩奴法論》(Manu Dharma Śātra)及瓦蘇(S. C Vasu)的《波儞尼文法書》(The Ashtádhyáyí of Pāṇini)等梵文書,部分可能是他在印度研究期間的參考書。

饒公做中西文化的比較研究不離文字訓詁。《脇》文解構"坼疈"一詞,以見"疈""副"原是一字;分析梵文 ṛta(正)的語源 ṛatavan 與古波斯火教經的 ašāvan 相若;分析梵文 Vinsatim(二十)與古波斯文有着神秘關聯,以見印伊語之同源;述古代 Scythian(塞種人)一字,"查 Elam 文作 Šá-ak-ga,AKK 文作 gi-mi-(r)-ri"等。均讓人驚訝於饒公旁通領域之廣闊。

　　饒公研究夏文化時,曾提到"三重證據法",後來發展成"五重證據法",包括通過考古實物、甲骨金文等資料、經典文獻、民族學資料以及异邦文獻史料進行研究。《脇》文之討論所引資料之廣博,可謂包羅萬有,特別是討論祝融八姓一節,包山楚簡、望山簡、楚帛書及甲骨資料順手拈來,以之補充了"滕奔氏""老童"及祝融的資料,内容之繁富,令人印象深刻。總合觀之,讀者可看到他運用五重證據法解决/解釋了不少問題。

　　饒教授觸類旁通,故能看出中西古今不少資料的關聯,有時能够作一些合理的猜想,如記大流士(Darius)一世石刻有 black-headed people 一詞,他謂此即秦始皇所説的"黔首",又説:"頗疑遠受波斯分省制度之影響,而'黔首'一名則承襲西亞之舊稱。"又如談巴比倫以人塑造神的形象後説:"在阿卡特文中,images 是 Salmu,西亞文獻出現極多,但此字却不見於以色列王室所用。這是他們宗教與政治分歧的地方。"能得此看法,非認識楔形文字不可。筆者記得當年鄧偉雄博士曾在書庫找到英國學者薩伊斯(A. H. Sayce,1845—1933)撰寫的有關巴比倫的亞述文法書,那是饒公學習的證據。沈建華讀畢《脇》文後,説文章"不僅應用語言學和文獻學,解釋和比較這一奇特文化現象,而且豐富的論證與鮮爲人知的古印歐史料對人類文化史都具有同樣深遠的啓示",精簡地道出了《脇》文的貢獻。

　　饒教授晚年的學術文章,一旦確立主題,下筆總能貫通古今中外文獻及考古新知以申述其説,縱使篇幅不長,内容之繁富總教人趣味盎然,《脇》一文即屬此例,它也是一篇很有代表性的關於中西文化交流的論文。饒公曾説:"我不敢説我的勞力對歷史有什麼點滴的貢獻,最少,可以看出在時、空交叉上覓找一些中外的聯想,也不算白費的。"(見《西南文化創世紀》後記)要像饒公這樣以文字論古今,不單要學貫中西,還得有非凡的記憶和分析力,學問纔能順手拈來。時移勢易,這樣的學問大家,今天確實是鳳毛麟角。

二

　　今年仲春六日,是饒宗頤教授逝世五周年紀念,香港中華書局也由饒公助手鄭會欣博士領軍,出版紀念文集《一純萬歲寄遥思:饒宗頤紀念文集》,以此緬懷一代學術通人。學術上,饒教授給人的印象總是博大精深、體大慮周,有让人遥不可及之感。誠然,饒公學問,非一般學子可以望其項背。他的《選堂集林·史林》《梵學集》等著作,對於一般人而言内容艱深,但其題材吸引人。無疑,所有文章皆是他一生學問的積累,加上後天種種因緣,成就了衆目俱瞻的國學大師。筆者曾任職於香港大學饒宗頤學術館,因緣際會,有幸得見饒公晚年對文化、學術的保護與關注。

　　說來慚愧,筆者初聞饒宗頤教授大名,既不在黌宫裏,也不在課堂上,而是在電視節目裏。二十世紀八十年代初,絲綢之路熱興,不少人慕名踏上祖國西北河山,感受千百年前西域往歐亞孔道的艱辛。沙州敦煌一地,更爲旅游勝景。七十年代中期中國相關電視台與日本 NHK 電視臺組成中日共同攝製隊,籌備經年,拍攝五載,將今日西安到羅馬的交通孔道映入眼簾。記得敦煌莫高窟一集,主持訪問饒宗頤教授有關佛與菩薩結伽趺坐的問題,饒公謂:"交腳乃伽趺坐一種,如來乃佛的坐法,佛爲全伽趺坐,菩薩的坐爲半伽趺。"雖然只有短短一分鐘,但給當時少不更事的筆者留下很深的印象,加上熒幕上播出的敦煌北魏石窟彩塑,激發了筆者對敦煌的熱愛。有一次,筆者在香港的書店看到著名攝影師水和田的作品《絲綢之路》,即纏著父親買下。父親必買的《星島日報》的副刊上有藍青的《絲路之旅》專欄連載,筆者也一一剪下珍藏,至今猶在。今天筆者對敦煌學所形成的濃厚興趣,可以説得益於饒公那一分多鐘的影像。

　　初見饒公,是在香港回歸祖國那年的六月。香港書畫界爲慶祝回歸,於中環香港大會堂舉辦書畫展。饒公既惠予畫作展覽,也擔任剪綵嘉賓。那時筆者剛大學畢業,也曾留心饒公著作。得悉他出任嘉賓,於是計劃參觀書畫展,看看能否一睹偶像風采。那天饒公剪綵完畢,大批記者蜂擁上前爭相訪問另一嘉賓張浚生對回歸的感受云云,筆者卻手持《選堂集林·史林》《梵學集》《饒宗頤史學論著選》等籍請饒教授題簽,饒公特別提問:"你知道《饒宗頤史學論著選》一書'饒宗頤'三字書法爲誰所書?"筆者答不上來,只知絕非他的書法。他徐徐説道:"三字爲歷史學家周谷城所書。"筆者覺得,假如能隨饒公學習,當可領略處處留心皆是學問的真諦。能聽他一席話,雖不至醍醐灌頂,但印象極深,今日想起仍是歷歷在目。

　　饒公的學問,學界坊間的紀錄車載斗量,近如剛出版的紀念文集所載,已够讀者緬懷,特別是沈建華記饒教授飲恨臺灣"中研院"院士的軼事,令筆者發出"世間往事如煙,只有濤聲似舊時"的感慨。沈女史的《饒宗頤甲骨書札》所記情真意切,尤令筆者動容。筆者曾翻閱饒公爲《敦煌邈真讚校録并研究》一書所作序文,該文以瑰麗的駢文寫就,内容繁富,文字精煉,若無饒公親自注解,筆者恐無法會意。兹録其中一節:"緬維敦煌畫像,始自倉慈,宋織品學,竝爲作頌。臨水起宅,圖讚美靖恭之堂;繩墨任勞,廄役興少游之嘆。"這篇短文,不知要讀書多久才能下筆。饒公學養之深,由此序可見一斑。饒學學問博大精深,在筆者進入香港大學饒宗頤學術館工作期間,對這一點有了更深刻的體會。學術館的藏書爲饒公贈予香港大學的圖書,學術館同仁將之分門別類,計有藝術部畫册、拍賣行圖録、饒學資料、簽名本特藏、古籍特藏及水源琴窗渭江兩代學藝文獻等類目,當中又可細分爲文學、文字學、敦煌學、潮學、歷史學、梵學及學者文集。筆者印象猶深的,莫如在書架發現一套塵封已久的巨著：史達爾的兩巨冊《火祭》。饒公曾寫有《佛書之鳥夷與古印度火祭之"玄鳥"崇拜》一文，以分析中印兩個古老國度對鳥的無以名狀的崇拜及其特殊意義。他的另一篇文章《F. Staal 著〈Agni〉書後》，謂史達爾"能够將已遺失了之遠古祭壇和禮讚之曲折繁瑣手續予以復原，并配上錄音帶保存著誦唱音聲原貌，無如《火祭》此書之重要，可以説是一種創舉"。《火祭》這套巨著將南印度婆羅門舉行的火祭儀式完全記錄了下來，圖文之完備絕對令讀者咋舌。然而，留意饒公這篇《書後》的人不多，也鮮有人提及，《火祭》鴻篇更不用説。後來，筆者購下《火祭》，摩娑閲讀，樂趣盎然。筆者猜想，香港讀者如能對古印度火祭有詳細的認識，饒教授的推文應記一功。翻看巨著期間，筆者發現書中夾有饒公的筆記稿紙一張，内容正是《F. Staal 著〈Agni〉書後》的底稿，他讀書多寫札記，隨看隨記，隨記隨寫，筆者這一發現，可謂明證。筆者也藉此提醒自己，寫筆記很重要。他的《敦煌琵琶譜》《敦煌白畫》《固庵文錄》《近東開闢史詩》，以至《西南文化創世紀》諸作，皆是源自平日熟讀勤寫。

學術館古籍特藏室多爲元明以後線裝古籍，需要二十四小時恒温保護。學術館曾出版饒公收藏的部分古籍圖錄，展示了部分藏品，包括高罗佩（Robert Hans van Gulik, 1910—1967）的《伯牙心法》琴譜，王雲五的《岫廬八十自述》及向邦《粵東詩話》簽名本。筆者在2011年協助圖錄出版工作，得睹饒公秘藏，如清人鄧嘉純《空一切庵詞》、蔣士銓《評選四六法海》一函8冊，清刊本《類賦玉盆珠》，近代藏書家丁傳靖《闇公詩存》一函2冊，當代古典文學研究家龍沐勛刊刻《日知錄校記》藍印本，以及《絜齋毛詩》、《蓮因集詩鈔》一函10冊、《廣事類賦》一函6冊等。特藏室部分古籍得自葉恭綽（號遐菴）之手，包括《遐菴詞贊稿》、一函線裝本《多爾袞攝政日記·司道職名冊》，葉公在後者封面寫了一點札記。葉公愛將札記寫於書面。饒公也藏有葉恭綽爲杜月笙六十大壽所寫的壽文，朱砂毛筆直書，函面由章士釗題"葉遐菴先生撰書杜月笙先生六十壽文真跡"，煞是悦目耀眼。

在歷史學書庫，筆者看到了之前從未見過的一部大書：日本京都大學文學部田村實造及小林行雄編寫的《慶陵》兩卷巨型考古報告。第1卷刊於1953年，第2卷圖版篇首先發行，刊於1952年，限量發行400冊，一半在京都大學内部流通，其餘200冊以獨立編號方式發售，饒公的一套編號爲136。報告爲京都大學人文科學研究所於1935—1939年間對東蒙古遼代帝王慶陵進行考察所作的報告及收集的圖版。該考古報告主要報告了墓室壁畫、遺跡、遺物的考察情況，對《哀册碑文》進行了解説，圖版黑白彩印并存，是一部難得的學術著作。圖册大小猶如學術館藝術組成員、饒公女婿鄧偉雄博士譯著的《清宮散佚國寶特集》，遠看已够奪目。《慶陵》跟不少饒公藏書一樣，市場上已難得一見。因此，他的藏書，至今仍具有無可比擬的參考價值。後來，筆者得知《慶陵》兩巨冊已漢譯出版，購來一翻,喜見所附補充資料尤勝原著,饒公泉下有知,想必快慰。

饒教授的藝術造詣,鄧偉雄博士多有述作。筆者在港大饒館期間,留心的事項之一乃鄧博士何時出版老人最新畫作圖錄。鄧公從來不叫人失望,每隔兩三個月,總有新書面世。《莫高餘馥——饒宗頤敦煌書畫藝術》《香江情懷——饒宗頤教授筆下的香港風光》《筆底造化——饒宗頤教授繪畫研究》《饒荷盛放——饒荷的形成與發展》《學藝融通——饒宗頤百歲藝術》等冊,比比皆是。饒公的書畫真跡與出版圖錄當然不可相提并論。書畫真跡,不論質感還是用墨濃淡,都纖毫畢現,其氣韻力度,更形立體,那是看圖冊没法得到的感覺。近百歲的饒公,時見書畫新作,使得館內同事雀躍萬分。饒公平日書法練字,悉數被女婿"打包"入藏,數量之多,看得筆者目瞪口呆。今天,老人一字價值連城,洛陽紙貴,端的事實。

晚年的饒公,一方面,平日深居簡出,唯午飯時間多在英皇駿景酒店,或見求字貴賓,或見來訪學人。記得一次業師、西藏學家王堯教授訪港,與港大饒館館長李焯芬教授等於酒店與饒公用午膳,王教授向饒公及在座者略説藏學動態。後來業師擔任第二屆饒宗頤學術講座主講嘉賓,九十多歲的饒公竟然破例聽畢講座,一時傳爲佳話。另一方面,爲讓世人認識國學的博大,老人也願意遠涉重洋,學術館藝術部同仁爲他在海內外多地舉辦書畫展覽,將老人"參萬歲而一成純"的作品向世人推介。饒公只要體力許可,多願同往支持。他對國學傳播事業,可謂鞠躬盡瘁。

至於學術,晚年的老人同樣關注。記得 2014 年春節前後,饒公突然來訪學術館,那時學術館剛遷往香港大學鄧志昂樓不久,他的藏書還未全部上架。由女兒清芬等人陪同,饒公慢步走上二樓書庫,看自己的藏書。那天他精神奕奕,與之握手,覺得他力度依然十足。在書庫看書期間,他口中不時念念有詞,又與學術組鄭煒明博士細語。筆者在旁邊,看他對學問的認真態度,腦際想到:一位"業精六學,才備九能"的學者就在眼前——他就是《殷代貞卜人物通考》《梵學集》的作者,就是買下斯坦因敦煌微縮膠卷的人,就是認識漢學家戴密微的學者,就是中央文史館館員,就是認識葉恭綽的大學者,就是在《絲綢之路》一片中介紹全伽趺及半伽趺坐的梵學專家,一位觸類旁通的大學者……筆者心中無限景仰。

(作者單位: 香港中華書局)

"史語所"語言組"三巨頭"對廣東語言學研究的貢獻

林倫倫

民國時期的"中央研究院歷史語言研究所"（簡稱"史語所"）1928 年創建於廣州,初創時寄設於中山大學校内,以中山大學的"語言歷史學研究所"（簡稱"語史所"）專家學者爲基本隊伍,一套人馬,兩塊牌子。後由籌備委員傅斯年、容肇祖等選址,於 1928 年 10 月 22 日遷移到廣州東山柏園。柏園故址現由廣東省文物考古研究院修復并對這段歷史布置了展覽,對於廣州市、廣東省乃至全國的學術史,都具有重要的歷史價值和現實意義。2022 年 12 月 14 日,廣東省政協文史委與廣東省文物考古研究院在柏園舉辦了文史界委員和專家學者座談會,余忝列會議,參觀了故址,并學習了阿瑞的《1928 年"史語所"在廣州創建的歷史研究》（未刊稿）等資料。現就我的專業範圍和搜集到的文獻資料所及,談談史語所語言組"三巨頭"對廣東語言學研究的貢獻。

一、"三巨頭"親力親爲,利用現代設備儀器和現代語言學方法對廣東方言進行了調查研究

所謂的史語所語言組"三巨頭",指的是清華四大導師之一的趙元任（1892—1982）,曾爲中山大學中文系主任、中國科學院語言研究所首任所長（1950 年）的羅常培（1899—1958）和中國在國外專修語言學的第一人、1950 年當選美國語言學會副會長的李方桂（1902—1987）。這三位大先生是史語所初創時語言組（第二組）的成員,趙元任爲組長。他們仨在史語所和西南聯大時期就做了大量的語言學研究工作,出版了不少經典著作,還合作翻譯了語言學的經典譯著——瑞典漢學家高本漢（Klas Bernhard Johannes Karlgren,1889—1978）的《中國音韵學研究》（北京：商務印書館,1940 年）。

1928 年,羅常培任中山大學語言文學系主任。他爲了研究《廣韵》而開始學習廣州

話。這一年趙元任到廣州調查方言,經常與羅常培切磋語言學的問題。同年,羅常培與傅斯年、趙元任、李方桂一起參加創辦"中央研究院歷史語言研究所"的籌備工作。史語所分組時,語言學爲第二組,趙元任擔任組長。

1928 年 5 月,傅斯年在廣州起草了討論語言學研究範圍和旨趣的文件《歷史語言研究所工作之旨趣》,并經籌備委員通過,確定語言學研究分爲漢語方言、西南語、中央亞細亞語等方嚮。1929 年 1 月 22 日,傅斯年致函羅常培:"莘田先生教席:惠諾改任研究員事,無任感荷。又承示下個人工作計劃及韵書研究工作計劃兩件,奉讀之下,不勝欽佩。已交趙元任閱過,一切同意。從此韵書整理、粵語研究必借先生以光本所也。"[1]

趙元任先生對漢語方言調查研究很重視,他認爲:"精通一個漢語方言,是瞭解全部漢語的準備。"1927 年,他就對江浙吳語區進行了調查研究,次年便在科學出版社出版了《現代吳語的研究》一書。該書是中國首部以現代語言學理論和方法分析漢語方言的著作,開創了運用現代語言學方法進行漢語方言調查的先河[2]。

趙元任較早對兩廣方言進行現代語言學意義的調查。1928 年 11 月 10 日他抵達廣州,開始在中山大學授課。同年 12 月 9 日開始,他馬不停蹄地進行兩廣語言調查。中央研究院史語所分函各地各級學校,請予面洽一切并盡力協助趙元任的語言調查。12 月22 日,他讓中山大學生物系教師石聲漢邀請瑤胞在廣州記音,對石聲漢記錄的 197 首瑤歌中的 90 首做了錄音,後來整理出版成《廣西瑤歌記音》,在史語所集刊專刊發表(北平,1930 年)。12 月 24 日,趙元任趕赴三水,在縣立中學找發音人記三水大街的語音。緊接着,他又赴廣西調查該區域的粵語方言。

1929 年 1 月 3 日完成爲時 6 天的廣西南寧方言調查,再赴梧州記錄梧州北部鄉下的方言,11 日回到廣州。12 日到廣東的江門、新會、臺山等地調查,18 日回到廣州。19 日又北上韶關,調查記錄粵北方言,23 日返廣州。24 日乘船赴汕頭,在汕頭、潮州兩地調查。30 日從澳門回廣州經過石岐時進行中山縣語料收集,2 月 1 日回到廣州。

趙元任後來發表的《中山方言》《臺山語料》中專門注釋是根據在"1929 年冬"(原文如此,應該是 1928 年的冬天到 1929 年 1 月)收集的材料所寫的,中山縣的發音人是程偉正。

1945 年,趙元任還在哈佛大學出版社(Harvard University Press)出版了《粵語入門》(*Cantonese Primer*)一書(英文版,漢字版 1947 年出版),主要語料還是他 1928 年冬到1929 年春在廣州調查方言時獲得的[3]。

關於在汕頭、潮州調查事宜,他在日記中寫道:"元月 24 日,動身經香港乘'林肯'號船赴汕頭、潮州兩地調查方言和記音。"他還記錄了一則趣聞:"我調查粵語時,順便去廣東東部調查了汕頭和潮州方言,這兩處方言屬閩南方言系統。可是我到火車站説潮州話,想買一張去汕頭的二等車票,售票員却給了我兩張三等車票。我只好不説潮州話,用廣東話作了解釋。"[4]趙元任還在 1 月 28 日逛了太平街的義安路一帶,拍下了義安路的照片。在其調查日記中寫道:"在街上看到韓愈潮州刺史牌坊,又到金山中學繼續録音。"[5]

羅常培也是運用現代語言學理論和方法進行漢語方言調查和研究的先驅之一。1926 年秋他隨魯迅先生到廈門大學任教期間,對廈門方言進行了調查研究,後於 1931 年寫成《廈門音系》并出版,1940 年又出版了《臨川音系》,都是漢語方言學的奠基之作[6]。在西南聯大時期寫成的《語言與文化》,則是中國文化語言學、社會語言學的開山之作[7]。

李方桂 1924 年留學於美國,先後在密歇根大學和芝加哥大學讀語言學,1928 年獲得芝加哥大學博士學位。留學期間,他就對印第安語進行了調查録音,做出了美國語言學家也做不到的貢獻。1929 年年底,他受聘於史語所,南下廣州,後來還從香港乘船到海南,從海口到臨高、樂會,做了一個多月的海南的漢語方言調查。回到廣州後,還利用借來的語音分析儀器驗證了他在海南調查時發現的内爆音(implosive)。

李方桂夫人徐櫻女士的《方桂與我五十五年》一書記録了李方桂學成歸國後到廣東開展漢語方言和少數民族語言的口述史研究的經歷:"船到上海,纔一靠岸,就有'中央'研究院院長蔡元培先生的代表到船上來歡迎我。……第二天就請我到他府上吃飯。陪客中有很多大人物……歷史語言研究所的所長傅斯年。大家談得非常愉快,當天'中央'研究院歷史語言研究所就聘請我爲專任研究員。……由上海到了北京,見到趙元任,還有別的研究語言學的人。不久,二三星期後,我又回到上海,又到廣東。我找找在南方有什麽可做的,後來聽説廣東一帶有瑶人語。忽然我想到海南島去。……先到香港,再從香港換船到海南島,港口就叫海口市,那裏就是海南方言的區域。我發現他們的發音中,有很有趣的變化。我發現緬甸、泰國都有那些類似的音調,術語上叫做閉壓音,也可以説是内吸音(implosive)。我從來不知道(漢語方言)有這種音。"[8]

有趣的是,他還自製録音儀器來做語音實驗:"(我)從廣東醫學院借了點兒機件,做了非常原始的工具,就是用一個洋鐵煙筒,筒的一頭,開個小洞,插入一截橡皮管,然後用嘴對着橡皮管吹氣,針就上揚,吸氣針就下降。……(試驗)果然很成功,……證明他們(海南的發音人)的發音,有時是吸氣的。"[9]

二、滋蘭樹蕙,爲廣東乃至全國的語言學建設培養人才

趙元任先生對廣東語言學的貢獻,還在於他在清華大學時培養了後來成爲中國現代

語言學奠基人之一的王力(1900—1986)這位學生。

1926年,王力考入清華大學國學研究院,趙元任是清華國學研究院"四大導師"(其他三位是王國維、梁啓超、陳寅恪)之一,是王力的老師。1927年,王力赴法國巴黎大學留學,回國後曾在清華大學、西南聯合大學、中山大學、北京大學等多所高校任教。1946年他在中山大學任文學院院長時,創建了現代中國高校裏的第一個語言學系并於同年招收第一批學生。他聘請了同鄉友好、著名語言學家岑麒祥出任系主任。教師有方光燾、楊樹達、商承祚、嚴學宭、周達甫、吳三立等。這個中國第一個語言學系的教師也有史語所的成員,如商承祚等;一些則是史語所成員的助手或者學生,都是赫赫有名的語言學家、經史學家。首屆學生畢業於1947年(是由中文系四年級轉系而來的,如後來成爲著名方言學家的黄家教)。從1946—1954年的8年間,中國第一個語言學系——中山大學語言學系,一共培養學生100餘名,爲我國輸送了大批語言學人才,獲益最大的是中山大學和廣東省。其畢業生有很多後來成爲了著名的語言學家,如唐作藩(北京大學)、宋長棟(中山大學)、黄家教(中山大學)、詹伯慧(武漢大學、暨南大學)、饒秉才(華南師範學院、暨南大學)、黄伯榮(西北師範大學、青島大學)、歐陽覺亞(中國社科院語言研究所)、傅雨賢(中山大學)、唐啓運(華南師範學院)等。中大語言學系1948級學生、著名語言學家唐作藩教授回憶説:"中大語言學系的歷史雖短,但功在千秋。"[10]

羅常培先生則在西南聯大時期培養了高華年,後來高華年成爲了中山大學語言學系、中文系著名語言學家,廣東省中國語言學會會長。

在西南聯大期間,羅常培任北大文科研究所語學部導師,仍兼北大中國文學系主任。1939年11月,校常委會決議請羅常培暫代西南聯大文學系和師範學院國文系兩系主任。1938—1944年,他在聯大教課和主持系務工作之外,在雲南積極開展了大量的語言調查研究工作。高華年1941年考進北京大學文科研究所語學部,師從羅常培、李方桂教授。1943年,高華年畢業并獲碩士學位,得到羅常培先生的器重并親自推薦給西南聯大的南開大學文學院邊疆人文研究室。羅常培先生在推薦書中言其碩士論文"關於(彝語)借字之分析及語法之結構均爲前此中外學者所未道及",評價頗高。

高華年1943—1946年任西南聯合大學中文系講師。其間,其碩士論文中被羅常培先生稱贊過的兩部分——《黑彝語中漢語借詞研究》和《黑彝語法》分別在南開大學文學院邊疆人文研究室語言人類學專刊第二種(1943年)和第三種(1944年)上發表。1944年,他的論文《昆明核桃箐村土語研究》獲得國民政府教育部嘉獎。1942—1944年的獲獎者,文科的還有馮友蘭、金岳霖、王力、費孝通、陳寅恪、湯用彤、聞一多、陰法魯、張清常等;理工科的有華羅庚、周培源、吳大猷、趙九章等。

　　高華年1951年從嶺南大學轉入中山大學語言學系,并被聘爲教授。他的主要著作有《彝語語法研究》(北京:科學出版社,1958年)、《廣州方言研究》(香港:香港商務書局,1980年初版,1984年再版)、《語言學概論》(與植符蘭合作,南寧:廣西人民出版社,1983年出版,1984、1987年再版,發行量過10萬)、《普通語音學》(與植符蘭合作,南寧:廣西人民出版社,1986年)、《少數民族語言調查研究教程》(與宋長棟等合作,南寧:廣西教育出版社,1990年)、《漢藏系語言概要》(廣州:中山大學出版社,1992年)、《漢藏語論稿》(廣州:中山大學出版社,2018年)等,均爲少數民族調查研究的經典教材和田野調查指南式的經典著作。1983年起,高華年擔任廣東省中國語言學會會長,是廣東語言學界二十世紀後半段的領軍人物之一[11]。

　　總之,史語所"三巨頭"不但在二十世紀三十年代前後利用現代的設備儀器、運用現代語言學方法,對廣東漢語方言和少數民族語言進行了調查研究,是廣東現代語言學研究之肇始,開廣東漢語方言和少數民族語言調查研究之先河,他們還培養了王力、高華年等學生,爲全國第一個語言學系的創建和語言學人才的培養奠定了人才隊伍的基礎。廣東省的語言學研究,尤其是漢語方言和少數民族語言調查研究,能成爲南方的學術高地,"三巨頭""道夫先路",功不可没。他們博古通今、中西兼擅,既重視文獻資料又重視田野調查的嚴謹學風,值得我們今天傳承和弘揚!

注　釋

[1] 引自王汎森、潘光哲、吳政上主編:《傅斯年遺札》,北京:社會科學文獻出版社,2015年,第187頁。

[2] 參閲莫彭齡、金麗藻:《科學進行方言研究的典範——重讀趙元任〈現代吳語的研究〉》,《常州工學院學報》2008年第5期,第1—4頁。

[3] 以上資料據《史語所初創時期的方言調查工作——趙元任影像一瞥》《趙元任年譜》等整理。詳參趙新那、黃家林:《史語所初創時期的方言調查工作——趙元任影像一瞥》,"方言與文化"公衆號,2022年7月9日;趙新那、黃培雲編:《趙元任年譜》,北京:商務印書館,1998年。

[4] 引文中的"廣東話",有的譯本作"廣州話",都源於Cantonese,指的是粵語。參閲趙元任、吳啓主:《我的語言自傳》,《語言教學與研究》1983年第4期,第132—149頁;趙新那、黃培雲編:《趙元任年譜》,第157頁。

[5] 照片見趙新那、黃家林:《史語所初創時期的方言調查工作——趙元任影像一瞥》;引文見余靄芹:《趙元任先生1928—1929年田野調查的重要性》(*The Significance of the 1928—1929 Field Work of Professor Yuen Ren Chao*),收入復旦大學漢語言文字學《語言研究集刊》編委會編:《語言研究集刊》第二十一輯,上海:上海辭書出版社,第239—276頁。

[6] 參閲周長楫:《重讀〈廈門音系〉》,《方言》1999年第3期,第176—180頁;謝留文:《重讀〈臨川音系〉》,《方言》1999年第3期,第164—175頁。

[7] 參閲徐大明:《聯繫社會來研究語言——重讀羅常培的〈語言與文化〉》,《當代語言學》1999年第3期。

［8］［9］徐櫻:《方桂與我五十五年》(增訂本),北京:商務印書館,2010 年,第 39—41 頁。引文中的 implosive,現在多譯爲“内爆音”。

［10］唐作藩:《語言學的人才摇籃——回憶中山大學語言學系》,《中山大學校報》第 65 期(新)。

［11］高華年先生資料根據《高華年文集》整理。詳參植符蘭編:《高華年文集》,廣州:廣東人民出版社, 2013 年。

（作者單位：廣東技術師範大學）

説《合集》21384"子夢作耳亦鳴終夕痛亡至艱"一辭

黄天樹

　　《甲骨文合集》(以下簡稱《合集》)21384 記有"耳鳴"一辭,由於拓本字迹漫漶不清等原因,各家釋文不同。例如,《殷墟甲骨刻辭摹釋總集》21384 釋文如下:

　　　…卯卜…疾…惟…

　　　…巳…既夢…作徜耳鳴終…大…

　　　…巳…

　　　…卯…[1]

　　《甲骨文合集釋文》21384 釋文如下:

　　　(1) 丁卯卜,叶,□…

　　　(2) 丁卯卜,子,子勿又…

　　　(3) 丁巳卜,夢𢁄耳亦鳴。

　　　(4) …夢…不…[2]

　　《甲骨文校釋總集》21384 釋文如下:

　　　(1) 丁卯卜,䏆,□…

　　　(2) 丁卯卜,子,子勿㞢…

　　　(3) 丁巳卜,夢𢁄,耳亦鳴。

　　　(4) …夢…不…[3]

　　《殷墟甲骨文摹釋全編》21384 釋文如下:

　　　…巳…夢…乍通耳鳴終…大…

　　　丁卯卜巳…弜又…

　　　丁卯卜…[4]

　　以上諸書的釋文皆有誤。其中記有"耳鳴"的這條卜辭，本來十分完整，但是由於拓本字跡漫漶，加之字體和行款比較特殊，因此各家釋文也都誤讀，檢視拓本自明。《合集》是目前收錄甲骨拓本最多的一部大型著錄書。但是此書有不少拓本是拿舊著錄書翻印的，其拓本往往不如舊著錄書清晰。上引《合集》21384 是翻印《前編》8.5.3，所以《合集》拓本斑駁，筆畫掩映其中，忽隱忽現。大家知道，羅振玉既勤於研究甲骨文，也勤於刊布有字甲骨。他出版過不少甲骨著錄書。其中以在日本出版的《前編》選材最精，以珂羅版影印，拓本字跡清晰，遠遠勝過石印本的《鐵雲藏龜》。《前編》是殷墟發掘前出土甲骨拓本的重要集錄。甲骨文得以迅速傳播，爲世人所重，與《前編》的出版不無關係。檢視《前編》8.5.3 拓本（圖 1），拓本清晰度優於《合集》21384。筆者根據《前編》8.5.3 拓本做了一張摹本，附於文末（圖 2），供學者參考。

　　我認爲，《合集》21384 是龜腹甲的右前甲殘片。其左邊是中縫，左上是内舌縫與上舌縫，右上是原邊，右邊和下邊是兆邊[5]。這片卜辭的字體屬花東子卜辭，其時代屬於武丁晚期[6]。審視拓本，我們要討論的這條卜辭的周圍有環形界劃綫把這條卜辭和一個卜兆都圈在裏面。花東子卜辭的行款是嚴格守兆的，環形界劃綫圈裏的卜辭行款圍繞卜兆作" 〗 "形，即先自左至右逆兆枝而行，經過兆幹後改爲竪刻，沿兆幹背面自上而下刻寫，到兆幹底部，然後改爲自右至左順兆枝而左行。上述諸書釋文有誤，是不懂花東子卜辭的文例而造成的[7]。現在，我們把上引記有"耳鳴"的這條完整卜辭的釋文先寫在下面，然後加以闡述。

　　　　□丑卜：子夢，乍（作）耳亦鳴，夂（終）夕佣（通＝痛），亡（無）至艱。

　　　　　　　　　　　　　　　　　　　　　　《合集》21384＝《前編》8.5.3［花東］

　　這條花東子卜辭的占卜主體不是"王"而是"子"，"子"是商人家族的族長。"子夢，作耳亦鳴"之"作"與《合集》19829"王夢，允大甲降"之"允"相近，"作耳亦鳴"之"作"，也應是副詞。方稚松先生認爲，有些"作"字從辭例看，用爲副詞，用於動詞性結構之前，有突出強調成分之語氣[8]。我再補充一些把副詞"乍"放在主語前面的新例子。例如：

　　　　甲戌卜：乍（作）弜 刀 （勿）黍，受止（有）年。

　　　　　　　　　　　　　　《蔣玉斌甲骨綴合總表》235＝《合集》9759+24435［師賓］

　　　　甲午王卜貞：作余酒，朕衆（禱）氞（气）余步比侯喜征人方，上下齀（徹）示授余有祐，不喆戋，肩告于大邑商，亡（無）徍（害）才（在）跃（兆）。王占曰："吉。"在九月，遘上甲夤。唯十祀。　　　　　　　　　　《合集》36482,36483 同文［黄類］

　　　　乙丑王卜，貞：贪巫九畬。余乍（作）尊啓告侯、田，册（曹）叔方、羌方、羞方、彎方，余其比侯、田甾戋（戰）四丰（邦）方[9]。　　　　　　　《合集》36528［黄類］

　　　　乙丑王卜，貞：贪巫九畬。祚（作）余尊啓告獻侯紷曹□。　　《合集》36345［黄類］

第一條卜辭中的“弜”，人名。“𠚤（勿）黍”之“勿”，動詞，訓爲分割、切割。第二條卜辭“作余酒”之“作”，虛詞。“朕禱气余步”至“無害在兆”應作一氣讀。卜辭大意是説，商王卜問，我祈禱跟侯喜征伐人方時，是否能得到上下神靈的保祐；是否能打敗人方；是否能告知大邑商的國人説“無害在兆”，即“在卜兆上顯示是無害的”。第三條卜辭《合集》36528“余作尊啓告……”可比較第四條卜辭《合集》36345“作余尊啓告……”，“作”字用爲副詞，有突出強調成分之語氣。有關副詞“允”“其”等放在主語的前面的情況，沈培先生《殷墟甲骨卜辭語序研究》（第173—176頁）有討論，可以參看。“耳鳴”一語，卜辭多見，于省吾説：“（耳鳴）見諸三千年前的甲骨文。耳鳴乃耳病中的一種症狀，是由於聽覺器官有某種病變而產生的。”[10]“亦”，頻率副詞。楊樹達説：“亦者，又也，又者，一事而再見之辭也。故卜辭云：貞吾方其亦出者，貞吾方之又出也。貞吾方不亦出者，貞其不又出也。不又出猶今人言不再出也。”[11]上引這條卜辭説，“□丑”這天的夜間發生了兩件不好的事情，一件是子“做夢”，另一件是子“耳亦鳴”。“做夢”和“耳鳴”都屬於夜裏發生的事情，所以“耳鳴”中間插入訓“又”的虛詞“亦”字。甲骨文“耳鳴”中間可以插入“亦”字，説明“耳鳴”并非凝固結構，應是詞組。“𠈭”字，從“彳”“用”聲，當釋爲“通”。甬、用聲同義通。“通”和“痛”，古音皆爲透紐東部，二字古音相同，所以“通”讀爲“痛”。“夂（終）夕”，意思是整夜。“艱”，當“災難”講。這條卜辭卜問，花東家族的族長“子”做夢，耳又鳴而整夜疼痛，是否會帶來災難。“耳鳴”一語，指外界并無聲音而患者自己覺得耳朵裏有聲音。由中耳、內耳或神經系統的疾病引起。又見於下列卜辭：

□：[子]耳鳴，亡（無）至[艱]。《合集》22037（拓本貼倒）=《虛》1433[花東]

丁卜：子耳鳴，亡（無）害。　　　　　　　　　　　　　　《花東》501[花東]

癸卜貞：子耳鳴，亡（無）害。　　　　　　　　　　　　　《花東》53[花東]

癸酉卜：子耳鳴，唯癸子害。　　　　　　　　　　　　　　《花東》275[花東]

庚卜：弜（勿）羍（禳），子耳鳴，亡（無）小艱。　　　　《花東》39[花東]

于母昌羍（禳）子戬顛（疹）。

子戬顛（疹），其羍（禳）妣己眾妣丁。

其禦子戬妣己眾妣丁。　　　　　　　　　　　　　　　　　《花東》273[花東]

庚戌卜：朕耳鳴，屮禦于祖庚，羊百屮用，五十八屮毋用，□，今日。

　　　　　　　　　　　　　　　　　　　　　　　　　　《合集》22099[午類]

“羍”字，周忠兵先生《釋花東卜辭中的“禳”》釋爲“禳”[12]，可從。上引《花東》39卜辭卜問，不要舉行禳祭，因爲“子耳鳴”不會帶來災難。上引《花東》273中的“羍（禳）”字，祭名，消災除難之祭。《説文》:"禳,磔禳祀,除癘殃也。""禳"是一個動詞,意義與"禦"相似。蔣玉斌先生把上引《花東》273 中的"顛"字讀爲"疒"[13],當疾病講,并認爲是由於子馘患病,所以貞問向哪位先人舉行"韋(禳)"祭或"禦"祭。上引《花東》273 第一條卜辭"母"下一字從"口"從"日",當是"昌"字。"昌"古音在昌紐陽部,"禳"古音在日紐陽部,二字韵部全同,聲紐皆爲舌上音,所以"昌"疑讀爲"禳"。如《合集》19924"[庚]戌王貞:亡昌(禳)父辛"。

　　壬戌卜,在□刎:子耳鳴,唯又(有)絅,亡至艱。

　　癸亥:子往于尖,肇子丹一、盐龜二。　　　　　　　　《花東》450[花東]

　　"肇",動詞,訓爲"贈送"之義。"肇"的主語應是商王。上引兩辭卜日干支"壬戌"和"癸亥"相連,所卜之事應該是有關係的。第一條卜辭説"壬戌"日,子患"耳鳴"。第二條卜辭説次日"癸亥",子前往"尖"地,商王是否會贈送丹砂和盐地之龜。"丹一、盐龜二"可能是治療"耳鳴"的藥物[14]。

　　拙文初稿是提交給 2019 年 6 月在開封河南大學召開的第十一屆"黄河學"高層論壇暨"古文字與出土文獻語言研究"國際學術研討會的論文,并在研討會上宣讀。蔣玉斌先生指出,拙文初稿《合集》21384 釋文作"終夕痛,既",比照上舉花東子卜辭《合集》22037"[子]耳鳴,亡至[艱]"看,所謂"既"應改爲"亡至艱"。諦審《前編》8.5.3 拓本(圖1),"既"字應改爲"艱"字,"艱"上一字當爲"至"字,"通"和"艱"之間似爲"亡"字,蔣玉斌先生的意見是正確的。拙文改定稿的摹本已經吸收蔣玉斌先生的意見做了改定(圖2)。

圖 1

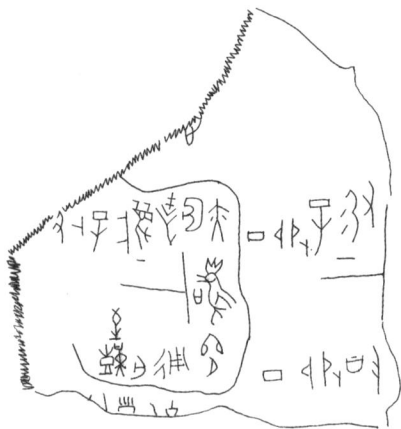
圖 2

2019 年 6 月 15 日初稿

2019 年 9 月 18 日改定

本文爲國家社科基金重大項目"殷墟甲骨拓本大系數據庫建設"(15ZDB094)、國家社科基金重大委托項目"甲骨文圖像數據庫"(16@ZH017A1)和"古文字與中華文明傳承發展工程"規劃項目"甲骨刻辭類纂新編"(YWZ－J001)、"甲骨文字新編"(YWZ－J005)的階段性成果。

注　釋

[1] 姚孝遂主編:《殷墟甲骨刻辭摹釋總集》,北京: 中華書局,1988年,第21384片。

[2] 胡厚宣主編:《甲骨文合集釋文》,北京: 中國社會科學出版社,1999年,第21384片。

[3] 曹錦炎、沈建華編著:《甲骨文校釋總集》,上海: 上海辭書出版社,2006年,第21384片。

[4] 陳年福撰:《殷墟甲骨文摹釋全編》,北京: 綫裝書局,2010年,第21384片。

[5] 黄天樹:《甲骨形態學》,《甲骨拼合集》,北京: 學苑出版社,2010年,第514—538頁。

[6] 黄天樹:《簡論"花東子類"卜辭的時代》,《古文字研究》第二十六輯,北京: 中華書局,2006年,第23—29頁。

[7] 有關花東子卜辭的行款特點參看孫亞冰:《殷墟花園莊東地甲骨文例研究》,上海: 上海古籍出版社,2014年,第34—98頁。

[8] 方稚松:《殷墟甲骨文五種記事刻辭研究》,北京: 綫裝書局,2009年,第61頁注[2]。

[9] 卜辭裏方國稱"方",又稱"丰(邦)"。其君稱"方伯",又稱"丰(邦)伯"。《屯》2279"丰(邦)""方"同義連用,"王其敦邦方"之"邦方"即"方國"。"二邦方"(《合集》36531)指兩個方國。"三邦方"(《合集》36530)指三個方國。"四邦方"指四個方國,即𠭰方、羌方、羞方、轡方。

[10] 于省吾:《甲骨文字釋林·釋"耳鳴"》,北京: 中華書局,1979年,第220—221頁。

[11] 楊樹達:《積微居甲文説·釋亦》,《楊樹達文集之五》,上海: 上海古籍出版社,1986年,第23—24頁;黄天樹:《甲骨文中的頻率副詞》,《首都師範大學學報》(社會科學版)2015年第1期,第85—92頁。

[12] 周忠兵:《釋花東卜辭中的"禳"》,《古文字研究》第三十二輯,北京: 中華書局,2018年,第68—74頁。

[13] 蔣玉斌:《釋殷墟花東卜辭的"顛"》,《考古與文物》2015年第3期,第107—110、117頁。

[14] 黄天樹:《卜辭瑣記》,《出土文獻與古文字研究》第六輯,上海: 上海古籍出版社,2015年,第13—16頁。

(作者單位: 清華大學出土文獻研究與保護中心、
"古文字與中華文明傳承發展工程"協同攻關創新平臺)

《尚書·盤庚》與甲骨文祭祖觀念合證

張利軍

　　《尚書·盤庚》是記載商王盤庚遷都的重要文獻,自漢至清的經學大師多在經學範圍內對《盤庚》進行解讀,保留下來的經解對於後世研讀《盤庚》篇及盤庚遷殷的歷史意義重大。近代以來的學者對《盤庚》的研究主要集中在經文語意辨析、[1]《盤庚》三篇的著作時代及次序、[2]從《盤庚》看商代政體、[3]論述盤庚遷殷及其原因[4]等重要方面。而關於商代的宗教祭祀問題,學界主要着意於根據殷墟甲骨文的記載,將受祭的神靈分類,以及進行祭祀類別的研究。在這些方面,學界取得了不少重要成果。[5]從思想内容考察,《盤庚》原本是由史官記録的盤庚所講的告誡之詞,今所傳《盤庚》三篇文字有不少周代語言,可能是經過周代加工潤色的結果。[6]這些研究成果對於理解《盤庚》的内容和推進商代史的研究具有重要意義。盤庚告誡的對象是内外服職官。《尚書·酒誥》稱内服"百寮、庶尹、惟亞、惟服、宗工越百姓、里居(君)",稱外服"侯、甸、男、衛、邦伯"五類,這些名稱於甲骨文中皆有明證。百寮下轄衆官長、副手、一般的執行政務官員、王室之官,百姓、里居(君)與百寮并列,是地方上的百族長和里長。[7]内服貴族主要來源於《逸周書·度邑》所載追隨商湯建國的三百六十族首領,居於商王直接控制的地區,即甲骨文中的"商"、"天邑商"(《甲骨文合集》[8]36541),金文中的"大邑商"(何尊《集成》6014),後世稱爲"王畿"或"邦畿"。外服由商王朝册命的同族、歸附商王朝的异族、商王朝征服的方國三部分構成,主要分布在大邑商之外,與敵對方國犬牙交錯。商是由内外服構成的複合制國家,[9]商王盤庚遷都直接涉及内、外服貴族的利益,遭到他們的反對,故商王盤庚對不同意遷都的内、外服貴族發出誥命,如《盤庚下》載盤庚呼命對象有"邦伯師長百執事之人",邦伯即《酒誥》之外服"侯甸男衛邦伯"的省稱,師長、百執事之人即《酒誥》之内服"百寮""庶尹"等。裘錫圭先生指出,"《商書》各篇所反映的思想以至某些制度却跟卜辭相合"[10],這一論斷對於解讀《盤庚》非常具有啓發性。盤庚誥命反映了商王與内服貴族在祭祖方面的特殊關係以及商代的祭祖觀念,爲以往研究所忽視,且《盤庚》所反映的情況可得殷墟卜辭印證,這對於認識商代的祭祀觀念、商王與内服貴族的關係，更好地理解卜辭内容具有重要意義。不揣譾陋，論述於下。

一、内服舊臣配享先王制度

由《尚書·盤庚上》所載"王曰：'古我先王，亦惟圖任舊人共政。'"——盤庚追述先王任用居位時間比較久的貴族共同管理政事，即知商王誥命對象主要是王朝職官。盤庚説："兹予大享于先王，爾祖其從與享之。"偽《孔傳》認爲："古者天子録功臣配食于廟。大享，烝享也。所以不掩汝善。"[11] 關於舊臣受王祭禮，古代經學家有烝祭和禘祭的不同認識，《周禮·司勛》云："凡有功者，銘書于王之大常，祭于大烝，司勛詔之。"鄭玄注謂："銘之言名也。生則書于王旌，以識其人與功也。死則于烝先王祭之。詔，謂告其神以辭也。盤庚告其卿大夫曰'兹予大享于先王，爾祖其從與享之'是也。"[12] 偽《孔傳》、鄭玄皆認爲大享爲烝祭，舉行烝祭先王之禮時，去世的功臣配食於先王之廟。而《春秋公羊傳》文公二年云"五年而再殷祭"，何休注："五年禘，禘所以异于祫者，功臣皆祭也。"[13] 此則祭祀先王而功臣并受祭的祭名爲禘。清人孫星衍認爲"大享"即《禮記·曲禮》《禮器》之"大饗"，提出"大享，謂禘祭于明堂"。[14] 古代經學家將大享解爲烝祭或禘祭，各有一定的依據，禘與烝都是周代祭祀祖先的大祭。

"饗"作爲祭名見諸卜辭，如"庚子，王饗于祖辛"（《合集》23003），"癸亥卜，彭貞：大乙、祖乙、祖丁眔饗。貞：大乙、祖丁眔饗"（《合集》27147）。"享"的本義是獻，饗祭就是獻祭。"大享"即是向祖先神獻上豐厚的祭品，舉行隆重的祭祀。據《盤庚上》載：盤庚祭祀先王時，内服貴族們的祖先也跟着享用祭品得到了祭祀，因爲内服舊臣都是追隨商先王建功立業者，所以在天上能够享受到商王的祭品。正如《國語·魯語上》展禽語："夫聖王之制祀也，法施於民則祀之，以死勤事則祀之，以勞定國則祀之，能禦大災則祀之，能扞大患則祀之。非是族也，不在祀典。"[15] 從商王盤庚之誥述及祭祖時有功勛的舊臣可以配祀的情況看，在盤庚及其以前，商王視舊臣爲其與内服貴族的共同祖先，祭祖就是祭祀其與内服貴族們共同的祖先。商王盤庚通過祭祀祖先神的方式使内服貴族的祖先也得到祭祀，可能以此來拉攏團結内服貴族。

盤庚祭祖以内服舊臣配享的情況，與卜辭中商王以内服舊臣伊尹配享商王祖先辭例可相互印證。

(1) 癸巳，貞：侑、𢀜、伐于伊，其遘大乙彡。

　　癸巳，貞：其侑、𢀜、伐于伊，其即日。　　　　　　　　（《合補》10418[16]［歷二］）

（2）□戌卜，又歲于伊、廿示又三。　　　　　　　　　　（《合集》34123［歷二］）

（3）伊賓，弜賓，叀宗射。上甲岀南，弜南。　　　　　　（《屯南》2417[17]［歷二］）

（4）其雨，伊賓，弜賓，叀宗射，☑岀□。　　　　　　　（《合集》34339［歷二］）

（5）貞：其卯羌，伊賓。［貞］：王其用［羌］于大乙，卯叀牛，王受佑。

　　　　　　　　　　　　　　　　　　　　　　　　　　（《合集》26955［何二］）

（6）癸丑卜，上甲歲，伊賓。　　　　　　　　　　　　　（《合集》27057［無名］）

歷二類卜辭上限爲武丁晚年，主要是祖庚時期，何二類爲廩辛至武乙時期，無名類處於康丁至武乙、文丁之交。[18]（1）癸巳日貞問即將以彡祭祭祀大乙，以伊尹配祭，也就是陳邦懷先生所說的爲卜伊尹從祀成湯。[19]（2）"歲"本象斧鉞之形，與"戉"古本一字。[20]辭意爲用戉殺牲以侑祭於伊尹，并配祭於二十三位商先公、先王。[21]（3）、（4）賓即配享，辭義是酒祭上甲，以伊尹配享。（5）用羌人、牛爲犧牲祭祀成湯而使伊尹配享。（6）歲祭上甲，伊尹配祀享祭。[22]由上舉甲骨文辭例觀之，伊尹可以配享先公上甲、先王成湯、合祭自上甲、大乙至祖庚的二十三位商先王神主，伊尹在商王朝的地位極高，是有着卓越貢獻的內服重臣，因而其死後在祭典中受到格外的尊崇。《呂氏春秋·慎大》載伊尹間夏後，回報夏國內隱情後，商湯與伊尹盟誓"祖伊尹世世享商"，陳奇猷校釋引吳承仕言："古者有功之臣祭于大烝，祖伊尹世世享商，即《盤庚》所謂'茲予大享于先王，爾祖其從與享之'是也。"[23]卜辭中如伊尹這樣的內服舊臣，尚有學戉、盡戉、咸戉、蔑等，受到武乙之前商王的祭祀，但尚未發現他們之中有配享先公、先王的現象。商王重視對內服舊臣的祭祀，一方面是這些舊臣在商王朝發展中做出過巨大的貢獻；另一方面商王通過尊崇、隆重祭祀舊臣的方式，拉攏團結當朝的內服貴族，勉勵內服職官恪盡職守。

　　《尚書·盤庚》及殷墟卜辭表明，商王祭祀先王時，已存在以內服功臣配祀先王的制度。盤庚祭祀先王時，內服舊臣可以廣泛地受祭。而商王武丁以後的甲骨文中，雖有祭祀舊臣的現象，但僅見舊臣伊尹可以配享先公、先王，且武乙以後的卜辭則未見對舊臣的祭祀。說明以功臣配祀制度，在商代晚期變革祭禮時有所簡省甚至被取消，反映晚商祭祀典禮方面王權的強化，尚未實施後世"功臣配食各配其所事之君"[24]的制度。

　　《尚書·盤庚》載商王盤庚祭祀祖先時，內服舊臣之神可以一起享用祭品受到祭祀。依據此祭祀原則，似乎可以解釋甲骨文中商代內服貴族除爲商王朝服政事外，還有貢納祭品義務的重要社會現象。內服貴族貢納祭品助祭商王祖先時，也使內服貴族的祖先得到了祭祀。記載內服貴族貢獻祭祀所用物，如牲畜、酒類、人牲的甲骨文辭例有：

　　（7）□亥卜，工來羌。　　　　　　　　　　　　　　（《合集》230［賓三］）

(8) [壬]午卜,爭貞:黃入歲,翌癸[未]用。　　　　　　　(《合集》15482[賓三])

(9) □戌卜,貞:窜見(獻)百牛,汜用自上示。　　　　　　(《合集》102[賓三])

(10) 辛丑卜,貞:窜氏羌,王于門尋。　　　　　　　　　(《合集》261[典賓])

(11) 垃入新鬯于丁。　　　　　　　　　　　　　　　(《合集》15790[賓三])

(12) 丁卯,貞:曲以羌,其用自上甲汜至于父丁。

　　　　丁卯,貞:曲以羌于父丁。　　　　　　　　(《合集》32028[歷二])

(13) 辛亥卜,犬延以羌一用于大甲。　　　　　　　　　(《合集》32030[歷二])

(14) 甲辰,貞:敕以鬯用于父丁,卯牛。　　　　　　　　(《合集》32057[歷二])

(7)中"工"屬於《尚書·酒誥》所述内服"宗工",卜問内服"工"致送用於祭祀的羌人。
(8)中"黃"是内服舊臣黃尹的後裔,黃既是族氏名,又代指黃族族長,繼承祖先在商王朝
的職事。貞問將黃族貢納的歲祭之物,於次日癸未用於祭祀。(9)中"見"訓爲"獻",貞問
大臣窜獻上一百頭牛用於祭祀名爲"上示"的商王神主合稱。[25](10)貞問商王用窜所獻羌
人於宗廟門舉行尋祭。(11)臣子并向丁獻納新鬯酒。(12)"曲"爲内服射曲,貞問射曲致
送的羌人被用於祭祀上甲至父丁的諸位先王。(13)卜問用臣子犬延致送的一個羌人祭祀
大甲。(14)貞問用臣了敕獻納的鬯酒以及卯殺一頭牛來祭祀父丁。朱鳳瀚先生認爲:"這
種貢納,其性質有的可能同於《禮記·月令》'乃命同姓之邦,共寢廟之芻豢'具有助祭的
性質,是一種宗族義務。有的則可能是在戰爭結束後,向王室宗廟獻俘。"[26]内服貴族獻
納祭品助祭商先公先王,可能有宗族義務,由上文所述《尚書·盤庚》所獲得的啓示,内服
貴族獻貢助祭,可能還表達其對商王朝的臣服,以及爲了使自己的祖先能夠享用祭品得到
祭祀的深意。

二、商先王降禍人間的權能

《尚書·盤庚中》記載盤庚決定再遷都,從殷遷至西亳,[27]部分内服貴族不順從遷都
的決定,盤庚作誥稱,若"失于政,陳于兹。高后丕乃崇降罪疾,曰:'曷虐朕民?'"僞《孔
傳》謂:"今既失政,而陳久于此而不徙,湯必大重下罪疾于我,曰:'何爲虐我民而不徙
乎?'"[28]盤庚自謂失於政教,久居於此,民必有害,天上的商先王就會降下禍殃,懲罰商
王。盤庚又謂:"汝萬民乃不生生暨予一人猷(謀)同心。先后丕降與汝罪疾。曰:'曷不
暨朕孫有比。'故有爽德,自上其罰汝,汝罔能迪。"吳汝綸謂:"生生,重言形況之字。舊傳
訓'進進',是也。鄭《詩·泮水》箋云:'烝烝,猶進進也。'進進,蓋古言。《爾雅·釋訓》:

'烝烝,作也。'進進,亦當訓作;作者,起行之義。"[29]據此"生生"當讀爲烝烝,訓爲進進,作也。盤庚謂内服貴族若不起行,不與王同心謀政,商先王就會大降禍患與疾病給内服貴族以示懲罰,并責問爲何不與其幼孫親近。故内服貴族若有差錯之行,商先王就會自上天降下責罰,内服貴族將無所逃避。[30]内服貴族若"有戕則在乃心,我先后綏乃祖乃父,乃祖乃父乃斷棄汝,不救乃死"(《尚書·盤庚中》)。内服貴族若有殘害之心,[31]商王祖先就會告知内服貴族的祖先,内服貴族的祖先會抛棄他們的子孫,不管子孫的死活。商王的祖先具有降禍於人間的商王及内服貴族的權能,商王祖先對於内服貴族的降禍方式有時要通過内服貴族的祖先來實現,内服貴族的祖先也具有降禍於人間子孫的權能。商王盤庚在宗廟祭祀祖先神時,内服貴族的祖先神也隨從在宗廟一起享用祭品得到祭祀。盤庚對内服貴族謂"作福作災,予亦不敢動用非德"(《尚書·盤庚上》),"其(内服貴族的祖先)神靈正直,能爲人作福祥又能爲人作災殃,我畏爾祖不得私于汝,故亦不敢動用非宜之德惠以寬縱汝"[32]。即内服舊臣降福或是降災是通過其神靈降臨宗廟享用祭品時,監察人間商王及子孫行爲善惡的方式來實現的。

在商人的觀念裏,商王祖先具有降禍於人間的權能,這一點亦有殷墟卜辭的印證。卜辭常見對商王祖先降禍於人間商王的占卜,略舉數例:

(15) 貞:父辛弗求(咎)王。父庚求(咎)王。父甲求(咎)王。

(《合集》2130[典賓])

(16) 南庚求(咎)王。羌甲求(咎)王。　　　　　(《合集》5658 正[典賓])

(17) 祖辛求(咎)王。祖辛弗求(咎)王。

祖丁求(咎)王。祖丁弗求(咎)王。　　　(《合集》17409 正[典賓])

(18) 壬寅卜,殼貞:河蚩(害)王。

壬寅卜,殼貞:河弗蚩(害)王。　　　　(《合集》776 正[賓一])

(19) 姒己蚩(害)王。姒己弗蚩(害)王。　　　(《合集》2433[賓一])

(15)中父辛、父庚、父甲分别爲武丁的諸父小辛、盤庚、陽甲,辭義是卜問武丁諸父是否會降禍於時王武丁。(16)(17)兩條卜辭分别卜問先王南庚、羌甲、祖辛、祖丁是否會降禍於商王武丁。(18)(19)載河與姒己也能够降禍於商王。蚩,從裘錫圭先生意見讀爲害,與"祟"義近。[33]據《殷墟甲骨刻辭類纂》所列辭例,能够降禍商王的祖神還有大丁、祖乙、祖辛、祖丁、南庚、多祖,大示,高姒己、姒己,父庚、父甲、父辛、父乙、多父、多介父,母癸、母丙、母庚、龔后、多母,兄丁、兄戊、多兄等,遍及王的祖妣、父母、兄等親屬。[34]商人祖先還能降禍給内服貴族,卜辭如:

（20）丙戌卜，爭貞：父乙術多子。

　　丁亥卜，内貞：子商有絶在囚。

　　丁亥卜，内貞：子商亡絶在囚。　　　　　　　　　　　　　（《合集》2940［典賓］）

（21）弜禦圉。乙未，貞：惟上下蚩（害）圉。不惟上下蚩（害）圉。　（《合集》34176）

（22）惟丁蚩（害）圉。　　　　　　　　　　　　　　　　　　（《合集》4085［典賓］）

（20）中父乙爲武丁之父小乙。"術"字從唐蘭先生釋讀，[35]姚孝遂先生認爲"術"與大盂鼎銘文"我聞殷述令"之"述"字用法相同。[36]但大盂鼎銘之"述令"借爲"墜命"，與卜辭"術多子"的語境不合。疑"術"之義近於"祟"。"父乙術多子"還見於"丁丑卜，賓貞：父乙允術多子。貞：父乙弗術多子"（《合集》3238 正）。卜問武丁的父親小乙是否會降祟於多子，并進一步卜問子商會不會死於父乙所降的禍。子一般認爲是商王之子而不限於時王之子，以王室貴族身份居任王朝内服。子商即是多子之一，是商王朝内服貴族中較有勢力者。如卜辭所見子商以其宗族武裝討伐商王朝敵人基方（《合集》6571 正、6573、6577），子商向商王朝貢獻龜版（《合集》9217 反、9218 反），子商參加商王舉行的田獵活動（《合集》10315 正、10670、10948 正）等王朝事務。商代以"任人唯親""任人唯舊"爲任人原則，[37]多子以貴族身份入朝爲官，正是這一原則的體現。（21）（22）中"圉"爲武丁時期著名内服貴族，"上下"指天神和地祇，因天神、地祇與丁降禍於圉，而爲圉舉行禦祭除禍。卜辭説明商先王具有降禍於内服貴族的權能，甚至於奪去内服貴族的性命。

　　商族祖先具有降禍於人間商王的權能，故商王通過祭祀祖先爲自己與内服貴族禳除災禍并祈福。卜辭有商王祭祖禳除疾病與災禍的辭例：

（23）貞：疾齒禦于父乙。　　　　　　　　　　　　　　　　（《合集》13652［典賓］）

（24）禦疾止（趾）于父乙尊。　　　　　　　　　　　　　　（《合集》13688 正［典賓］）

（25）貞：疾止（趾）于妣庚禦。　　　　　　　　　　　　　（《合集》13689［典賓］）

（26）貞：有疾身禦于祖丁。　　　　　　　　　　　　　　　（《合集》13713 正［賓一］）

（27）丁巳卜，㕚貞：彫，婦好禦于父乙。　　　　　　　　　（《合集》712［賓一］）

這是武丁時期的卜辭。禦，《説文》："祀也。"禦祭於祖先，以求祐護。（23）（24）（25）條記録了商王武丁有牙病、脚趾病而向父親小乙祭祀以禳除病痛。（26）記録武丁周身不適而向祖丁祭祀。（27）中彫是祭祀名稱，可能指酒祭。[38]商王武丁舉行酒祭，并祭祀於父親小乙以禳除夫人婦好的災禍。

　　商族祖先還有降禍内服貴族的權能，所以商王通過祭祀祖先爲内服貴族禳除災禍和祈求降福，卜辭如：

(28) 己亥卜,于大乙、大甲禦𦥯五羊。 　　　　　　　　　　　(《合補》313[自賓間])

(29) 禦雀于父乙。 　　　　　　　　　　　　　　　　　　　(《合集》4114[賓一])

(30) 丙午卜,勿禦雀于兄丁。 　　　　　　　　　　　　　　(《合集》4116[賓一])

(31) 庚寅卜,勿雀于母庚禦。勿禦雀于母庚。 　　　　　　　(《合集》13892[賓一])

(32) 丁亥卜,殻貞:昔乙酉簸旋禦[大乙]、[大]丁、大甲、祖乙百𩵋、百羌、卯三百[牢]。 　　　　　　　　　　　　　　　　　　　　　　(《合集》301[典賓])[39]

(28)中𦥯爲商王武丁時期重臣,是武丁對外征伐的重要依靠力量,曾受命征 (《合集》6906),討伐外服 侯(《合集》6014、7016、7017),伐 (《合集》7024),討伐方方(《合集》20442),與(29)提到的雀聯合討伐羌方(《合集》20399)等,𦥯還有貢馬(《合集》9174)、貢牛(《合集》8939)、貢黿(《合集》9334)等貢納義務。雀活躍於武丁時期,其内服職稱是"亞",非王卜辭稱"亞雀"(《合集》21623、22092)。(29)(30)(31)中商王懷疑父乙害雀(《合集》4150)、兄丁害雀、母庚害雀,所以向父乙、兄丁、母庚舉行禦祭,爲雀除禍。簸旋爲内服職名,辭意爲貞問商王爲内服匍旋禳除災禍而祭祀大乙、大丁、大甲、祖乙,所獻祭品有百𩵋、百羌、卯殺三百頭牛。以上辭例所載都是商王武丁時期的重要内服貴族,商王爲了禳除内服貴族的災禍并爲之祈福而祭祀祖先,可能是商王武丁團結和關心内服貴族的重要方式之一。

商王祖先有對内服貴族降禍的權能,故商王還命令内服貴族祭祀商王祖先,祈福除禍。相關卜辭如:

(33) 己巳卜,告亞𡄣往于丁一牛。 　　　　　　　　　　　(《屯南》2378[歷組])

(34) 翌乙酉,呼子商彭伐于父乙。 　　　　　　　　　　　(《合集》969[賓一])

(35) 貞:呼子漁侑于祖乙。 　　　　　　　　　　　　　　(《合集》2972[賓三])

(36) 貞:翌乙卯呼子漁侑于父乙。 　　　　　　　　　　　(《合集》2977正[典賓])

(37) 貞:來乙丑勿呼子桑侑于父乙。 　　　　　　　　　　(《合集》3111[賓一])

(38) □丑,貞:王令斿尹□取祖乙魚,伐告于父丁、小乙、祖丁、羌甲、祖辛。

　　　　　　　　　　　　　　　　　　　　　　　　　(《屯南》2342[歷組])

亞𡄣爲内服武官,斿尹屬於《尚書·酒誥》所載内服"庶尹"。子商、子漁、子桑屬於"多子"之列,可能與商王有着較近的血緣關係,但他們同時是内服貴族勢力的組成部分,是踐行王事的重要力量。辭中的"丁"和"父丁"爲同一人,當指故去的商王武丁。(33)中"往"爲祭名,内服亞𡄣往祭於武丁,用一頭牛作犧牲。(34)中商王命令子商以伐牲方式彭祭父乙。(35)中商王命令子漁向祖乙舉行侑祭。(36)中貞問乙卯日命令子漁侑祭父乙即小乙。(37)中商王貞問是否呼命子桑侑祭於父乙。(38)中商王命令内服舻尹取祭祖乙以魚爲牲,伐祭告於武丁、小乙、祖丁、羌甲、祖辛等先王。從這幾條卜辭所用動詞"告""呼"來看,内服貴族對商先王的祭祀是在時王組織下進行的,并且所用犧牲的數量也是由商王占卜決定的。内服貴族貢納犧牲助祭或直接祭祀商先王,祈求商先王的降福與保佑,可能與商先王具有降禍内服貴族的神權相關,亦有以祭祀商王祖先作爲向商王朝服務的内容,表示對商王朝的臣服。

三、舊臣降禍於商王及内服貴族

《尚書·盤庚中》載,盤庚説内服貴族若包藏禍心,内服貴族的祖先就會抛棄他們,不救子孫的死活。盤庚稱:"兹予有亂政,同位具乃貝玉。[40]乃祖乃父丕乃告我高后曰:'作丕刑于朕孫!' 迪高后丕乃崇降弗祥。"[41]在位之臣惟知共具貨幣,致使民俗奢侈。内服貴族的祖、父於是告知商先王,并説要做出大的懲罰給他們的後代,導引商先王重降禍殃於内服貴族。據此,内服貴族的祖先神也具有降禍於人間的權能。

從目前所見卜辭材料看,在商人的思想世界裏,内服舊臣有對商王降禍福,以及影響人間降雨、豐收等權能。學界對商代甲骨文中舊臣的史事和屬性的研究,已經取得了不少重要成果。[42]卜辭有内服舊臣降禍於商王的記載:

(39) 貞:亦(伊)尹求(咎)王。

　　　貞:亦(伊)尹弗求(咎)王。　　　　　　　　　　(《合集》3458 正[典賓])

(40) 己未卜,爭貞:黄尹盅(害)王。

　　　己未卜,爭貞:黄尹弗盅(害)王。　　　　　　　　(《合集》6946 正[典賓])

(41) □午卜,殷貞:有疾趾,惟黄尹盅(害)。黄尹不我求(咎)。(《合集》3484[典賓])

(42) 咸戊盅(害)王。咸戊弗盅(害)王。　　　　　　　(《合集》10902[賓三])

(43) 盍戊求(咎)王。盍戊弗求(咎)王。　　　　　　　(《合集》3521 正[賓一])

(44) 貞:戊陟、戊學求(咎)。　　　　　　　　　　　(《合補》1804 正[賓組])

(45) 貞:學戊不盅(害)。　　　　　　　(《卜辭通纂·中村氏藏甲骨七》[43])

(46) 貞:我家舊老臣亡盅(害)我。　　　　　　　　　(《合集》3522 正[典賓])

求讀爲咎,《説文》:"咎,災也。"[44](39)中"亦尹"即伊尹,貞問伊尹不要降災於王。(40)(41)中黄尹乃王朝舊臣,此辭中是故去者,能給商王帶來禍憂。(43)中的盍戊亦屬於商王所稱"我家舊老臣"即内服貴族的祖先。(45)中的學戊即(44)的戊學,其與戊陟可

能都是巫者,也是内服舊臣。(46)中"我家舊老臣",是商王對内服舊臣的總稱。這些内
服舊臣神靈都能夠給商王降以害或災,故商王經常對他們進行祭祀,希望其不要爲禍、降
災,祈求舊臣保佑降福。相關辭例如下:

(47)〔壬〕子卜,又(侑)于伊尹。　　　　　　　　　　(《殷墟小屯村中村南甲骨》147[45]〔歷組〕)

(48)貞:勿告于亦(伊)尹。八月。　　　　　　　　　　　　(《合集》3459 正〔典賓〕)

(49)貞:侑于黃尹。　　　　　　　　　　　　　　　　　(《合集》3460 正〔典賓〕)

(50)貞:侑于咸戊。　　　　　　　　　　　　　　　　　　(《合集》3507〔典賓〕)

(51)丁未卜,扶,侑咸戊、學戊呼。

丁未〔卜〕,扶,侑咸戊牛。

丁未卜,扶,侑學戊。　　　　　　　　　　　　　　　(《合補》6570〔自類〕)

(52)貞侑于盡戊。　　　　　　　　　　　　　　　　　　(《合集》3515〔賓一〕)

(53)庚戌卜,㱿,㪤(禱)于盡〔戊〕。　　　　　　　　　　(《合集》3516〔賓一〕)

(54)癸未卜,古貞:黃尹保我事。貞黃尹弗保我事。　　　(《合集》3481〔賓一〕)

(55)戊寅卜,王宾岁酒㪤(禱)于咸戊,〔令〕乍▢　　　(《歷史所藏甲骨集》[46]1008)

侑,祭名,舉行此種祭祀的目的一般是祈福。㪤,或釋爲求[47],或釋爲禱[48],祭名,卜辭中
表示舉行該種祭祀的動詞,此種祭祀目的是禳除不祥。"告"的對象爲神祖,故爲祭名,祭
祀中有禱告,亦不離降福除禍的目的。保,爲祐護之義。[49]禦,除禍之祭,卜辭中用爲動
詞。伊尹、黃尹、咸戊、學戊、盡戊都是商代的内服舊臣,他們在商王朝發展歷史上都曾做
出過重要貢獻,所以商王特別重視對他們的祭祀,希望他們不要降禍,祈求舊臣多多降福
於商王朝,并保護商王朝平安無事。商王之所以對舊臣舉行合祭或特祭,還可能是因爲有
如《盤庚》所揭示的内服舊臣具有降禍人間的商王權能。商王祭祀舊臣,也是對當朝的内
服貴族的勉勵,可能從側面反映了這些舊臣的後代在商王朝政治活動中仍然發揮着巨大
的作用。如黃尹的後代黃在商王朝任職,曾受商王命令訓練步兵(《合集》7443),奉命出
使到微地和戈方(《合集》7982、8397),黃還有貢納祭祀物的義務(《合集》15482)。商王武
丁特別地關心黃的疾病,擔心他會因病死去(《合集》13912、17095)。至祖庚、祖甲和帝乙、
帝辛時期,黃尹的後代服務於商王朝的占卜機構,擔任貞人之職,以其族名稱"黃"。

由《盤庚》知,内服舊臣有降禍福給子孫的權能,所以内服貴族還以祭祀自己祖先的方
式,祈求降福和祓除不祥。卜辭如"貞:呼黃多子出牛,侑于黃尹"(《合集》3255 正)。意
指黃尹的後代黃族分支的多位族長獻牛來祭祀他。内服貴族對祖先的祭祀,一般屬於宗
族内的祭祀行爲,但在商代,内服貴族的族内祭祀也會受到商王的支配,這條王卜辭用了

一個"呼"字,説明黄族的多位族長祭祀黄尹的行爲是在商王的命令下進行的。

目前所見的幾種非王卜辭主人皆稱"子",可以徑稱之爲"子卜辭",他們爲商王朝貴族,爲商王朝服政事,是内服的重要組成部分。從這幾類子卜辭關於祭祀祖先的事類進行考察,可見内服貴族祭祀祖先的情況。如《合集》第七册中丙二類子卜辭[50]主人所在的宗族有宗廟,如卜辭"告亞。弜告亞"(《合集》22246)。由"甲午卜,王馬尋孳,其禦於父甲亞"(《合集》30297)中"父甲亞"爲父甲的宗廟,知"亞"在此爲宗廟。這類卜辭的祭祀對象有妣庚(《合集》22214)、妣己(《合集》22211)、妣丁(《合集》22226)、妣戊(《合集》22209)、母辛、妣辛(《合集》22245)、中妣(《合集》22226)等,可視爲此宗族的女性祖先。《合集》第七册中乙一類子卜辭主人子要聽命於商王,應是商王朝内服貴族,如"自商令我"(《合集》21549)。子所在的宗族有宗廟,子在其宗族的宗廟舉行祭祀活動。如"甲申余卜,子不、商又(有)言(歆)多亞"(《合集》21631),"癸亥,貞:作多亞"(《合集》21705)。"言",于省吾先生讀爲音,認爲與"歆"通,并證以周代金文,又據《左傳》僖公三十一年之"不歆其祀",杜預注"歆猶饗也",《國語·周語》之"王歆太牢",韋昭注:"歆,饗也。"而訓爲饗。[51]辭意是卜問子不、子商祭饗於多位先祖的廟室。"癸巳卜,子叀羊用至大牢於帚壬。"(《合集》21755+21590[52])辭意是子用牛、羊祭祀婦妊。

《合集》丙一類子卜辭有"庚戌卜,朕耳鳴,有禦于祖庚羊百又用五十八,又女三十,匄,今日"(《合集》22099)。"羊百又用五十八",當是"羊百又五十八用"的語序。"朕"是該類卜辭主人自稱,因其耳鳴之病,於今日向祖庚進獻158只羊和30名女奴爲犧牲,求禳除耳鳴之疾。"□□卜,[辛]禦子自祖庚[至]于父戊印。"(《合集》22101)這是以俘虜爲犧牲而於辛日向祖庚至父戊的祖先神獻祭,目的是爲主人子禳除災禍。"乙酉卜,禦家於艱父乙五牢鼎,用。"(《合集》22091甲)語序當爲:乙酉卜,禦家艱於父乙五牢鼎,用。意爲爲了禳除家的災禍,向父乙獻五頭牛爲犧牲進行祭祀。"乙卯卜,禦子匿于父丙羊。"(《殷墟小屯村中村南甲骨》337)意爲子爲其小宗子匿禳疾除憂,而以羊爲祭品祭祀父丙。殷墟花園莊東地出土子卜辭亦載有其主人子祭祀祖先禳災祈福的例子,如"丁丑卜,其禦子往田于小示。用"(《殷墟花園莊東地甲骨》21[53])、"己卜,叀多臣禦往妣庚"(《花東》53)。子的臣屬爲子去田獵之事向小示諸先祖舉行祈福的禦祭。子亦爲其多位臣子向妣庚舉行祈福除禍的禦祭。

由《盤庚》知内服舊臣有降禍於人間商王的權能,卜辭所載内服貴族祭祀祖先,而爲商王禳災祈福的現象可能與此有關。"竝告王其出于丁。"(《合集》4388)内服貴族并向祖先丁禱告王外出無禍。"丁丑卜,賓貞:子鱺其禦王于丁妻二妣己。"(《合集》331)子鱺向丁妻二妣己舉行禦祭,爲王除禍。"甲午卜,王馬尋孳,其禦于父甲亞。"(《合集》30297[無名〕)"丁丑卜,其兄(祝),王入于多亞。"(《合集》30296[無名])"亞"在這兩條卜辭中意思近於宗廟,大意是因爲王的馬有災禍,而卜問是否向子家族父甲或多個祖先宗廟舉行除禍的禦祭。卜辭蘊含的意思可能是王馬的禍殃與子的祖先神有關,所以子向家族祖先宗廟爲王的馬舉行除禍的禦祭。"戊辰,貞:亞夷孼,王亡尤。四月。"(《合集》40910)亞夷可能是該類卜辭所屬族人在朝爲官者,已經故去。該類卜辭主人子貞問懷疑故去的王朝舊臣亞夷降禍,希望商王不會遭受禍患。

綜上所論,在商人的宗教世界裏,商王祭祀祖先時,内服貴族的祖先可以共享祭品而得到祭祀。故卜辭所載内服貴族除盡些服務性的職事外,還要向商王朝貢納祭祀物品,表達對商王朝的臣服,并使自己的祖先得到祭祀。商先王及内服貴族的祖先都具有降禍於人間商王及内服貴族的權能,商王通過祭祀先王和内服舊臣的方式,爲商王朝和内服貴族禳除不祥和祈福保佑。内服貴族直接祭祀商先王和自己的祖先,以被除商王及自己的災禍,或者祈福。商王與内服貴族之間在祭祖禮儀中的特殊關係,説明商王與内服貴族都具有祖先崇拜的情結,商王與内服貴族之間在祭祖方面達成了心理認同,認同的基礎是商王與内服貴族將各自的祖先視爲他們共同的祖先加以祭祀和尊崇。商王將宗教祭祀作爲管理内服貴族的重要方式之一,商代的祭祀活動爲國家政治服務,在祭祀祖先的神事活動中,逐漸形成了宗教文化的認同觀念,更利於團結和管理内服貴族勢力。《尚書·盤庚》反映的祭祖觀念與殷墟卜辭反映的殷人祭祖觀念互證,表明《盤庚》三篇反映的祭祖制度與鬼神觀念是殷人固有的,對於判斷《盤庚》創作時代及研究商代歷史具有重要意義。

本文爲國家社科基金一般項目"出土文獻與商周職官管理制度研究"(21BZS042)的階段性成果之一。

注 釋

[1] 這方面以顧頡剛、劉起釪所著《尚書校釋譯論》(北京:中華書局,2004年)一書爲集大成者。

[2] 關於此篇的時代,《書序》認爲是盤庚自作,《史記·殷本紀》認爲是小辛在位時所作。近代以來王國維主張殷商時代(見《古史新證》,北京:清華大學出版社,1994年,第3頁);張西堂主張作於西周初年(《尚書引論》,西安:陝西人民出版社,1958年,第198—199頁),李民對西周初年説作了進一步的發揮論證〔《〈尚書·盤庚〉篇的製作時代》,《鄭州大學學報(哲學社會科學版)》1979年第1期,第36—42頁〕。顧頡剛認爲至少在春秋時期已經形成和傳布(《尚書盤庚三篇校釋譯論》,《顧頡剛古史論文集》卷九,北京:中華書局,2011年,第385頁)。《盤庚》本一篇,鄭玄明確分爲上中下三篇,歷來認爲三篇次序合理,并進行了諸多解釋;清代學者俞樾始疑三篇次序錯亂,提出《盤庚中》宜爲上篇,《盤庚下》宜爲中篇,《盤庚上》宜爲下篇。其根據是:"曰'盤庚作,惟涉河以民遷'者,未遷時也。曰'盤庚既遷,奠厥攸居'者,始遷時也。曰'盤庚遷于殷,民不適有居'者,則又在其後也。"(《群經平議》卷四,收入王

先謙編：《清經解續編》卷一三六五，第 5 册，上海：上海書店，1988 年，第 1042 頁）楊筠如認爲《盤庚》上篇在遷後民未定居之時，中篇在未遷之前，下篇在遷後民已定居之時。即以上篇、中篇次序顛倒，而下篇次序不變（《尚書覈詁》，西安：陝西人民出版社，2005 年，第 141 頁）。晁福林認爲《盤庚》上中下三篇次序并無舛誤，是盤庚遷殷及其以後再度遷徙的情況的寶貴文獻記載（《從盤庚遷殷説到〈尚書·盤庚〉三篇的次序問題》，《中國史研究》1989 年第 1 期，第 57—67 頁）。

〔 3 〕 這方面以楊升南《從〈尚書·盤庚〉三篇看商代政體》〔《鄭州大學學報（哲學社會科學版）》1984 年第 4 期，第 15—23 頁〕一文爲代表，該文據《盤庚》討論商代國家爲君主專制政體。

〔 4 〕 參晁福林：《從盤庚遷殷説到〈尚書·盤庚〉三篇的次序問題》，第 57—67 頁；《從方國聯盟的發展看殷都屢遷原因》，《北京師範大學學報》1985 年第 1 期，第 65—73 頁。李民：《盤庚遷都新議》，《史學月刊》，2001 年第 2 期，第 16—21 頁。朱光華、楊樹剛：《從〈尚書·盤庚〉看晚商都城的遷徙與建制》，《首都師範大學學報》（社會科學版）2012 年第 5 期，第 34—38 頁。

〔 5 〕 朱鳳瀚先生在探討商王諸宗族與王室祭祀間的聯繫問題時，將相關卜辭分爲四類祭祀活動，即同姓宗族內的貴族對商王先祖、父、兄及妣、母的祭祀；由王主持的大規模的饗祭；王爲各同姓宗族長與其他同姓貴族舉行的禳災之祭；部分宗族長祭祀商族先公與四方神〔《商周家族形態研究》（增訂本），天津：天津古籍出版社，2004 年，第 178—183 頁〕。宋鎮豪《夏商社會生活史》第 9 章《宗教信仰》對商代的宗教信仰進行了分類研究（北京：中國社會科學出版社，1994 年，後於 2005 年又出增訂本）。劉源《商周祭祖禮研究》（北京：商務印書館，2004 年）可謂對商周祭祖類型、禮儀、祖先觀念等方面最爲系統的研究。徐義華《從先臣之祭看古代的國家祭祀與鬼神觀念》一文將商代祭祀分爲國家祭祀和宗族祭祀（《2004 年安陽殷商文明國際學術研討會論文集》，北京：社會科學文獻出版社，2004 年，第 306—313 頁）。新近出版的常玉芝《商代宗教祭祀》（北京：中國社會科學出版社，2010 年），是對商代祭祀類別進行系統研究的最新成果。

〔 6 〕 這方面顧頡剛先生做了系統的考察，詳見顧頡剛：《尚書盤庚三篇校釋譯論》，第 378—385 頁。

〔 7 〕 《尚書·酒誥》所載内外服與卜辭的合證，饒宗頤先生於《論殷代之職官、爵、姓》（《甲骨文通檢》第四册《前言》，收入《饒宗頤二十世紀學術文集》卷二《甲骨（下）》，北京：中國人民大學出版社，2009 年，第 917—940 頁）一文早有探討。拙文《〈尚書·酒誥〉所見商代"内外服"考論》（《史學史研究》2008 年第 4 期，第 117—120 頁）亦做了較爲系統的探討。

〔 8 〕 中國社會科學院歷史研究所編：《甲骨文合集》，北京：中華書局，1978—1982 年，阿拉伯數字爲是書著録拓片編號，後文均簡稱《合集》。

〔 9 〕 王震中：《論商代複合制國家結構》，《中國史研究》2012 年第 3 期，第 31—46 頁。

〔10〕 裘錫圭：《談談地下材料在先秦秦漢古籍整理工作中的作用》，《古代文史研究新探》，南京：江蘇古籍出版社，1992 年，第 46 頁。

〔11〕 《尚書正義》卷九，《十三經注疏》上册，北京：中華書局，1980 年影印本，第 169 頁下欄。

〔12〕 《周禮注疏》卷三〇，《十三經注疏》上册，第 841 頁下欄。

〔13〕 《春秋公羊傳注疏》卷一三，《十三經注疏》下册，第 2267 頁中欄。

〔14〕 孫星衍：《尚書今古文注疏》卷六，北京：中華書局，1986 年，第 229 頁。

〔15〕 《國語》，上海：上海古籍出版社，1998 年，第 166 頁。

〔16〕 中國社科院歷史研究所編：《甲骨文合集補編》，北京：語文出版社，1999 年。以下簡稱《合補》。

〔17〕 中國社會科學院考古研究所編：《小屯南地甲骨》上册，北京：中華書局，1980 年。書名後的阿拉伯數字爲是書著録拓片編號，後文均簡稱《屯南》。

〔18〕 黃天樹：《殷墟王卜辭的分類與斷代》，北京：科學出版社，2007 年。

[19] 陳邦懷:《殷代社會史料徵存》,天津:天津人民出版社,1959 年,第 22 頁。

[20] 郭沫若:《甲骨文字研究·釋歲》,《郭沫若全集考古編》(1),北京:科學出版社,1982 年,第 144 頁。

[21] 蔡哲茂先生認爲二十三位是"大乙開始到祖甲的直系、旁系先王,即大乙、大丁、卜丙、大甲、大庚、小甲、大戊、雍己、中丁、卜壬、戔甲、祖乙、祖辛、羌甲、祖丁、南庚、象甲、盤庚、小辛、小乙、武丁、祖庚、祖甲共二十三王"(《殷卜辭"伊尹舅示"考——兼論它示》,《"中研院"歷史語言研究所集刊》第 58 集第 4 分,1987 年,又《"中研院"歷史語言研究所集刊論文類編語言文字編·文字卷》,北京:中華書局,2009 年,第 789 頁)。但據黃天樹先生研究歷二類卜辭的下限到祖庚,所以這二十三位先公先王當重新考慮,伊尹既能配享先公上甲,則這二十三位中應以上甲始,其後是大乙、大丁、卜丙、大甲、大庚、小甲、大戊、雍己、中丁、卜壬、戔甲、祖乙、祖辛、羌甲、祖丁、南庚、象甲、盤庚、小辛、小乙、武丁、祖庚,歷二類卜辭的時代是否還要下延至祖甲時期,也是值得思考的問題。

[22] 于省吾:《甲骨文字釋林》,北京:中華書局,1979 年,第 207 頁。

[23] 陳奇猷:《呂氏春秋新校釋》上册,上海:上海古籍出版社,2002 年,第 861 頁。

[24]《尚書正義》卷九,《十三經注疏》上册,第 170 頁上欄。

[25] 上示可能和元示一樣是大示的別稱,參晁福林《關於殷墟卜辭中的"示"和"宗"的探討——兼論宗法制的若干問題》,《社會科學戰線》1989 年第 3 期,第 158—166 頁。

[26] 朱鳳瀚:《商周家族形態研究》(增訂本),第 183 頁。

[27] 晁福林:《從盤庚遷殷説到〈尚書·盤庚〉三篇的次序問題》,第 57—67 頁。

[28]《尚書正義》卷九,《十三經注疏》上册,第 171 頁上欄。

[29] 吴汝綸:《尚書故》,上海:中西書局,2014 年,第 116 頁。

[30] 曾運乾謂:"迪,逃也,聲相近。"參《尚書正讀》,北京:中華書局,1964 年,第 106 頁。

[31] 戕,殘也。則,楊樹達謂假爲賊(《尚書説》,《積微居讀書記》,第 15 頁);曾運乾認爲當爲賊字,是字之訛變造成的(《尚書正讀》,第 106 頁)。賊,害也。戕則,即戕賊,殘害也。

[32] 牟庭:《同文尚書》,濟南:齊魯書社,1981 年,第 465—466 頁。括弧内爲引者注。

[33] 裘錫圭:《釋虫》,《裘錫圭學術文集》(甲骨文卷),上海:復旦大學出版社,2012 年,第 206—211 頁。

[34] 參姚孝遂主編:《殷墟甲骨刻辭類纂》,北京:中華書局,1989 年,第 683 頁。

[35] 唐蘭:《殷虚文字記》,北京:中華書局,1981 年,第 32 頁。

[36] 于省吾主編:《甲骨文字詁林》第二册,北京:中華書局,1996 年,第 914 頁姚孝遂按語。

[37] 王貴民:《商代官制及其歷史特點》,《歷史研究》1986 年第 4 期,第 107—119 頁。張亞初:《商代職官研究》,收入中國古文字研究會等編:《古文字研究》第十三輯,北京:中華書局,1986 年,第 82—116 頁。

[38] 朱鳳瀚先生認爲:"彤作爲祭名使用時,如非作假借字使,即應該是一種傾酒的祭儀。"(《論彤祭》,收入中國古文字研究會、中山大學古文字研究所編:《古文字研究》第二十四輯,北京:中華書局,2002 年,第 88 頁)

[39] "丁"前所缺當爲"大"字,大丁之前先王有"大乙",所缺很可能是"大乙"。最後一字"牢"亦是以己意補之,當否僅作參考。

[40] 此處句讀清代學者牟庭提出新見,認爲"同位"宜屬下讀,即"兹予有亂政,同位具乃貝玉",解爲有昏亂之政,"群臣在職位者俱乃是貨貝耳、金玉耳,富者居官不用賢人,此爲亂政之甚者也"(《同文尚書》,第 501 頁)。這種句讀較有啓發性,而文意當爲今我有亂政,在位之臣惟知聚斂錢財。"同位具乃貝玉"應是亂政的具體表現。

[41] 陸德明《經典釋文》言"我高後",本又作"乃祖乃父"。段玉裁據此認爲別本可取,當"乃祖乃父丕乃告"

句絶，"乃祖乃父曰作丕刑于朕孫"句絶，"迪高後丕乃崇降不詳（弗祥）"句絶（《古文尚書撰異》，收入阮元主編：《清經解》卷五七四，第四册，上海：上海書店，1988 年影印本，第 61 頁）。但按照别本更改之後，句意并没有發生變化，仍是講乃祖乃父向高後請求懲罰他們的後世子孫，即只知聚斂的内服貴族，故不改亦可解釋通。

［42］陳夢家先生對甲骨文中所見的舊臣作了初步的整理研究，見《殷虚卜辭綜述》（北京：中華書局，1956年，第 366 頁）。日本學者島邦男將舊臣神伊尹、黄尹、咸戊、學戊、盡戊與上帝、自然神、高祖神并列爲外祭物件，對其祭祀進行了具體研究（《殷墟卜辭研究》，濮茅左、顧偉良譯，上海：上海古籍出版社，2006 年，第 460—472 頁）。丁山曾指出："卜辭所見以戊爲號的名臣，在當時并是巫覡之流。"（《商周史料考證》，北京：國家圖書館出版社，2008 年，第 61 頁）趙誠先生對舊臣伊尹、伊爽、伊術、黄尹、黄爽、黄𡩋、咸戊、學戊、戊陟、盡戊、師般、蔑進行了研究（《甲骨文與商代文化》，沈陽：遼寧教育出版社，2000年，第 91—110 頁）。朱鳳瀚先生認爲："部分在商王朝發展中有影響的舊臣，如伊尹、黄尹及部分戊（巫），雖未必屬子姓，但可以認爲是商民族的祖神。"（《商人諸神之權能與其類型》，收入吴榮曾主編：《盡心集——張政烺先生八十慶壽論文集》，北京：中國社會科學出版社，1996 年，第 73 頁）

［43］郭沫若《卜辭通纂》别録二，《郭沫若全集考古編》（2），北京：科學出版社，1983 年，第 184 頁。

［44］裘錫圭：《釋"求"》，《裘錫圭學術文集》（甲骨文卷），第 284 頁。

［45］中國社會科學院考古研究所編：《殷墟小屯村中村南甲骨》，昆明：雲南人民出版社，2012 年，書名後數字爲是書著録拓片編號。

［46］宋鎮豪、馬季凡等編：《中國社會科學院歷史研究所藏甲骨集》，上海：上海古籍出版社，2011 年。

［47］李零先生認爲該字應如早期甲骨家的看法，釋讀爲"求"，并對"求"字的源流作了考察〔《郭店楚簡校讀記》（增訂本），北京：北京大學出版社，2002 年，第 76—77 頁〕。

［48］冀小軍：《説甲骨文中表示祈求義的萃字——兼談萃字在金文車飾名稱中的用法》，《湖北大學學報》1991 年第 1 期，第 35—44 頁；陳劍：《據郭店簡釋讀金文一例》，《北京大學中國古文獻研究中心集刊》（2），北京：燕山出版社，2001 年，第 378—396 頁。

［49］于省吾主編：《甲骨文字詁林》第一册，第 174 頁姚孝遂按語。

［50］關於這類卜辭，李學勤先生根據卜辭内容多關於婦女的事情，而稱爲"婦女卜辭"（《帝乙時代的非王卜辭》，《考古學報》1958 年第 2 期，第 43—75 頁）。黄天樹先生沿用這一提法（《婦女卜辭》，《黄天樹古文字論集》，北京：學苑出版社，2006 年，第 118—132 頁）。林沄先生以子卜辭視之，改稱爲"甲類"（《從武丁時代的幾種"子卜辭"試論商代的家族形態》，收入中國古文字研究會、吉林大學古文字研究室編：《古文字研究》第一輯，北京：中華書局，1979 年，第 314—336 頁；收入《林沄學術文集》，北京：中國大百科全書出版社，1998 年，第 46—59 頁）。

［51］于省吾：《甲骨文字釋林》，第 88 頁。

［52］此版爲黄天樹先生綴合，見黄天樹主編：《甲骨拼合集》，北京：學苑出版社，2010 年，第 23 頁。

［53］中國社會科學院考古研究所編著：《殷墟花園莊東地甲骨》，昆明：雲南人民出版社，2003 年，後文均簡稱《花東》。

（作者單位：東北師範大學歷史文化學院）

銘文所見西周史官演變及其對《周禮》史官書寫的影響

徐鳳儀

　　針對西周金文中的史官相關內容,我想着重討論銘文所反映的職名、職責、職官地位、職官體系等制度方面的問題。同時,輔以春秋戰國金文中的"史"記録和傳世文獻中方國史官的相關記述,討論銘文所見西周史官制度的變動特性,在職名和職責方面對後世禮書中史官體系書寫的影響。

一、銘文中的西周史官職名、職責演變

　　《西周金文官制研究》曾總結西周銘文所見的職官名稱數量和種類,指出"西周早期有五十種職官專稱和十一種職官泛稱,到西周中期,職官名發展到七十九種,職官泛稱增加到十三種。到西周晚期,有了進一步的發展,職官名增加到八十四種,比西周中期只增多了十一種",職名種類整體呈現"明顯的、驚人的"遞增趨勢,銘文中職名的出現頻次與種類的增長趨勢一致。[1]具體到銘文中的史官名稱,變化狀況却與整體趨勢有异,表現爲西周中期的職名種類最多,晚期又多於早期;另外,中期的職名種類和用例數量是各期最多的,也就是説史官職名的出現頻次與種類的增長趨勢未能一致。

　　一般認爲,目前在西周銘文中出現的王朝史官職名有"史""大(太)史""内史""作册内史""作命内史""尹""尹氏""作册尹""作典尹""内史尹氏""内史尹""命尹""御史""省史""生史",另外還有一些地方史官,這些職名在各期銘文中的分布很不均匀。而通常被認爲屬於西周史官職名的"作册"一詞,在銘文的實際使用中明顯不同於其他史官職名詞。簡而言之,西周銘文中"作册"二字或者搭配具體私名,或者用於構成職名"作册内史""作册尹",却不能單獨使用以指代人物,而"史""内史""尹氏"等,均可不搭配私名僅以職名指代人物。并且,目前可見的西周銘文册命銘文中,没有"作册+私名"出現在宣命

史官位置的例子,而其他史官均有參與此環節的用例。基於對相關銘文材料的考察,我們認爲"作册"不應屬於西周史官體系。[2]

對於各職之間的關係,綜合來看,學界通常的意見是,"内史"和"作册"相通,又可稱"作册内史"或"作命内史";"尹氏"是這類職官之長,又可稱"内史尹""作册尹""命尹"。可見實際是將銘文常見的幾種史官職名規整入"内史"。銘文所見"内史"之官的首要職責是在册命儀式上宣讀王命,而傳世文獻也有"内史"負責宣布王之册命的記載。例如《周禮·春官宗伯》描述内史職責爲"掌王之八枋之法,以詔王治,……執國法及國令之貳,以考政事,以逆會計,……掌叙事之法,受納訪,以詔王聽治"[3],所掌多與諸侯和官員的册封任命之事有關,還負責寫製國家法令的文書副本。又如《左傳·僖公二十八年》有"王命尹氏及王子虎、内史叔興父策命晉侯爲侯伯"[4]事,就是内史、尹氏宣讀王之册命的具體事例。出土文獻與傳世文獻内容能夠互相印證,或許也是促成將銘文各史官職名與"内史"相勾連的原因之一。根據銘文,宣命職責的確與"内史"一職關聯緊密,不過在西周中期至晚期這段較長的時間内,承擔宣命職責的職官名稱多并且演變情況複雜,在證據尚不十分充足時,重視區別職名更有利於深入探索職官體系。

以早中晚三期劃分,可以觀察到西周各期銘文中史官職名的應用演變情況。西周早期史官有"大史""史""内史""尹"四種,以"史"和"大史"爲主。中期的史官多達十種,在早期四種的基礎上增加"内史友""作册内史""作命内史""尹氏""作册尹""内史尹氏""内史尹",以"史"和"内史"爲主,特别是與册命制度同步,"内史"一職始有發展。晚期史官種類減至七種,爲"大史""史""内史""尹""尹氏""作册尹""命尹",其中以"史"和"尹氏"爲主。縱觀西周銘文,"史"人物的記錄占有絕對數量優勢[5],"史"在整個西周時代始終是最主要的史官。

職責方面,同一職名的史官在不同時期職責會有變化,銘文記述中的史官職責範圍總體呈現縮窄簡化趨勢。西周早期史官的相關銘文記錄不多,史官種類也較少,而職責範圍却相對豐富得多,涉及周王朝各類軍事政治文化事件。中期開始,册命銘文興起,涉及史官的銘文增多,而職責明顯轉嚮傳布宣讀王命、代王室成員賞賜等,參與戰爭或祭祀的例子減少。晚期史官職責進一步收縮,各種史官主要職責均爲在儀式中代宣王命或代王賞賜。

具體到不同史官,又各自有職責演變過程。

"史"穩定存在於西周各時期,職責範圍變動與史官總體趨勢一致,出現了範圍縮窄、參與事件由豐富到單一的情況。在含有"史"的銘文中,大部分是"史"作爲器主鑄器的,這種銘文不涉及事件,紀事銘文數量相對較少。西周早期,"史"可以參與領導征伐戰爭和傳達王命,如見於窖鼎(《集成》2740、2741)和員卣(《集成》5387)的"史旗"。到了中期,仍有"史"參與、領導征伐戰爭的情況,但參與更多的事件已是册命儀式。晚期時,册命銘文占比進一步增大,僅有個别例子,如史頌鼎(《集成》2787、2788)和史頌簋(《集成》4229—4236)銘文表明"史"還會受王命巡省穌地,可惜無法判斷這種巡視省察的工作是否屬於"史"的日常職責,抑或是臨時領受王命完成此事。

西周銘文中"大史"的記録不多,主要是來自早期,其中多數内容又是"大史""公大史"作器主鑄器,而不涉及事件,例如太史觶(《銘圖》10629)和太史鼄(《集成》9809),又如魯臺山遺址出土的西周早期公大史組器[6]。銘文中能反映"大史"職責的有早期中方鼎(《集成》2785),銘文記載了王將襄土封賞給中以作采邑之事,其中有"王令大史兄(貺)襄土",説明宣布封賞的環節應當是由大史代王施行的。早期關於"公大史"事迹的有作册魋卣(《集成》5432),銘文記載公大史朝覲周王,之後受王差遣至豐地,并賞賜給作册魋馬匹,由銘文"揚公休"可知"公大史"可能是對於任職大史而地位至"公"者的尊稱,本身不是明確的職名詞。晚期屬王世的爾比盨(《集成》4466)記録了一次贈賜邑田之事,涉及大史旗和内史無諕,該器部分銘文鏽蝕嚴重,全銘又有較多詞語意義不明,大概可以知道二人在事件中應是負責傳達贈賜的具體安排。"大史""公大史"的相關記録少,且目前缺乏西周中期材料,大致上是遵從王的指令行事,作爲職官有一定的代言性質。

"内史"出現於早期,但此時期的銘文事例不多。成康時期的邢侯簋(《集成》4241)有"王令燊(榮)眔内史曰:蓍(割)井(邢)侯服,易(賜)臣三品……",顯示在相當早的時期,内史職責已十分接近在儀式上宣讀王的册命内容,而中期至晚期内史職責的變化不多,集中在作爲宣命官參與册命或册賜儀式。此外,在名稱上與"内史"有直接關係的"内史友"一職,銘文事例非常少,且目前未見於册命銘文。穆王時期的致方鼎(《集成》2789)銘文有:"隹九月既望(望)乙丑,纔盩自。王妽(姐)姜事(使)内史友員易(賜)致玄衣、朱襮(襮)祫。"形式上近似於册命銘文,或是記載了由王姐姜主持的一次賞賜儀式,那麽"内史友"的職責中可能包含執行后妃的部分命令。

"尹氏"始見於中期的册命銘文,同一時期,出現了"尹"作爲宣命史官參與册命儀式的例子,之後,"尹"和"尹氏"承擔宣讀王命的職責基本未發生變動。另外,西周早期的史獸簋(《集成》2778)銘文記載:"尹令史獸立工(功)于成周……史獸獻工(功)于尹,咸獻工(功)。"明顯"史"受"尹"之命行事,可見"尹"很可能是"史"的上級,此時的"尹"或已有史官性質。

至於其他史官,包括"作册内史""作命内史""作册尹""内史尹氏""内史尹""命尹""作典尹",目前在銘文中僅有宣讀王之册命或施行王之賞賜的事例,廣義而言可視作册命銘文大類。

西周中期和晚期的銘文,涉及史官的絕大部分都屬於册命類。册命銘文具有相對統一、穩定的行文結構,史官在銘文語句中的位置基本固定,相關句式一般爲"王呼+史官+册命/册賜+受命人"。這樣的材料性質使我們能夠比較細緻地觀察到,承擔宣命職責的史官在持續改換,在不同王世,參與此事的史官始終有不同。從穆王世至宣王世,按時期區分大致爲:穆恭時期有"内史""史""尹""作册尹"四種,懿孝時期有"内史""史""作册内史""尹氏""内史尹氏""内史尹""作册尹"七種,夷厲時期有"内史""史""尹氏""作册尹""命尹"五種,宣王時期則縮減至"史""尹氏"兩種。在宣王時期,册命儀式進程環節發生變化,除了參與的史官簡化至"史"和"尹氏"兩種,還有原本單一的宣讀王命轉變爲呈遞命書和宣讀命書兩個環節,這個改變比較突然,應是王朝政府有意的制度改革,在調整册命儀式制度的同時簡化了史官職名體系。

宣讀王命這一史官首要職責,有代言和中介的特質,在西周早期銘文中已有發端和體現,而伴隨着册命制度的産生和發展,出現了一系列幾乎是專職負責代王傳布命令、實行賞賜的史官,當然其中的更替也非常頻繁,僅有"内史""尹氏"存續時間較長。西周銘文中有人物"史瘔"(望簋《集成》4272,蔡簋《集成》4340,瘔盨《集成》4462、4463),此人又被稱爲"内史史瘔"(揚簋《集成》4294)、"内史瘔"(王臣簋《集成》4268、諫簋《集成》4285),即同一個人分別以"史""内史史""内史"爲職名。我們認爲稱謂混用體現了"内史"與"史"的分化,"内史"的職名性質在此時尚未穩定,起初也可能作爲突出職責的標識。

綜觀西周銘文中的史官事迹,我們可以確知,在册命儀式上宣讀命書是西周史官的核心職責,其核心性體現有二:一是相關銘文文例數量最多,二是該職責覆蓋了最多種類的史官。

二、出土材料中的史官與《周禮》的來源文本組成

《周禮》是傳世文獻中唯一系統記述西周官制的典籍,關於其文獻性質、成書年代等問題,自古便有爭議。到了當代,隨着出土材料的大量發現,《周禮》官制的研究進入新階段,特別是對於其成書時代的推定,已有較爲普遍接受的意見,即除後補入的《考工記》,《周禮》其他部分應該成書於戰國晚期[7]。

各類史官集中見於《周禮·春官宗伯》,"乃立春官宗伯,使帥其屬而掌邦禮,以佐王和邦國"指明此篇所述職官負責禮儀事宜,以輔佐王使邦國和諧,故以"禮官之屬"提領各職官[8]。《春官宗伯》記有"大史""小史""馮相氏""保章氏""内史""外史""御史",彼此

間無明確從屬關係。其中,"馮相氏"和"保章氏"的職責以掌管星象歲時爲主,與其他史官職責均有較大不同,[9]且至今無出土材料能提供綫索證明二者也是西周史官,而本文希望基於出土文字材料討論《周禮》史官書寫的來源組成,故後文將暫不涉及"馮相氏""保章氏"相關問題。根據各職官所統轄的屬吏,大概可知《周禮》中史官等級由高至低爲"内史""大史""外史""御史"及"小史"[10],其中御史和小史所轄人數與構成基本相當[11],但御史下屬之"史"更多。《周禮》構建了具備規模的職官體系,職名與職掌對應,職官彼此間有等級高低差異,從屬關係有所體現但不明顯,所呈現的體系基本呈現平行的粗疏結構。

《春官宗伯》是《周禮》之中集中叙述史官職責的篇章,與銘文對比可以看到,無論是整體系統還是具體職責,二者之間都是異多於同的情況。其中,最主要的貼合之處,當屬"内史"職責的相近。通過西周銘文,我們能觀察到"内史"的職責與册命制度有深層關聯,比較單一且明確,這可能反而限制了"内史"職責變動的餘地,所以不獨《周禮》,其他文獻也有貼合銘文記述的描述,如前引《左傳·僖公二十八年》策命晉侯之事即記載了内史的宣命職責。

而西周銘文中最主要的史官"史",在《周禮》中却没有單列的條目,僅在《天官冢宰》提到"宰夫"掌管"百官府之徵令",分别是正、師、司、旅、府、史、胥、徒,其中"史,官書以贊治",即起草文書[12]。《周禮》之中,幾乎各級職官的屬吏中都包含"史",人數有一人、二人、三人、四人、五人、八人、十人、十二人、十六人不等,"史"通常排在"府"之後,在"工""賈""胥""生""徒""庶子"之前[13],與其在宰夫管轄八職中的排位大體相合。顯然在《周禮》體系中,"史"是一種不必區分歸屬的基礎官吏,普遍適用於政府各級行政工作。另外,《周禮·天官冢宰》又有"女史"一職,"掌王后之禮職,掌内治之貳,以詔後治内政"[14]。從描述上看,職責似有意與"内史"對應。銘文中存在史官執行后妃命令的例子,如前引敔方鼎(《集成》2789)銘的王姐姜使内史友員賜敔,至於"女史"一稱,目前尚未有出土材料以爲佐證。

《周禮》中"史"的職官歸屬和定位與西周銘文材料的較大差異,可能是受到了春秋戰國時期各國官制變化的影響。在春秋銘文中,史官記錄數量鋭減,王朝史官的踪迹幾乎消失了,偶有少量方國史官鑄器的例子,例如筥大史申鼎(《集成》2732)、蔡太史卮(《集成》10356),然而銘文并未紀事。這一階段,隨着諸侯國勢力發展强大,各國對於官制和政府官僚系統進行了適應本國的改革,促生新機構和新職官。含有"史"的新職名,例如有陳大喪史仲高鐘(《集成》350—355)及喪史實瓶(《集成》9982)銘文的"喪史",考慮到春秋銘文中史官用例總體數量稀少,却有兩例"喪史",説明當時這一職官很可能是比較多見的。

另外,一些戰國兵器和量器的物勒工名類銘文中,多有"史某"任庫嗇夫、庫工師的例子,反映已與西周"史"的職官内涵之間出現較大區別。《周禮》對西周官制的追想受春秋戰國時期新内容影響,在體系的整體結構上產生了一些混亂,比如使"史"成爲屬吏。可知在《周禮》成書過程中,可參考的西周早期史官記録已經相當有限,同時,編寫者更多采納了成體系的戰國時期材料。

另外,還存在一些《周禮》與西周銘文有差異,但可以根據《周禮》自身文本脉絡理解的情況。例如,對於《周禮》的"小史""外史"之職,目前都缺乏相關的出土材料。而從名稱和職責來看,"小史"爲"大史"的副職,職責基本同於"大史",須在各類大型事件中"佐大史","外史"職責則剛好與集中於王命的"内史"相對,注重王室以外的貴族和王畿以外的地區。在"大史"和"内史"可靠存在的前提下,"外史"和"小史"可能是根據"内史"和"大史"以名稱相對的方式設置的職官。《左傳·襄公二十三年》記有"將盟臧氏,季孫召外史掌惡臣而問盟首焉",顯示"外史"確實存在於春秋時期。《逸周書·商誓》之"太史比、小史昔"(該篇一般認爲相對可靠),其中的"大(太)史""小史"對舉,可能也是春秋戰國時期對早期文獻的細節改動遺痕。再如,《周禮》史官無"尹氏"及其他見於册命銘文的史官職名。我們知道,《詩經·大雅·常武》有"王謂尹氏,命程伯休父",《左傳·僖公二十八年》有"王命尹氏及王子虎、内史叔興父策命晉侯爲侯伯",説明周的史官體系中"尹氏""内史"代宣王命的職責制度,從西周時期至少延續到了春秋時期,而且留傳着相關的文本記録。與此類似的紀事材料,應當能夠爲《周禮》編寫者所接觸,但是缺乏系統的西周時代官制文書,或許導致編寫者無法將部分職名合理置入其設想的職官體系,最終造成了制度層面的系統偏差。

還有一些差異現象,即便綜合我們目前可見到的出土文獻和傳世文獻,仍難以較好梳理其背後緣由。例如,"馮相氏""保章氏"如何竄入《周禮》史官行列;又如,《周禮》大史列於諸史之首,但是據其下屬之大夫和士的級别數量來看,其地位似乎低於内史。這些問題,則要期待未來能夠發現更多材料以爲啓發。

本文爲國家社科基金重大項目"戰國文字詁林及數據庫建設"(17ZDA300)、"戰國文字研究大數據雲平臺建設"(21&ZD307),"古文字與中華文明傳承發展"規劃項目"出土戰國文獻分類輯注"(G1423)的階段性研究成果。

注　釋

[1] 張亞初、劉雨:《西周金文官制研究》,北京:中華書局,2004 年,第 148 頁。

[2] 筆者另有文章詳細討論"作册"一詞在西周的職名性質問題。見徐鳳儀:《商周"作册"析辨——兼論周
人對殷商遺留職官文化的改造》,《中山大學學報》(社會科學版)2022 年第 6 期,第 25—37 頁。

[3] 孫詒讓撰,王文錦、陳玉霞點校:《周禮正義》,北京:中華書局,1987 年,以光緒三十一年孫氏家藏鉛鑄
版初印本爲底本,第 2129—2136 頁。

[4] 蔣冀騁標點:《左傳》,長沙:嶽麓書社,1988 年,第 84 頁。

[5] 據筆者統計,如將同銘按一篇計,在涉及史官的一百三十餘篇西周紀事銘文中,有六十餘篇含有"史+私
名"之稱,基本相當于其他各史官職名的用例總和。

[6] 魯臺山兩周遺址出土銅器具體情況參考黃陂縣文化館、孝感市博物館、湖北省博物館:《湖北黃陂魯臺
山兩周遺址與墓葬》,《江漢考古》1982 年第 2 期,第 2、37—61、115—119 頁;陳賢一:《黃陂魯臺山西周
文化剖析》,《江漢考古》1982 年第 2 期,第 62—72 頁;張亞初:《論魯臺山西周墓的年代和族屬》,《江漢
考古》1984 年第 2 期,第 23—28 頁。

[7] 錢玄:《三禮通論》,南京:南京師範大學出版社,1996 年,第 31—33 頁;王鍔編著:《三禮研究論著提
要》,蘭州:甘肅教育出版社,2001 年,第 1—2 頁。

[8] 孫詒讓撰,王文錦、陳玉霞點校:《周禮正義》,第 1245—1246 頁。

[9] 《周禮》對二者執掌叙述爲:馮相氏"掌十有二歲、十有二月、十有二辰、十日、二十有八星位,辨其叙事,
以會天位,冬夏致日,春秋致月,以辨四時之叙";保章氏"掌天星,以志星辰日月之變動,以觀天下之遷,
辨其吉凶。以星土辨九州之地,所封封域皆有分星,以觀妖祥。以十有二歲之相,觀天下之妖祥。以五
雲之物辨吉凶、水旱降、豐荒之祲象。以十有二風,察天地之和、命乖別之妖祥。凡此五物者,以詔救
政,訪序事"。與其他諸史官的執掌有較明顯的差別,唯是仍在"大史"之"正歲年以序事"的執掌範圍
以内,可能是安排在"大史"掌管部門之下專司天時的系列職官。參孫詒讓撰,王文錦、陳玉霞點校:
《周禮正義》,第 2103—2108、2114—2128 頁。

[10] "内史"下屬有大夫和士共 21 人,屬吏 56 人,類別包括中大夫、下大夫、上士、中士、下士、府史胥徒;"大
史"下屬有大夫和士 6 人,包括下大夫、上士;"外史"下屬有士 18 人,屬吏 22 人,包括上士、中士、下士、
胥徒;"御史"下屬有士 14 人,屬吏 168 人,包括中士、下士、史府胥徒;"小史"下屬有士 14 人,屬吏
56 人,包括中士、下士,府史胥徒。參《十三經注疏》整理委員會編:《十三經注疏·周禮注疏》,北京:
北京大學出版社,2000 年,第 446—448 頁。

[11] "小史"在行文中的位置比較特殊:一是列于"大史"下屬之大夫和士之後,使得"大史"没有專屬的府史
胥徒等屬吏;二是"小史"前爲"大史"下屬之"上士",後爲"中士",如果該位置無"小史",文句依然通
順,且"大史"的屬下將按照中大夫、上中下士、府史胥徒的慣例順序而下。針對這一現象,常見解釋爲
"小史與大史別職而同官",所以他們共用府史胥徒等屬吏,同類的情況也出現在"大祝""小祝"條目。
參《十三經注疏》整理委員會編:《十三經注疏·周禮注疏》,第 446—447 頁。

[12] 孫詒讓撰,王文錦、陳玉霞點校:《周禮正義》,第 192—193、196 頁。

[13] 散見于《周禮》。參《十三經注疏》整理委員會編:《十三經注疏·周禮注疏》。

[14] 孫詒讓撰,王文錦、陳玉霞點校:《周禮正義》,第 564—566 頁。

(作者單位: 中山大學中國語言文學系、

"古文字與中華文明傳承發展工程"協同攻關創新平臺)

蔡器銘文中侯、公子、公孫之名探析

黃錫全

寫在前面：饒公選堂先生，乃當代國際漢學泰斗，學貫中西，博古通今，於甲骨學、簡帛學、敦煌學、史學、文學、詩詞學、宗教學、目錄學、潮學、藝術等諸多領域均有非凡成就，嚮爲學界景仰。先生不幸於 2018 年 2 月 6 日凌晨仙逝，令各界扼腕嘆息！先生平易近人的長者風範、對我們的關心與愛護，以及先生的音容笑貌，恍如昨日，歷歷在目。我們與先生相聚杭州同游桐廬富春山漢嚴子陵釣臺，出席紀念甲骨文發現 100 周年國際會議、長沙簡帛國際會議等的合影，以及先生給拙著《古文字論叢》的題簽、香港會面時贈送的墨寶等，不時被我拿出來觀賞、緬懷，讓我感到格外亲切。先生百年誕辰，我試着以金文筆意學書"學貫中西博古通今，名高北斗壽比南山"條幅，裝裱呈上，以表敬意。《華學》編委會秉承饒公治學思想，弘揚饒公治學精神，擬出版紀念先生專號，功德無量！2006 年 12 月，我與襄阳劉江聲先生合作的《襄陽團山墓地出土一件蔡公子加戈》一文，提交給在香港舉行的饒宗頤教授 90 華誕國際學術研討會，後刊於《華學》第九、十輯（一）；當時在收集材料中還有一些想法，同時草有一篇小文，現補充加工修改，提供給紀念專號，以表達對先生的懷念。

  2005 年春季，襄樊市考古隊在襄樊古鄧城東北團山墓地發掘出戰國秦漢墓葬二十餘座，其中屬於楚系墓葬的 M42 中出土有一件銘文銅戈，完好無損，胡部鑄銘"蔡公子加之用"兩列六字，當時筆者與發掘者劉江聲先生合作，對這件戈作了報導與研究[1]。在收集材料與探索相關問題的過程中，我們發現學術界對蔡器中的蔡侯、公子、公孫及叔、子的名字釋讀與認識不一，如何對應有關文獻還有進一步探索的必要，爲此也草有另一篇小文，因考慮不够成熟没有及時發表，至今已經十多年。其間，又有新的發現與相關整理研究[2]。現對該文做些補充修正，敬請讀者不吝指正。

  據《史記·管蔡世家》及相關記載，蔡國世系中計有下列"侯"名及"公子""公孫"名。

諸位侯名：

蔡叔度（姬度，武王克商，封叔度於蔡）、蔡仲胡（姬胡）、蔡伯荒（姬伯荒）、宮侯（名不詳）、厲侯（名不詳）、武侯（名不詳。28 年，前 863—前 837 年，據陸峻嶺、林幹合編《中國歷代各族紀年表》補[3]）、夷侯（名不詳。28 年，前 837—前 810 年）、釐侯所事（48 年，前 809—前 761 年）。以上屬西周跨春秋

——共侯興（2 年，前 761—前 760 年，"興"或作"與"，見《釋氏稽古略》[4]，形近而誤）

——戴侯（名不詳。10 年，前 759—前 750 年）

——宣侯措父（35 年，前 749—前 715 年，《春秋》三傳作"考父"，《釋氏稽古略》作"楷父"）

——桓侯封人（20 年，前 714—前 695 年）

——哀侯獻舞（桓侯弟。20 年，前 694—前 675 年，死於楚）

——穆侯肸（又作"繆侯"。29 年，前 674—前 646 年，《釋氏稽古略》作"盻"）

——莊侯甲午（34 年，前 645—前 612 年，《釋氏稽古略》作"田牛"）

——文侯申（20 年，前 611—前 592 年）

——景侯固（49 年，前 591—前 543 年，《史記會注考證》："各本誤作同，今依年表。"《釋氏稽古略》作"同"。《管蔡世家》："景侯爲太子般娶婦於楚，而景侯通焉。太子弒景侯而自立，是爲靈侯。"）

——靈侯般（12 年，前 542—前 531 年）

其間楚公子弃疾（平王）爲蔡公 3 年（前 531 年 11 月—前 529 年）

——平侯盧（9 年，前 530—前 522 年。《中國歷史年代簡表》從前 530 年算起，接靈侯。《蔡世家》：楚"平王乃求蔡景侯少子盧，立之，是爲平侯"。平侯爲靈侯般之弟。《史記集解》引《世本》："平侯者，靈侯般之孫，太子友之子。"有不同記述）

——侯朱（1 年，前 522 年，平侯子。《史記》無。見《春秋》昭公二十一年："冬，蔡侯朱出奔楚。"）

——悼侯東國（3 年，前 521—前 519 年。《管蔡世家》："平侯九年卒，靈侯般之孫東國攻平侯子而自立，是爲悼侯。悼侯父曰隱太子友。隱太子友者，靈侯之太子，平侯立而殺隱太子，故平侯卒而隱太子之子東國攻平侯子而代立，是爲悼侯。悼侯三年卒，弟昭侯申立。"《釋氏稽古略》作"東齒"）

——昭侯申（28 年，前 518—前 491 年，26 年遷州來，《釋氏稽古略》作"甲"）

——成侯朔（19 年，前 490—前 472 年）。以上屬春秋，跨戰國

——聲侯産（15 年，前 471—前 457 年）

——元侯（名不詳，聲侯子。6 年，前 456—前 451 年，《釋氏稽古略》作"元侯齊"）

——侯齊（元侯子。4 年，前 450—前 447 年。《蔡世家》："侯齊四年，楚惠王滅蔡，蔡侯齊亡，蔡遂絕祀。"）

諸位公子、公孫名：

公子朝　據《春秋分紀·世族譜》"公子朝爲蔡文侯子"，蔡國大師公子朝。

太子般　景侯固之子。

公子燮《春秋》襄公八年(前 565 年):"鄭人侵蔡,獲蔡公子燮。"燮,《穀梁傳》作"溼"。《釋文》:"溼,本又作隰,又音燮,是隰直與燮通用,不特音同也。"公子燮欲繼承蔡文侯歸附晉國,被蔡國人所殺。

公子履《左傳》襄公二十年(前 553 年):"蔡公子燮欲以蔡之晉,蔡人殺之。公子履,其母弟也,故出奔楚。"

公子駟《左傳》哀公二年(前 493 年):"吴泄庸如蔡納聘,而稍納師。師畢入,衆知之。蔡侯告大夫,殺公子駟以説,哭而遷墓。冬,蔡遷於州來。"

公孫歸生《春秋》襄公二十七年(前 546 年):"夏,叔孫豹會晉趙武、楚屈建、蔡公孫歸生、衛石惡、陳孔奂、鄭良霄、許人、曹人於宋。"這個蔡公孫歸生,就是《左傳》襄公二十六年(前 547 年)所記"初,楚伍參與蔡太師子朝友,其子伍舉與聲子相善也"中的"聲子"。楊伯峻《春秋左傳注》:"程公説《春秋分記・世族譜》:'公子朝,文公子。'……聲子,子朝之子。即公孫歸生。"[5]

公孫獵《春秋》哀公三年(前 492 年):"蔡人放其大夫公孫獵於吴。"

公孫辰《春秋》哀公四年(前 491 年):"春,王二月庚戌,盜殺蔡侯申。蔡公孫辰出奔吴。……夏,蔡殺其大夫公孫姓、公孫霍。"《左傳》:"故逐公孫辰而殺公孫姓、公孫盱。"

公孫姓 見上公孫辰。

公孫霍 即公孫盱,蔡公孫姓與蔡公孫霍(盱)似爲兄弟。

公孫翩《春秋》哀公四年(前 491 年),蔡公孫翩弒蔡昭侯:"四年春,蔡昭侯將如吴,諸大夫恐其又遷也,承公孫翩逐而射之,入於家人而卒。"

出土文物中,已見有一些明確記有蔡侯、公子、公孫名的器物。爲便於比較,我們在《襄樊團山墓地出土一件蔡公子加戈》一文的介紹中,以兵器爲主,若兵器中無者,則列出有關銅器(不清者不録)20 餘件(27 件,加蔡公子加戈,計 28 件),即蔡侯申戈 3 件、蔡侯産戈 3 件、蔡侯産劍 4 件、蔡侯(朔)戟 1 件、蔡侯忧(?)叔劍 1 件、蔡侯朱缶 1 件、蔡子楝鼎 1 件、蔡子(佗)匜 1 件、蔡公子興壺 1 件、蔡公子果戈 3 件、蔡公子從戈 2 件、蔡公子從劍 2 件、蔡公子頒戈 1 件、蔡加子戈 1 件、蔡公子義工簠 1 件、蔡公子缶 1 件。後來又見到有關諸器,擇要簡述如下。

1. 蔡侯班戈

一件(組圖 1),河南南陽出土,南陽市文物考古研究所收藏。直援,中胡二穿。胡部有錯金銘文 6 個字。見《通鑒續編》31163:

　　𡕒(蔡)灰(侯)班之用戈

1991 年 4 月香港古玩市場曾出現一件蔡公子頒戈(圖 2),見《金文通鑒》16904。蔡侯班即蔡靈侯般,蔡景侯之子。蔡靈侯之名,《春秋・襄公三十年》的《左傳》《公羊》《穀梁》三種與《史記・管蔡世家》皆作"般",《史記・十二諸侯年表》則作"班"。班、般、頒三字古音相同可通[6]。

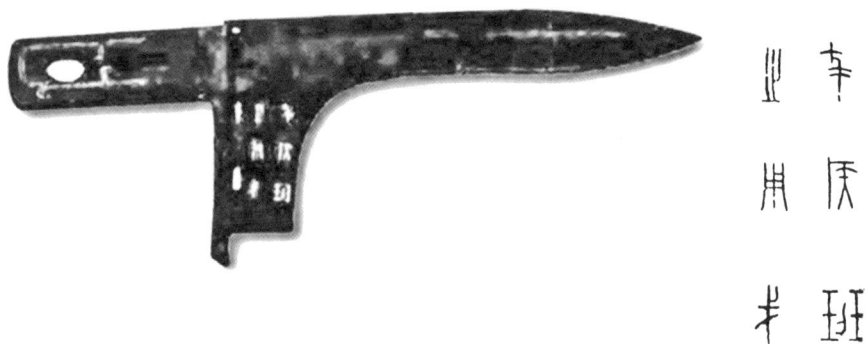

組圖 1　蔡侯班戈及其銘文

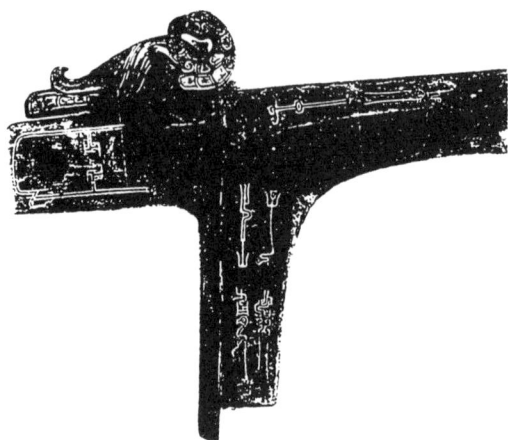

圖 2　蔡公子頒戈局部

另據報導,2009 年南陽出土了一件"蔡公子班戈"[7]。若報導屬實,可推測,"蔡公子班"繼位後稱"蔡侯班",繼"侯"位前稱"公子"。

2. 蔡侯朔戟、戈、劍

蔡侯朔戟二件。一件爲 2008 年浙江紹興出土(組圖 3),見《通鑒續編》31161。由某藏家收藏,時代屬春秋晚期。直援狹長,前鋒尖銳,中胡有脊,胡部較寬,闌側二長穿,內上一橫穿,飾雙綫鳥首紋。通長 25 厘米、高 11 厘米。銘文在胡部,錯金 6 個字[8]:

帀(蔡)侯朔之用戠(戟)

組圖 3　紹興出蔡侯朔戟及其銘文

安徽舒城曾出一件"蔡侯🔣之用戟"戟(組圖4),見《金文通鑒》16834。🔣字釋讀不一,或釋"逆""侏"等。張亞初先生隸定爲從毛從元,認爲是蔡成侯朔[9]。李治益先生直接釋讀爲"朔"[10],曹錦炎先生予以肯定。

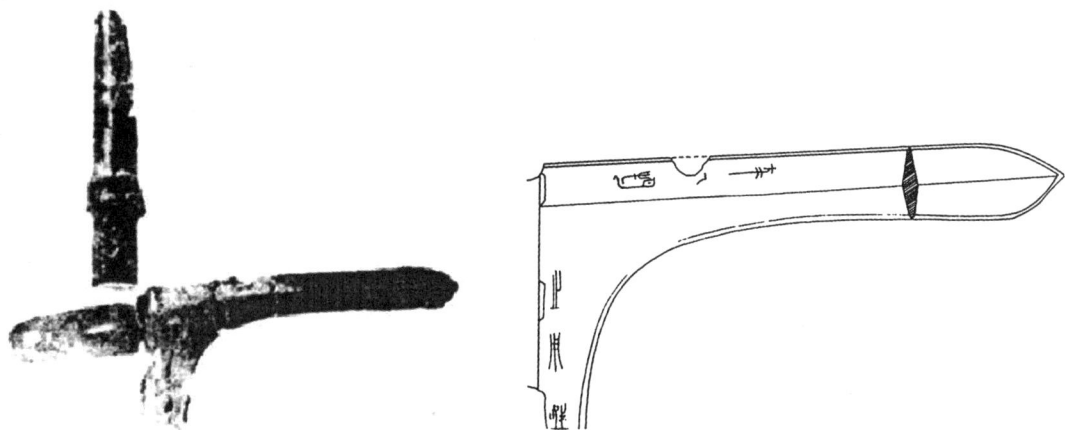

組圖4 舒城出蔡侯朔戟及其銘文

蔡侯朔戈一件(組圖5),2012年出現於陝西西安,由某藏家收藏,時代屬春秋晚期,見《通鑒續編》31162。戈爲直援尖鋒,長胡,闌側二長穿一小穿,闌下出齒。長方形内前部一長穿、後部一圓穿。内兩面飾錯金雙綫鳥頭文。通長20厘米、闌高11厘米。銘在胡部,錯金6個字:

祭(蔡)侯朔之用戈

組圖5 蔡侯朔戈及其銘文

蔡侯朔劍一件(組圖6),1999年湖北丹江口吉家院戰國楚墓(M19)出土,見《通鑒續編》31301。春秋晚期器,現藏丹江口市博物館。越式劍,尖鋒有脊,窄格圓莖,莖

上有兩道箍棱,格飾獸面紋,鑲嵌綠松石。通長 56.6 厘米、劍身寬 4.9 厘米。劍銘 2 列 6 個字[11]:

希(蔡)侯朔之用劍

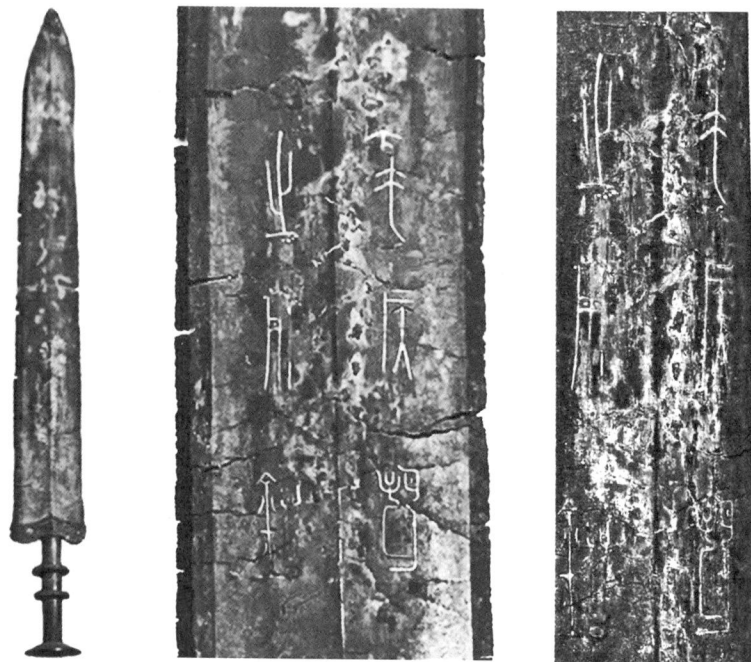

組圖 6　蔡侯朔劍及其銘文

　　蔡侯朔即蔡成侯朔,在位十九年,即公元前 490—前 472 年。其爲蔡昭侯申之子。《史記·管蔡世家》:"二十八年,昭侯將朝于吳,大夫恐其復遷,乃令賊利殺昭侯;已而誅賊利以解過,而立昭侯子朔,是爲成侯。成侯四年,宋滅曹。十年,齊田常弑其君簡公。十三年,楚滅陳。十九年,成侯卒,子聲侯產立。"

　　3. 蔡公子□戈

　　一件(組圖 7),由某藏家收藏,春秋晚期器,見《通鑒續編》31173。直援尖鋒,戈有中脊,長胡,闌側二長穿、一小穿,闌下出齒,上有一長三角形穿,後部殘斷。胡部一面有銘文 6 個字:

希(蔡)公子□之用

　　第四字 殘缺,不明。此戈爲春秋晚期某位蔡侯公子所鑄。

組圖7　蔡公子□戈及其銘文

4. 蔡公子吳戈

一件,1995年8月河南淮濱縣王崗鄉王崗村李營組磚瓦窰廠古墓葬出土,通長20.6厘米、寬9.3厘米。據介紹,鋒部呈三角形,刃部平直,援部起脊,連接鋒闌,有胡,三穿。闌後有內,直緣平底,上有一圓一方兩穿。胡部有錯金銘文2列6個字[12]:

　　　布(蔡)公子吳之用

同時出土的還有兩件銅戈(組圖8),銘文同爲"公子瘔鄾公鑄"戈。"公子瘔"三字位於援上近闌處,"鄾公鑄"三字位於胡上近闌處。報導者認爲,"公子瘔鄾公鑄"銅戈之"蓼"應爲東蓼,在今河南固始縣城蓼城崗,北臨淮濱縣,西臨黃國故城(西蓼在今河南南陽唐河以南);兩件戈與淅川下寺36號墓出土的"蓼子妝"戈相同,同爲春秋中期。認爲"蔡公子吳"爲蔡國公子,名吳,或是蔡國之君,或屬蔡國之王室、公室,年代爲春秋時期。三戈分別見《通鑒三編》41438(公子吳戈,春秋晚期)、41429(鄾公戈,春秋中期)、41430(鄾公戈,春秋中期)。

蔡公子吳戈與襄樊出土蔡公子加戈類似,年代要晚於"公子瘔鄾公鑄"戈,《通鑒三編》的作者吳鎮烽先生定爲春秋晚期是正確的。吳,疑母魚部。盧,來母魚部。二字讀音較近,懷疑蔡公子吳或有可能就是蔡平侯盧。《史記·管蔡世家》:"楚滅蔡三歲,楚公子棄疾弑其君靈王代立,爲平王。平王乃求蔡景侯少子盧,立之,是爲平侯。"平侯盧爲景侯"少子",繼位前自當稱"公子"。蔡平侯盧都新蔡[13]。銘文錯金也顯得不一般。目前尚缺吳、盧直通例證,是否爲平侯盧爲公子時鑄器,姑且存疑。此戈很可能是楚滅蔡後的戰利品,與另兩件春秋中期的鄾公鑄戈同葬於一墓。

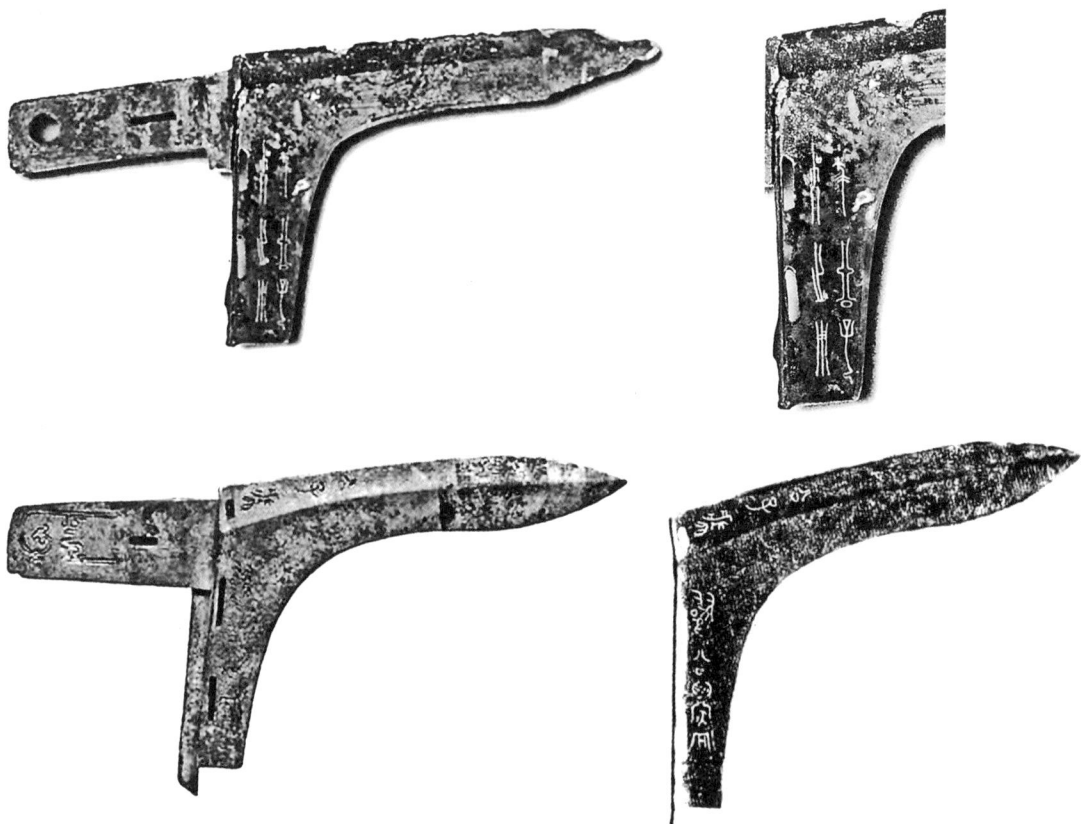

組圖 8　公子瘻戈兩件及其銘文

5. 蔡公子縝戈

一件(組圖 9),2013 年夏出土於浙江紹興,爲某藏家藏品,見《通鑒續編》31176。戈爲直援尖鋒,援中起脊,中胡,闌側二長穿一小穿,内上一横穿,内尾下圓角,内後部飾雙綫鳥首紋。通長 24.3 厘米、高 11.5 厘米。銘文位於胡部,錯金,鳥蟲書體,2 列 6 個字:

　　　帝(蔡)公子諆(縝)之用

曹錦炎先生認爲,公子名從言、從糸從斤,斤即楚簡的"慎",戈銘當釋讀爲"縝";并認爲此戈屬春秋晚期器。"蔡國兵器在越國腹地紹興發現,有可能皆是越滅吳後的戰利品";"從這件蔡公子縝戈的鳥蟲書體風格較爲接近壽縣出土的蔡公子果戈來看,其或爲蔡遷州來以後的諸公子之一"。吴鎮烽定爲戰國中期器[14]。

一般認爲蔡滅於楚惠王四十二年,即公元前 447 年。何浩先生認爲蔡終滅於楚宣王二十七年即公元前 343 年左右,時王爲蔡聖侯[15]。若此戈確爲戰國中期,則爲何浩之説提供了實物證據。不過,此戈形制與前列春秋戰國之際的蔡侯朔戈基本相似,當以曹説爲是。

組圖 9　蔡公子繽戈及其銘文

6. 蔡公子宴戈

一件(組圖 10),安徽省池州市秀山門博物館藏品,見《通鑒續編》31172。據報導,此戈全長 24 厘米、寬 10.6 厘米,援長 16.4 厘米、寬 3.1 厘米,內長 7.6 厘米、寬 2.4 厘米。援起脊。闌側三穿,內上近闌處一長穿,後部無穿。戈體銹蝕較重,援處一穿斷裂。內雙面簡潔無紋飾,援上錯金銘文 6 個字:

　　矞(蔡)公[子]宴之用

"公"後一字殘缺不清。王長豐先生認爲,"公"字後不能確指是"子"字還是"孫"字,但從中可以知道"蔡公"家族中又多了一位名"宴"的族人[16]。吳鎮烽先生則補爲"子"字,定爲春秋晚期。

組圖 10　蔡公子宴戈及其銘文

7. 蔡叔子宴戈

一件(組圖 11), 出土時間、地點不詳, 現藏江蘇徐州李氏, 見《通鑒續編》31171。直援尖鋒, 脊綫偏上, 中長胡, 闌側二長穿一小穿, 闌下出齒。内上一横穿, 後部飾雙綫鳥頭文及圓渦紋。銘在胡部, 鳥蟲書, 錯金, 2 列 6 個字:

　　蔡弔(叔)子宴之用

曹錦炎先生認爲, "叔"本爲排行, 此處表身份, 似爲蔡侯之弟;"子宴", 人名。或以爲此處是謂蔡侯之弟的兒子名"宴";或以爲"子"是美稱, 可備一説[17]。

此戈"蔡叔子宴"與上列"蔡公子宴"不知是否有關。若二者有關或同爲一人, "蔡公子宴"戈當早於"蔡叔子宴"戈。蔡叔即蔡侯叔, "宴"爲名, "子"爲尊稱或美稱。前器是作爲"公子"時所鑄, 後器是作爲"侯叔"時所鑄, 時間相距不遠。蔡叔, 如同楚叔(楚叔之孫途盉、楚叔之孫倗鼎)、曾叔(曾叔旂鼎、簋)等[18]。

組圖 11　蔡叔子宴戈及其銘文

8. 蔡公子叔湯壺

一件(組圖 12), 見《金文通鑒》12415。春秋器, 1987 年 9 月入藏香港思源堂。1990 年 10—12 月在香港市政局及香港東方陶瓷學會聯合舉辦的"中國古代與鄂爾多斯青銅器展覽"中展出。通高 29.5 厘米。直口微外侈, 長頸垂腹, 矮圈足沿外撇, 頸部有一對獸首銜環耳。口下飾環帶紋, 頸飾變形獸體紋, 腹飾瓦溝紋, 其間有兩條目紋與折綫紋相間的紋帶, 圈足飾變形夔紋。内壁鑄銘文 31 個字(其中重文 2 個)[19]:

　　隹(唯)正月初吉丁亥, 帠(蔡)公子弔(叔)湯乍(作)其醴壺, 其萬年眉(眉)壽

（壽）無彊（疆），子=（子子）孫=（孫孫）永寶用高（享）。

張光裕先生定爲春秋早期，吳鎮烽先生定爲春秋晚期。"蔡公子叔湯"如同"曾公子叔㳸"，公子中排行"老三"，是某位蔡侯的公子。"公子"後接之伯、仲、叔、季爲同行輩之稱。"湯"爲公子之名[20]。

組圖 12　蔡公子叔湯壺及其內壁銘文

9. 蔡公子信（?）壺

一件（組圖 13），春秋早期器，見《金文通鑒》12409。原藏香港思源堂（1987 年入藏）。2010 年秋在英國倫敦佳士得拍賣，現由某藏家收藏。通高 29.8 厘米。橫截面呈圓形，直口長頸，頸部收束，矮圈足沿外撇，頸部有一對龍首銜環耳。頸部飾卷鼻夔龍紋，其上爲環帶紋，其下爲瓦溝紋，腹部飾目紋與 V 字幾何紋，上下均爲瓦溝紋，圈足飾夔龍紋。口內壁鑄銘文 30 個字（其中重文 2 個）：

　　隹（唯）正月初吉丁亥，㣚（蔡）公子壬□自乍（作）隣（尊）壺。甘（其）萬年釁（眉）耆（壽）無彊（疆），子=（子子）孫=（孫孫）永寶用。

公子之名"壬"，上部一筆向左撇出，與"壬"字不類，似從身從心，疑爲"信"字[21]。"公子信"爲春秋早期某位蔡侯之公子，名"信"。

壬：

金文　　　　包山簡163、191　貨系0121　　　信：

中山王鼎　梁上官鼎　璽匯5381

組圖 13　蔡公子信(?)壺及其內壁銘文,"信"字細節

10.　蔡公孫鱓戈

一件(組圖 14),見《通鑒續編》31200。春秋晚期器。據報導,2006 年 12 月 4 日安徽省六安市九里溝鄉第三窑廠一土坑墓(M3283)出土,現藏六安市文物局。直援尖鋒,有中脊,中胡,闌側有二長穿一小穿,闌下出齒,長方形內,上有一橫穿和一圓孔,內飾雙綫鳥首紋。通長 21.9 厘米,援長 14.8 厘米、寬 10.5 厘米,脊厚 0.7 厘米。戈胡部鑄銘文 7 個字:

　　帝(蔡)公孫鱓之用戈

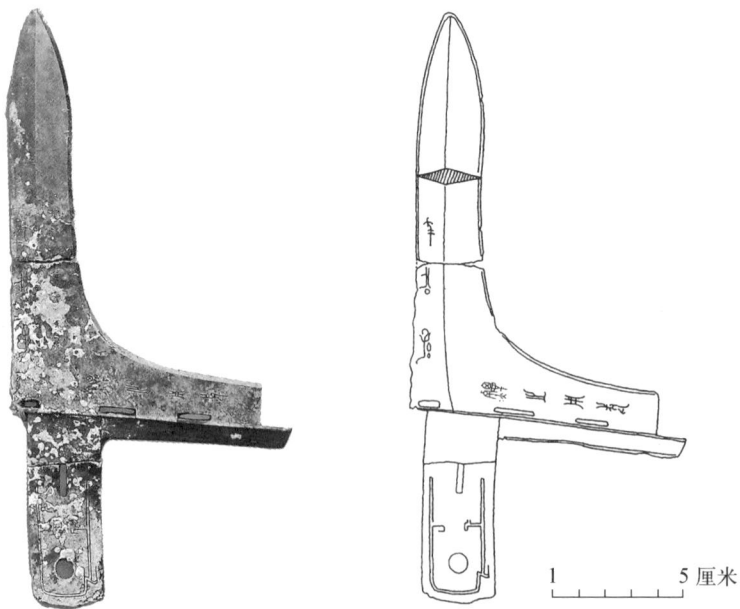

組圖 14　蔡公孫鱓戈

　　報導者釋公孫之名爲從魚從睪之"鱷"，認爲與"霍"音近，即文獻記載的"蔡公孫霍（盱）"。蔡公孫霍（盱）於公元前 491 年夏被殺。曹錦炎先生釋爲從魚從思的"鰓"。石小力、吳鎮烽先生釋讀爲"從魚從覃"之"鱏"。我們傾嚮釋爲"鱏"。石小力先生之文所列同從"昌"旁的"厚"字的演變可爲參考[22]：

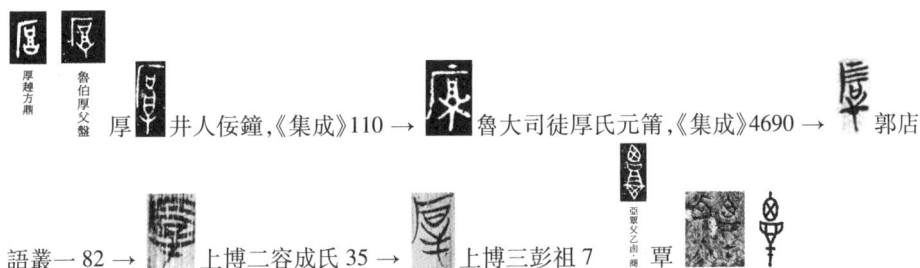

　　公孫鱏爲春秋晚期某位蔡侯之孫。鱏與盱、霍讀音有別。覃，定母侵部。盱，曉母魚部。霍，曉母鐸部。公孫鱏當不會是公孫霍（盱），而很可能就是公孫亦。説見下。

11.　蔡公孫亦戈

　　一件（組圖 15），春秋晚期器，由某收藏家藏品，見《通鑒續編》31151。直援，中長胡，闌下出齒，闌側二長穿一小穿，長方形内，上有一橫穿。胡部有銘文 6 個字：

　　　蔡（？）公孫亦之用

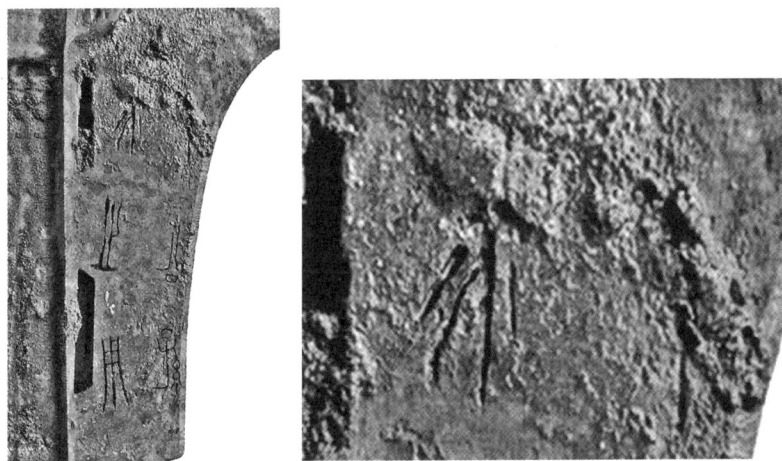

組圖 15　蔡公孫亦戈胡部銘文

　　第一字被鏽壓住，不清晰，吳鎮烽先生疑爲"蔡（？）"。根據戈銘文字特點，及此字中間竪筆貫下，與上舉蔡公孫鱏戈之　、蔡公子吳戈之　類似，定爲蔡器、釋讀爲"祭（蔡）"當無大問題。其爲某蔡侯之孫，名"亦"。亦，喻母鐸部，與霍（曉母鐸部）、盱（曉母魚部)音近。公孫亦或有可能就是公孫盱(霍)。《春秋》:哀公四年(前 491 年)"春,王二月庚戌,盜殺蔡侯申。蔡公孫辰出奔吳。……夏,蔡殺其大夫公孫姓、公孫霍"。《左傳》: "故逐公孫辰而殺公孫姓、公孫盱。"兩相對照,公孫盱當即公孫霍。

有關"蔡侯"的出土材料,能夠與世系對照,目前學界認識比較一致的,只有蔡侯般、蔡侯朱、蔡侯申、蔡侯朔、蔡侯產等。其餘者還需要研究。根據我們的分析,下列蔡侯、蔡公子等或有可能存在對應關係。

1. 蔡公子興與蔡共侯興

蔡公子興壺,見《集成》15·9701、《金文通鑒》12408,銘文有"唯正月初吉庚午蔡公子□作尊壺"句,"公子"下一字模糊不清,過去多缺釋。吳鎮烽先生也將此字作缺釋處理。我們則認爲是"興"字,文字雖模糊不清,但大體輪廓可見,而不清晰的原因則是人爲。也就是説,此器很可能是被一時占有者隱(刮)去了器主名。殘留字形及金文"興"字比較見下[23]。(組圖 16)

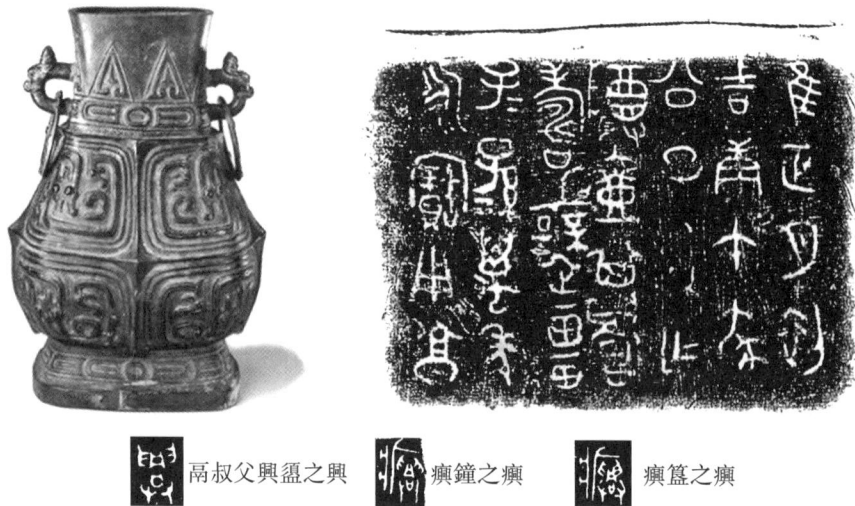

冎叔父興盨之興　　瘐鐘之瘐　　瘐簋之瘐

組圖 16　蔡公子興壺及其内壁銘文,"興"的金文

另,國家博物館 2004 年入藏兩件西周晚期射壺[24],分甲(組圖 17)、乙,見《金文通鑒》12443(甲壺)、12444(乙壺)。蓋、器銘文基本相同,器銘 60 個字(其中重文 2 個):

隹(唯)九月初吉甲寅,皇君尹弔(叔)命射嗣(司)貯,乃事東遝(微)甘(其)工(貢)。乃事述(遂),遣念于帋(蔡)君子興用天尹之寵(寵),弋(式)穫(蔑)射曆(曆),易(錫)之金。用乍(作)朕(朕)皇考靊(麗)壺,甘(其)萬年子₌(子子)孫₌(孫孫)永寶用。

組圖 17　國家博物館藏射壺甲及其頸部內壁銘文

此壺樣式、字體風格與蔡公子興壺接近。如朱鳳瀚先生就這樣認爲:"北京故宮博物院所藏蔡公子□壺通體紋飾之紋樣與布局則均與射壺同";"蔡公子□壺,學者或定爲西周晚期器,但其腹部與射壺相同的粗獷的 S 形雙首龍紋,實已具有春秋早期的紋飾形式與風格";"蔡公子□壺,不僅形制,而且紋飾的紋樣、布局亦均與射壺同,當與均是同時期蔡公室成員所製有關";射壺是"尹叔因追念當初射之先人蔡君之子興曾受到天尹之尊寵,故獎勵射,賜給他銅。射因此作了祭祀我皇考的一對壺"。

黃錦前先生也認爲,射壺的年代也在春秋早期前段左右;認爲"'蔡君'即蔡國國君,'子興'係其字",蔡君子興即蔡共侯姬興。共侯興在位兩年(前 761—前 760)。"射"爲蔡侯興的後人。也就是説,尹叔因追念射之先人蔡侯興使其先人天尹受到尊寵而獎勵射。

還有一件蔡侯□壺(組圖 18),現藏臺北故宮博物院,見《金文通鑒》12377。內壁鑄銘文 21 個字,現存 18 個字:

　　帀(蔡)厌(侯)□□□母朕(媵)壺,其邁(萬)年無疆,子_(子子)孫_(孫孫)永寶用亯(享)。

黃錦前先生認爲,"蔡侯興作孟姬媵壺",部分文字不清晰,似被人爲剷除。[25]考慮到二壺銘文字體、內容、時代相近,很可能是蔡侯興器落入他人之手被有意毀去名字或內容。錦前的懷疑有一定道理。

下舉"帀(蔡)臧(莊)君之孫、子趏之子雌自乍(作)盥盤"銘文,"君"當爲"侯"。是某時"蔡莊侯"可稱"蔡莊君","蔡君子興"當即"蔡侯子興","子興"爲蔡侯之名。《史記·管蔡世家》:釐侯"四十八年,釐侯卒,子共侯興立。共侯二年卒,子戴侯立"。釐侯四十八

組圖 18　臺北故宮博物院藏蔡侯□壺及其內壁銘文

年爲公元前 762 年。公子興壺作於釐侯在位之時,射壺稍晚。元釋覺岸所撰《釋氏稽古略》中"興"作"與",是二字形近誤記。

2. 蔡叔膚孜與蔡哀侯獻舞

蔡叔膚孜戟(組圖 19),1996 年 1 月出自安徽壽縣壽春鎮南關村西圈墓地 4 號墓,春秋晚期器,現藏壽縣博物館[26],見《通鑒續編》31170。這是一件雙戈戟,直援尖鋒,長胡,闌側三穿,闌下出齒。第一戈有長方形内,内上有一橫穿與一圓孔,通長 25.2 厘米、寬 2.4 厘米,第二戈無内,通長 17.3 厘米、寬 2.8 厘米。第一戈援與胡部有鳥蟲篆銘文 6 個字:

　　　　帝(蔡)弔(叔)膚孜之行

原報告釋爲"蔡叔蒸操之行"。陳治軍先生改釋爲"蔡叔膚孜之行",認爲"膚孜"即蔡哀侯"獻舞"。同時認爲"膚孜之行"即"某之某",如"平王之定""龔王之卯"等。"行"爲"獻舞"之子繆侯肸。"壽之行"戈銘文的"壽之行",即楚懷王槐之子頃襄王橫。"壽"即"槐","行"即"橫"[27]。如此,此戈之"行"相當於"肸"。行,匣母陽部。肸,曉母物部。行與肸聲母相近,但韵部有別。

此處之"行",我們認爲當是銅器銘文常見之"行器"之"行",省去器名。如:

龘伯畜多壺(申伯諺多壺):"龘(申)白(伯)畜(諺)多之行"(《金文通鑒》12189)即"龘(申)白(伯)畜(諺)多之行壺"之省。

王得戈:"王旻(得)之行"(《通鑒三編》41377)即"王旻(得)之行戈"之省。

壽戈:"嗇(壽)之行"(《通鑒續編》31097)也當爲"壽之行戈"之省。

"行"相當於"用"。兵器"用"后省去"戈"者較多見,如蔡器中的"蔡公子果之用"戈

組圖 19　蔡叔膚孜戟及其銘文

(《金文通鑒》16899、16900、16901)，"蔡公子加之用"戈(《金文通鑒》16902)、"蔡公子頒之用"戈(《金文通鑒》16904)、"蔡公子從之用"戈(《金文通鑒》16905、16906)、"蔡弔(叔)子宴之用"戈(《通鑒續編》31171)、"蔡公[子]宴之用"戈(《通鑒續編》31171)、"蔡公子譔(繽)之用"戈(《通鑒續編》31176)等。

　　楚器平夜君成戟雙戈戟(《金文通鑒》16896、16897)：上戈銘"坪(平)夜(舆)君成之用戜(戟)"，下戈銘"坪(平)夜(舆)君成之用"，省一"戟"字。其他如"楚王孫灪之用"戟(《金文通鑒》16908、16909)、"郐(徐)王義楚之用"劍(《金文通鑒》17839)等。

　　因此，"肃(蔡)弔(叔)膚孜之行"戟，即"蔡叔膚孜之用"戟，屬蔡叔膚孜所有。哀侯獻舞是桓侯封人之弟，繼位前稱"蔡叔"，正相吻合。《史記·蔡世家》：桓侯"二十年，桓侯卒，弟哀侯獻舞立"。

　　3.　蔡臧君與蔡莊侯

　　2007年，河南南陽市臥龍區八一路6號墓出土了一件蔡臧(莊)君之孫子雌盤(組圖20)，現藏南陽市文物考古研究所,見《通鑒三編》41210。春秋晚期器。通高 12.2 厘米、口徑 40 厘米。
斂口淺腹,窄沿方唇,底部微圜,三隻圓環形獸面矮足,腹部有一道箍棱,左右設有一對小鈕銜
環,前後有一對絢索紋小鈕。箍棱上下各飾一道蟠虺紋。內底鑄銘文 23 個字:

> 𢽳(蔡)臧(莊)君之孫、子越之子雌自乍(作)盥盤,甘(其)釁(眉)𩁹(壽)無規
> (期),永保用之。

組圖 20 蔡臧(莊)君之孫子雌盤及其銘文

黃錦前先生原以爲"蔡莊君"可能是指楚滅蔡後在蔡地設置的縣公。但縣公是否稱
謚,值得懷疑,綜合考慮後他認爲,此處的"君""應當理解爲蔡國的國君,'蔡臧君'即'蔡
莊侯',名甲午"[28]。莊侯在位三十四年(前 645—前 612),處於春秋中期。此器銘文屬於
典型的春秋晚期風格,與鄭臧公之孫鼎、申文王之孫簠等相似。若蔡臧君即蔡莊侯,其孫
輩當在公元前 600 年左右,感覺偏早。

楚靈王滅蔡,楚公子弃疾(平王)爲蔡公三年,即位後隨即復蔡。頗疑此"蔡臧君"爲
復國後的某君,但與文獻記載難以對應。多方考慮,暫且傾嚮錦前的意見,"蔡臧君"即"蔡
莊侯",推測其最小的孫子也可能生活在春秋晚期前段。

上舉射壺銘文有"乃事述追念于𢽳(蔡)君子興用天尹之寵(寵)"句,兩相比較,"君"
相當於"侯"。

4. 蔡公子果與蔡莊侯甲午

蔡公子果,或認爲即蔡莊侯甲午,是後人誤將"果"字分書爲"甲午"[29]。或認爲銘文
書體爲春秋晚期,蔡莊侯甲午爲春秋中期人物,於銘文的時代風相去甚遠[30]。或認爲"蔡

莊公立於公元前 645 年,卒於公元前 612 年,在這個時期并不是鳥蟲書流行的時候,而蔡公子果戈的鳥蟲書風格明顯處於成熟階段。所以,説蔡公子果就是蔡莊公甲午,這個可能性是不大的"[31]。或認爲果、加、固音近,公子果、公子加即景侯固[32]。

幾件蔡公子果戈樣式各有不同。如《集成》17·11146 的這件(《金文通鑒》16901),戈援較短、胡部較寬,風格就與春秋早期的曹公子沱戈(《集成》17·11120,《金文通鑒》17049,組圖 21)、衛公孫吕戈(《集成》17·11200,《金文通鑒》17054)近似,與京戈(《集成》17·10808,《金文通鑒》16273)、武戈(《集成》17·10814,《金文通鑒》16280)、高子戈(《集成》17·10961,《金文通鑒》16509)等春秋早中期的戈也近似,明顯具有稍早的特徵。銘文六字,只有"用"字飾有不標準的鳥形,顯然不及蔡侯産器鳥蟲書成熟豐富。鳥蟲書始行於春秋中期也不是没有可能。因此,篆書"果"誤書爲"甲午"或者"田牛"也很自然。我們暫且傾嚮於公子果就是蔡侯甲午。

組圖 21　蔡公子果戈與曹公子沱戈

5. 蔡侯忧(?)叔與隱太子友("友"《左傳》作"有")

蔡侯忧(?)叔劍,殘存中段,并斷爲兩截,中有脊,原爲陳介祺、羅振玉舊藏,見《集成》18·11601、《金文通鑒》17831。縱部鑄銘文鳥蟲書 6 個字:

　　希(蔡)戻(侯)□弔(叔)之用

張亞初先生認爲,□叔與悼侯東國年代是合拍的,但由於銘文殘損,字音、字義都不能確定,是否即東國,還只能是一種可能、一種假設,尚待今後作進一步論證[33]。曹錦炎先生認爲,春秋時代,蔡國以兄弟繼位的有哀侯獻舞、悼侯東國和昭侯申三人,哀侯年代爲公元前 694—前 675 年,與鳥蟲書流行的時代不合;昭侯銅器出土甚多,都自名"龖"而不作"□

叔",也不合;只有悼侯東國或可相當。但由於銘文殘泐無法確認,尚待進一步研究[34]。

我們以爲,"侯"下一字可能是"忧"字,如下列字形[35]:

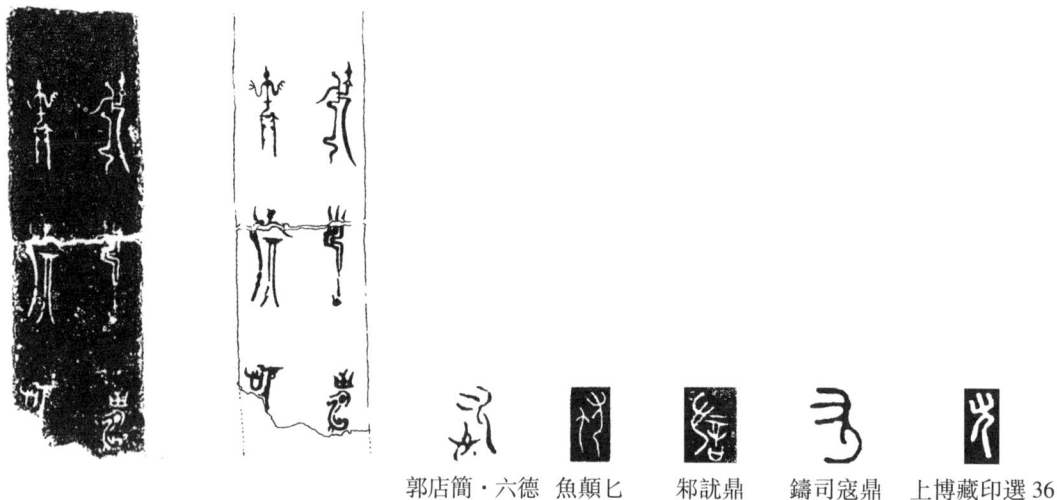

郭店簡·六德　魚顛匕　郍訧鼎　鑄司寇鼎　上博藏印選36

《説文》(據段注本):"忧,心動也。从心,尤聲。讀若祐。"友、祐、尤同音(匣母之部)。
"蔡侯忧叔"有可能就是隱太子友。

據《史記·管蔡世家》:"平侯九年卒,靈侯般之孫東國攻平侯子而自立,是爲悼侯。悼
侯父曰隱太子友。隱太子友者,靈侯之太子,平侯立而殺隱太子,故平侯卒而隱太子之子
東國攻平侯子而代立,是爲悼侯。"這説明靈侯之後的侯位應屬太子友,但太子友可能被其
叔叔平侯所殺,而太子友之子東國又殺了平侯之子而自立。相互關係爲:

靈侯般(景侯太子)—隱太子友—悼侯東國;
平侯盧,景侯少子,靈侯般之弟,隱太子友之叔,悼侯東國之叔祖父。

"蔡侯忧叔"的"忧叔"當是蔡侯之名,"叔"與排行可能沒有關係。也不排除"忧叔"是
"忧"的緩讀的可能。"隱太子友"立後不久被其叔叔平侯所殺。此戈之名與"悼侯東國"
"平侯盧""靈侯盤"等均不合,而爲"太子友"初立時所鑄當是合適的。

隱太子友稱"隱"的緣由,可能與魯隱公之"隱"相似。《逸周書·謚法》:"不尸其位爲
隱。"魯隱公爲惠公繼室聲子之子,本應在惠公元妃去世後繼位,因惠公娶了宋武公的女兒
仲子,這位仲子生下來有字在掌上説"爲魯夫人",因此由仲子所生桓公繼位;又因桓公年
幼,"是以隱公立而奉之"(《左傳·隱公元年》),即隱公立而奉戴年幼桓公,攝政九年歸位
桓公。蔡"太子友"稱"隱",可能是因爲侯位得而復失或者有名無實。

梁玉繩《史記志疑》案："平侯爲東國兄,亦隱太子之子,何得妄加平侯以殺父之大逆乎。平侯之太子朱出奔楚,實緣楚費無極取貨於東國之故,亦不得言東國攻兄自立,蓋史公誤以平侯爲景侯子,遂別生異端。"[36] 若按梁説,平侯盧與悼侯東國均爲隱太子友之子,平侯爲兄,東國爲弟,是弟取代兄之子爲侯。相對於平侯,東國可稱"蔡侯叔"。但這也不能説明"蔡侯怃叔"就是"桓侯東國"。

比較上述觀點,我們暫且傾嚮於"蔡侯怃叔"是指"隱太子友"。當然,"怃"字還有待佐證確定。

另有兩件銘文清楚稱"蔡子"者[37]:

1. 蔡子 ![字]

蔡子 ![字] 匜(組圖 22),春秋晚期器,現藏北京故宫博物院,見《集成》10196、《金文通鑒》14881。内底鑄銘文 7 個字:

希(蔡)子 ![字] 自乍(作)會

組圖 22　蔡子 ![字] 匜及其銘文

![字],過去有釋"衣""旅""佗"等者[38]。張亞初先生主張釋"佽",疑即繆侯肸,認爲"肸"與"佽"字義相關,有可能是一名一字[39]。我們原以爲當釋"佗",蔡子佗爲蔡成侯朔。目前已見有蔡侯朔器,即成侯朔。"佗"顯然不是"朔"。

張亞初先生以爲此字上從"夭",不確。此字應爲上從虫(huǐ,下同),下從人,可隸定作㐀[40],當爲從人,虫聲。如下列金文從"虫"之字[41]:

![字]蛪公諴簋　![字]蠚鼎　![字]牆盤　![字]魚顛匕　![字]鼀伯簋　![字]楚王酓忎鼎

![字]魚顛匕　![字]曾仲大夫蝀簋　![字]班簋

《説文》無"衁"字。"衁"與"衁"可能有演變關係。"蔡子"之稱,有兩種可能,一是指蔡侯之子,一是指蔡公子公孫後裔,類似"楚子""曾子"[42],并非蔡侯嫡子。若確屬前者,則可能如張亞初先生推測的"疑即繆侯肸"。虫、衁均屬曉母微部。肸,曉母物部。二字聲母相同,韻部對轉,當可假借。《史記·管蔡世家》:"哀侯留九歲,死於楚。凡立二十年卒。蔡人立其子肸,是爲繆侯。"《釋氏稽古略》"肸"作"昐"。肸與昐形音俱近,可以互作[43]。若屬後者即公子公孫後裔,則不可考。

器名 ，與湖北鄖縣肖家河所出觴子仲瀕兒匜之鼻（ ）類同,從"曳""曳"之省,讀爲匜。曳,喻母月部。匜,喻母歌部。二字雙聲,韻部對轉[44]。

2. 蔡子棘

蔡子棘之鼎(組圖23),現藏北京故宫,見《集成》4·2087、《金文通鑒》01473。器身連蓋近球形。蓋上有透空圓形捉手。蓋、腹、足相對應鑄有小環,能用繩穿繫。附耳直。下具三個獸蹄足。通飾變形的蟠虺紋和三角紋。戰國早期器。蓋上捉手內鑄銘文5個字,吳鎮烽先生釋讀爲:

怵(蔡)子棘之鼎(鼎)

蔡字從"心",讀爲"蔡",當無問題。子下一字 （ ）,過去多缺釋。容庚編著《金文編》釋爲"棘"(489頁),董蓮池編著《新金文編》列入"棘"下(918頁)。張亞初先生主張釋爲"散"字所從,認爲構形可讀散,也可讀麻;"散"與"固"字義相關,很可能是一名一字,蔡子散疑即蔡景侯固[45]。

其實,"散"字所從與此字不同,只要比較一下,就可以明顯區別開來。根據整體字形結構,我們認爲應該是"棘"字,從二束形,只是上部不够清晰。

02087

組圖23 蔡子棘之鼎及其銘文

“蔡子棘”若確爲蔡侯之子,則疑爲“蔡侯齊”,因“棘”與“齊”“薺”音義相近。

棘,酸棗樹,莖上多刺,泛指有刺的苗木,如荆棘。《説文》:“棘,小棗叢生者,从並束。”桂馥《説文義證》:“《急就篇》顔注:‘棘,酸棗之樹也。’”但金文“棗”字所從似“來”,而與“束”有別,如下列酸棗戈,故不會是“棗”字[46]。

酸棗戈　　牆盤　　秦公簋　　戎生鐘　　呏車父簋　　散伯匜

薺,一種草名,又稱“蒺藜”或“刺蒺藜”,果有刺。《説文》:“薺,蒺藜也。”朱駿聲《説文通訓定聲》:“薺即蒺藜之合音。”棘,見母職部。齊、薺,從母脂部。刺,清母錫部。從“束”的字可與從“齊”的字相通。如責從束聲,積或作穧[47]。蔡子棘可能即蔡侯齊。此戈屬戰國早期,與蔡侯齊時代接近。《史記·管蔡世家》:“聲侯十五年卒,子元侯立。元侯六年卒,子侯齊立。侯齊四年,楚惠王滅蔡,蔡侯齊亡,蔡遂絶祀。”考慮到“棘”與“齊”或“薺”讀音有別,也可能爲一名一字。“蔡子棘”若爲公子公孫後裔,則不可考。

蔡器中明確稱“蔡子”者,目前還不多見,其身份究竟如何,有待新發現與深入研究。

2020 年 12 月 31 日完稿

注　釋

[1] 黄錫全、劉江聲:《襄樊團山墓地出土一件蔡公子加戈》,《華學》第九輯、十輯(一),上海:上海古籍出版社,2008 年,第 146—150 頁;收入黄錫全:《古文字與古貨幣文集》,北京:文物出版社,2009 年,第 175—180 頁。

[2] 如陳治軍:《安徽出土青銅器銘文研究》,合肥:黄山書社,2012 年;曹錦炎:《鳥蟲書通考》(增訂版),上海:上海辭書出版社,2014 年;曹錦炎、吳毅强編著:《鳥蟲書字彙》,上海:上海辭書出版社,2014 年;朱彩雲:《蔡國金文及其相關問題研究》,北京語言大學碩士學位論文,指導教師:羅衛東,2015 年;楊欣:《陳蔡兩國銅器銘文整理及相關問題研究》,華東師範大學碩士學位論文,指導教師:白於藍,2018 年;孫飛燕:《黄淮間中原十國金文整理與研究》,西南大學博士學位論文,指導教師:胡長春,2020 年;吳鎮烽編著:《商周青銅器銘文暨圖像集成》(1—35 卷),上海:上海古籍出版社,2012 年;吳鎮烽編著:《商周青銅器銘文暨圖像集成續編》,上海:上海古籍出版社,2016 年;吳鎮烽編著:《商周青銅器銘文暨圖像集成三編》,上海:上海古籍出版社,2020 年。爲方便引録,文中主要利用了吳鎮烽編撰的《商周金文資料通鑒》(電子版),2013 年 1 月,簡稱《金文通鑒》;《商周金文資料通鑒續編》(電子版),2016 年 10 月,簡稱《通鑒續編》;《商周金文資料通鑒三編》(電子版),2020 年,簡稱《通鑒三編》;

爲方便查閱,編號前仍保留"3"(續編)、"4"(三編)。

[3] 陸峻嶺、林幹合編:《中國歷代各族紀年表》,呼和浩特:内蒙古人民出版社,1987 年。

[4] 釋覺岸:《釋氏稽古略》,見《大正新修大藏經》第 49 册,第 749 頁。

[5] 楊伯峻:《春秋左傳注》,北京:中華書局,1983 年,第 1119 頁。

[6] 曹錦炎:《蔡侯兵器三題》,《中國考古學會第十四次年會論文集》,北京:文物出版社,2012 年,第 235 頁;收入氏著《披沙揀金——新出青銅器銘文論集》,杭州:浙江人民美術出版社,2019 年,第 164 頁。

[7] 陳傑超、王鳳劍:《發掘南陽歷史再創名城輝煌》,《南陽日報》,2009 年 3 月 20 日;李賓《十大考古新發現南陽 2 項入圍》,河南文化產業網(http://www.henanci.com/Pages/2010/03/09/20100309113056.shtml),2010 年 10 月發布。轉引自楊欣:《陳蔡兩國銅器銘文整理及相關問題研究》,第 142 頁。

[8] 陳陽:《新見蔡侯朔之用戟》,《東方博物》第二十九輯,杭州:浙江大學出版社,2008 年,第 46—48 頁;曹錦炎:《蔡侯兵器三題》,收入氏著《披沙揀金——新出青銅器銘文論集》,第 167 頁。

[9] 張亞初:《蔡國青銅器銘文研究》,《文物研究》第七輯,安徽:黄山書社,1991 年,第 340 頁。

[10] 李治益:《蔡侯戟銘文補正》,《文物》2000 年第 8 期,第 89—90 頁。

[11] 孫啓康:《丹江口水庫庫區出土三起銅器銘文考釋——讀〈塵封的瑰寶〉覓王、侯之遺踪》,《江漢考古》2008 年第 1 期,第 121—125 頁;曹錦炎:《蔡器兵器三題》,收入氏著《披沙揀金——新出青銅器銘文論集》,第 164 頁。

[12] 花原、章慶:《河南淮濱王崗墓地出土的幾件帶銘銅戈》,《江漢考古》2018 年第 4 期,第 128—129 頁。

[13] 馬世之:《蔡都新蔡試探》,《天中學刊》2009 年第 1 期,第 113—115 頁。

[14] 曹錦炎:《蔡公子緰戈與楚簡中的"慎"》,《古文字研究》第三十輯,北京:中華書局,2014 年,第 174 頁。

[15] 何浩:《楚滅國研究》,武漢:武漢出版社,1989 年,第 287、340 頁。

[16] 王長豐:《蔡公□宴戈考》,《中原文物》2014 年第 2 期,第 64 頁。

[17] 曹錦炎:《鳥蟲書通考》(增訂版),第 317 頁、319 頁圖 276。曹錦炎、吳毅强編著:《鳥蟲書字彙》,第 494 頁圖二七六。

[18] 可參見黃錫全:《楚器銘文中"楚子某"之稱謂問題辯證》,《江漢考古》1986 年 4 期,第 75—82 頁;收入氏著《古文字與古貨幣文集》,北京:文物出版社,2009 年,第 257—269 頁;黃錫全:《曾器銘文中之"曾子"稱謂問題》,《古文字研究》第三十二輯,北京:中華書局,2018 年,第 163—176 頁。

[19] 張光裕:《香江新見蔡公子及蔡侯器述略》,《中國文字》新 22 期,1997 年,臺北:藝文印書館,第 151—164 頁。

[20] 參見黃錫全:《曾器銘文中之"曾子"稱謂問題》,《古文字研究》第三十二輯,第 163—176 頁。

[21] 可參見董蓮池編著:《新金文編》,北京:作家出版社,2011 年,第 256 頁"信"、2136 頁"壬"。湯餘惠主編:《戰國文字編》(修訂本),福州:福建人民出版社,2015 年,第 139 頁"信"、965 頁"壬"。

[22] 王長豐、李勇、許玲:《安徽六安出土蔡公孫霍戈考》,《文物》2014 年 5 期,第 72 頁;石小力:《安徽六安出土蔡公孫鱄戈補釋》,復旦大學出土文獻與古文字研究中心網站(http://www.fdgwz.org.cn/Web/Show/2292),2014 年 6 月 12 日發布;後收入氏著《東周金文與楚簡專名合證》,上海:上海古籍出版社,2017 年,第 93—94 頁;曹錦炎:《鳥蟲書通考》(增訂版),第 317 頁、320 頁圖 277。所列字形可參見董蓮池編著:《新金文編》,第 701、702、976 頁。

[23] 參見董蓮池編著:《新金文編》,第 1045 頁。

[24] 朱鳳瀚:《射壺銘文考釋》,《古文字研究》第二十八輯,北京:中華書局,2010 年,第 224—235 頁;黃錦前:《射壺的年代與史事》,見中國古文字研究會第二十一屆年會散發論文,2016 年。

[25] 黄錦前:《射壺的年代與史事》,見中國古文字研究會第二十一屆年會散發論文,2016 年。

[26] 朱多良編:《壽縣歷史文化叢書·文物選粹》,合肥:安徽人民出版社,2009 年,第 38 頁。

[27] 陳治軍:《安徽出土青銅器銘文研究》,第 4、268、294 頁。

[28] 黄錦前:《射壺的年代與史事》,見中國古文字研究會第二十一屆年會散發論文,2016 年。

[29] 智龕(郭若愚):《蔡公子果戈》,《文物》1964 年 7 期,第 33—35 頁。

[30] 馬承源:《商周青銅器銘文選》(第四册),北京:文物出版社,1990 年,第 401 頁。

[31] 曹錦炎:《鳥蟲書通考》,上海:上海書畫出版社,1999 年,第 142 頁;增訂版第 313 頁。

[32] 陳治軍:《安徽出土青銅器銘文研究》,第 76 頁。

[33] 張亞初:《蔡國青銅器銘文研究》,《文物研究》第七輯,第 337 頁。

[34] 曹錦炎:《鳥蟲書通考》(增訂版),第 306 頁、305 頁圖 265。

[35] 參見董蓮池編著:《新金文編》,第 268、2067 頁;湯餘惠主編:《戰國文字編》(修訂本),第 714、960 頁。

[36] 參見瀧川資言、水澤利忠:《史記會注考證附校補》,上海:上海古籍出版社,1986 年,第 920 頁。

[37] 新見吳鎮烽:《通鑒三編》41497 蔡子戈,銘文“蔡子□之用戈,㠯(以)氒(厥)克成冬(終)□之”,商州地區出土,1990 年商州博物館調撥陝西歷史博物館,春秋晚期器。因銘文不清,不計。

[38] 可參閱孫飛燕:《黄淮間中原十國金文整理與研究》,西南大學博士學位論文,第 293—295 頁。

[39] 張亞初:《蔡國青銅器銘文研究》,《文物研究》第七輯,第 338 頁。

[40] 李家浩隸定作伹,見李家浩:《信陽楚簡“澮”字及從㣉之字》,《中國語言學報》1983 年第 1 期,第 189—199 頁。

[41] 容庚編著,張振林、馬國權摹補:《金文編》,北京:中華書局,1985 年,第 873—876 頁從虫之字。董蓮池編著:《新金文編》,第 1849—1853 頁虫部字。

[42] 黄錫全:《楚器銘文中“楚子某”之稱謂問題辯證》,《江漢考古》1986 年 4 期,第 75—82 頁;收入氏著《古文字與古貨幣文集》,第 257—269 頁;《曾器銘文中之“曾子”稱謂問題》,《古文字研究》第三十二輯,第 163—176 頁。

[43] 可參見高亨纂著,董治安整理:《古字通假會典》,濟南:齊魯書社,1989 年,第 530 頁。

[44] 可參見黄錫全編著:《湖北出土商周文字輯證·中》(增補本),武漢:武漢大學出版社,2019 年,第 615 頁;孫飛燕:《黄淮間中原十國金文整理與研究》,第 296 頁。

[45] 張亞初:《蔡國青銅器銘文研究》,《文物研究》第七輯,第 337 頁。

[46] 容庚編著,張振林、馬國權摹補:《金文編》,第 489 頁“棘”、509 頁“散”;董蓮池編著:《新金文編》,第 918 頁“棘”、917 頁“朿、棗”、809 頁“責”、950 頁“積”、266 頁“諫”、485 頁“散”、978 頁“梘”。

[47] 可參見高亨纂著,董治安整理:《古字通假會典》,第 475 頁。

(作者單位:鄭州大學漢字文明傳承傳播與教育研究中心、

北京師範大學歷史學院)

邵陰下官銅箍新考

吳良寶

陝西西安市臨潼區新豐鎮 M75 秦墓出土了一件三晉刻銘的銅箍[1],箍身共刻有三處文字:

> 二十二年,皮嗇夫王佗、乳[2]子起斫,□爲一益(側刻)
>
> 下官(面刻)·邵陰下官(面刻) 《銘像三》4·1722

其中的“下官”是置用機構,“邵陰(陰)”是具體的置用地點;“二十二年”處銘文有“斫(斛)”[3]字,記錄的是斛量信息。

關於邵陰下官銅箍的國別、刻銘順序,學界目前還有分歧。一種意見以爲銅箍是魏器,“應當是二十二年從邵陰下官轉移到皮嗇夫所在官署使用的”[4][5],即先置用於“下官”食官,再撥交給皮嗇夫所在的機構使用,而且在撥交之前進行了斛量。另一種意見以爲是韓器,經“皮”地的嗇夫、乳子斛驗之後分配給“下官”,再置用於邵陰之地的下官[6]。這一問題還可以再作討論。

目前刻有斛量內容的魏、韓銅器可舉出信安君鼎、滎陽上官皿等:

(1) 信安君私官,靡半,眠事欽、冶瘤。十二年,再二益六斯。下官,靡半(蓋刻);
  信安君私官,靡半,眠事司馬欽、冶王石。十二年,再九益。下官,靡半(腹刻)。

《銘像》5·2421 鼎

(2) 安邑下官,重(魏刻)·十年九月,府嗇夫成加、史狄觚之,大大半斗一益少半益。
  至此(韓刻)·十三斗一升(秦刻) 《銘像》22·12419 鍾

(3) 滎陽上官皿(韓刻)·十年九月,府嗇夫成加、史狄觚之,大大半斗一益少半益(韓刻)。

《銘像》25·14085 皿

(4) 上官,肘四分齋。垣(腹刻,魏)·三年,巳觚,大十六史(腹刻,韓)。

《銘像》4·2068 鼎

這些銘文中大都有"冉""觖""斦"等記録斠量活動之辭。其中,鼎(1)是魏襄王時銅器[7][8],鍾(2)、鼎(4)原是戰國中期的魏國銅器,轉屬韓國之後加刻了斠量銘文。鍾(2)、皿(3)斠量銘文加刻的時間是在韓桓惠王十年(前263年)[9]或者韓釐王十年(前286年)[10]。

下揭魏、韓銘文中帶有"乳子"字樣的銅器:

(5) 二十八年,坪安邦斦,冪四分齎。一益十釿半釿四分釿之冢(蓋刻)。

三十三年,單父上官乳子憙所受坪安君者也(蓋刻)。

二十八年,坪安邦斦,客冪四分齎。六益半釿之冢(腹刻)。

三十三年,單父上官乳子憙所受坪安君者也(腹刻)。 《銘像》5·2389 鼎

(6) 三十二年,坪安邦斦,客冡四分齎。五益六釿四分釿之冢(腹刻)。

三十三年,單父上官乳子憙所受坪安君者也(腹刻)。上官(腹刻)。

上官(蓋刻)。坪安邦斦,客冡四分齎(蓋刻)。 《銘像》5·2429 鼎

(7) 梁上官,冪叁分(口沿刻)·宜信乳子,冪叁分(口沿刻)。 《銘像》4·2015 鼎

(8) 春成乳子,半齎,冢十三益八釿半釿(腹刻,韓)·大官。一斗半斗,三斤十兩

(腹刻,秦) 《銘像》4·2255 鼎

(9) 六年,工帀毛戶朐、工臧(腹刻)·右乳子,冪四分貞(腹刻)·右乳子,冪

四分貞(蓋刻) 《銘像》4·2067 鼎

其中鼎(5)(6)(7)是魏安釐王時[11][12]銅器,鼎(8)的"春成"封君還見於春成侯鍾(《銘像》22·12271)、春成君兵器等[13],是韓桓惠王、韓王安時銅器。鼎(9)的國別、年代待定。

鼎(6)坪安君鼎銘同時刻有"上/下官""某地上/下官"等置用機構信息,魏惠王後元時的王十又一年大梁司寇鼎也是如此:

(10) 王十又一年,大梁司寇肖□鑄爲量,冪四分(腹刻)·下官(腹刻)·大梁下官

(蓋刻)。 《文物》2020.1 鼎

而韓國銅器暫時未見到這一情況。邵陰下官銅箍銘文正好具備這一表徵,并且箍銘"二十二年"那一處的斠量文字使用了"斦"而不是"觖",這些信息都支持魏器説。相比之下,韓器説側重於"皮""邵陰"地望的考證,更願意相信《中國歷史地圖集》中的《諸侯稱雄形勢圖(公元前350年)》等現有的工具書對今河南濟源市一帶歸屬的判定,弱化或忽視了"斦"字國別特徵字的作用。

從刻銘順序來看,銅箍撥交給"下官"之後,再置用於"邵陰下官",這兩處銘文的刻寫順序是比較明確的,剩下的就是斠量、置用的先後問題。從已知的魏、韓金文資料來看,器物國屬不改變的情況下,置用機構、接收機構是不需要進行斠量的。魏惠王時的郭佗壺從

少梁轉用於魏邑是這樣,魏襄王時的信安君私官鼎轉歸長陰侯、安釐王時的坪安君鼎轉予單父上官,也都是如此:

(11) 十二年,郭佗作梁半,四十(頸刻)·下官。少梁。魏(頸刻)。

《銘像》12·12308 壺

(12) 信安下官器府;長陰侯安君(蓋刻)·信安上官器府;長陰侯安君;信安下官器府(腹刻)。

《銘像》4·2134 鼎

這對魏器説所持"應當是二十二年從邵陰下官轉移到皮嗇夫所在官署使用"的觀點是不利的,目前也找不到魏、韓兩國接收機構從事斠量活動的其他旁證。

以往學界多將上引(5)—(9)鼎銘都理解爲與斠量有關,(7)的宜信乳子鼎"僅涉及該器的校量,未涉及鑄器",(9)的右乳子鼎"勒銘的本意也不涉及鑄器"[14],(8)春成乳子鼎銘的"孺子之後緊接着器物的斠量數據""可能只與器物斠量相關"[15]。今按,鼎(7)的銘文涉及器主的變更、器物的轉移,從信安君鼎、坪安君鼎銘文來看,長陰侯安君、單父上官乳子在接收器物之時并没有進行斠量(也没有刻寫重量、容積數據等信息)。從安邑下官鍾第一次刻銘"安邑下官,鍾""淮陽上官,膚四分"鼎與"吴乳子,貞"鼎(《銘像三》0191、《銘像》3·1674)等來看,戰國中晚期僅刻寫置用地(機構)的魏國金文不在少數,因此鼎(7)的銘文既可理解爲先置用於梁地的上官機構,再由宜信乳子接收了這件鼎,也可理解爲宜信封君將銅鼎轉予梁地的上官。不論是哪一種情況,似乎并不涉及斠量。鼎(8)"春成乳子"後面没有"敀"字也應該作同樣的理解,即春成侯的乳子(從其保藏機構中)接收了這件鼎,并没有進行斠量。目前所見,帶有"乳子"的魏、韓金文,真正屬於斠量性質的只有兩件——坪安君鼎和邵陰下官銅箍。循此思路,"二十二年皮嗇夫"的斠量文字就應是第一次刻銘,然後撥交給"上官",再置用於"邵陰",是爲第二、第三次刻銘,其置用場所、國別都没有改變。

箍銘"皮嗇夫"之"皮",或理解爲"掌管皮革之事"的職官名[16],"三晉刻銘中縣邑長官多稱'令',治理比縣小的邑的長官纔稱嗇夫,皮氏似應稱'令'",因此箍銘"皮"不應理解爲地名"皮氏"之省[17]。今按,三晉文字中"嗇夫"之前的限定語既有地名(《盛世璽印錄》019"疋麻[18][19]嗇夫"、《銘像》17311"涑縣嗇夫"戈),也有職事名(《古璽彙編》0111"余子嗇夫"、觀自得齋舊藏"發弩嗇夫"官印),無法排除箍銘"皮"是地名的可能性。因此,"皮"讀爲《漢志》河内郡"波"縣(治今河南濟源市東南)[20]的説法值得考慮。"波"縣不見於張家山漢簡《秩律》等西漢早期資料[21],如果箍銘"皮"確是《漢志》的"波"縣,就爲其地理沿革提供了新資料。

戰國中晚期"皮（波）"地位置示意圖

箍銘"邵陰"疑與《左傳·襄公二十三年》的邵地有關："齊侯遂伐晉，取朝歌。爲二隊，入孟門，登大行，張武軍於熒庭，戌郫、邵，封少水。"《路史·國名紀五》謂"邵（召）"原先在今陝西鳳翔，東遷後食采於垣的召原（即《續漢志》河南郡垣縣"邵亭"），黃鳴先生據此將"邵（郫、郫邵）"推定在今河南濟源市境內[22]。馬孟龍先生認爲，"孟門"爲太行山隘口，"少水"即沁水，郫、邵二邑當在太行山以西的沁水流域，約今山西沁源縣境內[23]，如此則"邵陰"位於今沁源縣以北。今濟源市、沁源縣以北的地帶在戰國時期的歸屬，傳世文獻基本没有記載。前者在朱本軍先生所繪公元前333年疆域圖中位於韓、魏兩國的邊界地帶，後者則屬於韓國疆域[24]，譚圖將二者都劃歸公元前350年的韓國疆域[25]。

從淮陽上官鼎（《銘像三》0191）、坪安君鼎等僅刻有置用機構或僅刻寫斠量信息的魏器來看，其時代都在戰國晚期，而戰國中期的部分魏器則是斠量之後再置用。這就意味着箍銘"二十二年"可能是魏襄王紀年（前297年）或魏安釐王紀年（前255年），從從事接收或斠驗工作的"乳子"出現的時間考慮，後一種的可能性更大。無論是哪一種情況，都爲討論包括"邵陰"在內的南陽地區各城邑的歸屬變化[26]增加了新的綫索。

本文是國家社科基金重大項目"出土先秦文獻地理資料整理與研究及地圖編繪"(18ZDA176)的階段性成果。

簡稱對照:

《銘像》——吴鎮烽編著《商周青銅器銘文暨圖像集成》

《銘像三》——吴鎮烽編著《商周青銅器銘文暨圖像集成三編》

注　釋

[1] 張天恩主編:《陝西金文集成·西安卷》,第 1486 號,西安:三秦出版社,2016 年,第 89—91 頁。

[2] 郭永秉:《從戰國楚系"乳"字的辨釋談到戰國銘刻中的"乳(孺)子"》,收入陳致主編:《簡帛·經典·古史》,上海:上海古籍出版社,2013 年,第 349 頁。

[3] "斦"字從吴振武先生釋讀,説見《新見十八年冡子韓矰戈研究》,收入陳昭容主編:《古文字與古代史》第一輯,臺北:"中研院"史語所,2007 年,第 323 頁。

[4] 夏楠:《臨潼新豐秦墓出土的"嗇夫"銘文銅器及相關問題》,《黑龍江史志》2014 年第 12 期,第 68—69 頁。

[5] 郭永秉:《戰國工官屬吏中的"成童"——再談三晉銘刻中所見"孺子"的身份》,收入徐剛主編:《出土文獻:語言、古史與思想》(《嶺南學報》復刊第十輯),上海:上海古籍出版社,2018 年,第 115—116 頁。

[6] 吴良寶:《邵陰下官銅箍考》,《古文字研究》第三十二輯,北京:中華書局,2018 年,第 315—316 頁。

[7] 李學勤:《論新發現的魏信安君鼎》,《中原文物》1981 年第 4 期,第 8 頁。

[8] 裘錫圭:《〈武功縣出土平安君鼎〉讀後記》,《考古與文物》1982 年第 2 期,第 53—54 頁。

[9] 李學勤:《滎陽上官皿與安邑下官鍾》,《文物》2003 年第 10 期,第 80 頁。

[10] 周波:《安邑下官鍾、滎陽上官皿銘文及其年代補説》,《復旦學報(社會科學版)》2017 年第 3 期,第 15 頁。

[11] 李家浩:《戰國時代的"冢"字》,《語言學論叢》第七輯,北京:商務印書館,1981 年,第 117 頁。

[12] 黄盛璋:《新出信安君鼎、平安君鼎的國别年代與有關制度問題》,《考古與文物》1982 年第 2 期,第 55—61 頁。

[13] 黄盛璋:《三晉銅器的國别、年代與相關問題》,《古文字研究》第十七輯,北京:中華書局,1989 年,第 18—19 頁。

[14] 吴振武:《新見十八年冡子韓矰戈研究》,第 325 頁。

[15] 郭永秉:《戰國工官屬吏中的"成童"——再談三晉銘刻中所見"孺子"的身份》,第 114 頁。

[16] 夏楠:《臨潼新豐秦墓出土的"嗇夫"銘文銅器及相關問題》,第 68—69 頁。

[17] 郭永秉:《戰國工官屬吏中的"成童"——再談三晉銘刻中所見"孺子"的身份》,第 115 頁。

[18] 程龍東:《戰國官璽考釋兩則》,《印學研究》第二輯,濟南:山東大學出版社,2010 年,第 234—238 頁。

[19] 施謝捷:《"疟麻嗇夫"璽别解》,《印學研究》第十七輯,北京:文物出版社,2021 年,第 110—111 頁。

[20] 吴良寶:《邵陰下官銅箍考》,第 315—316 頁。按,學者對波縣治所所在的意見稍有差别,馬孟龍采信《中國文物地圖集·河南分册》的意見,定在今河南沁陽縣柏香鄉賀村西北(《西漢侯國地理》修訂本,上海:上海古籍出版社,2021 年,第 483 頁);黄學超認爲"漢晉波縣治所約當在今孟州市趙和鎮白牆村附近"(《〈水經〉文本研究與地理考釋》,上海:復旦大學出版社,2021 年,第 232 頁)。

［21］《史記·秦本紀》莊襄王"三年，蒙驁攻魏高都、汲，拔之"，《集解》引徐廣曰："汲，一作波，波縣亦在河内。"梁玉繩認爲當從徐廣作"波"（《史記志疑》第一册，北京：中華書局，1981年，第162頁）。《史記·高祖功臣侯者年表》十一年"汲"侯，《水經·濟水注》作"波"侯，清代趙翼、王先謙《補注》等認爲應作"波"侯。另，《嶽麓書院藏秦簡（肆）》簡153、《張家山漢墓竹簡·二年律令》簡413等資料中不時可見"波"訛作"汲"的情況。

［22］黃鳴：《春秋列國地理圖志》，北京：文物出版社，2017年，第108頁。

［23］馬孟龍：《西漢侯國地理》，上海：上海古籍出版社，2013年，第316頁、436頁附録《西漢侯國建置沿革綜表》第335條。

［24］朱本軍：《戰國諸侯國疆域形勢圖考繪》，北京：北京大學出版社，2019年，第372頁。

［25］譚其驤主編：《中國歷史地圖集》第一册《諸侯稱雄形勢圖（公元前350年）》，北京：中國地圖出版社，1982年，第33—34頁。

［26］陳偉：《晉南陽小考》，《歷史地理》第十八輯，上海：上海人民出版社，2002年，第164—167頁。

（作者單位：吉林大學考古學院古籍研究所、
"古文字與中華文明傳承發展工程"協同攻關創新平臺）

一粟居讀簡記(十一)

王　輝

一

清華楚簡《攝命》簡1："王曰：'劫姪郘（愍）巺……'"簡4—5："王曰：'巺，敬哉，母（毋）閼（閉）于乃隹（唯）酓（沖）子少（小）子。'"簡25—26："穆＝（穆穆）不（丕）顯，都（載）允非尚（常）人，王子則克悉甬（用）王教（教）王學。"簡32："隹（唯）九月既望壬申，王纔（在）蒿（鎬）京，各于大室，即立（位），咸。士妻右白（伯）巺，立才（在）中廷，北郷。王乎（呼）乍（作）册任册命白（伯）巺。"[1]影本注："'巺'字也見於郭店簡《緇衣》'攝以威儀'，此爲册命對象，篇末稱'伯攝'，爲嫡長，篇中稱'王子'，又有王曰'高奉乃身'等語，推測'攝'或即懿王太子夷王燮。攝、燮皆葉部，書母、心母音近可通。篇中周天子當爲孝王辟方，《史記·周本紀》以孝王爲共王弟，《史記·三代世表》《世本》以爲懿王弟，夷王叔父，後説較可信。《書序》云'穆王命伯冏爲周太僕正，作《冏命》'，《尚書大傳》《史記·周本紀》《漢書·古今人表》《説文》等作'伯臩'，'臩'字當即此'巺'字之訛；而上博簡《紈衣》'攝以威儀'字作'冏'，似即'冏'字所本。《書序》云穆王命太僕，司馬遷更指爲穆王即位初年所作，恐爲伏生以來《尚書》學者相傳之説。"[2]今按，此説極是，以下試作補充。

"巺"字從雙耳，下從大。此字又有異體作"竪"，見同書《治邦之道》簡22："敼（謹）迻（路）室，竪汦（圮）梁，埊（修）浴（谷）濸（瀯），斬（順）舟航，則猿（遠）人至。"[3]大像正面站立的人形。立從大在一上，表示人正面站立在地上。大、立義近，作爲偏旁可以通用。巺像正面站立之人，而突出其雙耳，應即"耴"字之異構。《説文》："耴，安也。從二耳。"段玉裁注："會意。二耳之在人首，帖妥之至者也。凡帖妥當作此，字帖其叚借字也。"上古音耴盍（葉）部端紐，攝盍部審紐，二字疊韻，端審準旁紐，音近通用。"燮"上古音盍部心紐，與"耴"皆盍部字，端、心舌齒鄰紐，亦音近可通。古"燮""攝"皆與"濕"字通用。《左傳·襄公八年經》："獲蔡公子燮。"《公羊傳》同，《穀梁傳》"燮"作"濕"。《荀子·修身》："卑濕重遲貪利。”“濕”,《韓詩外傳》二濕作“攝”。[4]由此而論,影本注的推測是可以肯定的。

“圖”字《説文》云:“下取物縮藏之。从口从又。讀若聶。”段玉裁注:“謂攝取也,今農人囅泥,囅即圖之俗字。”

《史記·周本紀》云:“共王崩,子懿王囏立。懿王之時,王室遂衰,詩人作刺。懿王崩,共王辟方立,是爲孝王。孝王崩,諸侯復立懿王太子燮,是爲夷王。”懿、孝、夷三朝事,《史記》只用了五十三字,極爲簡略。簡本《叀命》的發現,使我們瞭解到夷王即位前孝王告誡他當勤恤政事、恫瘝小民,毋敢怠惰、酗酒,這對西周晚期歷史研究,不無意義。《左傳·昭公二十六年》:“至于夷王,王愆于厥身,諸侯莫不並走其望,以祈王身。”杜預注:“愆,惡疾也。”下文又云:“至于幽王,天不弔周,王昏不若,用愆厥位。”杜預注:“愆,失也。”《説文》亦云:“愆,過也。”可見夷王不光身體有惡疾,爲政上也是有過失的。《禮記·郊特牲》:“覲禮,天子不下堂而見諸侯。下堂而見諸侯,天子之失禮也,由夷王以下。”杜預注:“時微弱,不敢自尊於諸侯。”《逸周書·謚法》:“安心好靜曰夷。”可見夷王軟弱而無所作爲。簡文中孝王辟方對懿王太子燮有諸多告誡,但燮是否聽進去了,則很難説;即使當時聽進去了,但即位後迫於形勢(西周已處於頹勢),也難以照辦。《詩·大雅·抑》云:“抑抑威儀,維德之隅。……其在于今,興迷亂于政。顛覆厥德,荒湛于酒。……夙興夜寐,洒埽庭内,維民之章。……質爾人民,謹爾侯度,用戒不虞。慎爾出話,敬爾威儀,無不柔嘉。白圭之玷,尚可磨也;斯言之玷,不可爲也。無易由言,無曰苟矣!莫捫朕舌,言不可逝矣!無言不讐,無德不報。惠于朋友,庶民小子。子孫繩繩,萬民靡不承。視爾友君子,輯柔爾顔,不遐有愆。……辟爾爲德,俾臧俾嘉。……不僭不賊,鮮不爲則。……于乎小子,未知臧否。匪手攜之,言示之事。匪面命之,言提其耳。……昊天孔昭,我生靡樂。視爾夢夢,我心慘慘。誨爾諄諄,聽我藐藐。”詩句與簡文中有的語句很接近,寫作時間亦當相距不遠。《抑》詩時代,《毛詩序》:“《抑》,衛武公刺厲王,亦以自警也。”《韓詩》云:“衛武公刺王室,亦以自戒。”[5]《國語·楚語上》:“左史倚相曰:‘……昔衛武公年數九十有五矣,猶箴儆于國,曰:“自卿以下至于師長士,苟在朝者,無謂我老耄而舍我,必恭恪于朝,朝夕以交戒我;聞一二之言,必誦志而納之,以訓導我。在輿有旅賁之規,位宁有官師之典,倚几有誦訓之諫,居寢有褻御之箴,臨事有瞽史之導,宴居有師工之誦。史不失書,矇不失誦,以訓御之。”於是乎作《懿》戒,以自儆也。’”三國吳韋昭注:“三君云:‘《懿》,戒書也。’昭謂:‘《懿》,《詩·大雅·抑》之篇也。懿,讀之曰抑。’”[6]衛武公高壽,其晚年已至西周末,其早年當在夷厲王時,或曾聽聞過夷王之事,以之爲戒。《史記·衛康叔世家》:“貞伯卒,子頃侯立,頃侯厚賂周夷王,夷王命衛爲侯。”其事雖然還有爭議[7],但司馬遷未必無據。《叀命》簡21—24:“凡人有獄有讁,女(汝)勿受飾(幣),不明于民=(民,民)其聖(聽)女

（汝），寺（時）佳（唯）子乃弗受鰖（幣），亦尚夏（辯）逆于朕。凡人無獄亡（無）眷，廼佳（唯）悳（德）亯＝（享，享）都（載）不聞（孚），是亦引休，女（汝）則亦受鰖（幣），女（汝）廼尚帬（祗）逆告于朕。王曰：‘嬰，余肈事（使）女＝（汝，汝）母（毋）毃（婪），女（汝）亦引母（毋）好＝（好好）、宏＝（宏宏）、餀（劏）德。’”孝王告誡夷王燮不要受幣受理獄訟，不要貪婪，不要好己所好，大己所欲，壞傷德行。夷王後來却受“厚賂”，賣官鬻爵。簡文中孝王對燮誨之諄諄，而聽者藐藐，可見《嬰命》并未產生大的影響。

《冏命》不見於伏生所傳今文《尚書》29 篇目，是古文經[8]。但該篇已見於秦漢之際的《尚書大傳》及《史記・周本紀》，可見時代較早。簡本《嬰命》的有些詞語、語句同西周晚期的青銅器銘文很接近。如屬王趚簋銘：“有（舊）余佳（雖）小子，余亡康（康）晝夜，巠（經）雍（擁）先王，用配皇天，簀（橫）斎（置）朕心，墜（施）于四方。”[9]《嬰命》簡 1—2：“余一人無晝夕難（勤）卹，咸（湛）圂（溷）纔（在）悤（憂）。余亦闓（橫）于四方，宬（宏）臂（乂）亡詖（敳）。”宣王時的銅器毛公鼎銘文曰：“遲（趯）余小子圂（溷）湛于囏（艱），永恐先王。……母（毋）敢龏橐，龏橐廼敄（侮）鰥寡。善效乃友正，母（毋）敢湛于酉（酒）。”[10]《嬰命》簡 9—10：“佳（雖）民卣（攸）懺（協）弗躬（恭）其魯（旅），亦勿叝（侮）其遑（童），通（恫）罧（瘝）募（寡）罧（鰥），惠于少（小）民，龔（翼翼）鬼（畏）少（小）心。”簡 16：“女（汝）母（毋）敢朋浣（酗）于酉（酒）。”由此而論，簡本《嬰命》的主要內容，當作于西周晚期，流傳至戰國中晚期，可能有潤色、增補。但因孝、夷國衰君弱，流傳不廣（《論語》《孟子》《左傳》《墨子》《荀子》《韓非子》《吕氏春秋》皆未引及），後來就逐漸湮没了。西漢傳本（孔傳本、鄭注本）內容與簡本大不相同。祇是篇名還保留了一個可讀爲聶的図字（已誤作冏），證明二者之間仍有一絲聯繫。漢人誤將其時代定爲穆王，説冏爲穆王太僕正，也就毫不奇怪了。

二

清華楚簡《嬰命》簡 28—30：“王曰：‘嬰’，人有言多，佳（唯）我鮮。佳（唯）朕□□□竊（箴）敎（教）女（汝），余佳（唯）亦弄（功）乍（作）女（汝），余亦佳（唯）訡燮兑（説）女（汝），有女（汝）佳（唯）沓（沖）子，余亦佳（唯）肈敳（耆）悳（德）行，佳（唯）穀（穀）。’”[11] 影本注：“訡，疑從言，折省聲，即‘誓’字。燮，不識。訡燮，疑即《秦誓》之‘杌隉’，《易・困》作‘臲卼’，《説文》作‘槷䡉’，訓爲不安。兑，讀爲説，句謂我亦以此不安之狀告汝。耆，《周頌》‘耆定爾功’，《毛傳》：‘致也。’穀，《爾雅・釋詁》：‘善也。’句謂我以德行之善與不善致告汝。”[12]

今按，説豙爲誓字甚是，但説"誓娭"即"杌陧"，似不妥。娭字原篆作""，下從火，上從""，當是毁字之訛。毁字楚器鄂君啓節車節作""[13]，清華楚簡《説命》作""[14]，睡虎地秦簡作""[15]，《説文》篆文作""，皆與此字上部字形相近。誓爲月部禪紐字，杌爲物部疑紐字，聲韵皆有距離，無通用例證。陒爲魚部疑紐字，也不可能與誓通用。娭即煅字，上古音微部曉紐，陧則月部疑紐，二字肯定不通用。《説文》："陧，危也。從𨸏，從毁省。徐巡以爲'陧，凶也'；賈侍中説'陧，法度也'；班固説'不安也'；《周書》曰'邦之阢陧'。讀若虹蜺之蜺。"段玉裁在"從毁省"下注云："會意。"陧既爲會意字，則與簡文煅字意義上無關聯，徐巡、賈逵、班固所釋義也不適合簡文。

煅可讀爲毁。《詩·周南·汝墳》："魴魚赬尾，王室如煅。雖則如煅，父母孔邇。"或云："'如煅'，《列女傳》作'如毁'。王氏補注（輝按，指清王紹蘭《列女傳補注正譌》）：'言王室多難，如將毁破不堅完也。'"[16]《説文》："折，斷也。"引申有毁敗義。《楚辭·離騷》："恐嫉妒而折之。"宋朱熹集注："折，毁敗也。"《正字通》："折，毁棄也。"《孫子·九地》："夷關折符。"《漢書·高帝紀》："兩家常折券棄責。"顔師古注："以簡牘爲契卷，既不徵索，故折毁之，棄其所負。"《説文》："毁，缺也。"段玉裁注："缺者，器破也，因爲凡破之偁。"《小爾雅·廣言》："毁，壞也。"折、毁義近，故常連言。折毁已見上文。毁折之例更多。《周易·説卦》："兑爲澤，爲少女，爲巫，爲口舌，爲毁折，爲附决。"《周禮·春官·巾車》："毁折，入齊于職幣。"鄭玄注："計所傷敗入其直。"杜子春云："……乘官車毁折者，入財以償繕治之直。"毁折有時又分成毁謗與折減兩個詞。《後漢書·黄瓊傳》："近魯陽樊君，被徵初至，朝廷設壇席，猶待神明。雖無大异，而言行所守，亦無所缺。而毁謗布流，應時折減者，豈非觀聽望深，聲名太盛乎！"樊英事見《後漢書·方術列傳》。樊本爲術士，漢順帝永建四年（129年）三月，"天子乃爲英設壇席，……待以師傅之禮，延問得失"。但樊英實際上虛有其名，并無治國之才。與他同時的張楷就説樊英："始以不訾之身怒萬乘之主，及其享受爵禄，又不聞匡救之術，進退無所據矣！"《後漢書》本傳的《論》也説："及徵樊英、楊厚，朝廷若待神明，至竟無它异。英名最高，毁最甚。""多言"指多議論、指摘。《詩·鄭風·將仲子》："豈敢愛之，畏人之多言。仲可懷也，人之多言，亦可畏也。"這段簡文的大意是説："臭，人們對你多有議論，只有我説得少。我現在勸誡你，我以建功立業的遠大目標振作你，我也以德行有虧缺、毁失的嚴重後果提醒你，你這個孩子，我再次用德行的善與不善告戒你。"

三

清華楚簡《邦家之政》簡7："邦豪（家）牊（將）毁，亓（其）君聖（聽）訟而棘（速）貞

(變)。"[17]影本注:"訟,讀爲'佞',《爾雅·釋詁》邢疏:'謂詭佞也。'"[18]今按,其説甚是,以下試爲補證。

《説文》:"寍,願詞也。从丂,寍聲。"又《説文》:"寍,安也。从宀,心在皿上。人之飲食器,所以安人。"疑訟右旁忈爲寍字之省文,訟即譧、譚之异構。《字彙·言部》:"譚,小言。《揚子》:'譚言敗俗。'"《廣雅·釋言》:"譚,諂也。"清王念孫疏證:"譚與佞通。"[19]《集韵·徑韵》:"譚,《博雅》:'譚,諛諂也。'通作佞。"佞從女,仁聲,仁從人聲。寍與從人得聲的年字通用。《説文》:"郶,左馮翊谷口鄉。从邑,年聲,讀若寍。"年與佞通用。馬王堆帛書《老子》乙本卷前古佚書《十六經·成法》:"黄帝問力黑,唯余一人兼有天下,滑(猾)民將生,年辯用知(智),不可法組。"《左傳·襄公三十年》:"天王殺其弟佞夫。"《穀梁傳》同,《公羊傳》"佞夫"作"年夫"。《説文》:"佞,巧讇高材也。"即巧言善辯以諂媚。《莊子·胠篋》:"舍夫種種之民,而悦夫役役之佞。"《隨書·五行志上》:"是時群小用事,邪佞滿朝。"與簡文意近。

四

清華楚簡《邦家處位》簡2—3:"還内(入)它(弛)政,敹政樌(更)政(正)。"[20]影本注以爲敹爲敝字异體,讀爲弊;樌爲梗字异體,讀爲更。今按,讀敹爲弊甚是,但字却不一定是敝字异體。敹從羊,秋聲或敔省聲,而"敔"即《説文》播之古文,亦作"秋",或"敹"[21],敹應即播之异體。番聲字與皮聲字、敝聲字通用。《詩·小雅·十月之交》:"皇父卿士,番維司徒。""番"齊《詩》作"皮",《漢書·古今人表》有"司徒皮"[22];《儀禮·聘禮》:"陳皮北首西上。"鄭玄注:"古文曰:'陳幣北首。'"[23]

五

清華楚簡《邦家處位》簡3:"子立弋(代)父,自竇(奠)于遝(後)事,……反癸(兒,今作貌)夏(稱)慐(僞),放政眩(眩)邦,悉(倦)壹(厭)政事,均查(踦)政宝(主),君乃無從毁(規)下之蟲□。"[24]影本注疑放爲抗字异體,讀爲炕,引《漢書·五行志》"君炕陽而暴虐,臣畏刑而柑口",顏師古注:"凡言炕陽者,枯涸之意,謂無惠澤于下也。"又謂眩讀眩,訓惑。但古籍未見"炕政"一詞,則其説仍可商榷。疑抗可讀爲更,改也。亢與更聲字通用。《周禮·天官·女祝》:"掌以時招梗檜禳之事。"鄭玄注:"鄭大夫讀梗爲亢,謂招善而亢惡去之。"《説文》:"政,正也。"引申指政策、法之宫刑,以治王宫之政令。清孫詒讓正義:"凡施行爲政,布告爲令。"此篇上文已有"榿(更)政"一詞,此條作"抗政",只是用字不同,這種現象在古文獻中是很常見的。《商君書》有《更法》篇,"更法""更政"意近。

《説文》:"更,改也。"更政,亦即改政。上文:"子立代父,自奠于後事。"影本注:"子立代父而自定後事,在儒家看來是不孝之舉。"《論語·學而》:"子曰:'三年無改于父之道,可謂孝矣。'《論語·子張》曾子曰:'吾聞諸夫子:孟莊子之孝也,其他可能也;其不改父之臣,與父之政,是難能也。'"[25]子自立更改父之政令,是不孝之舉,簡文所批評的,正是此類行爲。

前代的政令要不要更改?古代的政治家有兩種不同的看法。大致上説,儒家反對頻繁更改,以爲這會讓民衆疑惑、恐懼;法家則反是。《管子·四稱》:"(無道之臣)不修先故,變易國常,擅創爲令,迷或(惑)其君,生奪之政。"《商君書·更法》:"君曰:'代立不忘社稷,君之道也。錯法務民主張,臣之行也。今吾欲變法以治,更禮以教百姓,恐天下之議我也。'公孫鞅曰:'臣聞之,疑行無成,疑事無功。君亟定變法之慮,殆無顧天下之議也。'……甘龍曰:'不然,臣聞之,聖人不易民而教,知(智)者不變法而治。……今若變法,不循秦國之故,更禮以教民,民恐天下之議君,願孰察之。'"宋王安石《上皇帝萬言書》:"法其意,則吾改易更革,不至乎傾駭天下之耳目,囂天下之口,而固已合乎先王之政矣。"

眩既訓惑,則"眩邦"也就是管仲所説的"惑其君",王安石所説的"傾駭天下""囂天下"。

六

清華楚簡《治邦之道》簡11:"分(貧)癃勿龏(廢),母(毋)咎母(毋)憲,敳(教)以鼆(舉)之,則亡(無)昷(怨)。"[26]影本注:"憲,疑讀作同爲月部之'輟'。《吕氏春秋·圜道》'冬夏不輟',高注:'輟,止也。'"[27]按,讀憲爲輟,解爲止,固可同上文"廢"相呼應,然考之上下文,似亦可讀爲黜。憲聲字與出聲字通用。《文選·顔延之〈宋郊祀歌〉》:"月霽來賓。"李善注:"西壓月黜。"出聲的詘字亦與輟字通用。《荀子·法行》:"扣之其聲清揚而遠聞,其止輟然辭也。"《禮記·聘義》:"其終詘然樂也。"[28]《説文》:"黜,貶下也。"又有廢退義。《莊子·徐無鬼》:"君將黜耆欲。"讀爲輟或黜均可,但從上下文綜合考慮,讀黜似乎更好。

七

清華楚簡《天下之道》簡1:"今之獸(守)者,高亓(其)坐(城),深亓(其)澀(洼?)而利其櫨閜。"[29]影本注:"櫨閜,疑爲渠譫之類守城器備。櫨,'査'字古文,從木,盧聲,精母魚部字,可讀爲群母魚部之'渠'字,精、群通轉之例如蛆蝶、楮者。閜,從阜,《説文》所謂'赣'省聲,見母談部字,與章母談部之'譫'可通轉。渠譫,見於《墨子·備城門》'城上之備:渠譫、藉車……'。又作'渠幨'。《淮南子·氾論》'晚世之兵,隆衝以攻,渠幨以守',高注:'幨,幰,所以禦矢也。'"[30]今按,其説當是,可以無疑,以下再作引申。

按,閜從阜,餡,又作"欹",曾侯乙簡43:"韋,轙賠,無欹。"又見簡127、128、130、135、139。字又作"馱""擊",劉信芳先生讀爲坎,坎肩也。又上博楚竹書《季康子問于孔子》"亞(惡)人勿欹",劉先生讀爲陷[31]。又九店楚簡13上:"[晢]屒,建於脣(辰),赣於巳。"睡虎地秦簡《日書》甲《除》"赣"作"陷"[32]。古赣、臽與詹聲字通用。《説文》"峈"字或體作"鼟"(段注本)或"盤"(大徐本)。《莊子·齊物論》:"小言詹詹。"釋文:"詹崔本作阎。"作爲禦矢物,字宜作"幨"。幨是一種繒帛類物,可作帷幔、帳幕,也可以用來禦矢。《淮南子·兵略》:"雖有薄縞之幨,腐荷之繒,然猶不能獨射也。"漢高誘注:"縞,細繒也。荷,蓮華也。繒作櫓,注云:'櫓,大盾也。'當是异本。《太平御覽》引射作穿。"[33]"幨"字又或作"襜""幰"。《説文》:"襜,衣蔽前。"《爾雅·釋器》:"衣蔽前謂之襜。"晉郭璞注:"今蔽膝也。"《説文》:"縞,鮮色也。"段注本改"色"作"厄"。《小爾雅·廣服》:"繒之精者曰縞。"《説文》:"繒,帛也。"繒是帛的總名。"繒"疑爲繒之訛字,或當如《太平御覽》所引作"櫓",解爲大盾。縞是繒之精者,可以製作覆蔽物,如衣前之蔽膝,或抵擋箭矢的幨,而幨的作用也與盾相當。

渠亦爲城守設施。《墨子·備城門》:"城上七尺一渠,長丈五尺,貍三尺,去堞五存;夫長丈二尺,臂長六尺。"《漢語大字典》"渠"字條下引岑仲勉注:"古人常渠荅連言,此兩者必互有關係。余以爲渠制先立一柱,鑿兩孔,臂是横木,于當中鑿一孔,懸之柱上,作十字形,然後外面張荅。渠夫長十二尺,荅亦長十二尺,可見其相配之迹。渠荅既用來阻擋矢石,則立柱必易受抛擲之力而摇動,故埋柱處須用瓦填充。"[34]《漢書·貨殖列傳》:"荅布皮革千石。"顏師古注:"麤厚之布,其價賤,故與皮革同其量耳。"又《墨子·備高臨》:"城上以荅。"清畢沅校注:"荅即幨也,音之緩急。《説文》無幨字,疑古用荅爲之。"《國語·吴語》:"建肥胡,奉文犀之渠。"三國吴韋昭注:"文犀之渠,謂楯也。文犀,犀之有文理者。"楯即盾牌。《左傳·定公六年》:"(樂祁)獻楊楯六十于(趙)簡子。"盾有銅鐵質,亦有木質,楯即木盾,楊楯是用楊木做的盾。文犀或説指有花紋的犀角,但盾不可能用犀角製作,實際上是指用有花紋的犀皮革蒙盾。犀皮革厚而韌,宜於蒙盾。孫機先生説,安陽侯家莊1003號大墓中疊壓放置了許多盾,是在木框上蒙覆多層織物、皮革而成,再塗上漆,并施彩繪;湖南長沙五里牌、左家公山和湖北荆門包山等地的楚墓中也多出有此型漆革盾;山東臨淄漢齊王墓陪葬坑中所出者與長沙楚墓的盾形制基本相同，也同樣都是革盾；馬王堆3號墓的遣策中曾提到"執革盾"；咸陽楊家灣大墓陪葬坑所出步兵俑拿的盾，有的呈兩半扇相拼合再以繩絡鏈結之狀，應即《釋名》所説"以韇編版者，謂之木絡盾"的那一種；莫高窟285窟西魏壁畫還繪有立盾，盾支在地上，有如掩體，後面的武士仍可持兵器格鬥；唐代稱盾爲"彭排"，以革製和木製者爲主[35]。秦陵兵馬俑1號坑T23方九過洞出土盾遺迹一處，盾面髹漆，繪有彩色圖案花紋，應即革盾[36]。立盾、木盾、革盾都應是渠荅、渠幨類禦矢類器具的發展。

八

安徽大學藏戰國竹簡《詩經》簡1："闢＝（關＝）疋（雎）䳡（鳩），才（在）河之州（洲）。要翟咠（淑）女，君子好戴（仇）。"[37]影本注以爲簡文"要"字，"象人兩手叉腰，係'腰'字初文"。"'要翟'讀爲'腰嬥'。……簡文'腰嬥'即細而長的腰身。"[38]此説固有其道理，然説得太實，似未盡是。

"要翟"爲古聯綿詞，异文甚多，古文獻所見者有"窈窕""苗條""鈙嬝""杳窱""窈窱""撓挑""窲窲"[39]，出土文字作"茭芍"[40]，"要翟"不過是其另一種寫法。要與幼聲字通用。《漢書·元帝紀》："自度曲被歌聲，分刌節度，窮極幼眇。"顔師古注："幼眇讀曰要妙。"《禮記·喪大記》："既祥黝堊。"鄭玄注："黝堊或爲要期。"馬王堆帛書《六十四卦·困》初六："辰（臀）困于株木，入于要浴。""要浴"通行本《易》作"幽谷"。幽與幼通用。九店M36楚簡："倀（長）子吉，幽子者不吉。"長、幼相對。翟聲字與兆聲字亦可通用。《韓非子·外儲説右下》："延陵卓子乘蒼龍與翟文之乘，前則有錯飾，……"同篇之中，挑、翟互見。《詩·小雅·大東》："佻佻公子，行彼周行。"釋文："佻佻韓《詩》作嬥嬥。"《文選·左太冲〈魏都賦〉》："或明發而嬥歌。"唐李善注："《爾雅》曰：'嬥嬥契契，愈遐急也。'""嬥嬥"今本《爾雅》作"佻佻"[41]。《周禮·春官·守祧》："掌守先王先公之廟祧。"鄭玄注："故書祧作濯，鄭司農濯讀爲祧。"

窈窕一詞本義，《詩·關雎》毛傳曰："幽閒也。……言后妃有關雎之德，是幽閒貞專之善女。"[42]窈窕作爲一詞，訓美好、賢淑，後世亦如此。《楚辭·九歌·山鬼》："子慕予兮善窈窕。"漢王逸注："窈窕，好貌。"《文選·李斯〈上書秦始皇〉》："而隨俗雅化佳冶窈窕趙女不立于側也。"吕向注："窈窕，美貌。"窈窕既有諸多異文，要又與窈通，翟又與窕通，故"要翟"不過是窈窕的另一種異文，要、翟二字不宜分訓，讀爲腰嬥，訓爲"細而長的腰身"。再説，古文獻也没有"腰嬥"一詞[43]。

注　釋

[1] 清華大學出土文獻研究與保護中心編,李學勤主編:《清華大學藏戰國竹簡(捌)》(下册),上海:中西
　　　書局,2018 年,第 110—112 頁。

[2] 清華大學出土文獻研究與保護中心編,李學勤主編:《清華大學藏戰國竹簡(捌)》(下册),第 112 頁。

[3] 清華大學出土文獻研究與保護中心編,李學勤主編:《清華大學藏戰國竹簡(捌)》(下册),第 138 頁。

[4] 以上二例引見高亨纂著,董治安整理:《古字通假會典》,濟南:齊魯書社,1989 年,第 180 頁。

[5] 參看王先謙:《詩三家義集疏》,北京:中華書局,1987 年,第 928 頁。

[6] 參看上海師範大學古籍整理組校點:《國語》,上海:上海古籍出版社,1978 年,第 551—552 頁。

[7] 參看瀧川資言、水澤利忠《史記會注考證》附校補該條下引司馬貞、顧炎武、姚鼐諸家説,上海:上海古
　　　籍出版社,1986 年,第 938—939 頁。

[8] 陳夢家:《尚書通論》,北京:中華書局,2005 年,第 46、83 頁。

[9] 王輝:《商周金文》,北京:文物出版社,2006 年,第 206 頁。

[10] 王輝:《商周金文》,第 259—262 頁。

[11] 清華大學出土文獻研究與保護中心編,李學勤主編:《清華大學藏戰國竹簡(捌)》(下册),第 111 頁。

[12] 清華大學出土文獻研究與保護中心編,李學勤主編:《清華大學藏戰國竹簡(捌)》(下册),第 119 頁。

[13] 高明、涂白奎:《古文字類編》(增訂本),上海:上海古籍出版社,2008 年,第 449 頁。

[14] 李學勤主編,沈建華、賈連翔編:《清華大學藏戰國竹簡(壹—叁)文字編》,上海:中西書局,2014 年,第
　　　325 頁。

[15] 王輝主編,楊宗兵、彭文、蔣文孝編著:《秦文字編》,北京:中華書局,2015 年,第 1895 頁。

[16] 王先謙:《詩三家義集疏》,第 60 頁。

[17] 清華大學出土文獻研究與保護中心編,李學勤主編:《清華大學藏戰國竹簡(捌)》(下册),第 122 頁。

[18] 清華大學出土文獻研究與保護中心編,李學勤主編:《清華大學藏戰國竹簡(捌)》(下册),第 124 頁。

[19] 王念孫:《廣雅疏證》,北京:中華書局,1983 年,第 137 頁。

[20] 清華大學出土文獻研究與保護中心編,李學勤主編:《清華大學藏戰國竹簡(捌)》(下册),第 128 頁。

[21] 容庚編著,張振林、馬國權摹補:《金文編》,北京:中華書局,1985 年,第 782 頁。

[22] 高亨纂著,董治安整理:《古字通假會典》,第 222 頁。

[23] 高亨纂著,董治安整理:《古字通假會典》,第 596 頁。

[24] 清華大學出土文獻研究與保護中心編,李學勤主編:《清華大學藏戰國竹簡(捌)》(下册),第 128 頁。

[25] 清華大學出土文獻研究與保護中心編,李學勤主編:《清華大學藏戰國竹簡(捌)》(下册),第 130—
　　　131 頁。

[26] 清華大學出土文獻研究與保護中心編,李學勤主編:《清華大學藏戰國竹簡(捌)》(下册),第 137 頁。

[27] 清華大學出土文獻研究與保護中心編,李學勤主編:《清華大學藏戰國竹簡(捌)》(下册),第 142 頁。

[28] 高亨纂著:《古字通假會典》,第 522—523 頁。

[29] 清華大學出土文獻研究與保護中心編,李學勤主編:《清華大學藏戰國竹簡(捌)》(下册),第 154 頁。

[30] 清華大學出土文獻研究與保護中心編,李學勤主編:《清華大學藏戰國竹簡(捌)》(下册),第 154 頁。

[31] 劉信芳編著:《楚簡帛通假彙釋》,北京:高等教育出版社,2011 年,第 53 頁。

[32] 王輝編著:《古文字通假字典》,北京:中華書局,2008 年,第 798 頁。

[33]《二十二子》,縮印浙江書局彙刻本,上海:上海古籍出版社,1986 年,第 1278 頁。

[34] 漢語大字典編輯委員會:《漢語大字典》,成都:四川辭書出版社,武漢:湖北辭書出版社,1988 年,第1646 頁。

[35] 孫機:《中國古代物質文化》,北京:中華書局,2014 年,第 379—381 頁。

[36] 袁仲一:《秦兵馬俑的考古發現與研究》,北京:文物出版社,2014 年,第 256 頁。

[37] 安徽大學漢字發展與應用研究中心編,黃德寬、徐在國主編:《安徽大學藏戰國竹簡》(一),上海:中西書局,2019 年,第 69 頁。

[38] 安徽大學漢字發展與應用研究中心編,黃德寬、徐在國主編:《安徽大學藏戰國竹簡》(一),第 70 頁。

[39] 朱起鳳:《辭通》,上海:上海古籍出版社,1982 年,第 1430—1431 頁。

[40] 王輝編著:《古文字通假字典》,第 178 頁。

[41] 郭璞注,邢昺疏:《爾雅注疏》,上海:上海古籍出版社,2010 年,第 190 頁。

[42] 王先謙:《詩三家義集疏》,第 10 頁。

[43] 參看羅竹風主編:《漢語大詞典》第 8 卷,上海:漢語大詞典出版社,1991 年,第 441—443 頁。

(作者單位:陝西師範大學人文社會科學高等研究院)

簡帛《五行》的文本結構及層次讞論

高 薇

　　1973 年,長沙馬王堆 3 號漢墓出土了不少珍貴的帛書材料(入葬時間爲西漢文帝時期),其中兩卷分別抄寫了兩部《老子》(學界分別稱爲"甲本"和"乙本")。而在甲本之後尚有一種無篇題的古佚書,具備特別的文本結構,介紹了一種嶄新的、不見于傳統文獻的五行觀念——仁、義、禮、智、聖。自龐樸先生將其與《荀子·非十二子》中"案往舊造説,謂之五行"[1]的表述聯繫起來分析而定其篇名爲《五行》,并確立起"前經後説"的結構之後,學界基本延用了這些看法。1993 年,在湖北荆門郭店 1 號戰國楚墓 M1 出土的一批竹簡當中(入葬時間在戰國中晚期),上述古佚書《五行》再次出現。簡書抄寫時間早於帛書,内容僅由經文構成,且部分章節次序也有所不同。

　　在郭店簡《五行》出土之前,學界僅就馬王堆帛書《五行》展開分析,普遍將經文與説文視爲一個整體。自郭店簡《五行》出土之後,學界由簡書有經無説之現象,意識到經文與説文的産生時間可能并不同步,由是轉嚮將經文與説文分開研究的思路。如龐樸先生指出:"帛書《五行》篇的'經'和'説',看起來,不像是一個計劃下的兩個部分。……《五行》篇早先并没有'説'或'解',帛書所見的'説',是某個時候弟子們奉命綴上去的。"承此思路轉變,學界自然而然地留意到簡帛經文之間及帛書經文與説文之間的思想異同。

　　一方面是側重簡帛二書經文的比較。比如,龐樸《竹帛〈五行〉篇比較》率先展開簡、帛二書的比對,從文理和邏輯進行分析,認爲帛書的次序較爲合理,因而可能是本來面目,帛書的説文也忠於原著;梁濤《簡帛〈五行〉"經文"比較》也認爲帛書優於簡書。相反,邢文《郭店楚簡〈五行〉試論》主張簡書應該是原始本,更近子思之説,理由是帛書較簡書失却了"聖""智"的綫索;後來,李存山、郭沂、徐少華、陳耀森、郭齊勇等學者的論述也認爲簡書更加合理。丁四新《簡帛〈五行〉經説研究》基本同意簡書的文句排列順序稍勝帛書的看法,同時指出簡書的脱文多於帛書,而帛書的誤字訛文則遠多於簡書,但認爲帛書并未失去"聖""智"的綫索,與簡書的思想基本一致。

另一方面則借助簡書重新審視帛書的經文與説文之關係,尤其檢討説文對經文的依違情況。陳麗桂《從郭店竹簡〈五行〉檢視帛書〈五行〉説文對經文的依違情況》爲此方面最早的論述,指出簡書和帛書的差異更在於思想觀點的輕重轉移之問題,尤其帛書經文崇"聖"而説文偏"仁義",説文部分更切近孟子的觀點。陳來《帛書〈五行〉篇説部思想研究》承接上文的思路,分析了帛書説文,進一步提出説文與《孟子》思想聯繫密切,從而得出結論:經部與説部分別爲子思和孟子所作。梁濤《從簡帛〈五行〉"經"到帛書〈五行〉"説"》、孫希國《馬王堆漢墓帛書〈五行〉篇"説"文與〈孟子〉的關係——兼論何爲"子思唱之,孟軻和之"》持相同結論。[2]由上述的内容梳理可知,簡、帛二書《五行》之差异,不單單是文字、文段與章節次序上的差别,更囊括思想上的差别,牽涉衆多、錯綜複雜,對於理解《五行》的成書過程、歸屬學派及思想演變等系列問題至關重要。但是,目前學界對很多問題的結論却大相徑庭,未能達成一致。這其實與并未區分《五行》當中的文本層次,且將不同文本層次的内容混同理解有關。因此,本文選擇從簡帛的對讀入手,在逐一梳理經、説内容的基礎上,重點檢視該古佚書的文本結構及層次。下文先將從經文的"自我解經"、説文的"説中有説"這兩個現象展開分析。

一、經文的"自我解經"

"自我解經"指的是經文當中存在解釋性質的内容,即後面章節對前面章節的内容進行重複并注解。將這些内容命名爲"自我解經",彰顯的是本文對其從屬於經文之定位。爲何如此定位,將在下文詳述。請先看一個例子:[3]

簡 21/帛 188:不夏(變)不兑(悦),不兑(悦)不熹(戚),不熹(戚)不新(親),不新(親)不悉(愛),不悉(愛)不悬(仁)。

經文圍繞"仁"這一話題提出了系列否定性命題。簡書與帛書的内容一致[4]。如何理解這一命題,簡 32—33/帛 190—192 對"變""説(悦)""戚""親""愛""仁"做出了界定:

顔色佫(容)佟(貌)恛(溫)夏(變)也,以其审(中)心與人交,兑(悦)也。审(中)心兑(悦)重(焉),戥於兄弟,熹(戚)也。熹(戚)而信之,新(親)。新(親)而篤(篤)之,悉(愛)也。悉(愛)父,其稅(攸)悉(愛)人,悬(仁)也。

像簡 32—33/帛 190—192 這樣對另一段所提概念進行逐一解説,即是本文認爲的具有自我解經的性質。因爲正是通過這一段的描述,我們能够瞭解到,"變"指的是顔色容貌之溫和,"説(悦)"指的是内心之愉快,"戚"指的是樂及兄弟,"親"指的是友愛兄弟等親人并做到以誠相待,"愛"指的是親情之深厚,最後由愛親人及愛衆人,而成"仁",也即一系列概念的落脚點。自我解經的這樣一番解釋,闡明了每一個高度凝練的抽象概念的基本内涵。自我解經與經文緊密聯繫,高度吻合。而此一環環相扣的否定性命題,又是另一段經文换一種説法的陳述。在簡13/帛181中提到:

　　急(仁)之思也清,清則𨔶(察),𨔶(察)則安,安則悃(温),悃(温)則兑(悦),兑(悦)則熹(戚),熹(戚)則新(親),新(親)則悉(愛),悉(愛)則玉色,玉色則型(形),型(形)則急(仁)。

這一叙述從"仁之思"出發,引出清、察、安、温、悦、戚、親、愛、玉色、形,最終歸結於"仁"。中間提到的"温則悦,悦則戚,戚則親,親則愛",正是前述否定性命題"不變不悦,不悦不戚,不戚不親,不親不愛"的肯定性表述,僅有的差別在於一"温"一"變"。由於這兩段表述僅是從否定性陳述改爲肯定性陳述,因而"温"與"變"在《五行》這個文本中二者意義互通。自我解經明確指出"變"即指顏色容貌温,説明自我解經對概念解説的準確性,是可以基於對經文的整體把握而得到驗證的。

自我解經的功能還不限於此。除了訓詁,它還進一步點明其中環環相扣的邏輯鏈條如何展開。譬如,爲何"不變"則"不悦","不悦"則"不戚"等等以至於"不仁"?按照自我解經的展開,即顏色容貌若不能做到温和,則并不能做到以其中心同他人接觸,而若不能以其中心同兄弟友人交往,也便不能做到信任他人、親近他人、對他人懷有誠意與善意,那麽更無法做到愛自己的家屬及他人,也便無法達成"仁"。概言之,由自身的中心出發,援及自身之外的兄弟父母他人,是一個由内而外的追求"仁"的過程。經由自我解經的解説,我們便能够對經文語句之間的聯繫產生具體的認識。

上述三個例子也是《五行》經文中涉及達成"仁"之系列概念的三處内容,叙述風格各有差別。最開始呈現爲肯定命題"×則×",其次爲雙重否定命題"不×不×",復次爲闡述性表述"××,×也"。很顯然,前兩種應當視爲論述性表述,側重説理,最後一種是對前述内容中出現的概念的解釋,與説理并不相類。而這最後一種,便是本文所認爲的"自我解經",具有"經解"的性質。由此可用以判定"自我解經"的標準表現爲:其一,該章節出現的次序靠後。當然,後面出現的章節也不一定屬於自我解經。因此,其二,應對前面已經出現過的内容進行重複。其三,符合訓詁的表達特徵,如"××,×也""××猶×也"。按照這種判斷標準進行辨析,《五行》經文中"自我解經"的部分還包括:簡32—37對簡21—22的解説,以及簡37—41對"簡""匿"的解説。當然,《五行》經文中還有部分章節看起來似乎也在自我解説,具體即表現爲思之"不清""不長""不輕"與"仁""智""聖"之相對應的種種論述,而這些論述又對應了"思不清不察,思不長[不得,思不輕]不形。不形不安,不安不樂,不樂無德"這一總論。但是這種情況不側重訓詁,而重在説理叙述,具有鮮明的邏輯推演關係,不應理解爲是對內容的注解,因此不能算是"自我解經"。

學界早已留意《五行》經文內部存在自我解經的特點,如淺野裕一《帛書〈五行篇〉的思想史位置》提出的"經1+經2+説"模型,池田知久總結了這些內容具有展現概念、擴充過程的特點,徐少華《楚簡與帛書〈五行〉篇章結構及其相關問題》也談到了這個現象。如何理解經文當中自我解經這部分內容的性質? 下文將從《五行》的文本層次進行分析。

二、説文的"説中有説"

説中有説的現象,是專屬於帛書的一種現象,指的是説文當中再次嵌套了解説,意即針對本來已經富有解説功能的內容,再次進行解釋的現象。

首先,我們需要明確帛書的説文範圍。這部分內容是從帛215"聖之思也輕思也者思天也輕者尚矣"開始,也是帛書較之簡書多出的章節。説文對應經文的範圍始自"聖之思也輕",也包括自我解經,但在此之前的"仁之思""智之思"沒有被提及,不知是否抄漏或傳習有缺所致。關於這部分內容的稱呼方式,也有學者以爲可稱之爲"傳""解"等[5],本文依照學界習慣稱之爲"説文",下文也簡稱爲"帛説"。

在説文的內容當中,池田知久首次注意到"説中有説"現象:"采取在説中進一步設説的形式。這一情況意味着,即使在寫一般文章的時候,以説性質的內容來解説經性質的內容的形式,對本章作者來説已成爲一種基本的叙述方式。"[6]池田先生關於作者叙述方式的論斷是否成立暫且不論,但是他所指出的説中有説之現象,的確值得關注。例如:

帛222—223:"能爲一,然笱(后)能爲君子"。能爲一者,言能以多[爲一]。以多爲一也者,言能以夫[五]爲一也。

帛223—224:"君子慎亓蜀(獨)"。慎亓蜀(獨)也者,言舍夫五而慎亓心之胃(謂)□□然笱(后)一。一也者,夫五夫爲□心也,然笱(后)德之一也,乃德已。德猶天也,天乃德已。

在帛222—223當中,對經文"能爲一",説文的理解是"言能以多爲一",初步完成對經文的解説。但是説文并不停留於此,而是進一步對"言能以多爲一"展開説明,所謂"以多爲一也者,言能以夫五爲一也",即將抽象的、普遍性的解釋,對應到經文及具體例子上。"多"具體指的便是"五",在文中特指"五行"。但是,"一"到底是什麽,尚未展開,我們需要借助下面的説文進行理解。

在帛 223—224 當中,説文首先指出君子"慎獨"的内涵,即要做到"舍夫五而慎其心",然後證得"一"之境。這再次提到了"一"。"一"爲何物? 又爲何是"一"? 説文緊接着進行了補充説明:"一"乃"德之一","德猶天"也。故"慎獨"的目的在於求德、求天道。

這便是"説中有説"的表現形式之一。説文當中可分出前後兩個部分,後一部分的説文可以針對前一部分説文當中出現的名詞等,基於上下文展開連貫的解説。找出這種嵌套解釋的形式,有助於我們理解説文中的一些現象。

首先,"説中有説"能够將原本具有多重可能性的闡釋空間予以封閉,明確意思的指嚮。例如對"慎獨"的理解,依據説文的意見,乃是"舍夫五而慎其心",即在"五行"的基礎上進行超越求得更大的道德。"獨"的落脚點在於"心",突出了"心"對"五行"的統攝地位。但是,先秦時期出現的"慎獨"其實并非《五行》的獨自發明,《大學》《中庸》均提到過"故君子必慎其獨也",東漢鄭玄注"慎獨者,慎其閒居之所爲",將"獨"落實爲一種個人日常生活狀態,异於《五行》説文所呈現的意蘊。甚至,《莊子·大宗師》也提到"慎獨"。劉信芳提出,莊子之"獨"與《五行》慎獨之"獨"具有相通之處:"《傳》解慎獨爲'舍夫五而慎其心',可謂一語破的。蓋儒家仁學基于己與仁,慎獨則進一步將重點落實到己,落實到心,表現出儒家認識學説對主體道德修養、認識能力之個性的特別重視。"[7]不難發現,即便是在今天,對"慎獨"一詞的理解今人仍然可以依據儒、道二家各作發揮。因此,"説中有説"在一定程度上閉合了理解的空間,限定了《五行》概念的闡釋方嚮。

其次,基於"説中有説"的現象,"直之也"一詞的實際含義也變得容易理解。這其實是一種訓詁語言,表示原文已經説清楚,無須再作闡釋,意即不需要展開"説中有説"了。經由統計發現,"直之也"出現的次數和場景均有規律可循:

帛 222:"尸(鳲)召(鳩)在桑"。直之。

帛 299:"間爲言猶衡也,大而炭者"。直之也。

帛 300:"匰爲言猶匰。匰小而軒者"。直之也。

一共三次,均出現在説文當中,其照搬經文或自我解經的語句之後,并不進行解釋。龐樸指出:"説文屢言直也、直之也,即文意自明,毋庸贅言之意。"正是此意,表示經文或自我解經的内容不必通過説文進行解釋。

另外,在"説中有説"的理解思路之下,"世子曰"在《五行》中所發揮的作用的邊界也得以釐清。帛 295:

　　□□□□□□□人行之大。大者人行之□然者也。世子曰："人有恆道，達
　　□□□□□。間也，間則行矣。"

　　儘管上半部分殘缺嚴重，但是通過比對可知闕文乃是經文"不簡不行"。説文提到
"行之大"，進而説中設説，解釋了何爲"大者"，并提到世子的話。世子的話之所以在此
處被提及，應當同"間（簡）"這一概念有關。在這段"説中有説"當中，前半部分旨在解
釋"不行"，後半部分引用《世子》則爲了解説"不簡"。第二處出現的世子見於帛
296—297：

　　"不匿，不辯于道"。匿者，言人行小而輇者也。小而實大，大之者也。世子曰：
　　"知輇之爲輇也，斯公然得矣。"輇者多矣。公然者，心道也。

　　這一説文乃是針對"不匿不辯于道"這句自我解經（又見於簡37—39，作"不匿不察于
道"）進行的解讀，討論了何爲"匿者"。針對具有解説性質的自我解經進行的解説，也可
視爲"説中有説"的一種表現。在這裏，説文首先解釋出"言人行小而輇者也"，這個思路
符合自我解經"匿之爲言也猶匿，匿小而輇者"的意旨。爲了進一步展開説明，説文引用了
世子的話，即"知輇之爲輇也，斯公然得矣"。引用世子的話雖然是爲了幫助理解"輇"，但
是援引之話并不能對經文中的"匿"展開非常直接的解釋，因此説文仍然需要繼續對援引
内容做出進一步解説："輇者多矣。公然者，心道也。"如果説對"輇"的理解還見於經文及
自我解經，那麼對"公然"的解釋，則完全由世子之話而來，是根據解説引發的二次解説。
而説文也較完滿地將引入的新概念，往經文確立的主旨上進行靠攏，將"公然者"釋爲"心
道"，符合經文對"心"之功能的凸顯。

　　如此看來，經文及自我解經、説文及説中有説，在内涵上能夠相互呼應，似乎世子的話
之所以會被引用，主要是爲了服務於某些概念的解説，從而對經文的理解産生間接的幫
助。《五行》中兩處出現的"世子曰"，也僅見於説文的援引。因此，世子其人是否參與了
經文的建構，是值得懷疑的。

　　《漢書·藝文志》載儒家"《世子》二十一篇"，注："名碩，陳人也，七十子至弟子。"而梁
啓超《諸子略考釋》提到王充《論衡·本性篇》："周人世碩以爲人性有善有惡，舉人之善性
養而致之則善長，惡性養而致之則惡長。如此則性各有陰陽善惡在所養焉。故世子作《養
書》一篇。"[8]這説明到兩漢時期，人們還能夠見到世子的作品，最起碼内府中秘當存有
《世子》二十一篇。説文發現於馬王堆漢墓，其産生時間不會晚於西漢，那麼也存在見到世
子作品并加以援引的可能性。因此，我們恐怕不能僅憑"説中有説"當中出現的"世子曰"
便認定世子參與了《五行》整個體系的建構。"説中有説"新引入的内容，容易被當成經文

自有的内容,可能會引起後人對原有文本構成内容的誤解,這一點需要我們通過明晰文本層次加以警惕。

最後,我們可以設想一下上述"説中有説"現象的産生背景。可能存在兩種情況:一是説文之中的解説與説文屬於同一作者,如師傅在傳授《五行》之時,弟子不甚明白,于是師傅又就自己的解説再度解釋。這種可能性無論能否證實,對於理解文本性質的影響不大。二是説文之中的解説晚於説文,《五行》在傳授過程中有後世弟子不解,于是就已有説文結果進行再度解讀,從而出現了"説中有説"的現象。這種現象其實相當於魏晉時期盛行的"疏"——對注進行解釋,但疏不破注。這第二種情況的可能性更具有考慮價值,這意味着説文也經歷了一個多人歷時"完成"的過程,也是《五行》在傳習過程中文本層累特徵的一個體現。

三、《五行》經説結構下的文本層次

在經文當中區分出"自我解經"、説文當中區分出"説中有説"兩種現象,已經爲我們提供了四個文本層,即經文、自我解經、説文、説中有説。整體觀照四個文本層,自我解經呼應經文,説中有説呼應説文與自我解經,正是經説結構的全面體現。然而,文本層内部之間的互相勾連與區别,尚需進一步分辨。

仍然以上文所提"不變不悦"這一塊内容爲例,我們先將經文、自我解經與説文的内容及其對應關係製成一個表格:

經　文	對應經文的帛説 （帛 233—235）	對應經文的 自我解經	對應自我解經的帛説 （帛 248—255）
不夏（變） 不兑（悦）	不緣不説（悦）。緣也者,竑（勉）也,仁氣也。緣而筍（后）能説（悦）。	顔色佻（容）佼（貌）怬（温）夏（變）也。	□□□□□□變變也者竑（勉）竑（勉）也,孫（遜）孫（遜）也,能行變者也。能行變者□□心説（悦）,心□然筍（后）顔色容貌怬（温）以説（悦）,變也。
不兑（悦） 不豪（戚）	不説（悦）不慼（戚）。説（悦）而筍（后）能慼（戚）所慼（戚）。	以其审（中）心與人交,兑（悦）也	以亓中心與人交,説（悦）也。毄毄□□□□□□□是□説（悦）已。
不豪（戚） 不新（親）	不慼（戚）不親。慼（戚）慼而筍（后）能親之。	审（中）心兑（悦）軎（焉）,釁於兄弟,豪（戚）也。	人無説（悦）心也者,弗遷于兄弟也。遷于兄弟,慼也。言遷其□□于兄弟而能相慼也。兄弟不相耐（能）者,非无所用説（悦）心也,弗遷于兄弟也。

續　表

經　文	對應經文的帛説 （帛 233—235）	對應經文的 自我解經	對應自我解經的帛説 （帛 248—255）
不新（親） 不悉（愛）	不親不愛。親而笱（后）後 能愛之。	怘（戚）而信之，新 （親）。	戚而信之，親也。言信亣□也。搗（剴）而 四膻（體），予汝天下，弗爲也。搗（剴）如 （汝）兄弟，予女（汝）天下，弗悉也。是信 之已。信亣□而笱（后）能相親。
不悉（愛） 不怠（仁）	不愛不仁。愛而笱（后） 仁。□絲者而笱（后）能 説（悦）仁，感（戚）仁，親 仁，愛仁，以于親感（戚） 亦可。	新（親）而箁（篤） 之，悉（愛）也。	親也而築（篤）之，愛也。築（篤）之者厚， 厚親而笱（后）能相愛也。
		悉（愛）父，其秡 （攸）悉（愛）人，怠 （仁）也。	愛父，亣殺愛人，仁也。言愛父而笱 （后）及人也。愛父而殺亣鄰□子，未可胃 （謂）仁也。

　　我們由此獲得了四個文本層，説文這一部分實際上區分出兩個層次，與經文及其自我解經分別進行對應。

　　首先，針對經文“不×不×”這樣的表達，説文的解説也比較簡略，以“×而後能×”簡單點出概念之間的關聯。具體概念之含義并無言及，但是却引入了一個嶄新的概念“仁氣”。從文本層次的生成過程來看，這顯然是一個後面加入、已經突破原來經文範疇的概念，且與文本結構的調整有關，詳參下文。

　　其次，面對自我解經部分，由於該層次已經預先指明概念的基本内涵，説文便會在此基礎上進行闡發。例如帛 248 關於“變”以及如何同“悦”建立聯繫的解釋。據自我解經，變指的是顔色容貌温。而在説文，却是從兩個詞入手展開解讀。一是“勉勉”。《詩·大雅·棫樸》“勉勉我王，綱紀四方”，孔穎達疏曰：“勉勉然勤行善道不倦之我王。”二是“遜遜”。魏啓鵬、劉信芳均指出通“恂恂”，《論語·鄉黨》“孔子於鄉黨，恂恂如也”，王肅曰：“恂恂，温恭之貌。”這兩個詞是對人所呈現出來的樣貌、態度、品行的詳細描述。能夠實踐這一態度、保持這一狀態，便是“能行變者”。遺憾的是，“能行變者”與“心悦”之間存在闕文，淺野裕一、池田知久補“其中”，作“能行變者其中心悦”，則邏輯關係應是，先能中心悦之後能行變；劉信芳補“然後”以與下句呼應，作“能行變者然後心悦”，突出的則是先能行變後能心悦。“心悦”指的正是自我解經中“以其中心與人交悦也”，它與“變”的關係，依據經文“不變不悦”的順應關係，當以劉的補足爲是。如此一來，行變者則心悦，心悦者則顔色容貌温以悦，又回到“變”的具體内涵。《論語·季氏》孔子談到君子有九思，其中有

"色思温,貌思恭",與此要求相類。

因此,説文分出了兩個解説的文本層次,分別對應了經文以及自我解經,具有不同的解説風格與詳細程度。對應經文的層面相對簡略,對應自我解經的層面則更爲詳盡。而且説文不但展開細緻的闡釋,注意到概念之間的關聯,也會補充經文明顯有所缺漏的邏輯環境,并隨文舉出貼近生活的例子。比如帛 250 關於"戚"的解釋,説文對達成這一概念的情形"遷于兄弟"做出進一步的解説,將"戚"之含義明確爲"相戚",是一個雙嚮的互動過程,所謂"言遷其[悦心]于兄弟而能相感也",較之自我解經,增加了兄弟應當相耐(能)的説理導嚮。再比如帛 252—253 關於"親"的解釋,帛 254 關於"仁"的解釋,均將自我解經的内容進一步闡述清楚。

如此一來,當自我解經和説文針對相同的經文内容進行解釋時,二者具有何種關係呢? 整體來看,自我解經本身完成的是概念界定的初步任務,因而主要側重於字詞訓詁,并如蜻蜓點水一般點出概念之間在理論上的關聯,但不重視具體實踐中究竟如何進行勾連。而説文内容,尤其是對應自我解經的部分,則側重於内容大意的串講,整體上具有連貫闡發義理的特點。而且由於"説中有説"的幫助,説文還可以對一些超出經文範疇的新名詞及其之間的關係進行更細緻的闡發。

如前所述,不但自我解經、説文能够同時針對同一段經文進行解説,而且解説經文的自我解經也受到説文的解説。換言之,既存在基於經文的説文,也存在基於自我解經的説文。這個現象説明兩個問題。一是經文與自我解經在傳習過程中逐漸被視爲一個整體,説文已經將"自我解經"當成"經文"在解説。自我解經與經文是從屬關係。當然,自我解經是否必然伴隨經文同時產生,證據不足,難以確定。然而自我解經是對經文的補充與解説,其思想高度忠實於經文的内容。自我解經與經文之間的歷史層次可能不會相差太遠,所以在傳習過程中,自我解經會被視爲經文的一部分加以流傳。二是説明説文與經文并不是同一時期的產物。一段經文存在自我解經和説文兩種對應解釋,解説頗爲詳細的説文似乎在反襯出自我解經的多此一舉。因此,自我解經能被保存下來,而且還會受到説文的進一步闡釋,説明説文的產生時間晚於經文與自我解經。

四、文本結構及層次辨析對理解《五行》的作用

文本結構及層次的區分與辨析,可以幫助我們更好地理解《五行》當中出現的各種内容之間的關係,分清楚哪些内容可等而視之,哪些概念當別而論之,由此把握相關的思想動態。

在《五行》當中,簡21(帛190)及其對應的内容比較特殊,一方面簡帛二者的經文存在异文,另一方面對應的章節次序發生調整。先看簡、帛經文的比對:

簡經21:不聰不明,不聖不智,不智不悉(仁),不悉(仁)不安,不安不樂,不樂亡悳(德)。

帛經190:不□□□□□不聖,不聖不知(智)。不知(智)不仁,不仁不安,不安不樂,不樂无德。

帛書190行上半部分殘缺,通過殘缺間距推測可補上"聰不明不明"五字,由此産生了异文:"不聰不明,不聖不智"之間,帛書比簡書多出"不明不聖"四字。裘錫圭謂是簡書脱文,劉信芳則以爲此乃帛書改動所致,理由是"不聰與聖相聯繫,不明與知相聯繫,因而'不聰不明,不聖不知'之間,不可能容下'不明不聖'",且簡書中也没有出現過將"明"與"聖"相聯繫的文例。[9]而章節次序方面的情況表現爲:

第一,簡20的内容,對應的是帛書190,相當於内容後置。即"不[聰]不[明,不聰明則]不聖知(智),不知(智)不仁,不仁不安,不安不樂,不樂無德",在簡書中其實跟在"然後能金聲而玉振之"一節後,假若放在帛經中,則置于"不變不悦"至"不恭亡禮"的論述之後,位置明顯後移。

第二,簡23—31的内容,對應的是帛書195—202,相當於内容後置。"未嘗聞君子道謂之不聰"至"和則同同則善",這一内容整體移動到"恭而博交禮也"之後。這便相當於將簡32—37的内容前置。(如下圖所示)

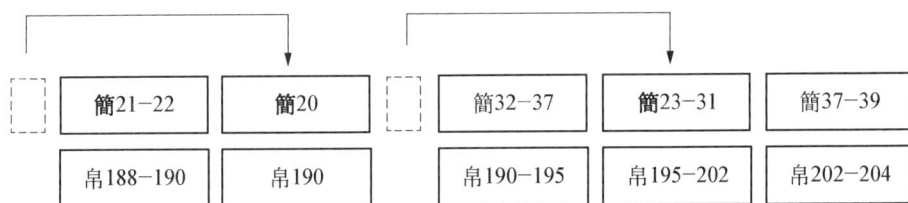

由於簡書的抄寫時間早於帛書,因而目前一般理解爲帛書對經文進行了調整,爲什麽會出現這種改動呢?

類似"錯簡"、抄寫訛誤的理由并不能圓滿解釋該現象。因爲"錯簡"應當是以整簡爲單位,往往會導致該支簡的内容有所移動,由此也會出現前後語句銜接不順暢的情況。這種情況一般由於簡册朽壞或編聯不慎所致。但是在帛書《五行》當中,其内容抄寫在一塊完整的帛布上,自第189行至第195行,儘管第190、191行抬頭殘損嚴重,尚有字迹模糊之處,但是内容連貫,并非粘連有誤。再看對應的簡書内容,爲簡20的後半段,前半支簡的内容即爲"然後能金聲而玉振之",抄寫連貫,并非整支簡的移動所致,亦非今天整理拼接錯誤的問題。再觀簡第 21、22,對應内容即爲帛書 188—190 的内容,但是簡 22 最後兩個字是"未嘗",顯然連接簡 23"未嘗聞君子之道"這部分,抄寫呈現出連貫的特徵。至於帛書的 190—195,對應簡 32 中間段至 37 上半段,也就是説簡 31 與 32 之間,簡 37 與 38 之間,存在可以提示前後連接關係的詞語或句子,并非截然分開,更可見其連貫性。因此,錯簡、抄寫訛誤等原因可以被排除。

相反,這兩個部分的移動,反而更像是一種精心的安排、有意的調整。不難發現,移動内容之間存在着明確的對應,表現出自我解經對經文的密切從屬。

從功能上看,第二部分被移動的章節恰好能够對第一部分移動章節中涉及的概念進行逐一分析與解釋。第一部分的移動屬於經文層面,即"不[聰]不[明,不聰明則]不聖知(智),不知(智)不仁,不仁不安,不安不樂,不樂無德",而第二部分的移動正是包括了專門針對這一部分進行解説的自我解經,解釋了何爲"不聰""不明""不聖""不智""智""聖""聰""義""仁""禮"等概念。前面經文發生移動,從自我解經的從屬關係來看,自然也會引起自我解經相應的移動。再看帛書中,説文也是依據這一調整的結構進行了逐一對應的解説。可見這不是一種無意巧合的行爲,而是經過考慮發生的調整。關鍵在於,爲何會發生這種有意的移動?

觀察内容可知,這兩部分移動的章節其實并非分説五行的特點,而是具有總括性質,點明五行同德之間的關係。經文由"不聰"與"不明"入手,引出"不聖"與"不智",并進一步討論"不仁"與"亡德",儘管也采用了雙重否定命題的表述方式,然而最終落脚點却在於説明五行之和以成就德,其論述要旨完全不同於其他分説"不仁""不義""亡禮"的否定性命題段落。至於對應的自我解經部分,也是能够抓住經文的這一總括思路,因而其解説内容及内涵較之其他片段豐富得多,并深入闡明五行、四行之間的關係。

顯而易見,帛書將經文及其對應的自我解經這兩部分具有總括性質的内容調整至分説片段後面,意味着帛書形成了先分後總的結構。當然,先分後總,或先總後分説到底不過是某種論述習慣,不存在一種必然性,簡書先總後分,帛書先分後總,似乎并無甚大差異。

然而一旦結合文本層次的梳理,我們便發現帛書這種改動并非可有可無,而是另有表達思想的需求。我們不禁留意起説文這一文本層所具有的特殊表現:對"仁氣""義氣""禮氣"三個概念的層層引入與逐步闡發。

簡 21—22 對應的帛 233—239 首次引入了"仁氣""義氣""禮氣",乃是三個不見於經文及自我解經的嶄新概念。隨後再次出現於帛 281—284 和帛 289—291,對應的正是移動章節簡書23—31/帛書195—202。這三次的出現全部依托於説文,貫穿在説文的言説背景之中,顯然并非偶然言及的内容。具體如下:

	帛 233—239	帛 281—284	帛 289—291
仁氣	戀也者,勉(勉)也	知君子所道而諛然安之	知君子所道而諛然安之者
義氣	直也者,直其中心也	知君子之所道而㨯然行之	既安之矣,而㑊然行之
禮氣	袁(遠)心者也	既安之止矣,而有(又)愀愀然而敬之者	既行之矣,又愀愀然敬之者

這三個概念的内涵,在帛233—239中與經文構成聯繫的關鍵字是"變""直""遠心",正是經文所揭示的"仁""義""禮"之發端。而帛281—284和帛289—291兩段是一種狀態的表述。"㨯然",《帛書》整理者指出同於㑊然,皆讀爲率然,輕舉之貌;劉信芳以爲當解爲直行之貌,率直行君子之道,本文從其説。諛然,《帛書》整理者以爲意同於耎,怯懦、局縮不伸之貌;而魏啓鵬以爲憂貌;龐樸讀爲嫨,據《説文》理解爲好貌;劉信芳疑讀爲煗,據《説文》解作温也,乃仁氣外顯貌。按,這個詞語與仁氣、義氣有關,描述知君子道而安之的狀態,當屬于褒義詞彙。"愀愀然",表驟然變色,如《禮記·哀公問》"孔子愀然作色而對曰"云云;或表憂懼、憂愁之貌,如《荀子·修身》"見不善,愀然必以自省也"云云,《國語·楚語上》"子木愀然"云云。安之、行之、敬之的狀態,令人聯想起《荀子·修身》"安燕而血氣不惰"的表述。由此可知,三個概念是對發端、狀態等相關内容的囊括與總結。例如,由此"仁氣",便可知仁之發端,也可知仁之狀態,知仁之途徑,等等;"×氣"是一個高度凝練、意蕴豐富的概念。

三個概念的提出步驟,也正好吻合帛書先分後總的結構。提出新概念,第一步需要對概念有所界定,而其界定正分别對應了"不變不悦""不直不迣(泄)""不遠不敬"這三個片段,它們正是在分説五行的特點。如此一來,分説前置成爲必要,簡20需要移動到簡21—22的後面。由於簡23—31乃是簡20的自我解經,因此也隨着簡20的後置而移動。而簡23—31對應的正是三個概念的具體表現及對其狀態的描述,并上升至對五行之和、四行之和的總括討論。狀態描述及總括性内容,置於概念界定之後,也是合乎解説的次序。换言之,由説文層次引入嶄新概念,反推移動後的經文及自我解經的構成,是比較合適的,這也意味着章節的移動勢在必行——如此方能實現概念的逐步引入,由此形成經文及自我解經先分後總的結構。如果這一推論能够成立的話,則帛書章節次序的調整當是伴隨着説文的産生過程而進行,即《五行》文本在傳習過程中發生了改造。

而"仁氣""義氣""禮氣"三個概念背後所呈現的思想,顯然已經超越經文、自我解經的範疇了。《五行》説文提出的以"氣"配"仁""義""禮"的做法如何理解？

如前所述，三個概念是對發端、狀態等相關内容的囊括與總結。但在理解以"氣"配德的過程中，"氣"到底是一種外在之物，還是内在之端，學界現有的理解大相徑庭。《帛書》整理者將"氣"與"心"相對，理解爲氣質、精氣。而龐樸進一步提出："在《五行》篇的體系裏，與形而下約略相當的叫做'不形於内'，指不形于心而形於顔色容貌的氣，有所謂'仁氣'、'義氣'、'禮氣'，以及由之派生出的相應的進退應對諸行爲。既然不形於内，便不能叫做得(德)；既然形于行爲舉止，便不妨叫做'人道'，簡稱之曰'善'。通俗地説，這是指人的道德實踐。"[10]如此一來，"氣"便是不形於心，而僅僅是呈現在顔色容貌之外的存在。與此相反，池田知久將"氣"理解爲人之内在先驗存在之意，也即"端緒"之意，比如仁氣是"在人類的内在方面先天地自然地被賦予'仁'或'仁'的端緒"等等。[11]與此類似，常森指出"仁氣之氣，殆以事物形成的原初質素，來形容和指代仁的基源"，并且注意到"仁氣""義氣""禮氣"與孟子提出的"仁之端""義之端""禮之端"以及"智之端"存在异同關係，[12]辨析十分詳細，值得參看。

首先，通過區分《五行》的文本結構及層次可知，將"仁""義""禮"三者同"氣"聯繫起來并非《五行》經文的直接體現，而是説文自己的發揮。因此，對這組概念的理解，雖然不能脱離經文，但也不能全部依賴於經文。而關於它們在説文中的呈現方式，上文已有論述。

其次，以"氣"配合三者，却也并非解説者的獨自發明，這須先明確先秦自何時起開始運用"氣"對人之行爲動機做出解釋。先秦典籍中關于"氣"的表述，學界已有專門整理成果，[13]其中李存山《"氣"概念的幾個層次意義的分殊》詳細梳理了"氣"在物理、生理、心理、倫理、哲理等多個層次的含義。總的來看，"氣"無論是天地之間生育萬物的陰陽之氣，還是與人之心志息息相關之氣，都首先指嚮較爲本源的内容。而放到《五行》之中，將"氣"與道德品行進行明確的緊密聯繫，甚至是直接配合道德品行進行稱呼的方式，已經是比較晚的思想。李存山指出，"春秋時期出現的新思潮主要有兩端：一爲氣論，一爲仁學"，或以仁學從屬於氣論，或把仁學置於氣論之上。[14]按此思路，《五行》説文的這三個概念，可視爲氣論與仁學合而爲一的體現。

形成思潮之兩端的關鍵在於如何認識氣，是氣在支配人，還是人能够引導氣。例如，《左傳·昭公二十五年》"民有好、惡、喜、怒、哀、樂，生于六氣"，自然屬于前者。而我們看到，《左傳·昭公十年》晏嬰"凡有血氣，皆有爭心"、《國語·周語中》周定王説"其血氣不治，若禽獸焉"，一方面强調人的確受到血氣的影響，另一方面又有意識地突出人的能動性，强調人具備"治血氣"的能力。因此孔子談君子有三戒，所謂"血氣未定戒之在色""血氣方剛,戒之在鬥""血氣既衰戒之在得"(《論語·季氏》),乃是針對"血氣"之於人的影響而形成的一些相應的規範與勸誡。孔子以"血氣"爲據論人之行爲,然而他所談論到的"氣",却是構成生命之氣,類似天地自然生成之氣,似乎尚未被賦予人之德行要素。不過顯然,這種存於人的要素,反而可以受到人之意志的支配與統領。這是"我善養吾浩然之氣""夫志,氣之帥也"(《孟子·公孫醜上》),"治氣養心之術,血氣剛强,則柔之以調和"(《荀子·修身》)等"養氣""治氣"及諸如此類鮮明觀點的來源。孟子、荀子的説法已經將人的道德修養與受到某種内在品性或外在行爲所支配的秉氣進行了聯繫。尤其是孟子談到浩然之氣——"其爲氣也,配義與道,無是餒也",比較鮮明地提出以"氣"配"義與道",從而與人的人格修養、社會的道德規範進行了緊密的聯繫。而荀子則强調"血氣和平,志意廣大,行義塞於天地之間,仁知之極也"(《荀子·君道》)。孔子、孟子、荀子的説法都或多或少觸及以氣配德的問題,但是最接近説文三個概念表述的,還是見於以下典籍。《禮記·鄉飲酒義》"天地嚴凝之氣,始於西南,而盛於西北,此天地之尊嚴氣也,此天地之義氣也。天地温厚之氣,始於東北而盛於東南,此天地之盛德氣也,此天地之仁氣也"。又,《大戴禮記·文王官人》提出"信氣中易,義氣時舒,智氣簡備,勇氣壯直"。陳來認爲前者"是與古代方位説聯繫在一起的自然哲學的概念,這與《五行》中的德氣作爲行爲的心理動力是不相同的",後者則是將德行和氣進行聯繫,因此與《五行》的表述有一致之處。[15]

出自大、小戴《禮記》的兩處説法,儘管在具體内涵上稍有差异,但與《五行》説文的概念表述頗爲一致。一般認爲,大、小戴《禮記》是對戰國至秦漢年間儒家論説先秦禮制等内容的解説彙編,《五行》的説文部分的性質與此相同,甚至從《五行》的發現史來看,這也是一部歷經戰國至西漢初年的儒家書籍,與《禮記》的流傳及書寫性質頗爲相類。這意味着孟子、荀子已經初步顯露以氣配德的思想,但是將這個思想直接總結凝練成一些概念、術語則可能是一件比較晚的事情。它誕生於後人論述、解説經文的過程中,是戰國及至西漢年間,對人與氣之關係的高度提煉與深入總結。

説文引入的這三個概念,與其他文本層内容的關係又是如何? 我們不禁聯想到出現於自我解經當中的兩個提法——"仁之方""禮之方"。兩個不同文本層次中的内容形成了鮮明的對比,一者顯示途徑,一者呈現狀態。

"×之方"出現在自我解經的這段話(簡39—41、帛205—206)當中:

簡39—41:柬〈柬(簡)〉之爲言猷(猶)練也,大而晏者也。匪之爲言也猷(猶)匪匪也,少(小)而訪〈訡(軫)〉者也。柬〈柬(簡)〉,義之方也。匪,悬(仁)之方也。勞(剛),義之方。矛(柔),悬(仁)之方也。"不勞不怵,不勞(剛)不矛(柔)",此之胃(謂)也。

承前所述,本段具有自我解經的特點,是對經文的闡釋。在對應的説文帛 300—301 當中,表述爲"言仁義之用心之所以异也""義之盡""仁之盡",强調盡心、用心之道。因此,"義之方"與"仁之方"描述的是實現仁義的途徑與方法。池田知久提出"簡通過竭盡它而達到義的方法,而匿是通過竭盡它而達到仁的方法","主張'簡''匿'的目的首先在於'義''仁'的實現"。[16] 與此理解相反,我們以爲義與仁纔是目的,而簡、匿則是實現上述兩個目標的途徑與方法。

《論語・雍也》有"能近取譬,可謂仁之方也已"的表述。朱熹解爲"方,術也","仁之方"即爲"方之術"。[17] 此解正用《吕氏春秋》高誘注。《吕氏春秋・必己》"説如此其無方也",高誘注"方,術"。許慎《説文解字》也有"玉,石之美有五德,潤澤以温,仁之方也;鰓理自外,可以知中,義之方也;其聲舒揚,專以遠聞,智之方也;不橈而折,勇之方也;鋭廉而不技,絜之方也"的説法。由此可知"×之方"是先秦兩漢時期的常見表達,表示實現目的的方式、手段、技藝。其中,最慣用的表述是與實現人之道德規範聯繫起來,如仁、義、智等等。有意思的是,同出郭店的《性自命出》,其簡第 2—3 也有"仁,性之方也,性或生之。忠,信之方也。信,情之方也。情生於性"這樣的説法。

總的來説,"×氣"不同於"×之方"。二者雖皆與德行相配,但自我解經中的"×之方"强調的是方式、方法、路徑,其表達方式并非重點,重點在於置於"×之方"前面或後面的内容,即何爲方式、方法、路徑。而説文引入的"×氣"概念本身便是一個嶄新的中心,囊括了德行之發端、途徑、表現、狀態,内涵較"×之方"要豐富得多。

結　語

先秦兩漢時期是一個創造書籍、形成思想的時代。其中,戰國時期是一個在傳播書籍與思想的同時再度生成書籍、改造思想的時代,而漢代則是一個對先秦書籍與思想進行整理的朝代。本文以恰好對應於戰國及西漢兩個時段的《五行》簡帛文獻對讀爲基礎,梳理了《五行》的文本結構及層次,試圖從這一角度釐清文本内容的關係,并揭示先秦思想在文本動態生成過程中的一些變化。

觀察《五行》簡、帛二書,經文中的"自我解經"、説文中的"説中有説"兩個現象值得關注,由此區分出了四個文本層:經文、自我解經、説文、説中有説。其中的説文又可分別依據經文與自我解經再次進行區分。文本層次之間聯繫緊密,存在對應闡釋的關係,但也存在增益的情况。梳理文本結構及層次,可以幫助我們對《五行》當中的内容概念之産生順序、章節變動的意圖、思想演進的動態等問題,尋求更多合乎文本實際的有效理解路徑。

本文爲國家社科基金青年項目"日藏《文選》古鈔本整理與研究"（21CZW016）階段性成果。

注　釋

［１］龐樸：《帛書〈五行篇〉校注》，《中華文史論叢》第四輯，上海：上海古籍出版社，1979 年，第 47—92 頁。

［２］按，廖名春《郭店楚簡〈五行〉篇校釋札記》（《中國哲學史》2001 年第 3 期）、王佳靖《簡帛〈五行〉校讀》（華東師範大學碩士學位論文，指導教師：詹鄞鑫，2004 年）、陳偉《簡帛〈五行〉對讀》（《湖南省博物館館刊》2004 年第 1 期）等研究則關注簡帛文字的研究工作，逐一比較了帛書與簡書的文字異寫情況與文句順序排列情況，可謂是基礎性的工作，對進一步研讀《五行》的思想内容也是大有裨益。另有高新華《先秦解經文體論略——兼論簡帛〈五行〉篇的文體定名》（《福建師範大學學報（哲學社會科學版）》2013 年第 6 期）從文體命名的角度進行討論，在廓清"説""解"的概念範圍之後，指出帛書《五行》的"説"更名爲"解"更合適。

［３］按，引文以荆門市博物館《郭店楚墓竹簡·五行》（北京：文物出版社，1998 年）、國家文物局古文獻研究室《馬王堆漢墓帛書（壹）》之《老子甲本卷後古佚書·五行》（北京：文物出版社，1980 年）爲底本，并隨文補充學界的校注意見。儘管簡、帛二書自帶分章符號，但仍有部分章節存在爭議，因此具體行文直接引用簡、帛的排列行數。簡書一共 50 行，帛書在第 170—351 行。

［４］按，簡 21、32 作"夏"，帛書 188 作"臀"，233 作"戀"，249 作"變"，《郭店》讀作"變"，本文從之。龐樸《校注》認爲"戀"該字系變、戀、攣之省，順從也，思慕也，眷念也。魏啓鵬《校釋》意見類似。又，簡書"愛"作"惡"。

［５］按，如李學勤《從簡帛佚籍〈五行〉談到〈大學〉》（《孔子研究》1998 年第 3 期）將帛書後半部分稱爲"傳"；劉信芳《簡帛五行解詁》（臺北：藝文印書館，2000 年）也稱爲"傳文"。

［６］池田知久著，王啓發譯：《馬王堆漢墓帛書五行研究》，北京：中國社會科學出版社，2005 年，第 197 頁。

［７］劉信芳：《簡帛五行解詁》，第 49 頁。

［８］陳國慶編：《漢書藝文志注釋彙編》，北京：中華書局，1983 年，第 101 頁。

［９］劉信芳：《簡帛五行解詁》，第 61 頁。

［10］龐樸：《帛書五行篇研究》，濟南：齊魯書社，1988 年，第 97 頁。

［11］池田知久著，王啓發譯：《馬王堆漢墓帛書五行研究》，第 223、227、246 頁。

［12］常森：《簡帛〈五行〉篇與孟子之學》，《中國典籍與文化》2009 年第 3 期，第 4—12 頁。

［13］按，可參李存山：《中國氣論哲學探源與發微》（北京：中國社會科學出版社，1990 年）、張運華：《先秦氣論的產生及發展》（《唐都學刊》1995 年第 3 期）等。另有李道湘：《從〈管子〉的精氣論到〈莊子〉氣論的形成》，《管子學刊》1994 年第 1 期。張運華：《先秦氣論的產生及發展》，《唐都學刊》1995 年第 3 期。張運華：《先秦氣論與中國古代文化》，《西北大學學報》1993 年第 4 期。小野澤精一等編著，李慶譯：《氣的思想：中國自然觀與人的觀念的發展》，上海：上海人民出版社，1990 年。曾振宇：《中國氣論哲學研究》，濟南：山東大學出版社，2001 年。李生信：《〈莊子〉中的"氣"及"氣化詞"的文化本源》，《寧夏社會科學》2008 年第 6 期。

［14］李存山：《中國氣論哲學探源與發微》，北京：中國社會科學出版社，1990 年，第 104—105 頁。

［15］陳來：《"慎獨"與帛書〈五行〉思想》，《中國哲學史》2008 年第 1 期，第 11 頁。

［16］池田知久著，王啓發譯：《馬王堆漢墓帛書五行研究》，第 370 頁。

［17］朱熹：《四書章句集注》，北京：中華書局，1983 年，第 92 頁。

（作者單位：中山大學中國語言文學系）

北大藏漢簡《蒼頡篇》札記五則

單育辰

《北京大學藏西漢竹書〔壹〕》收有《蒼頡篇》,是非常珍貴的早期字書,整理者已做了很好的釋文與注解。不過《蒼頡篇》文字古奧,還有不少問題待進一步研究。該書出版後,已有學者指出了其中的一些問題,本文擬再指出其中的幾處疏漏,以供參考。

(一)簡14:鵖煦宥閣,泠竃過包。

"鵖"作下形,原釋爲"睢",并破讀爲"雕"[1]。按,"鵖"左上部實爲兩筆,一筆爲"鳥"首的一撇,一筆爲"旨"上的一橫。其左旁所從之"旨"與簡44"耆"所從之"旨"完全一樣;又簡56寫有很多"鳥"旁,其上一筆皆不向左延伸那麽長,這些都是簡14的這個字應釋爲"鵖"的證據。《説文》卷四:"鵖,瞑鵖也。"《廣韻・脂韻》:"鵖,小青雀也。"《玉篇・鳥部》:"鵖,鳥鷇未生毛也。"《蒼頡篇》四字一句,其意義有兩種情況:一種是每字意義相類或相承;另一種則是用四個字湊成一句,每字意義無關。此句的情況應屬後者。

簡14 　簡44 　簡56 　簡56 　簡56

(二)簡29+30:陷阱鍇(緍)釣,罾笴罘罝。毛觢(觢)䠱矰,【29】收繳縈紆。

很明顯,"陷阱鍇(緍)釣,罾笴罘罝"都是獵捕工具。"毛觢䠱矰"中的"毛",整理者讀爲"耄",訓爲老[2]。按,此句中其他三字整理者已引《説文》卷四"觢,雉射收繳具""䠱,一曰射具"和《説文》卷五"矰,雉躲矢也",可知它們也都是獵捕工具。若把"毛"訓爲老則意義非常突兀。我們認爲"毛"應讀爲"罞",毛明紐宵部,罞明紐幽部,聲紐相同,韵部對轉,古音極近,在典籍中也有很多"矛""毛"兩聲係字相通的證據[3],故"毛""罞"二字可通。《爾雅・釋器》:"兔罟謂之罝,麋罟謂之罞。"此簡"罞"字亦與簡前的"罝"對應。下句"收繳"亦與弋獵有關,而"縈紆"則因弋獵之繩可捲繞而與"收繳"意義相承。

(三)簡35:粉𦝫脂膏,鏡籫比(篦)疏(梳)。

籫,整理者讀爲"籫",并認爲"鏡籫"是盛鏡之器[4]。按,此八字都與化妝有關,除

"籋"外其餘都是一字一義,若獨"鏡籤"連言,體例頗顯怪異,且本篇簡11"筐篋籤笥"已出現"籤"字。"籋"應按常訓訓爲"鑷",《説文》卷五:"籋,箝也。"《周禮・夏官》"并夾",鄭注:"并夾,矢籋也。"《集韵・葉韵》:"籋,亦作鑷、鎘、鈮。"蘇軾《和子由盆中石菖蒲忽生九花》:"記取明年十二節,小兒休更籋霜須。"《苕溪漁隱叢話後集》卷三九:"籋子鑷來,須有千堆雪。""籋"即夾取眉毛、面毛的鑷子,也是化妝工具[5],詞義與諸字正好匹配。《急就篇》卷三"沐浴揃搣寡合同",顏師古注:"揃搣,謂鬌拔眉髮也,蓋去其不齊整者。"此"揃搣"亦即《蒼頡篇》"籋"之用途。值得説明的是,此意見在2015年11月21日曾發表於網友"抱小"的網文《北大漢簡〈蒼頡篇〉校箋(一)》後面第8樓的評論[6],後見漢牘本《蒼頡篇》牘30正作"鏡鑷比(篦)疏(梳)"[7],可見此説不誤。[8]

(四)簡50:殖棄臞瘦,兒孺旱殤。恐懼懷歸,趨走病狂。

"旱",整理者認爲是乾旱義,并認爲可引申爲"因旱而至農作物未能成熟"[9],頗爲不辭。此簡的"旱"應是"早"之通用訛形,如孔家坡漢簡《日書・死》簡360壹:"申有疾,……患旱殤。"前面幾支簡言"患三公主""患大父""患高姑姊□"等,可知"旱殤"亦已死鬼之名,此處的"旱"亦應爲"早"之訛[10]。胡平生先生又指出,雙古堆漢簡《蒼頡篇》簡34亦有此句,作"兒孺旱陽"("陽"字左旁也可能不從"阜"),此句亦見於水泉子漢簡《蒼頡篇》"兒孺旱殤父母悲"[11],水泉子本每句七言,前四字爲《蒼頡篇》原句,後來添加的三字爲前四字的釋解或發揮。以"父母悲"來看,雙古堆漢簡《蒼頡篇》的"旱"確應係"早"字之訛[12]。胡先生的補充很重要。此皆可證西漢時確用"旱"形來表示"早"字。又北大《蒼頡篇》簡42"某(楳)柟旱蠬"則出現了"旱"形,但在本簡中則不用作早晚之"早",而疑讀爲"皁(皂)",即"皁(或草)斗",與樹木亦有關係。

(五)簡64:耑(端)末根本,榮葉莠英。

整理者認爲此句中的"莠"即狗尾草,亦爲惡草之通稱,用以比喻惡人[13]。按,此句并不涉及具體植物名,更不涉及人物,而都是植物的一部分,所以此句的"莠"應讀爲"秀"。《詩・豳風・七月》"四月秀葽",毛傳:"不榮而實曰秀葽。葽,草也。"《爾雅・釋草》:"木謂之華,草謂之榮。不榮而實者謂之秀,榮而不實者謂之英。""秀"常指禾稼之實,其義正與諸字相類,《爾雅》的"榮""秀""英"和本簡的排列正也一致。

本文得到2021年國家社科基金重點項目"清華簡佚《書》類文獻整理研究"(21AYY017)、"古文字與中華文明傳承發展工程規劃項目"(G1935)的資助。

注　釋

[1] 北京大學出土文獻研究所編:《北京大學藏西漢竹書[壹]》,上海:上海古籍出版社,2015 年,第 83 頁。

[2] 北京大學出土文獻研究所編:《北京大學藏西漢竹書[壹]》,第 95、97—98 頁。

[3] 參看高亨纂著,董治安整理:《古字通假會典》,濟南:齊魯書社,1989 年,第 770—771、821 頁。

[4] 北京大學出土文獻研究所編:《北京大學藏西漢竹書[壹]》,第 102—104 頁。

[5] 參看洪成玉:《古今字字典》,北京:商務印書館,2013 年,第 309—311 頁"爾、鑈"條。

[6] 抱小:《北大漢簡〈蒼頡篇〉校箋(一)》,復旦大學出土文獻與古文字研究中心網(http://www.fdgwz.org.cn/Web/Show/2644),2015 年 11 月 17 日發布,"ee"2015 年 11 月 21 日第 8 樓的評論。

[7] 劉桓:《新見漢牘〈蒼頡篇〉〈史篇〉校釋》,北京:中華書局,2019 年,第 10、85、88 頁。

[8] 近見學者對"爾"訓爲"鑈"尚續有論證,參張生漢:《也説北大簡〈蒼頡篇〉的"鏡爾"》,《簡牘學與出土文獻研究》第一輯,北京:商務印書館,2022 年,第 172—180 頁。

[9] 北京大學出土文獻研究所編:《北京大學藏西漢竹書[壹]》,第 114、118 頁。

[10] 單育辰:《占畢隨録之十二》,簡帛網(http://www.bsm.org.cn/? hanjian/5430.html),2010 年 3 月 15 日發布。

[11] 張存良:《水泉子漢簡七言本〈蒼頡篇〉蠡測》,《出土文獻研究》第九輯,北京:中華書局,2010 年,第 69 頁。其中"旲"亦應爲"早"字之訛,參看復旦大學出土文獻與古文字研究中心讀書會:《讀水泉子簡〈蒼頡篇〉札記》,復旦大學出土文獻與古文字研究中心網(http://www.fdgwz.org.cn/Web/Show/973),2009 年 11 月 11 日;胡平生:《讀水泉子漢簡七言本〈蒼頡篇〉》,復旦大學出土文獻與古文字研究中心網(http://www.fdgwz.org.cn/Web/Show/1064),2010 年 1 月 21 日發布。

[12] 胡平生:《讀〈蒼〉札記三》,復旦大學出土文獻與古文字研究中心網(http://www.fdgwz.org.cn/Web/Show/2693),2015 年 12 月 23 日發布,後整理爲《讀北大漢簡〈蒼頡篇〉札記》,《出土文獻研究》第十五輯,上海:中西書局,2016 年,第 293—294 頁。又,小文此則意見最初發表於抱小:《北大漢簡〈蒼頡篇〉校箋(一)》,"ee"2015 年 11 月 21 日第 8 樓的評論。

[13] 北京大學出土文獻研究所編:《北京大學藏西漢竹書[壹]》,第 131—132 頁。

(作者單位:吉林大學考古學院古籍研究所、"古文字與中華
文明傳承發展工程"協同攻關創新平臺)

懸泉置漢簡"小浮屠里簡"探微

張俊民

懸泉置作爲漢代絲綢之路上級別最高的驛站(類似的機構在 694 漢里[約合 289 千米]的酒泉郡有 11 個),主要負責官員、使者的迎來送往與政令、郵書的傳遞。懸泉置漢簡是懸泉置日常運作形成的檔案文書得以保留下來的部分,對漢代郵驛制度、絲綢之路以及中西文化交流的研究具有非常重要的參考價值。職是之故,即使非常簡陋,懸泉置遺址在 2014 年還是作爲"絲綢之路:長安—天山廊道的路網"的一個點入選世界文化遺産名録。

在有關懸泉置漢簡與中西文化交流、絲綢之路的研究中,有一條簡特別值得關注,即簡Ⅵ91DXF13C②:30,俗稱"浮屠簡"。具體簡文作:

> 少酒薄樂　弟子譚堂再拜請
>
> 　　　　　會月十三日,小浮屠里七門西入

這是一條松木簡(圖 1),簡右下角殘缺,長度完整,長 24.8 厘米、寬 1.6 厘米、厚 0.4 厘米。全簡 24 個字,前 11 個字居中大書,後 13 個字小而偏左。

此簡最早由張德芳在 2008 年敦煌吐魯番學術會議上發表,到 2009 年收入郝樹聲、張德芳《懸泉漢簡研究》第 185—194 頁。[1]有本簡的圖版與釋文,文章的釋文將"十三日"誤作"廿三日",因"'七門西入',文意不盡完整,不便强解",在文末注文中補添"'西入'可能爲'户人'"。又將本簡的功用視作"一封僧徒之間的來往信件,或者是一件佛弟子要求拜見長老的名刺"。

此文之後,趙寵亮在《"懸泉浮屠簡"辨正》結合其他學者文章的釋文,對簡文進行了系統梳理與解釋,釋文同前,整體將本簡作爲請柬對待。[2]

此後又有幾位學者關注本簡,對其中涉及的個別問題進行了解讀。[3]由於每個人的視角不同,得出的結論也就不同,其中就涉及本文要重點介

圖 1
簡Ⅵ91DXF13C
②:30

紹的本簡出土地點、簡牘時間與使用等問題。

一、"小浮屠里簡"的出土地點

簡牘的出土地點,與使用者的關係比較密切,出土地點不同意味着它們的簡牘文書在分類與功能上存在一定差異。這就是西北地區的漢簡有邊塞屯戍文書與郵驛系統文書之分的原因。一個遺址之中,簡牘的功能與用途也是不同的。當然,説起來容易做起來并不容易。就懸泉置漢簡而言,從大的方面來講都是郵驛檔案,爲什麼又要劃分不同的區域呢? 這主要是因爲不同的地域,其功能是有差異的。如"Ⅱ""Ⅲ"的劃分,而我們所要檢討的屬於"Ⅵ"。既有地點的差異,也有功能的不同。"Ⅲ"是一個比較孤立的地點,位於塢院南牆的外側,簡牘時間以王莽簡爲主;"Ⅵ"位於北塢牆內側,以大型傳舍爲主,時間主要是東漢。本簡的編號是Ⅵ91DXF13C②: 30,按照懸泉置漢簡的編號規則,"Ⅵ"是分區號,91是發掘年度,DX是敦煌懸泉置的中文拼音首位字母,F13是房址編號,而F13C是指房址13之內的廁所。後面的"②: 30"是出土層位與記録簡牘的流水號。

關於本簡的介紹,張德芳作:[4]

浮屠簡出自懸泉置塢院内靠北牆的一間小房子裏,發掘時編號F13。這間房子是塢院北面一排房子的其中一間。

姚崇新文許是點校不精,作:[5]

其中在編號F14的房址内出土了一枚寫有"浮屠"字樣的木簡,編號Ⅵ91DXF13C②: 30。

兩種關於出土地點的記述都是不準確的,後者可能是出版點校原因不論。前者所謂"浮屠簡出自懸泉置塢院内靠北牆的一間小房子裏,發掘時編號F13",首先是没有考慮F13之後的"C"。"F13C"具體是指懸泉置遺址F13房址内部的廁所。

既然是F13C,顯然與F13不是一個遺迹單元。兩個遺迹單元的出土物有可能有聯繫,也有可能没有關係。既然是兩個遺迹單位,就不能將F13出土的簡牘與F13C的簡牘混在一起考慮。

此外,還有F13房子大小的記述,F13不是"一間小房子",而是一個帶有套間的、規格比較高的傳舍用房,即F13所在的套房不是供一般人住宿的。F13C只是一個大房間内部配備的廁所而已。

從懸泉置遺址的平面圖(圖2)來看,我們可以看到F13、F14,還有F14右側一個更大的没有編號的房間,它們三個是一組。按照發掘者的説法,懸泉置北塢牆内側是三組房屋,F13 保存最完整,其西面的一組房屋 F11 被洪水衝毁,只能看到塢牆外側的小圍欄;東側的一組(F28+F16 等)雖没有 F13 完整,但其厠所形狀大體仍可以看到。三組房屋的厠所糞槽皆通往塢牆外面,使得塢牆北側均有一個小圍欄(組圖 3)。[6]

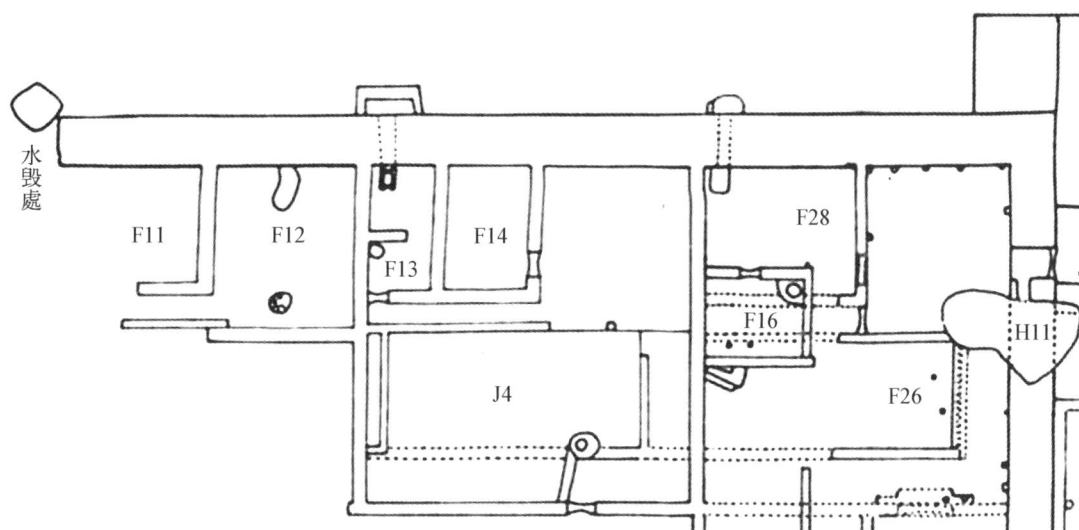

圖 2　懸泉置遺址 F13 及其周邊

（南—北嚮）　　　　　　　　（北—南嚮）

組圖 3　懸泉置遺址 F13 與 F13C 實景

在 F13 房間,厠所脚踏的木框在房屋北端,房子中間西側還有一堵短牆將木框所在部分與前部隔離開來。隔牆外側牆角處還有一個水缸,發掘時未見缸的底部。初步判斷是存放洗手水的部位(没有缸底,是不是放置厠籌的位置,也值得考慮)。由之構成的厠所布局顯得相當整潔、完善。

從此組房屋的布局與厠所的結構來看,這組房間應該是類似"上傳"或"第一傳"的高等級房間。F13 只是這組房間中内部配套的一個厠所,F13C 只是一個厠坑而已。與 F13C 中的簡牘一并出土的厠籌,除了類似廢棄簡牘之外,還有做成相當規整、上面纏有白色絲綿的木棍,作爲特製的厠籌,絶非常人所能使用,更能凸顯住在這組房間裏面的客人的身份與地位。

二、"小浮屠里簡"的年代問題

"小浮屠里簡"的年代問題,目前説法比較多,不甚統一。張德芳根據該簡筆迹、伴出漢簡的年代(51—108)以及史籍所載西域的情況,認爲其上限不會早於明帝,"時間當在東漢明帝(58)以後的半個世紀之内。中間經歷了明、章、和三代"[7]。趙寵亮:"將此簡定爲東漢中期似應較妥。"[8]葛承雍:"令人驚喜的是,懸泉漢簡發現東漢初年的'浮屠簡'……不僅印證了早期佛教傳入的迹象,而且反映西元 1 世紀西漢末年很可能就有僧侣進入到敦煌民間。"[9]

"小浮屠里簡"自身没有確切的時間紀年,若要將本簡確定在某一時間確非易事。不過根據目前的一些綫索,還是可以進行大致推測的,類似東漢初年的説法,無疑是最不可靠的。

簡牘自身已經有了某種程度上的年代標志,即本簡的"七"字對其自身年代已有了初步展現。西北漢簡"七"字的寫法比較獨特,普通西漢的"七"字橫長竪短"➔",王莽簡作"杗"形,東漢建武二十年(44 年)之後,"七"字下部纔出現明顯的彎曲"七"。本簡的"七"字寫法作"七"明顯是東漢簡,至於是東漢的具體某年仍存疑惑。

利用與本簡伴出的紀年簡來判斷年代的方法,雖可行,但仍存在一定出入。這大概就是早年界定在半個世紀之内的説法產生的原因。

本簡的出土單位是 F13C,F13C 自身又分爲三層,本簡出土在②層。按照考古學層位學的方法,F13C①要晚於 F13C②,而 F13C③要早於 F13C②。

F13C①共出土簡牘 37 枚,其中紀年簡有 4 枚:

　　91DXF13C①:1 永平十一年(68 年)

　　91DXF13C①:3 建武廿七年(51 年)

　　91DXF13C①:4 永元十三年(101 年)

　　91DXF13C①:5 永平十五年(72 年)

F13C②共出土簡牘 52 枚,其中紀年簡有 7 枚:

　　91DXF13C②:1 元興元年(105 年)

91DXF13C②: 7 永元十四年(102 年)

91DXF13C②: 10 永初元年(107 年)

91DXF13C②: 13A 永平十五年(72 年)

91DXF13C②: 21 建初元年(76 年)

91DXF13C②: 28B 永平七年(64 年)

91DXF13C②: 29 永平十一年(68 年)

F13C③共出土簡牘 14 枚,其中明確紀年簡缺,唯見具有明顯王莽簡特徵者簡 2 枚,它們的時間在 F13C 中最早。分別是:

91DXF13C③: 7 左部前曲騎士敦德新定里孫永

91DXF13C③: 8 三年十月

"敦德""三"是"王莽簡"的標志。[10]

按照地層學,F13C③與 F13C②的關係可以成立,即 F13C③早於 F13C②。但我們還要考慮別的因素,因爲這裏是一個厕所,與普通的地層存在一定差異。而 F13 出土的其他簡因爲没有具體的出土地點,是不是有可能與 F13C②或 F13C①有關係,不好確定,暫不考慮。

簡牘的廢棄與再使用(厕籌可歸爲再利用)與簡牘文書本身是存在一定時間差的。我們看到的簡多數都是文書傳遞記録,有一個存檔備案的過程,雖然我們還不知道它們存檔到廢棄的時間,但可以確定不可能是用完就廢棄的。這是簡牘文書的存檔與廢棄的時間問題。

回到我們要研究的"小浮屠里簡",它就不存在存檔管理的程式,其使用到廢棄的時間可能就比較短。没有保存時間需要的,與需要一定時間纔能廢棄的檔案文書,能在一起出土,最大可能性是時間應該以晚者爲准。按照早晚的關係,"小浮屠里簡"能與永初紀年的簡雜出,其年代定爲東漢中後期更爲合理。

三、"小浮屠里簡"的定性與思考

給每一條漢簡文字一個恰如其分的名稱,也就是定性,并不容易。[11]早年的"一封僧徒之間的來往信件,或者是一件佛弟子要求拜見長老的名刺"確實不妥,名刺本身有格式要求。[12]"類似現在音樂會的'邀請函'"也不是十分恰當,這個判斷是被"薄樂"誤導所致,且音樂會重在聽與欣賞,没有顯示出"酒"來。嚴格來説是"東漢譚堂邀請函",譚堂以謙虛的身份——"弟子"、謙虛的口氣——"少酒薄樂"請求某人赴宴,左下的小字是聚會的時間與地點。[13]"十三日小浮屠里七門西入",類似現在"周六,某社區的二號樓三單元六樓左手"。作爲最早的邀請函,其在文書格式、文獻資料方面已經是比較重要的發現了,而其中的"小浮屠里"這一里名在漢簡裏的出現尤顯重要。它是對社會生活中佛教因素與影響的直接體現,也正是因爲它在佛教傳播方面的重要性,早年俗稱其爲"浮屠簡"。本文只是感覺稱"小浮屠里簡"更貼切,"小浮屠里"的命名是本簡的精華所在。

此簡公之於衆後,研究者無不關注其與佛教東傳的關係。已有的研究基本上都是類似懸泉置遺址申遺文本中的文字,將此簡的"小浮屠里"作爲敦煌的一個里名對待。

申遺文本是這樣記述的:

> 稱某某居住在敦煌某鄉"小浮屠里",證實佛教的傳播是沿着絲綢之路進入中國,而敦煌在東漢初年鄉里中已有佛塔的建築。這幾乎與東漢明帝在洛陽迎取佛經、始建白馬寺的年代相同。

趙寵亮作:

> 該簡所反映的信息,應當是佛教在敦煌當地已經有所發展的事實。

姚崇新認爲本簡的重要性有兩點,其中:

> 進一步充實了陸道説的證據。誠如文獻所言,敦煌"地接西域",處絲綢之路要衝,因而是佛教等外來宗教自西域傳入内地的必經之地。那麼在此地發現了迄今所見最早的關於佛教在中國境内傳播的出土文獻證據,其對陸道説的意義不言而喻。

葛承雍作:

> 令人驚喜的是,懸泉漢簡發現東漢初年的"浮屠簡"……不僅印證了早期佛教傳入的迹象,而且反映西元1世紀西漢末年很可能就有僧侶進入到敦煌民間。

縱觀已有研究,目力所及多將本簡與懸泉置遺址附近的敦煌聯繫起來,認爲"小浮屠里"是敦煌的里名。但筆者在這幾年行走懸泉置的過程中,也聽到過這樣的議論:這條簡可能是從洛陽帶到懸泉置的,大家關注的里名可能是洛陽的里名。有鑒於此,現將一點思考提出來,供大家參考。

前面我們重點探討了"小浮屠里簡"出土的地點與場所的功能,它不是普通的小房間,而是高等級的傳舍内部配置的廁所,不是普通人員可以進出或使用的,即使用本簡的人身份可能比較特殊,不是敦煌當地的人,那麼東西就有可能是從别的地方帶到懸泉置的。如此一來,不同的使用地點,其所揭示的社會背景信息就會產生差異。

若此説法可以成立,倒與東漢明帝在洛陽城西雍門外起佛寺相當。伴隨着佛教信仰的數十年傳播,以此佛寺爲中心,在其周圍形成一個以佛塔命名的里名還是有很大可能的。在都城的附近,譚堂作爲"邀請函"的發出者,更有能力操辦一個具有樂舞場景的宴會。

因爲有關佛教在中原的傳播狀况,筆者不甚明瞭,不敢妄加述説。在此僅將有關"小浮屠里"位置的觀點,做一轉述,以待君子教焉。

以上是多年來筆者對"小浮屠里簡"的一點點思考,有一些并不是個人的思考所得。仁人君子的思考,對於"小浮屠里簡"的研究都是非常有幫助的。基於本簡的出土位置與使用功能,將"小浮屠里"作爲敦煌的里名頗感簡單化了點,如果是"邀請函"的使用者由别的地方隨身攜帶至懸泉置而廢棄又是一説。

注 釋

[1] 張德芳:《懸泉漢簡中的"浮屠簡"略考——兼論佛教傳入敦煌的時間》,收入鄭炳林主編:《中國敦煌吐魯番學會 2008 年度理事會暨"敦煌漢藏佛教藝術與文化學術研討會"論文集》,西安:三秦出版社,2011 年,第 276—287 頁;郝樹聲、張德芳:《懸泉漢簡研究》,蘭州:甘肅文化出版社,2009 年,第 185—194 頁。

[2] 趙寵亮:《"懸泉浮屠簡"辨正》,《南方文物》2011 年第 4 期,第 33—36 頁。

[3] 姚崇新:《佛教海道傳入説、滇緬道傳入説辨正——兼論懸泉東漢浮屠簡發現的意義》,收入榮新江、朱玉麒主編:《西域考古、史地、語言研究新視野:黄文弼與中瑞西北科學考查團國際學術研討會論文集》,北京:科學出版社,2014 年,第 459—496 頁;葛承雍:《敦煌懸泉漢簡反映的絲綢之路再認識》,《西域研究》2017 年第 2 期,第 107—113 頁;劉屹、劉菊林:《懸泉漢簡與伊存授經》,《敦煌研究》2021 年第 1 期,第 63—72 頁。

[4] 本簡的早年介紹均出自《懸泉漢簡研究》,具體頁碼不贅,下同。

[5] 姚崇新:《佛教海道傳入説、滇緬道傳入説辨正——兼論懸泉東漢浮屠簡發現的意義》,第 494 頁。

[6] 作爲 1991 年懸泉置發掘的參與者,對 F13C 而言筆者只是旁觀者,其東西兩側的房間組合情况得到當時負責這一區域的發掘者同事毛瑞林的明示。在此表示感謝。

[7] 郝樹聲、張德芳:《懸泉漢簡研究》,第 193 頁。

[8] 趙寵亮:《"懸泉浮屠簡"辨正》,第 33—36 頁。

[9] 葛承雍:《敦煌懸泉漢簡反映的絲綢之路再認識》,第 107—113 頁。

[10] 森鹿三著,姜鎮慶譯:《居延出土的王莽簡》,收入中國社會科學院歷史研究所中國秦漢研究室編:《簡牘研究譯叢》第一輯,北京:中國社會科學出版社,1983 年,第 1—20 頁。

[11] 張俊民:《懸泉置遺址出土簡牘文書功能性質初探》,《簡牘學研究》第四輯,蘭州:甘肅人民出版社,2004 年,第 76—85 頁。

[12] 馬怡:《天長紀莊漢墓所見"奉謁請病"木牘——兼談簡牘時代的謁與刺》,收入楊振紅、鄔文玲主編:《簡帛研究(2009)》,桂林:廣西師範大學出版社,2011 年,第 14—39 頁;王彬:《漢晉間名刺、名謁的書寫及其交往功能》,《出土文獻》第八輯,上海:中西書局,2016 年,第 221—235 頁。

[13] 本簡的定性,可參見趙寵亮:《"懸泉浮屠簡"辨正》,第 33—36 頁。

(作者單位:甘肅省文物考古研究所)

《居延新簡》簽牌"鼓枎各一"補議

范常喜

一、引　言

　　《居延新簡》收有一枚簽牌,編號爲 ES(T119)·2,其上文字爲"卅井吞虜隧鼓枎各一"(圖 1)[1]。這枚簽牌爲甘肅省文物工作隊 1976 年調查時,從貝格曼(Warlock Bergman)編號 T119 的烽燧遺址房基處采集而來。根據同時采集到的另外兩枚形制相同的簽牌所記可知,此燧當爲卅井候官所轄的"吞虜隧"或"收矢隧"[2]。另據考察,卅井候官治所遺址位於今内蒙古額濟納旗的保爾全吉,貝格曼的考古報告中稱之爲"博羅松治",編號爲 P9。該遺址出土的紀年簡介於西漢昭帝至東漢光武建武初年(前 72—227)。此地出土的封檢都屬於"卅井官"或"卅井候官",故可確定 P9 是卅井候官治所[3]。

圖 1　ES(T119)·2 號簽牌照片

　　該簽牌尺寸較大,約 7 厘米×7 厘米,分兩行大字單面書寫,周邊有朱墨兩種框綫,兩行間有朱墨欄綫,中部偏上位置鑽孔。根據劉釗先生的研究可知,這類簽牌所標識的物品多體積較大,且多非單體,而是一類或一組事物的集合,繫附在某一物體上反倒不如固定在物品旁更容易標識且不影響使用。再考慮到它們毫無例外的都是單面書寫,所以這些簽牌本來應該是以釘一類的物體固定在牆體或架子上,用來標識放置相關物品的處所。[4]

　　通過上述分析可知,ES(T119)·2 號簽牌應該是卅井候官所轄"吞虜隧"所用"鼓"與"枎"的標識物。該簽牌原先可能釘於放置這些物品的架子上或置放處的牆面上。

二、"鼓枹各一"舊釋及漢塞用鼓還原

該枚簽牌上的文字爲"卌井吞虜隧鼓枹各一"。薛英群等先生注曰:"枹:枹之假借。枹,音扶。《説文》云:'擊鼓杖也。'又通枹,《釋文》云:'鼓槌也。'"[5]其後的整理者及相關研究者[6]均沿用此釋,如《集成》:"枹,通枹,又通枹,鼓槌。"[7]《集釋》:"鼓枹指鼓和鼓槌。枹,通'枹',鼓槌。《左傳·成公二年》:'(張侯)左并轡,右援枹而鼓。'孔穎達疏:'枹,擊鼓杖也。'《楚辭·九歌·國殤》:'霾兩輪兮縶四馬,援玉枹兮擊鳴鼓。'典籍中亦作'枹'。《禮記·禮運》:'汙尊而抔飲,蕢枹而土鼓。'陸德明釋文:'枹,音浮,鼓槌。'按,此簡牘爲簽牌,即存放物品的標簽。簡上中間有一小孔以繫繩掛於相應的物品之上。此簡所記爲卌井吞虜隧所置鼓和枹各一件。"[8]

先秦時期,鼓作爲烽火輔助信號可在城塞間催促傳遞烽警信息,晝夜可用,同時也用於指揮戰鬥、發令、報時等。《墨子·雜守》:"望見寇,舉一烽;入境,舉二烽;射妻,舉三烽、一鼓;郭會,舉四烽、二鼓;城會,舉五烽、五鼓;夜以火,如此數。"《備梯》:"令賁士主將,皆聽城鼓之音而出,又聽城鼓之音而入。"《號令》:"昏鼓鼓十,諸門亭皆閉之。"漢代邊塞守禦器物簡文中也有鼓的記述,如《肩水金關漢簡》簡73EJT37:1547:"鼓一。"[9]《敦煌漢簡》簡2262:"☐☐☐☐晨時,鼓一通。日食時,表一通。"[10]《居延新簡》簡EPT49·13B:"官鼓、戟、盾各一。"[11]又簡EPF22·331:"秦恭到隧視事。隧有鼓一,受助吏時尚。鼓常縣(懸)塢户内東壁,尉卿使諸吏旦夕擊鼓。積二歲,尉罷去,候長恭庎(斥)免,鼓在隧。"[12]《懸泉漢簡》簡ⅠT0309③:283:"舉烽煙擊鼓舉烽煙旦屠☐☐。"[13]可見,漢時的亭燧中也用擊鼓來司時、報令、候望報警等[14]。卌井候官治所遺址的第二、三兩個地點都發現了筒形木鼓殘片,復原後高約58厘米,直徑約85厘米(?)(圖2)[15]。這兩面筒形鼓殘片正可爲該簽牌所記之塞防用鼓提供參照。但遺憾的是并未發現鼓槌及其他附屬構件,整個鼓的形制仍無法完全復原。不過,漢代官署、亭傳等機構用鼓的情形相對比較清楚,估計塞上候官治所及烽燧中所用之鼓應當與之相類,故可藉此進行適當還原。

漢制官署門前設建鼓,《漢書·何并傳》:"林卿既去,北度涇橋,令騎奴還至寺門,拔刀剥

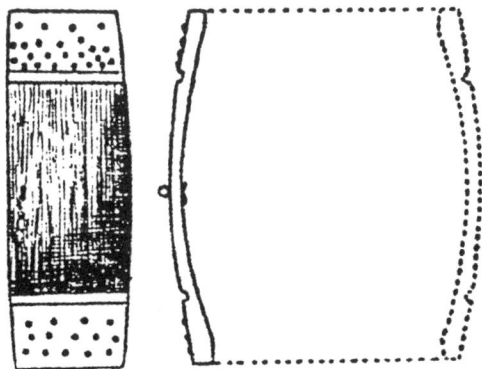

圖2 發現於卌井候官治所遺址地點、三部分被修復的筒形木鼓

其建鼓。"顏師古注:"諸官曹之所,通呼爲寺。建鼓一名植鼓,建,立也,謂植木而旁懸鼓焉。縣有此鼓者,所以召集號令,爲開閉之時。"漢代郡級官署門所設建鼓的形象,見於内蒙古和林格爾東漢壁畫墓的幕府東門圖,以及中室通往後室甬道的繪圖(組圖3、4)[16]。建鼓是我國上古時期一種重要的打擊樂器,在古代文獻中有相關記載。《儀禮・大射》:"建鼓在阼階西。"鄭玄注:"建猶樹也,以木貫而載之,樹之跗也。""建猶樹也"比較生動地描述了建鼓的外形特徵。"樹之跗也"則説明當時的建鼓配有鼓座。在考古發現的銅器刻紋及漢畫像石上都有圖像反映,在一些墓葬中也多有相應實物的發現。因此,建鼓的形制

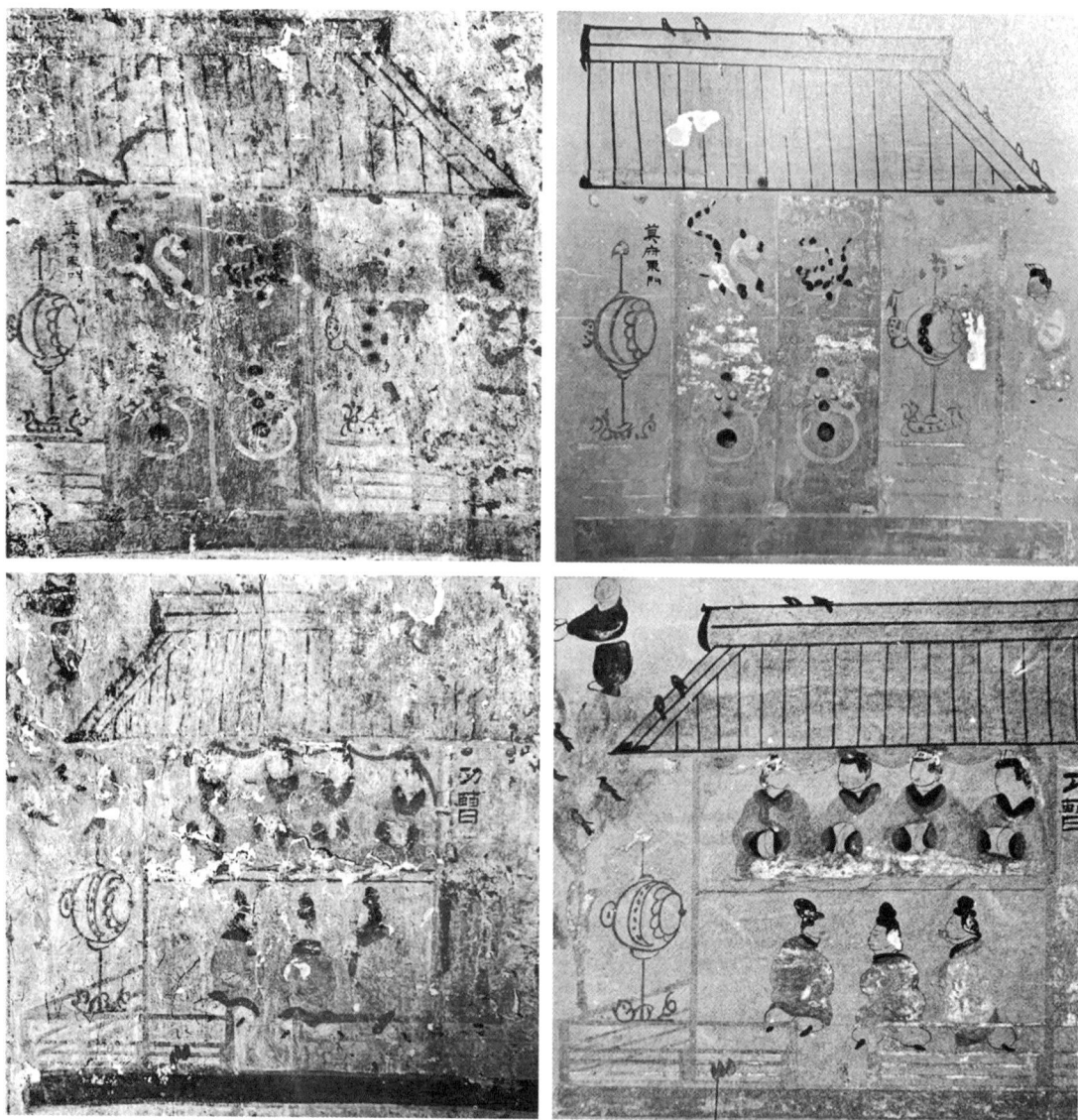

組圖3　和林格爾壁畫墓的幕府東門圖及門側置鼓照片與摹本

已比較明確,一般爲鼓身長圓,鼓框開孔,以一立柱貫串鼓身而立,柱下設跗足以承之。具體形象可參看山彪鎮戰國時魏國墓出土水陸攻戰紋銅鑒上的建鼓圖像(圖5)[17],以及曾侯乙墓出土的建鼓復原圖(組圖6)[18]。內蒙古和林格爾壁畫墓中的建鼓圖像與此相類似,説明建鼓的形制自先秦至東漢一脉相承,變化不大。

組圖 4 　和林格爾壁畫墓中室通往後室甬道處所繪鼓吏擊鼓照片與摹本

圖 5 　山彪鎮水陸攻戰紋銅鑒上的建鼓圖像

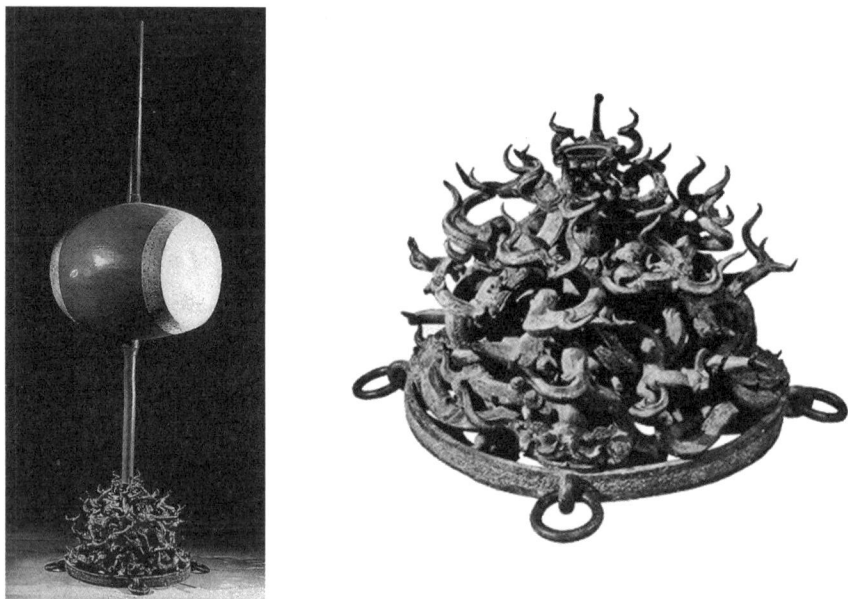

組圖 6　曾侯乙墓出土的建鼓復原圖(鼓爲複製品)和鼓座

　　漢代傳遞信息的亭、傳、置、驛等機構中也配備有鼓,并設有鼓吏,每當重要官員到來時須擊鼓。《後漢書·光武帝紀上》:"光武乃自稱邯鄲使者,入傳舍,傳吏方進食,從者飢,爭奪之,傳吏疑其僞,乃椎鼓數十通,紿言邯鄲將軍至,官屬皆失色。"懸泉漢簡中亦有相關記述[19],如簡ⅡT0114②:43:"☐縣泉佐賞受鼓下趙子春。"簡ⅠT0116②:7:"以食鼓下官奴廄[20]鳳等十五人迎護羌使者☐。"簡ⅡT0314②:222:"使者持節擊廿五鼓☐。"簡ⅡT0314②:337:"長史到擊八鼓數之。"若是官階尊崇者,亭置機構的長官還會率屬吏親迎出謁。出土漢畫像石中常見這一題材,通常是在車馬出行圖的一端刻畫門亭一角,楹柱邊設鼓,其側一鼓吏擊鼓[21]。這些鼓有的屬有座建鼓,與前述内蒙古和林格爾壁畫墓中所繪相同,如山東蒼山(今蘭陵)樓子村出土漢畫像石亭傳迎謁圖中的擊鼓圖像即是建鼓(組圖 7)[22]。有的鼓則懸於鼓架之上,如山東沂南北寨漢畫像石墓出土迎賓畫像石圖像中,院闕間右邊置一鼓架,架上懸鼓(組圖 8)[23]。另外還有的鼓直接懸置於亭柱或亭檐一角,如山東平陰孟莊、泰安夏張東漢墓出土的迎賓畫像石圖像中,左側亭柱和亭檐上均懸一鼓(組圖 9、10)[24]。

　　根據上述對漢代官署、亭傳等機構用鼓的分析可知,漢代官署、亭傳用鼓有建鼓與懸鼓兩種,建鼓置於鼓座之上,懸鼓則懸置於鼓架或亭柱、亭檐之上。照此推測,漢代塞上候官治所及烽燧中所用之鼓也應當大致如此。

組圖 7　山東蒼山樓子村出土漢畫像石亭
傳迎謁圖及其中擊建鼓圖像

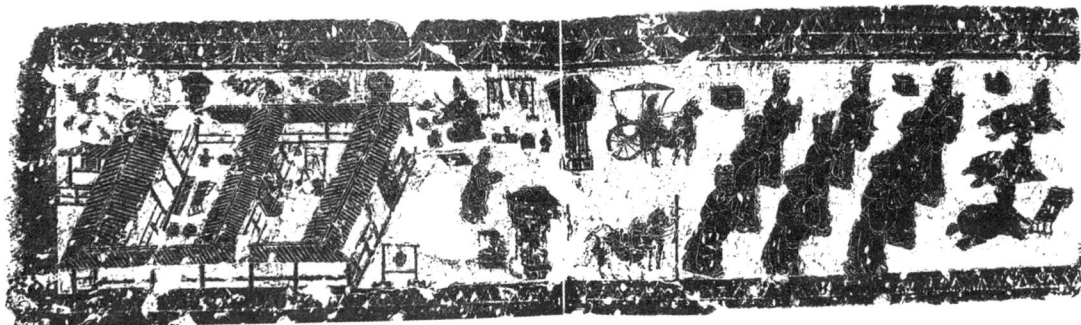

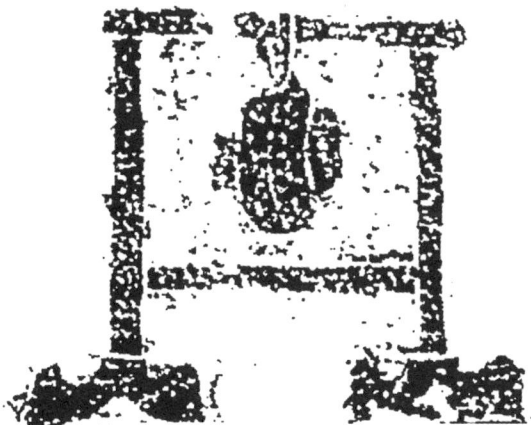

組圖 8　山東沂南北寨漢畫像石墓出土迎
賓畫像石及其中懸鼓圖像

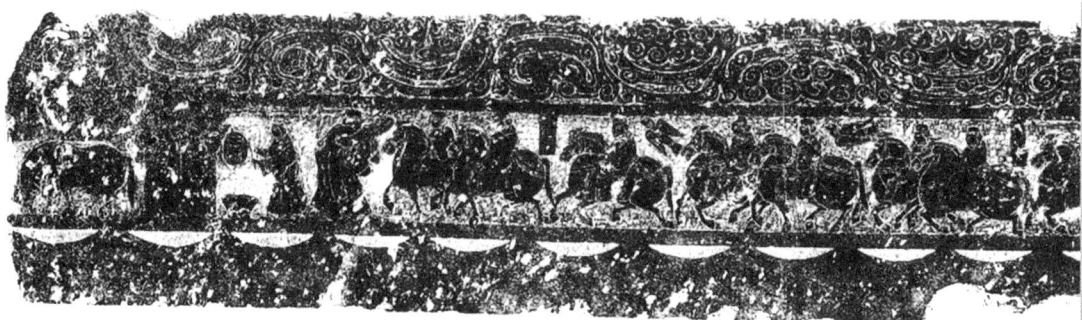

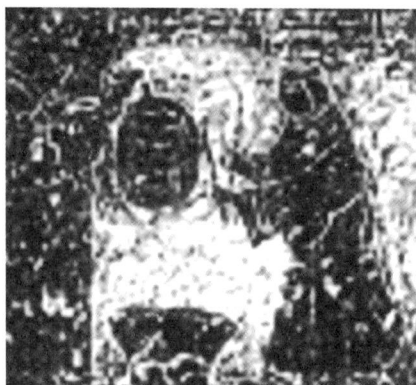

組圖 9　山東平陰孟莊東漢墓出土迎賓
畫像石及其中擊懸鼓圖像

組圖 10　山東泰安夏張東漢墓出土畫像石"寺門亭長"迎賓圖及其中擊懸鼓圖像

三、"枎"應讀作"柎"

根據前述相關圖像材料可知,無論是建鼓還是懸鼓,在使用時均應當是鼓吏雙手持槌敲擊,所需鼓槌實爲兩根。若將簽牌所記“鼓枎各一”理解爲鼓和鼓槌各一件,則明顯與此矛盾。我們認爲簽牌此處的“枎”應讀作“柎”,指建鼓的底座。上古音“夫”屬幫母魚部,“付”屬幫母侯部,二字聲紐相同,韵部則分屬魚、侯二部[25],有旁轉關係。而且兩漢之時,魚、侯兩部的字多互相押韵。羅常培、周祖謨、王力等先生據此認爲兩漢時期魚、侯二部有合并的現象。[26]古書中亦多見“夫”“付”作爲聲符構成的字相通用,如《爾雅·釋草》:“莞,苻蘺,其上蒚。”《説文》艸部:“藲,夫蘺也。从艸睆聲。”《漢書·東方朔傳》:“莞蒲爲席。”顏師古注:“莞,夫蘺也,今謂之蔥蒲。”可見“苻蘺”即“夫蘺”“夫蘺”。《禮記·聘義》:“孚尹旁達,信也。”鄭玄注:“孚讀爲浮。……孚,或作娐,或爲扶。”《淮南子·俶真》:“蘆苻之厚。”高誘注:“苻,讀麳麰之麰也。”而“麳麰”之“麰”《説文》麥部作“麩”。《文選·束皙〈補亡詩〉》:“白華絳跗。”李善注:“跗與趺同。”因此,簽牌中的“枎”可以讀作“柎”。

“柎”可泛指器物的底座,也可指鼓座,文獻中或寫作“跗”。《説文》木部:“柎,闌足也。”段玉裁注曰:“柎、跗正俗字也。凡器之足皆曰柎。”《儀禮·士喪禮》:“乃屨,綦結於跗。”鄭玄注:“跗,足上也。”《禮記·明堂位》:“俎,有虞氏以梡,夏後氏以嶡,殷以椇,周以房俎。”鄭玄注:“房謂足下跗也。”《儀禮·大射》:“建鼓在阼階西。”鄭玄注:“建猶樹也,以木貫而載之,樹之跗也。”《左傳·宣公四年》:“伯棼射王,汰輈,及鼓跗,著於丁寧。”孔穎達正義:“車上不得置簨虡以懸鼓,故爲作跗,若殷之楹鼓也。”《詩·大雅·靈臺》:“虡業維樅,賁鼓維鏞。”毛傳:“植者曰虡,橫者曰栒。”《説文》虍部:“虡,鐘鼓之柎也。”

值得注意的是,尹灣漢墓出土《武庫永始四年兵車器集簿》木牘對當時的軍用鼓具作了分類記述,相關內容節錄如次:“乘輿鼓鼙八百廿四”“乘輿木枹千(?)三百廿五”“乘輿鼓二百一十五”“乘輿鼓上華卌五”“乘輿鼓枹百廿七”“乘輿鼓柎五十六”“鼓鼙四千七百廿五”“鼓柎百廿”“鼓枹四千二百卌三”“鼓□八百卌一”“鼙柎卌四”“鼓上飾十”。[27]可以看出,當時的軍用鼓具包括大鼓“鼓”,小鼓“鼙”,擊鼓的鼓槌“木枹”“鼓枹”,承鼓的闌足“鼓柎”“鼙柎”,鼓上部的裝飾物“鼓上華”“鼓上飾”。這些鼓具顯然是爲有座的建鼓而配備的,其組裝成的整鼓可據前列山彪鎮出土戰國銅鑒上的建鼓進行還原。木牘中將鼓座稱作“柎”,正可爲我們將簽牌中的“枎”讀作“柎”提供旁證。

除此之外,漢末曹魏時期亦用“枎”表示鐘鎛之柎,正與簽牌用“枎”爲鼓柎相類同。洛陽曹魏大墓出土石牌銘文“衝鐘一,墨漆畫枎(柎)蘭(欄)自副,魚椎一”(M1∶158)、“鎛(鎛)鍾四,墨〔漆畫〕枎(柎)蘭(欄)自副”(M1∶111)[28](組圖11),李零先生懷疑其中的“枎蘭”當讀作“扶欄”,指鍾簨[29]。我們認爲,“枎蘭”即“柎欄”,指鐘簨,即懸掛鐘鎛的架子。“簨”在《説文》中作“虡”“虞”“鐻”,虍部云:“虡,鐘鼓之柎也,飾爲猛獸。从虍,異象其下足。鐻,虡或从金㺇聲。虞,篆文虡省。”古書中亦或作“簴”,《戰國策·齊策四》:"大王據千乘之地,而建千石鍾,萬石簴。"鮑彪注:"簴,鐘鼓之栿。"唐代亦用"趺"爲鼓栿,如《舊唐書·音樂志二》:"鼓,承以花趺,覆以華蓋,上集翔鷺。"

組圖 11 洛陽曹魏大墓出土石牌銘文(M1: 158、M1: 111)

綜合上述分析可知,《居延新簡》所收簽牌"卌井吞虜隧鼓栿各一"應當是指第卌井吞虜隧中配備有鼓和鼓栿各一件。如此理解,既與相關用字習慣相一致,又與前述壁畫及畫像石中的建鼓形象相契合。

本文爲國家社科基金重大項目"戰國文字研究大數據雲平臺建設"(21&ZD307)、"戰國文字詁林及數據庫建設"(17ZDA300)階段性成果。本文曾於 2021 年 8 月 6—8 日在"首屆簡牘學與出土文獻語言文字研究學術研討會"(西北師範大學)上宣讀,得蒙與會學者指正,謹致謝忱!

注 釋

[1] 甘肅省文物考古研究所等:《居延新簡》上册,北京:中華書局,1994 年,第 259 頁;甘肅省文物考古研究所等:《居延新簡》下册,北京:中華書局,1994 年,第 614 頁;馬怡、張榮强:《居延新簡釋校》下册,天津:天津古籍出版社,2013 年,第 923 頁;張德芳:《居延新簡集釋(七)》,蘭州:甘肅文化出版社,2016 年,第 207、417 頁;西林昭一:《簡牘名迹選》(6),東京:株式會社二玄社,2009 年,第 51 頁。

[2] 按,關於該簽牌發現的時間,諸書所記并不一致,有 1972 年與 1976 年兩種説法。《額濟納河下游漢代烽燧遺址調查報告》較早介紹了 1972 年與 1976 年的兩次居延遺址考察活動,但未述及該簽牌的具體發現時間(參見甘肅省文物工作隊:《額濟納河下游漢代烽燧遺址調查報告》,收入甘肅省文物工作隊、甘肅省博物館編:《漢簡研究文集》,蘭州:甘肅人民出版社,1984 年,第 62、71 頁)。《居延新簡》則明確該簽牌是"一九七二年居延調查采集散簡"(參見甘肅省文物考古研究所等:《居延新簡》上册,第 259 頁)。《居延新簡釋校》完全沿襲了《居延新簡》的説法(參見馬怡、張榮强:《居延新簡釋校》下册,第

923 頁)。《居延新簡集釋》同樣將該簽牌歸入“一九七二年居延調查采集散簡”,但在按語中却稱“甘肅省文物工作隊 1976 年調查時”所獲(參見張德芳:《居延新簡集釋(七)》,第 207、417、764—765 頁)。《中國簡牘集成》將該簽牌列爲“一九七六年居延北部調查采集散簡”(參見中國簡牘集成編委會編:《中國簡牘集成》第 12 册,蘭州:敦煌文藝出版社,2001 年,第 271 頁)。《河西漢塞調查與研究》在介紹 T119 烽燧時則謂:“1976 年復查時,在房基處采集漢簡 3 枚,簡文稱‘收矢隧’。”(參見甘肅省文物考古研究所、吳礽驤:《河西漢塞調查與研究》,北京:文物出版社,2005 年,第 143 頁)本文暫從 1976 年發現之説。

[3] 甘肅省文物考古研究所、吳礽驤:《河西漢塞調查與研究》,第 142—143 頁。

[4] 劉釗:《漢簡所見官文書研究》,長春:吉林大學博士學位論文,指導教師:吳振武,2015 年,第 541 頁。

[5] 甘肅省文物考古研究所編,薛英群、何雙全、張存良注:《居延新簡釋粹》,蘭州:蘭州大學出版社,1988 年,第 84 頁。

[6] 孫聞博:《音聲與軍政:論秦漢軍鼓及相關問題》,收入楊振紅、鄔文玲主編:《簡帛研究(2016 春夏卷)》,桂林:廣西師範大學出版社,2017 年,第 201 頁。

[7] 中國簡牘集成編委會編:《中國簡牘集成》第 12 册,第 273 頁。

[8] 張德芳:《居延新簡集釋(七)》,第 764 頁。

[9] 甘肅簡牘博物館等編:《肩水金關漢簡(肆)》下册,上海:中西書局,2015 年,第 121 頁。

[10] 甘肅省文物考古研究所編:《敦煌漢簡》,北京:中華書局,1991 年,第 240 頁。

[11] 楊眉:《居延新簡集釋(二)》,蘭州:甘肅文化出版社,2016 年,第 466 頁。

[12] 張德芳:《居延新簡集釋(七)》,第 507 頁。

[13] 牛路軍、張俊民:《懸泉漢簡所見鼓與鼓令》,《敦煌研究》2009 年第 2 期,第 52 頁。

[14] 參見初師賓:《漢邊塞守禦器備考略》,收入甘肅省文物工作隊、甘肅省博物館編:《漢簡研究文集》,第 171—172 頁;薛英群:《居延漢簡通論》,蘭州:甘肅教育出版社,1991 年,第 477—478 頁;孫聞博:《音聲與軍政:論秦漢軍鼓及相關問題》,第 210—211 頁。

[15] 弗可·貝格曼編,博·索瑪斯特勒姆整理,黃曉宏等譯:《内蒙古額濟納河流域考古報告》,北京:學苑出版社,2014 年,第 273、275 頁。

[16] 内蒙古自治區博物館文物工作隊編:《和林格爾漢墓壁畫》,北京:文物出版社,1978 年,第 48、49、97、107、143 頁。

[17] 郭寶鈞:《山彪鎮與琉璃閣》,北京:科學出版社,1959 年,第 21 頁,圖一一。

[18] 湖北省博物館編:《曾侯乙墓》(下),北京:文物出版社,1989 年,彩版五,圖版四三。

[19] 牛路軍、張俊民:《懸泉漢簡所見鼓與鼓令》,第 51—52 頁。

[20] 此處“廄”字,牛路軍、張俊民二位先生文中釋作“假”,兹據《懸泉漢簡》改釋作“廄”,參見甘肅簡牘博物館等編:《懸泉漢簡(壹)》下册,上海:中西書局,2019 年,第 548 頁。

[21] 揚之水:《沂南畫像石墓所見漢故事考證》,《故宫博物院院刊》2004 年第 6 期,第 35—36 頁。

[22] 中國畫像石全集編輯委員會編:《中國畫像石全集》(3),濟南:山東美術出版社,鄭州:河南美術出版社,2000 年,第 102—103 頁,圖一一六。

[23] 楊愛國主編:《中國畫像石精粹》第 2 册,濟南:山東美術出版社,2019 年,第 61 頁,圖七六。

[24] 中國畫像石全集編輯委員會編:《中國畫像石全集》(3),第 180—181 頁,圖一九七;劉慧、張玉勝:《岱廟漢畫像石》,濟南:山東畫報出版社,1998 年,第 26—27 頁,圖二〇。

[25] 唐作藩:《上古音手册》,北京:中華書局,2013 年,第 44、46 頁。

[26] 羅常培、周祖謨:《漢魏晉南北朝韻部演變研究》第 1 分册,北京:科學出版社,1958 年,第 21 頁;王力:

《漢語語音史》,北京：中國社會科學出版社,1985 年,第 84 頁。

［27］連雲港市博物館等編：《尹灣漢墓簡牘》,北京：中華書局,1997 年,第 105—116 頁。

［28］李零：《洛陽曹魏大墓出土石牌銘文分類考釋》,《博物院》2019 年第 5 期,第 16 頁。

［29］李零：《洛陽曹魏大墓出土石牌銘文分類考釋》,第 17 頁。

（作者單位：中山大學中國語言文學系、

"古文字與中華文明傳承發展工程"協同攻關創新平臺）

從隸草到草書

——秦漢簡牘"斜體字"中草書成分考察(之一)

劉紹剛

一九七二年四月,山東省博物館和臨沂文物組在臨沂銀雀山 1 號墓和 2 號墓中,發掘出了一批竹簡和木牘。根據考證,這兩個墓屬於西漢前期,所以這批竹簡被命名爲"銀雀山漢墓竹簡",亦稱"銀雀山漢簡"。其中,1 號墓出土竹簡的内容大部分爲兵書。整理組認爲,這些兵書的字體可以分爲"規整和草率兩大類"。規整一類以《孫子兵法》《孫臏兵法》爲代表,雖然"一種書裏也包括幾種不同的書體和行款",但可以歸爲一類;草率一類有《六韜》《守法守令等十三篇》兩種,其書寫較爲草率,其横畫向右下方傾斜,與其他典籍抄寫規範的字迹明顯不同。曾憲通先生在《試談銀雀山漢墓竹書〈孫子兵法〉》一文中,根據其書法風格和避諱,對其抄寫年代提出了自己的意見:

> 從文字看,屬竹書《孫子兵法》一類早期隸書,結構與湖北雲夢睡虎地秦簡接近,筆法體勢却介于馬王堆帛書《老子》甲、乙本之間,即篆書氣味不及甲本濃,用筆體勢也不及乙本平直方正。這樣,《孫子兵法》一類早期隸書可能比《老子》乙本還要早。……就可能是劉邦稱帝前抄寫的了。另外,同墓出土竹書中還有一種風格特殊的斜體字(如即將出版的竹書《六韜》),它比《孫子兵法》一類的書體,更帶濃厚的篆書意味,其抄寫年代或許還要早些。[1]

曾先生提出的"斜體字",在之後發現的秦漢簡牘中不斷出現,這種"斜體字"究竟應該稱爲早期隸書、古隸,或者是古隸中的草體,還是趙壹《非草書》中所稱的隸草,或者就是許慎所説"漢興有草書"的草書? 雖然近數十年間秦漢簡牘大量出土,關於這個問題的答案却依然衆説紛紜,莫衷一是。究其原因,是古文字學界的學者把主要關注點都放在了近年大量出土的戰國簡上,出土文獻研究的學者多注重簡牘内容及擴展研究,而書法界的研究者大部分缺少對新出土文獻的關注,也少有論述。所以對這些斜體字簡牘書體的研究,極少有學者問津。在這裏我們就對秦漢簡中的"斜體字"進行梳理,并對這種"斜體字"的性質——應當歸屬於古代書論中的哪一種書體,做一個初步的分析判斷。

一、什麽是"斜體字"

所謂"斜體",在書法上是指筆勢或字勢,主要就是橫嚮筆畫是平正還是向右上方或右下方傾斜的區別。借用西晉書法家衛恒在《四體書勢·字勢》中所言古文[2]的幾種字勢來説,一種是"守正循檢,矩折規旋",也就是橫嚮筆畫以平正爲主的筆勢。商周金文書法中,大多數橫嚮筆勢不做明顯的傾仄,如大盂鼎、作册令方彝、令鼎、史墻盤、三年興壺、興鐘、頌鼎、頌壺、毛公鼎、虢季子白盤等王室作器,後代的石鼓文、秦刻石、漢碑,其所刻筆勢都是"勢和體均"的正體。至於"方圓靡則,因事制權"的非常寫法,則有兩種不同的筆勢:一種是向右上方傾斜,以橫畫從左起筆,筆勢向右上方引力發出,若有上揚之勢,商代金文中的作册般甗、小子𧽛卣銘文筆畫與《四體書勢》中所描述的"或引筆奮力,若鴻鵠高飛,邈邈翩翩"的筆勢相合;再一種是筆勢向右下方傾斜,金文中的作册魋卣、大師虘簋、散氏盤等銘文皆如此,應當就是《四體書勢》中所説的"渺爾下頹,若雨墜于天""或縱肆婀娜,若流蘇懸羽,靡靡綿綿"的筆勢。

商代的小子𧽛卣銘文(圖1),橫嚮筆畫向右上傾斜,顯得昂揚嚮上、動感十足。叢文俊《中國書法全集·商周金文卷》對小子𧽛卣有高度評價:"這件作品行間茂密,體勢略爲傾斜,極具書寫美感,堪稱商金文中的一顆明星,大約只有周人的散盤一類作品方可與之頡頏。"[3]此外作册般甗(圖2)、備亞器角等的銘文也有向右上揚的筆勢,西周早期的沫司徒□簋、盂爵、麥方鼎銘文中,還可以看到類似的筆勢。戰國簡中,這類筆勢上揚的書法也不鮮見,其中書法最爲精到的,當屬《上海博物館藏戰國楚竹書》中的《孔子詩論》(圖3)、《民之父母》(圖4)、《武王踐阼》(圖5),這三篇竹書是同一書手所書,用筆極爲精到,是戰國簡中書寫水平非常高超的作品。在岳山秦簡、里耶秦簡、嶽麓秦簡中,也有大量這種向右上方傾斜的字。這大概就是《四體書勢》中形容的"引筆奮力,若鴻鵠高飛,邈邈翩翩"的書法風格。筆勢向右上傾斜,顯得筆力雄强,給人以力度外張、昂揚嚮上的感覺,所以在魏晉之後的許多行草書,取這種向右上方傾斜筆勢者居多。

提到向右下傾斜的西周金文,則不能不説散氏盤。因其銘文與西周時期官方的正規字體相比,打破了對稱、工整、端莊的字態,字形從長方變扁平,字勢欹側,筆勢、結構都呈現出傾斜之勢,多數字都產生一種向右下方傾側、下墜的字勢,加上結構的鬆散,顯得輕鬆、率意,與"守正循檢,矩折規旋"、廟堂氣十足的銘文相比,多了幾分書寫的隨意性,在西

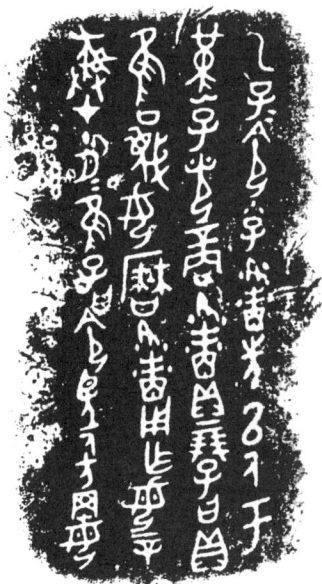

圖 1　小子𥂕卣銘文

圖 2　作册般甗銘文

圖 3　上博簡孔子詩論

圖 4　民之父母

圖 5　武王踐阼

周金文中別具一格。散氏盤出土後,受到了康有爲等"碑派"人士的狂熱追捧,蓋因其拙樸、草率的意味,與碑派所倡導的古拙、樸厚的北派"碑學"有相合之處。胡小石《書藝略論》稱:"周書如《盂鼎》《毛公鼎》之類,勢多傾左。《散氏盤》獨傾右,自樹一幟。"侯鏡昶亦稱:"散氏盤且不取正勢,向右傾仄,尤爲异軍突起。"[4] 比散氏盤更早有下頹之勢的作品,還有作册夨卣(圖6)和大師虘簋(圖7),後一器首行書寫尚能力求規範,而自第二行起,漸漸顯露出平日的書寫習慣,用筆呈向右下傾斜的筆勢,這兩件銘文似乎可以説明,在西周時期這種向右下傾斜的書寫習慣已經出現。

圖6　作册夨卣銘文　　　　　　　圖7　大師虘簋銘文　　　　圖8　十六年商鞅矛鐓銘文

　　曾憲通先生所説的"斜體字",主要是指筆勢向右下傾斜的一種。商周以後,這種向右下傾斜的用筆習慣一直都有流傳。如侯馬盟書、溫縣盟書,它們的書法屬晋系文字,在兩種盟書中,向右下傾斜的斜體字數量不少,其中豐富的筆法與草書的用筆也有淵源。因爲盟書書寫有臨事急就的性質,且書手衆多,各自不同的書寫習慣都表露無餘,所以呈現出的書法特色多種多樣,是我們考察先秦時不同書手書法多樣性風格的重要資料。我們將另文再做研究,在此就不展開討論了。

　　秦系文字中,也有承繼商周文字這種向右下方傾斜的書體,秦孝公十六年(前346年)商鞅矛鐓銘文(圖8)就是這種草率的斜體字。用這種斜體字書寫的簡牘,在秦漢時期出土了很多。對這種書寫草率的斜體字秦漢簡牘,文字學界和書法界都有過討論,但往往是各持己見,并未對這種"斜體字"的性質、名稱形成共識。隨着漢代草書簡牘的大量出土,今草和章草的關係等問題討論的深入,對這種字體進行一次比較全面細緻的研究,成爲一個值得一做的課題。下面,我們就先來梳理一下這類秦簡中的斜體字。

二、秦簡"斜體字"梳理

(一) 雲夢睡虎地秦簡

在銀雀山漢簡出土後不久,1975 年 12 月在湖北省雲夢睡虎地 11 號秦墓中又出土了大量簡牘。睡虎地秦簡有《秦律十八種》《效律》《秦律雜抄》《法律答問》《封診式》《編年記》《語書》《爲吏之道》《日書(甲種)》《日書(乙種)》。記載墓主人喜一生的文書《編年紀》,記載了秦昭襄王元年(前 306 年)至秦始皇三十年(前 217 年)前後 90 年的編年,跨越了秦統一前後。這些簡牘有曾憲通先生所説的"早期隸書",後來文字學界統稱爲"古隸"的字體,也有一些隸變程度不高的篆書,其中的《封診式》《爲吏之道》《日書(甲種)》中,都夾雜着一些橫筆嚮右下傾斜的"斜體字",但這些斜體字中草率的寫法并不多。在睡虎地 7 號秦墓中,還發現了 2 枚木牘共計 527 字,内容爲黑夫、驚兩人的家信,其書體也是橫畫向右下方傾斜,但書寫較爲草率,與銀雀山漢簡的《六韜》《守法守令等十三篇》的"斜體字"屬於同一類。

對於其中的草書因素(表 1),很多學者已經有論述,裘錫圭先生的《文字學概要》中,就例舉了黑夫、驚的家書上"攻""從""徒""定"和"遺"字中"工""辵""止"等部件的簡化寫法,他認爲"這類草率寫法作爲隸書俗體的一部分,爲漢代人繼續使用,并成爲草書形成的基礎"[5]。

表 1　睡虎地黑夫、驚家書中的草書因素

遺	遺	遠	徒	徒
攻	佐	聞	皆	唯
夫	夫	老	者	者

(二) 放馬灘秦簡

1986 年,在甘肅省天水市的放馬灘秦墓中,發現 461 枚竹簡,4 片木牘。竹簡内容有《日書(甲種)》《日書(乙種)》和《丹》(原定名爲《志怪故事》),爲秦統一後抄寫[6]。其中《日書(甲種)》抄寫較率意,起筆粗重處較多,或可與後世隸書的"蠶頭"相比。但這種近似"蠶頭"的用筆,其實在西周時期的金文和墨書中就已經出現,而且其波磔也與隸書不類。《日書(乙種)》抄寫規範,字形方整,很少有波磔,屬隸變程度比較深的古隸,但基本没有多少草書因素。而這 4 片木牘,是目前發現的最早的地圖,文字也比青川木牘的年代還要早一些,是我們目前所見簡牘中年代最早的秦系文字。

放馬灘秦墓出土的簡牘中,從草書研究的角度看,最值得我們關注的,是 4 枚木牘地圖上的文字。這裏有許多草率簡略的寫法,是秦系文字簡牘中最早出現的。像水寫作氵,辵寫作辶,皿字的草寫,這些草率寫法,在秦木牘地圖的文字中都已出現。把不同綫條變成點,再以用筆順序重新連帶,打破了篆書中尚存不多的象形傳統,是解散篆書爲隸書、草書的重要手段。從秦木牘中的"苦""磨"字可見,"口"出現了簡化爲兩點的寫法;"端"字的連筆也顯露出草書的端倪。這些草率寫法雖然與後代草書不同,但也屬篆書草化產生的草書因素(表2)。

表 2　放馬灘秦木牘中的草書因素

盧	員	苦	磨	端	北	園

"鬱"字在西周到秦漢的文字演變中異體比較多。《説文》:"鬱,木叢生者,從林,鬱省聲。""鬱,芳草也,十葉爲貫,百廿貫築以煮之爲鬱。從臼缶冖鬯,彡其飾也。一曰鬱鬯,百草之花遠方鬱人所貢芳草,合醸之以降神。鬱,今鬱林郡也。"從西周金文看,鬱字從林,從大,下面從人。從秦漢簡牘文字看,馬王堆帛書《五十二病方》中的"鬱"字與西周金文最接近,但林字中間的"大"變成了"缶"。篆書鬱和爵皆從鬯,但爵字所從的鬯在秦系文字的異體變成了皀,鬱字的下部也變成皀,彡也變成寸,和爵的下半部一樣了。(表3)這是在文字演變過程中,不同的構字部件合并的例子。放馬灘秦木牘中的"鬱"字,與西周金文和其他秦漢文字都不同,顯然是對部件進行了省略的草化處理,是一個少見的異體。

表3　鬱、爵字的异體

叔簋	小子生尊	孟戬父壺	五十二病方251	秦木牘地圖	睡虎地48.29	漢印	魏上尊號奏	説文
縣妃簋		伯公父勺	睡虎地30.38	馬王堆遣策三123.2	睡虎地18.154	馬王堆陰甲5.24	禮器碑	説文

在木牘地圖中,我們看到在秦系文字的用筆之外,還有一些與古文用筆相近的寫法。如"口"字寫成三角形(穀、口、磨),在古文和草書的寫法中直接省略成兩點,而在木牘地圖中,就是寫成兩點。這種省略在戰國時期的秦文字中出現,從用筆和筆順看,是與六國古文有關係的。再看"東""束"的寫法。在商周文字中,這兩個字的中豎是貫通的,秦系文字也多是如此。而在東方六國的簡牘中,有先寫上面的"中",再寫下半部的書寫習慣。木地牘圖的"東""束"及"漕"字所從的"東",正是像戰國六國簡的寫法,與其他秦漢簡的寫法不同。"大"字以及"泰"所從的大部寫作"夨",在戰國時六國簡和秦漢簡中都有這種寫法,究竟是秦系先出現,還是六國系先出現,還有待新資料的發現。木牘地圖中還有一個"廣"字的寫法頗爲可疑,這個字并不容易寫錯,但它上的"廣"字却寫得頗爲奇怪;另有一個"員"字的寫法,也是在戰國六國系和秦系文字中都沒有出現過的字形(表4)。

表4　草體中的古文因素

東	束	谿			大	泰	廣	員

筆者對這幾片木牘的第一印象是,其字體與侯馬盟書、温縣盟書的字體很相像。這説明在戰國早期,東方國家的文字和秦國的文字還没有像戰國中晚期那樣存在明顯的區别。至於這4片木牘的具體年代,有研究者以爲在戰國中期,其地圖繪製年代在秦統一前的秦惠文王時期(前323—前311)[7],這比過去認爲的隸變出現時間要早。换句話説,這些字體屬秦系文字即篆書的俗體,和篆書隸變的軌迹并不一致,説明這種含有草書因素的書體(表5)出現時間不晚於隸變發生的時間。

表5　放馬灘木牘中的草書因素

濯	漕	堂		道	堯

最後補釋一字,1A牘中有一"□里"(圖9),舊或釋"真",或釋"貞",《秦簡牘合集》不釋[8]。今細審,其字上邊是"垚",當釋"堯"。堯里作爲地名,至今在許多地方都有遺存,兹不贅言。

圖9　1A牘中的"堯里"

(三)岳山秦簡

1986年,在湖北江陵的岳山墓地36號秦墓中,發現了兩枚木牘。在秦漢簡牘中,"斜體字"有向右下方傾斜的,多寫得較草率;也有向右上方傾斜的,寫得都比較規整。岳山秦簡是後一種向右上方傾斜的斜體字,其字形扁,"横勢"明顯,有"蠶頭"用筆,屬隸變程度比較高的秦隸。但其中基本没有多少草書的因素。

(四)龍崗秦簡

1989年,雲夢縣城關東郊6號墓出土了竹簡293枚、木牘1枚。據研究,其年代當在秦代晚期[9]。雖說龍崗秦簡的内容爲法律文書,但所有竹簡均爲斜體字,由此可見不能把斜體字都歸於古隸的草率寫法,其中有一些還是篆書的草化。在兩百多枚竹簡中,除了在秦簡中常見的"辶""止""皿"等部件有草書的因素外,其他字迹還是在篆書隸變的過程中,由於斜體字都字形偏長,没有隸書的横勢、主筆,所以看起來隸變的程度不深。(表6、圖10)

表6　龍崗秦簡的部分斜體字

圖10　龍崗秦簡

（五）關沮秦簡（周家臺秦簡）

1993 年在湖北荆州周家臺 30 號秦墓中,考古人員發現了一批竹簡、木牘,其中《質日》（原稱《曆譜》）類竹簡 130 枚,據此可知此批簡牘的年代在秦始皇三十四年至三十七年間;《日書》178 枚,《病方及其他》78 枚[10]。前兩種書寫得較爲規範,書體與睡虎地秦簡略近;在《病方》類簡牘中,只有少量的斜體字（表 7）,其中的草書因素不多。大多是秦簡中常見的"止""之"的連筆。"皿"字的寫法和其他秦簡中的不一樣的,就是在"皿"上加了一短橫。比較有意思的是"發"字中"又"的寫法,是秦簡中最像草書用筆的一種。

表 7　周家臺秦簡中的斜體字

孟	盛	煴	步	之	遣	越	從	發

（六）嶽麓秦簡

2017 年,湖南大學嶽麓書院從香港搶救性購買回一批秦簡,有 2 176 枚。有《質日》《爲史治官及黔首》《占夢書》《數》及《奏讞書》《秦律雜抄》《秦令雜抄》等内容[11]。嶽麓書院秦簡整體是比較規範的手寫體篆書,也有少量的斜體字。如《廿七年質日》簡干支的字迹較規整,而下面記載主人行程的字迹則是斜體字,但并不草率。第四卷秦律令部分的第三組,整理者特別提到這批簡的書體特徵:"這組簡中多次出現一枚簡上書手不同的現象,同時還有同一條律令中,也有不同書體并存的現象。"[12]例如第 217 頁的 J59 簡（圖 11）就是夾在規整字迹中的斜體字,與前後簡筆勢平正、書寫規範的篆書字迹明顯不同,不過也沒有草率的筆意。嶽麓秦簡中的斜體字比較集中在 2022 年新出版的第七卷裏（圖 12）,其第一組的 011、012、013、058、059、131 簡,與前後簡字迹不同,是斜體。第二組的 146—265 號簡全部是斜體字。這些簡的書體,雖然是斜體,但綜合其用筆、字勢、字形等因素來判斷,應該是秦代篆書筆勢不同的一種寫法,而不是與雲夢秦簡那樣屬於隸變程度較高的古隸,其中也很少能看到草書的因素。

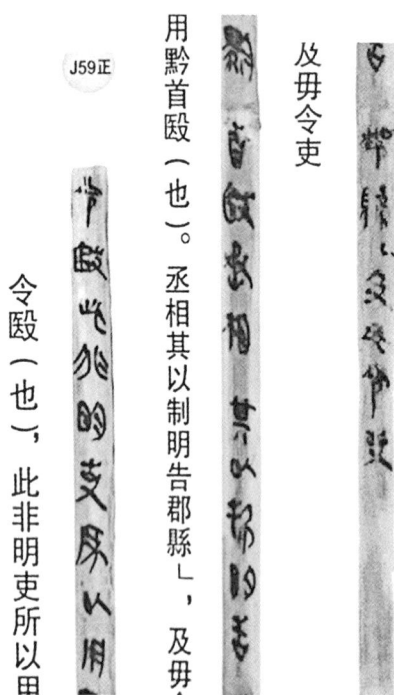

圖 11　嶽麓秦簡(四)J59 簡的斜體字

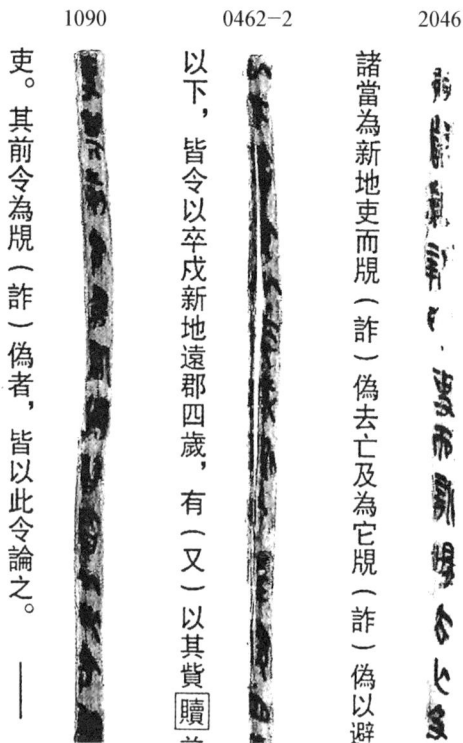

圖 12　嶽麓秦簡(柒)的斜體字

(七) 里耶秦簡

2002—2005 年,湖南里耶古城出土了秦簡 38 000 餘枚,是目前發現數量最多的一批秦簡。簡牘爲秦朝洞庭郡遷陵縣遺留的公文檔案,年代在秦始皇二十五年(前 222 年)至秦二世二年(前 208 年)間[13],比睡虎地秦簡的黑夫、驚家書要晚一些。相比睡虎地秦簡,里耶秦簡的隸化程度不深,或者説還基本"停留"在篆書階段。這表現在以下幾個方面:

1. 字形大部分呈"縱勢",不像睡虎地秦簡有明顯隸書橫勢。

何琳儀《戰國文字通論》曾指出,戰國中期後,文字的形體有從豎長變爲扁橫的趨勢,但近年來發現的戰國簡多了,我們看到這種由長變扁并非戰國文字演變的一個普遍規律,許多三晉文字和非楚系的戰國簡中,都有不少與戰國早中期一樣的字形。秦系的青川木牘、楚系的楚帛書和大部分文書類楚簡中,變爲扁型的居多。而像嶽麓秦簡、里耶秦簡的書體,大都呈縱勢,屬篆書的縱勢,與隸書的橫勢明顯不同。

2. 綫條粗細較匀稱,没有主觀書寫的粗細變化,主筆的突出少見,尤其是很少有隸書典型的波磔。

3. 撇捺的筆勢内斂非外張。

這是篆書和隸書區別的一個重要特徵。比如"今"字頭、"木"字、"禾"字的撇捺,大都是相嚮的篆書筆勢,而不是相背的"八分"隸書筆勢。筆畫化程度不高,雖然"水"字偶見寫作三點"氵"的,但大多寫作"水",這是與睡虎地秦簡的明顯區別。

里耶秦簡中,"斜體字"的數量非常多,在文書中占的比例相當高。這種"斜體字"和書寫筆勢比較平正的簡牘相比,屬草率的字體,其中也出現了被後代草書所繼承的寫法,例如在秦漢簡中經常被大家舉例的"辶""止"等部件(表8),與草書相近。

表8　里耶秦簡中的草篆因素

遷	遷	遷	遺	進	疑
從	定	歲	前	歸	歸

像"目""貝""曰""頁""首""且""百"部裏面的橫畫(表9),也多有連筆,這些連筆有的被後世的草書吸收,有的爲後代行書吸收。後代出現的一些簡體字,也源於這些草化的篆書。"佐"字、"式"字的"工"部等,也有連寫,這也是被後代草書所繼承的寫法。

表9　里耶秦簡中的草篆因素

嬰	租	積	百	腥	頃	道
審	解	皆	書	具	賢	能	者

再一點是"點"的大量出現,以點代綫,是篆書變爲隸書的方法之一,也是隸書解散爲草書的重要手段。斷開了象形意味的連,將一些綫條變成點,而點與點之間又因爲筆畫的草寫,出現了新的連帶。"之"字的寫法就是一個很好的例證(表10)。

表10　里耶秦簡"之"字由篆書向草書的演變

像"寸""廣""當""少""心"等字,本該相連的部分,一些篆書的曲綫,都簡化成點,其中個別"之"字、"宀"的部首寫法,已經接近行草書了(表11)。但其中有一字原釋"應",下面的"心"省略爲一橫筆,在後代的草書中有這種寫法,但此時的草化程度遠没到這種程度。這是一個人名,這批簡牘中常見的"應"從疒,不從广,此字從广,與第217簡有一釋"庫"的字當爲同一字,釋"應"屬誤釋。

表11 "廣""宀""心"等部的不同寫法

像"馬""鳥""爲"等字表示足的部件,本該與馬、鳥、象的主體相連,但在草率寫法中,却與主體分開,變成了四點或兩三點,這樣就有了隸書的味道。"爲"字的篆書比較難寫,也很容易寫錯,在里耶秦簡中的異體也最多(表12),"爲"字的習字簡就出現了幾枚。在《里耶秦簡(貳)》的圖版附錄裏有一枚習字簡,簡上寫了四個爲字,前三個都不算規範寫法,只有第四個字寫得比較接近正體。而1410簡背的爲字,已經接近隸書寫法,但一枚簡牘上同一個書手寫的同一個字也各不相同(圖13)。這説明在篆書向隸書演變過程中,文字演變有一定規律但没有規範,於是各種異體叢生,所以秦統一後的"書同文",不僅是要"罷其與秦文不合者",對於秦地文字中大量的異體字也需要予以規範。至於"寫"字,在宀裏先寫了一個"鳥"字的頭,下面又寫了一個"馬"(表13)。可見在篆書隸變的過程中,一些字會出現訛變。

表12 里耶秦簡中"爲"字的异體

一四一〇背

一四二四正

五二六　五二

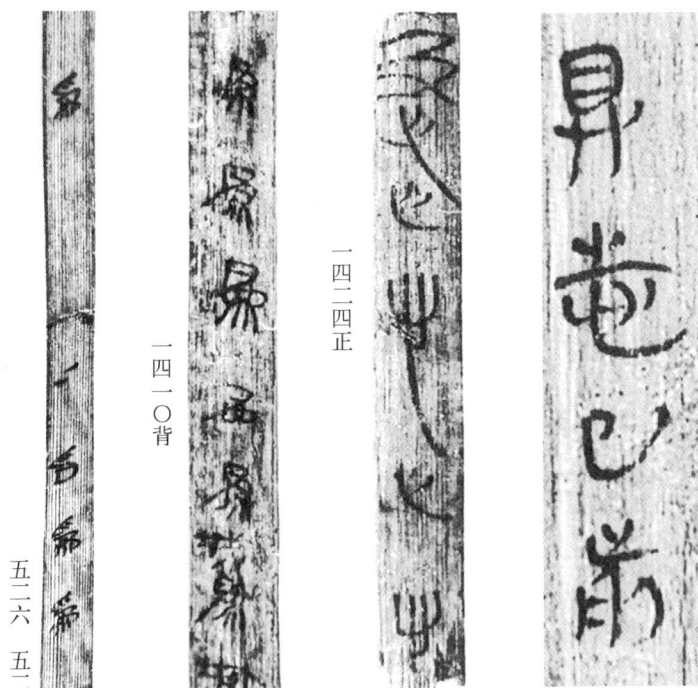

圖 13　習字簡中的"爲""心"字

表 13　里耶秦簡中的"寫""鳥""馬"字的變化

寫		鳥	馬	

　　"年"字的寫法是一個很有意思的現象。按理説,其篆書和隸書,不像"爲"字那麽複雜難寫,但在里耶秦簡中,"年"字也出現了不少异體(表14),其連筆頗多,草書的筆意非常濃郁,却没有爲後世草書所吸收,這大概是因爲這些异體并不能與文字形體有傳承關係,所以變成了一個單純的符號。這也是其他地區發現的簡牘中很少見到的。

　　在里耶秦簡中,從"盡""盜""亂""盈""益""監"字中"皿"部的寫法可以看出篆書是如何一步步草化的(表15)。篆書的皿由六筆或五筆完成,而草率寫法則簡化到四筆、三筆乃至一筆,皿與草化的工、止一樣,也省略成一個類似於"2"的符號,這已經與草書的寫法非常接近了。

表 14 里耶秦簡中"年"字的各種异體

	39		39	39	39		

表 15 皿部在里耶秦簡中的各種變化

(八) 兔子山簡

2013 年 5—11 月,湖南省文物考古研究所與益陽市文物管理處聯合對兔子山遺址進行了搶救性發掘,十一口古井中出土了簡牘 15 000 餘枚,簡牘年代從戰國、秦、漢,一直到三國孫吳時期。簡牘内容爲戰國、秦、漢直到三國孫吳時期益陽縣衙文書檔案,包括官吏的任免情況、人數和司法文書。從已經公布的資料來看,其中也有斜體字簡牘。例如秦二世《胡亥文告》及 7 號井的 J7④:30+J7④:43 簡,都屬草率的斜體字[14]。由於這批簡牘尚在整理中,没有全部發表,在這裏就不做分析了。另外北京大學藏秦簡中,也出現了這種"斜體字",我們也期待着這些秦簡早日整理出版。

三、斜體字中的草書因素

裘錫圭先生在《文字學概要》"隸書的形成"一節説:"在秦國文字的俗體演變爲隸書的過程裏,出現了一些跟後來的草書相似或相同的寫法。這類寫法,有的經過改造,爲後來的隸書正體所吸收。"[15]在"漢代的草書"一節,裘先生又説:"草書字形往往是由出自篆文俗體的古隸草體演變而成,而不是由成熟的隸書草化而成。"[16]

裘先生在秦國簡牘出土不多的時候,就敏鋭地指出這些草率寫法是"草書形成的基礎",應當説是非常有眼光的。但這類草率寫法應該稱爲"作爲隸書俗體的一部分",還是"篆文俗體的古隸草體",即古代書論中所説的"隸草""草隸"之辨,是值得再考量的一個問題。

關於草書出現的時間,古代書法論著中主要有兩種説法。趙壹《非草書》説:"蓋秦之末,刑峻網密,官書煩冗,戰攻并作,軍書交馳,羽檄紛飛,故爲隸草,趨急速耳,示簡易之指。"[17]梁武帝《草書狀》曰:"蔡邕云:昔秦之時,諸侯爭長,簡檄相傳,望烽走驛,以篆隸之難不能救速,遂作赴急之書,蓋今草書是也。"[18]二人把草書出現的時代指嚮秦統一前"諸侯爭長""戰攻并作,軍書交馳"的時代,這比許慎在《説文叙》中提出的"漢興有草書"的時代早。但不同的是,趙壹所説的叫"隸草",許慎説的是"草書"。

目前出土的秦統一前後的簡牘資料已有睡虎地秦簡、青川木牘、江陵岳山秦木牘、雲夢龍崗秦簡、江陵楊家山秦簡、江陵王家臺秦簡、周家臺秦簡、放馬灘秦簡、里耶秦簡、嶽麓書院藏秦簡以及尚未全部公布的湖南兔子山簡、北京大學藏秦簡等十幾批,内容以法律文書居多,也有地圖、日書、詩歌、小説、日常公文、私人信件等各種内容,出土地以湖北、湖南居多,四川、甘肅也有發現[19]。除了簡牘之外,還有秦詔版、兵器、璽印、陶文、瓦書、玉版等各種載體的文字,目前所見的這些秦系文字資料中,最符合前人所説的"隸草"字體的,無疑只有這種秦系簡牘"斜體字"中的草率寫法了。

這種草率寫法是如何改造篆書的呢? 通過上面對秦簡"斜體字"中草體的分析,我們可以看出,秦統一前後的日常書寫的俗體中對篆書的改造,從筆法上看就是斷和連兩種基本手段:

1. 斷。解散篆書,是隸書產生的方法,也是草書改變篆書的方法。而解散篆書的方法中很主要的一個手段就是"斷"。斷就是把整個象形字的一部分斷開,變綫成點,像"馬""鳥""爲"等字表示足、尾的綫,本該與馬、鳥、象的主體相連,但在草率寫法中,卻與主體斷開,變成了四點或兩、三點,這樣就失去了象形化的金文和綫條化篆書的意味(表16)。

表16　秦簡中寫、鳥、馬、爲的"斷"

寫			鳥	馬		爲		

將各種形態的綫變成點,是斜體字中的一個重要改變。點的增多,是隸書改變篆書的重要手段,也是草書因素出現的一個象徵。過去把"水"變成"氵"當做隸變的主要參數之一,其實就是把盤曲的綫變成點。再如"堂""當"所從的"尚"和"宀""广"部,篆書本來是從中間起筆向左右書寫,在隸變中變成了從左邊起筆的橫畫,中間起筆處就變成一點。"少"字在下部

的"寸""心"也是把兩側的綫變成了點,這樣就有了和篆書不同的字體,不止是隸書,草書和行楷書的一些點畫也源於此。比如"口"部,在放馬灘秦木牘的"苦""磨"中,"口"就出現了寫作兩點的寫法。把這種以點代綫的改造稱爲草化而不屬隸變,是沒有問題的。在里耶秦簡的"洞"字中,我們可以看到"口"部有口和三點、兩點甚至一點的幾種不同寫法(表17)。

表 17　秦簡中皿、宀、廣、寸、心、口的"斷"

2. 連。連即連筆,就是書寫時不顧及下一筆的起筆位置,上下筆畫相連。以"佐"字的部件"工"爲例,寫完第一筆橫之後,把原來應該從橫畫中間起筆的豎筆從橫畫末端起筆,直接轉到下一個橫筆的起筆處,這樣本來是三筆完成的"工"就可以一筆寫完。再看"止"和"辵","辵"可以分解爲由"彳"和"止"兩個部件組成,"止"字先寫中豎,再寫右筆,最後寫末一筆形似字母L。這樣連筆的結果,就是"工"和"止"都草化成接近數字"2",再進一步草化就接近"L"。皿字的草體也有草化成形似 L 的。不同的字符,在草化後合并成一個符號了。還有一種連筆,是不同部件之間的連筆,例如里耶秦簡中的"戌""誠"字上下筆畫之間的連筆,這也應該屬草書的筆法。

表 18　秦簡中工、止、辵、戌、誠的"連"

　　斷筆改造篆書,實際是把具有圖形意味的篆書改造成筆畫化隸書的一個手段。如上面所舉的“馬”“鳥”等字的篆書,本來也是圖形化濃郁的形體,但當和身體相連的足、尾的綫變成脫離身體的點之後,就失去了圖形意味,變成筆畫化的文字。而連筆的使用,又讓行筆更加簡略,使筆畫化的文字進一步向符號化演進。篆書的“工”“止”以及“皿”“立”的下部等不同部件,在經過連筆的改造後,都變成了一個“2”形的相同符號。

　　斷和連,是破壞篆書的象形化因素,使文字向筆畫化、符號化演進的主要手段。在篆書及之前有象形意味的文字中,一些結構的斷和連是有嚴格區分的。例如“月”和“肉”,在先秦文字中,“月”字的外形中間加一個點,以與“夕”相區別,而“肉”字的外形與“月”相似,中間的兩筆和外形是相連的,六國文字爲了再加以區別,或在“肉”的右上再加一筆或兩筆,以與“月”區別開來。以“有”字爲例,從“有”字秦漢之前的字形看,都是從“肉”,與“月”的形體明顯不同。《說文》却以“有”字從月:“有,不宜有也,《春秋傳》曰:‘日月有食之。’從月,又聲。”解釋得頗爲牽強。林義光《文源》早就指出:“有,非‘不宜有’之義。有,持有也。古從又持肉,不從月。”許慎會犯這個錯誤,可能與他在東漢時期看到肉、月不分的形體有關。如雲夢睡虎地秦簡《日書(甲種)》中的“明”字,其“月”部中的兩橫,就寫成了“肉”字中間的“仌”,可見“月”和“肉”混同的寫法在秦代就已經出現了,這是在解散篆書的演變中難免出現的訛變。

　　與“月”和“肉”字形相似的,還有“丹”和“舟”。“丹”的外形本來與“月”和“肉”不同,中間的一點原來也是不能與邊框連接的,但在俗體字及隸變後的文字中它們變得一樣了;“舟”字篆書的形體與“月”“肉”“丹”差別很大,但隨着篆書的解體,在秦簡中,這些字都不再顧及原有象形文字的要求,同化成相近的符號了(表19)。

表19　秦簡中月、肉、丹、舟的同化

	秦公鐘	秦公鐘	秦駰玉牘	侯馬-腹	郭店緇衣-胃	秦封泥-青	石鼓-舫
里耶-朔	日書甲	日書甲	日書甲	日書甲-腹	里耶-謂	北大-請	里耶-船
里耶-朔	嶽麓	里耶-有	里耶	里耶-臂	里耶-謂	嶽麓-請	里耶-般

　　斷和連在解散篆書的演變中起到的作用最大,有些是兩種方法同時使用。像里耶秦簡中"目""貝""頁""且""百"部的寫法,就是先斷,把本來連在裏面的橫畫與外形分開,然後再連,"月""肉""丹""舟"等部件的寫法,也是采用了同樣的改造方法。這些方法在漢代進一步發展,就形成了草書。

　　斷和連的交替使用,是漢字由篆書的圖形化向隸書綫條化演進,再演變爲草書的基本手段。像"心"字的篆書寫法,本來是有心形的圖形化因素,斷筆使其變成點和綫的組合,由圖形變成了筆畫。在草書中,"心"字進一步變成三個點,連筆再簡略,可以變成一個橫筆;像"馬""鳥"等字下面的點,也連成了一筆。再如"水"字,從篆書的五筆變成"氵",連筆的手段使"氵"進一步變成了一個竪筆;"言"字,在殷周文字和篆書中也是一個整體,隸變的斷筆,讓其分解爲四個橫筆與口的組合,而草書的省略,也使其變成了一個竪筆。草書使得漢字完全脫離了圖形化、筆畫化,而成爲一個符號。曾經有人説:"草書的創造無規律可循,完全不符合文字符號化的要求,因而無實用的價值。"[20]之所以有這樣的誤解,還是因爲之前秦漢簡牘出土的數量太少,不足以支撐對草書的演變軌迹及規律形成正確認識。

　　裘錫圭先生在《文字學概要》的"漢代的草書"一節中,曾列出了三種草書改變隸書的主要方法:1. 省去字形的一部分;2. 省并筆畫保存字形輪廓,或以點畫代替字形的一部分;3. 改變筆法。草書由於寫得快,很自然就會改變隸書的筆法。[21]在戰國文字中,秦文字與東方六國文字有明顯不同,"東方各國俗體的字形跟傳統的正體的差別往往很大",秦國"字形一般跟正體有明顯的聯繫","繼承舊傳統的正體却依然保持着重要地位"。[22]所以在秦統一前後的文字中,對傳統文字的省略并不多,遠不及六國文字對殷周文字的省略多。放馬灘秦木牘地圖中的"薊"字,其中的"魚"字中間都簡化了,有的連"草"頭也省去了;"辟"字左邊的"口"也有被省去的。但在秦簡中,省去字形的一部分的情況很少,省并筆畫保存字形輪廓的也不多,像里耶秦簡裏的"贖"字,可以看作第二種省略的一個代表。

表20　放馬灘秦地圖里耶秦簡中的減省

放馬灘-薊	放馬灘-辟	里耶-贖

　　對"省去字形的一部分",即省減字形的部分結構的手段,要從古字發展的角度去考察,有些字的形旁,是文字發展到一定階段纔分化出來的。所以,在秦時期的簡牘中,漢字可以説依然保留了早期的寫法,其草率寫法不能算在省去字形一部分的方法之中。這種

方法在西漢早期的簡牘中比較多見,在秦簡中反倒并不多見。

四、結　語

草書可以分爲廣義的草書與狹義的草書,宋代人張栻説:"草書不必近代有之,必自有筆札已來便有之,但寫得不謹,便成草書。"[23]兩周青銅器、玉器上的墨迹,特別是侯馬盟書和温縣盟書上的大量墨迹,都説明在古文字階段就存在廣義草書。郭沫若認爲:"故篆書時代有草篆,隸書時代有草隸,楷書時代有行草。隸書是草篆變成的,楷書是草隸變成的。草率化與規整化之間,辯證地互爲影響。"[24]郭紹虞《從書法中窺測字體的演變》認爲:"漢代草書的兩個主要來源可以概括地稱爲草率的篆書和草率的隸書。"[25]

隸草和古隸(或稱爲早期隸書、秦隸)都是在戰國中晚期秦國俗體中改變篆書而出現的字體,那麽,隸草究竟是應該算作古隸的一種,稱之爲"古隸草體",還是應該視爲與古隸同爲"解散篆書"後的獨立字體——隸草或草書呢?

首先我們看到,古隸和隸草改變篆書的方法在某些方面是一致的。如我們上面列舉的斷筆,把整個象形字的一部分斷開,變綫成點,像"馬""鳥""爲"等字表示足、尾的綫變成點;把"水"變成"氵","尚"和"宀""广"部中間起筆處變成點,這樣就有了和篆書不同的字體。隸書、草書和行楷書的一些點畫都源於此。"篆之捷也"的結果就是,有些成爲隸書,有的就爲草書所吸收。

其次,從用筆的角度看,古隸和隸草在解散篆書上也有質的不同。隸書改變篆書,以方筆代替圓筆是一種主要的方法,古隸中的睡虎地秦簡、放馬灘秦簡、岳山秦簡隸變程度比較深,其中一個主要標志,就是"篆文的圓轉筆道多數已經分解或改變成方折、平直的筆劃"[26]。通過這些改變,篆書的綫條逐漸向筆畫化演進,篆書也因方筆和斷筆的改造,失去了保留不多的一點象形因素,向隸書演變。而草書改變篆書,大部分都用圓轉的用筆,没有方筆的因素,有些用筆和六國古文的某些用筆很相似,每一筆的收筆轉嚮下一筆的起筆,這些改變只是爲了提高書寫速度,并没有筆畫化改造篆書的因素。

再次,從體式來看,古隸和隸草明顯不同。郭沫若先生曾經因爲楚帛書的文字"體式簡略,形態扁平",就判斷"接近於後代的隸書"[27]。其實何琳儀先生在《戰國文字通論》中已經指出,字形變扁的現象在戰國文字中比較普遍,不能因此來判斷是否接近隸書。但在考量秦系文字時,字的體式是長還是扁,是區分篆書和隸書的一個指標。像睡虎地秦簡,因爲字式扁,就顯得隸書意味多一些;里耶秦簡中大部分字形體式偏長,就顯得篆書意味多一些。在判定一種秦簡是篆書還是隸書,除了用筆之外,體態的長、扁與否也是非常明顯的一個條件。我們所見的隸草,大多字形偏長,不像古隸那樣扁方,這是隸草和古隸的一處明顯不同。因此把秦簡中的這種草率的斜體字稱爲隸草,和用筆方折、體態扁方的古隸區别開來,是没有什麽問題的。

前面我們説過,不是所有的斜體字都有草書因素,但所有草書因素都出現在斜體字中。那麽秦簡中這種斜體字中的草率寫法究竟應該稱作隸草還是草書呢? 我以爲還是稱作"隸草"比較合適。一是因爲趙壹《非草書》中徑稱秦時出現的草率寫法爲隸草,趙壹所説的"隸草",作爲一種書體的名稱,也得到了後人的認可。西晉索靖的《草書狀》曰:"科斗鳥篆,類物象形,叡哲變通,意巧滋生。損之隸草,以崇簡易。"[28] 衛恒《四體書勢·字勢》認爲,古文"爲六藝之範先,籀篆蓋其子孫,隸草乃其曾玄"[29]。二是因爲這些草率寫法雖然出現了許多草書因素,但與後世的草書還是明顯不同的。既然歷史文獻中有"隸草"這麽一個現成的名詞,我們不妨就把秦系的這種草體稱之爲隸草,既區别於古隸,又可以與西漢之後的草書相區别。

我們之所以把隸草作爲一種字體,從篆書、古隸中分立出來,因爲其既不同於篆書,也與古隸有明顯不同。古隸和隸草,都是"篆之捷也",從用筆、體勢及改造篆書的方法看,二者改造篆書的方法有的相同,而更多的是不同。相同的如斷筆的使用,是古隸和隸草都使用的手段;"辵""止""工""皿"等部件的連筆寫法,也同樣被古隸和隸草所吸收,不同的是用筆和體勢。隸草與後代的草書有明顯的傳承關係,正如裘錫圭先生所説,是"草書形成的基礎"。而古隸則在漢代發展爲漢隸、八分。

最後,從書寫用途看,隸草不但在雲夢睡虎地秦簡出土的私人信件中被使用,而且在龍崗秦簡的法律文書、里耶秦簡的公文中也大量出現,似乎比漢代草書的用途更廣泛。由此可見,隸草并不只是民間書寫中使用的俗體,也是可以在正式公文、法律文書中使用的字體,在秦代可以作爲一種獨立的字體存在。

通過對出土秦系簡牘的考察,我們可以看出,在秦統一前後的日常使用文字中,同時存在着篆書、古隸和隸草三種書體。里耶秦簡、嶽麓秦簡大多寫於秦統一以後,其中篆書還是占據了主要地位。這説明秦代篆書依然是占主導地位的一種書體。在秦文字的俗體中,爲了書寫便捷快速,出現了兩種趨勢:一類以平直方正的筆畫、扁方的體勢,改變篆書向隸書演變,這以睡虎地秦簡的法律文書爲代表;一類以草化的用筆解散篆書,向草書演變,以里耶秦簡中斜體字草率寫法爲代表。從天水放馬灘秦木牘地圖上的草率寫法來看,草書的一些因素在戰國中期的秦國文字中已經出現,和隸變發生的時間差不多。因此説這些斜體字草率寫法——隸草,是篆書俗體演變出的草體。趙壹在《非草書》中談到草書時,首先追溯到秦的隸草,説明他認爲這種隸草就是草書的源頭,與後世的草書是一脈相承的。

注　釋

［1］曾憲通：《試談銀雀山漢墓竹書〈孫子兵法〉》，《中山大學學報（社會科學版）》1978 年第 5 期，第 1—11 頁。

［2］衛恒說的古文，是廣義的古文，從黄帝至於三代，不知道他那時看到過什麼樣的青銅器銘文或六國古文，還是憑藉想象力，能有這麼生動的描述！

［3］叢文俊：《中國書法全集·商周金文卷》，北京：榮寶齋，1993 年，第 189 頁。

［4］侯鏡昶：《書學論集》，上海：華東師範大學出版社，1982 年，第 4 頁。

［5］裘錫圭：《文字學概要》，北京：商務印書館，1988 年，第 70 頁。

［6］陳偉主編：《秦簡牘合集》（肆），武漢：武漢大學出版社，2014 年，第 5 頁。

［7］陳偉主編：《秦簡牘合集》（肆），第 210—211 頁。

［8］陳偉主編：《秦簡牘合集》（肆），第 217 頁。

［9］陳偉主編：《秦簡牘合集》（貳），概述第 3 頁。

［10］湖北省荆州市周梁玉橋遺址博物館編：《關沮秦漢墓簡牘》，北京：中華書局，2001 年，前言第 1 頁。

［11］朱漢民、陳松長主編：《岳麓書院藏秦簡》（壹），上海：上海辭書出版社，2010 年。

［12］陳松長主編：《岳麓書院藏秦簡》（肆），上海：上海辭書出版社，2015 年。

［13］湖南省文物考古研究所：《里耶秦簡》（壹），北京：文物出版社，2012 年，第 4 頁。

［14］張春龍、張忠煒：《湖南益陽兔子山遺址七號井出土簡牘述略》，《文物》2016 年第 5 期，第 70—81 頁。

［15］裘錫圭：《文字學概要》，第 70 頁。

［16］裘錫圭：《文字學概要》，第 88 頁。

［17］趙壹：《非草書》，收入張彦遠：《法書要録》，北京：人民美術出版社，2016 年，第 2 頁。

［18］張懷瓘：《書斷》，收入上海書畫出版社、華東師範大學古籍整理研究室編：《歷代書法論文選》，上海：上海書畫出版社，2014 年，第 79 頁。

［19］湖南兔子山戰國秦漢墓葬中也有秦簡出土，另據業内消息，陝西也有秦簡發現，尚未正式發掘。

［20］蔣善國：《什麼是草書》，《語文建設》1963 年第 8 期，第 25 頁。

［21］裘錫圭：《文字學概要》，第 88 頁。

［22］裘錫圭：《文字學概要》，第 52 頁。

［23］張栻：《南軒集》，《四庫全書·集部》，別集類十四。

［24］郭沫若：《古代文字之辯證的發展》，《考古學報》1972 年第 1 期，第 2 頁。

［25］郭紹虞：《從書法中窺測字體的演變》，收入上海書畫出版社編：《現代書法論文選》，上海：上海書畫出版社，1987 年，第 351 頁。

［26］裘錫圭：《文字學概要》，第 68 頁。

［27］郭沫若：《古代文字之辯證的發展》，第 8 頁。

［28］《晉書·索靖傳》，北京：中華書局，1974 年，第 1649 頁。上海書畫出版社出版的《歷代書法論文選》中名《草書狀》爲《草書勢》。

［29］《晉書·衛恒傳》，第 1063 頁。

（作者单位：清華大學出土文獻研究與保護中心、
"古文字與中華文明傳承發展工程"協同攻關創新平臺）

略論上古漢語中語義的生死之別

陳偉武

現代漢語中有些詞明顯含有生死語義,如"先輩""先祖""先賢""先哲""先父""先人""前人""遺囑""遺體""遺容""遺像""遺照""遺物""遺言""遺訓""遺墨""遺澤""遺志""哀泣""哀悼""哀榮""悼念""追悼""追認""追憶""追思""弔唁""祭奠""祭拜""拜祭""訃告""訃聞""靈車""靈堂"等等;有些詞則是隱含生死語義,例如,"故居""全集""一生""一輩子""生平""瞻仰""安息"之類,短語有"一路走好"等。向前考古,此類詞語淵源有自來;放在日常,它們有時還會被誤用,甚至造成消極的後果。這類與生死相關的詞彙值得漢語詞彙史研究者玩味。

一

上古漢語字詞中有一種語義關係可稱爲"生死之別"。

《説文·死部》:"死,澌也,人所離也。从歺,从人。"甲骨文已有"死"字,作𦎟、𣦵、𣦷、𣦵、𣦷等形。羅振玉説:"此(引按,指𣦷)从𠬝,象人跽形,生人拜於朽骨之旁,夃之誼昭然矣。"[1]

生稱與死稱不同。

或通過構詞體現生死之別。用"先""亡""故"等詞素表示已死的意思,如"先祖""先父""先母""先舅""先姑""亡夫""亡妻"之類。

而有些形容詞表示生者或死者可能是出於語言習慣,《爾雅·釋親》:"姑、舅在則曰君舅、君姑,没則曰先舅、先姑。""君",大也,美也,威也,"君舅""君姑"爲生稱。"先舅""先姑"爲死稱。《國語·魯語下》:"季康子問於公父文伯之母,……對曰:'吾聞之先姑……'"

陳英傑先生曾經歸納商代銘辭中作器對象的稱名方式,其中一類是"美辭+親稱+日+

天干名",如"文姑日癸"(婦𡚵𡚸爵);一類是"美辭+親稱+天干名",如"文父甲"(無玫鼎);一類是"美辭+女名(私名)+天干名",如"文嫉己"(文嫉己觥)。[2]"文"表示有文德、輝煌,習慣用以稱頌先人美德,帶"文"字的詞似多用以指故去者。西周金文沿襲了商代對"文"字的用法,如"文人""文祖"(弭叔簋)稱先祖,"文父""文考"(豆閉簋)指先父,"文母"(師趛鼎)指先母,"文姑"(庚嬴卣)指已故去的家婆。據吳大澂考證,金文"文"字或從心,故在經典中或訛爲"寧(寍)"字,"'前寍人'實'前文人'之誤……'寍王'即'文王','寍考'即'文考'。"[3]《書·大誥》:"無毖于恤,不可不成乃寧考圖功。"屈萬里先生今注:"寧考,即文考。謂亡父也;此指武王言。"[4]"文考",乃金文中習見之語。

與"文"同爲故去者美稱的還有"烈""顯"等,如"烈考",《詩·周頌·雝》:"既右烈考,亦右文母。"毛傳:"烈考,武王也。"鄭玄箋:"烈,光也。"後多用爲對亡父的美稱。再如"顯考"本爲高祖之稱,亦用作亡父美稱,《書·康誥》:"惟乃丕顯考文王,克明德慎罰。"僞孔傳:"惟汝大明父文王能顯用俊德,慎去刑罰,以爲教育。"

或無需藉助構詞手段,詞本身就可直接表示與死有關的意義。《禮記·曲禮下》:"生曰父,曰母,曰妻;死曰考,曰妣,曰嬪。"

《爾雅·釋親》:"父爲考,母爲妣。"郭璞注:《禮記》曰:'生曰父、母、妻,死曰考、妣、嬪。'……明此非死生之異稱矣,其義猶今謂兄爲晜,妹爲媦,即是此例也。"從上古漢語的語言事實來看,"父"與"考"、"母"與"妣"、"妻"與"嬪",既有"生死之別",亦可渾言無別。《書·康誥》:"子弗祇服厥父事,大傷厥考心。""考"還會被傷心,可知與"父"無別。

"妣"原指祖母或祖母以上的女性祖先。《禮記·曲禮下》:"王母曰皇祖妣。"鄭玄注:"妣之言媲也,媲於考也。"其實,郭沫若先生嘗指出,戰國之後"妣"爲"考"之配,春秋以前則爲"祖"之配。[5]如齊侯鎛:"龢保其身,用享用丂(孝)于皇祖聖叔、皇祂(妣)聖姜,于皇祖又成惠叔、皇祂(妣)又成惠姜、皇考遵中(仲)、皇母。""皇祖"與"皇祂"對應,"皇考"與"皇母"對應。"匕"本爲器名,甲骨文有假以表"妣",也有用"比"爲"妣","妣"爲死稱,以表鬼神,故加"示"旁作"祂"或"祕"。

《爾雅·釋親》:"母爲妣。"學者通常認爲《爾雅》是成書於戰國晚期的字書,故稱"母"爲"妣"。《説文·女部》:"妣,歿母也。"我們可以説許慎的字詞訓釋"嚴生死之別",注意到了"生死之別"的語義條例。

"嬪"原是帝王侍妾、宮廷女官之稱,已見於甲骨文,羅振玉説:"《説文解字》:'嬪,服也。从女,賓聲。'卜辭云:貞,嬪歸好。與《堯典》'嬪于虞'、《大雅》曰'嬪于京'誼同。"[6]再如《左傳·哀公元年》:"宿有妃嬙嬪御焉。"轉用作亡妻美稱。疑"嬪"與"殯"同源,賓遇之也。《説文·歺部》:"殯,死(屍)在棺,將遷葬,柩。賓遇之。从歺,从賓,賓亦聲。夏后殯於阼階,殷人殯於兩楹之間,周人殯於賓階。"李孝定先生認爲許慎對"嬪"的構字分析應如"殯",即是"从女、从賓,賓亦聲",[7]當作會意兼形聲更好。

潮汕方言有稱父親爲"爸""爹""伯""叔""舅"等的情況,"父"多用作死稱,如用於哭喪,故長輩忌諱小孩稱"父"。

一些詞與喪葬祭祀之事相關,便自然帶有語義上的生死之別。《儀禮·既夕禮》:"知死者贈,知生者賻。"《公羊傳·隱公元年》:"車馬曰賵,貨財曰賻。"注:"賻,猶助也。"《穀梁傳·隱公元年》:"乘馬曰賵,衣衾曰襚,貝玉曰含,錢財曰賻。"又三年:"歸死者曰賵,歸生者曰賻。"《荀子·大略》:"貨財曰賻,輿馬曰賵,衣服曰襚,玩好曰贈,玉貝曰唅。賻賵所以佐生也,贈襚所以送死也。""唅"字或從玉作"琀"。

據《穀梁傳》和《荀子》知,"襚"指送死人衣衾。《左傳·襄公二十九年》:"楚使公親襚。"陸德明《釋文》引《説文》曰:"襚,衣死人衣。"亦可指生人衣,《説文·衣部》:"襚,衣死人[衣]也。"王筠句讀:"筠按許君之意,謂襚與《士喪禮》之襲同義。又《西京雜記》:'合德賀飛燕曰,謹上襚三十五條。'是贈生人衣物亦曰襚也,與經訓乖异。"[8]相似含義的還有"裞",范常喜先生指出:"《説文·衣部》:'裞,贈終者衣被曰裞。'《漢書·酈陸朱劉叔孫傳》:'辟陽侯乃奉百金裞,列侯貴人以辟陽侯故,往賻凡五百金。'可見,'裞衣'即賻贈給死者的衣被之類。湖南長沙望城坡西漢漁陽墓中發現有'陛下所以幐(贈)物''王裞'的簽牌,正可與古書記載相印證。"[9]

上古送葬時載牲體之車稱爲"遣車",亦稱爲"鸞車",如《周禮·春官·巾車》:"大喪,飾遣車,遂廞之行之。"鄭玄注:"遣車,一曰鸞車。"賈公彦疏:"遣車,謂將葬遣送之車入壙者也。"

"鸞車"本是有鸞鈴之車,可指人君所乘之車,如《禮記·明堂位》:"鸞車,有虞氏之路也。"又指送葬時用以載牲體明器之車,如《周禮·春官·塚人》:"及葬,言鸞車,象人。"

《説文·丌部》:"奠,置祭也。从酋,酋,酒也。下,其丌也。禮有奠祭者。""奠"在金文中可指祭祀,如柬鼎:"王柬〈來〉奠新邑。"

發靈之日所設的祭奠稱爲"遣奠"。《禮記·檀弓下》:"始死,脯醢之奠;將行,遣而行之;既葬而食之。"鄭玄注:"將行,將葬也。葬有遣奠。"《儀禮·既夕禮》:"書遣於策。"鄭玄注:"策,簡也;遣猶送也,謂所藏物茵以下。"

《説文·口部》:"唁,弔生也。从口,言聲。《詩》曰:'歸唁衛侯。'"因喪事而慰問活人,非拜祭死人。《禮記·禮統》:"弔生曰唁,弔死曰弔。生謂之唁,何?非爲喪之位,哭泣之事,但嗟嘆以言,故謂之唁。"《説文·人部》:"弔,問終也。古之葬者,厚衣之以薪,从人持弓,會敺禽。"段玉裁注引《吳越春秋》:"古者人民樸質,飢食鳥獸,渴飲霧露,死則裹以白茅,投於中野。孝子不忍見其父母爲禽獸所食,故作彈以守之。"并説:"按孝子毆禽,故人持弓助之。此釋弔从人弓之意也。"[10]李孝定先生指出:"金文弔字習見,形變雖繁,大抵作 🔣（公貿鼎）、🔣（弔鼎）諸形,較小篆多一矢鏃,説者謂其字象繒繳之形,其説甚是,或竟謂是'繁'之古文,則尚待考訂耳。其本義當與隹射之事有關,許君解爲問喪者驅禽,其説近之。"[11]

《説文·死部》:"㱷,戰,見血曰傷;亂或(惑)爲惛;死而復生爲㱷。从死,次聲也。"段玉裁注:"謂之㱷者,次於死也。三言皆謂戰,蓋出《司馬法》等書。"[12]

用"前""先""故""亡"等詞素構詞來表示已死的語義。如"前文人""先帝""先王""先父""先考""先君子""先君""先舅""先師""先姑""先嚴""先妣"等等。

"前文人"指有文德的先祖先考,如追簋:"用享孝于前文人。"

尊稱已亡故的尊長爲"先某",如亡父稱爲"先人",《左傳·宣公十五年》:"爾用先人之治命。""先人"指魏顆之亡父武子。或稱爲"先子",如《國語·楚語上》:"二先子其皆相子。"韋昭注:"二先子,謂椒舉之父伍參、聲子之父子朝也。"或稱爲"先父",如《左傳·成公九年》:"先父之職官也,敢有二事。"此自稱其亡父。或稱爲"先君",如《吕氏春秋·長攻》:"於是襄子曰:'先君必以此教之也。'"此爲襄子稱其亡父趙簡子。

"先妣"指亡母,如《儀禮·士昏禮》:"勗帥以敬先妣之嗣。"《荀子·大略》:"隆率以敬先妣之嗣。"又可指先祖之母,如《周禮·春官·大司樂》:"乃奏夷則,歌小吕,舞大濩,以享先妣。""先媪"亦指亡母。《漢書·高帝紀下》:"追尊先媪曰昭靈夫人。"

對平輩或晚輩亡故者則稱"亡某"。

二

許多詞的義域較廣,有時可作生稱,或指與活人有關的人、事、物;有時可作死稱,或專指與死人有關的人、事、物。

甲骨文"司"可表活人自己食用,亦可表示給别人或鬼神食用,祭祀時獻食於神衹,此義後來寫作"祠"。或用爲名詞,"司室"即"祠室",指食鬼神之所。[13]

"祠""祀""祭"之類動詞表示行爲動作所涉及的對象只能是没有生命的人或事物。

《甲骨文字典》説:"亯,象穴居之形。……居室既爲止息之處,又爲烹製食物饗食之所,引伸之而有饗獻之義。《説文》:'亯,獻也。从高省,曰象進孰物形,《孝經》曰:祭則鬼亯之。'獻爲引伸義。《説文》説形有誤。"[14]小篆"亯"隸變成了"享"。進獻、上供可稱爲"亯(享)""亯(享)孝"。人死則爲鬼爲神,所以西周金文此鼎曰:"用亯(享)孝于文申

(神)。"亦可施於生者,如殳季良父壺:"用亯(享)孝于兄弟婚覯(媾)者(諸)老。"《考工記·玉人》:"諸侯以享天子。"

金文"追孝"指追念前人善德,如兮仲鍾:"其用追孝於皇考己白(伯)。"

"追庸(誦)",指追念頌揚,如中山王圓壺:"……以追庸(誦)先王之工(功)剌(烈)。"

本義與引申義有生死之別,如"彊"本義爲死,又指死而不朽;用以指"僵硬""倒下"當與"僵"同。"殪"指死、殺死,又指跌倒,如《墨子·明鬼下》:"杜伯……追周宣王,射之車上,中心折脊,殪車中,伏弢而死。"跌倒車中僅受重傷,尚未死,而後始"伏弢而死"。《説文·言部》:"誅,討也。从言,朱聲。"陳初生先生指出:"誅本指譴責、聲討。引申而爲殺戮之意。"[15]戰國金文或易"言"旁爲"戈"旁,作殺戮義的專用字。季旭昇先生指出,"殊"指"身首異處而死。……文獻多假借爲特殊、殊別,而把'殊死'的意義轉移到'誅'字。"甲骨文有從死從黿之字作𩇕(《懷》S959),"此字應釋'殊',從死與从歺同義,從黿與从朱同聲"[16]。

"殘"本指傷害,受害者尚存活;也可專指殺害,直接剝奪受害者的生命。《周禮·夏官·大司馬》:"放弑其君,則殘之。"鄭玄注:"殘,殺也。"

齊侯鎛:"用祈壽老母(毋)死。"此"死"字與"生"相對。"死"又表"主持"之義,如康鼎:"王命死(尸)司王家。"吳大澂説:"屍字從尸,從死,主也。古文省作死,自後人避生死之死,遂省屍爲尸。……《説文》:屍,終主也。引伸之凡爲主者皆爲屍。《書》太康尸位亦當作屍位,言太康主天子之位,猶言太康即位也。乃後人誤解以尸位爲不事事之義而屍字之古義廢矣。"[17]吳説甚確。"死"爲"屍"之初文,即表死者,可作受祭對象,即"神主"義,"死(屍)"的"主持"義由"神主"引申而來。

《説文·尸部》:"尸,陳也。象臥之形。"陳初生先生指出:"甲骨文、金文尸象人彎身屈膝之形,爲夷之初文,中原地區統治者對邊遠地區少數民族蔑稱爲尸,蓋以其須曲身稱臣也。西周晚期南宮柳鼎始見夷字,變側面爲正面,變曲身象形爲添加表示彎曲的符號弓。《説文》謂'象臥之形',不確,《論語·鄉黨》:'寢不尸',猶存本義。"[18]

季旭昇先生認爲:"……疑卜辭名夷爲尸,但爲假借,人、尸、夷三字上古音極近,……故夷可以假尸爲之,而人、尸恐爲一字之分化,字从'人'而小變其筆。"[19]

"殛"本義爲"誅殺",如《書·湯誓》:"有夏多罪,天命殛之。"又假爲"極",指流放遠方。

詞義的古今變化可體現爲生死之別。如"烈士",本指有雄心壯志、有大作爲之人,今指爲正義事業而犧牲生命者。"故人"可指故去者即死去的人,也可指健在的老朋友。"前輩""先輩"可指祖先,也可指健在而行輩爲尊長者。

三

語義上的生死之別與避諱習俗密切相關。

《說文·歺部》："殂，往，死也。从歺，且聲。《虞〈唐〉書》曰：'勛乃殂。'"今本《堯典》作"帝乃殂落"。"殂"與"徂""退""沮"等字同源，王力先生認爲，《說文》解"殂""作'往死'，是强爲之說"，接着又說："古人諱死言'徂'，等於諱死言'逝'。"[20]

《禮記·曲禮上》："父母存，不許友以死。"又"爲人子者，父母存，冠衣不純素。"鄭玄注："爲其有喪象也。"又"知生者弔，知死者傷。知生而不知死，弔而不傷；知死而不知生，傷而不弔。"

有學者指出："'萬歲'本爲祝頌之詞，後用爲對帝王之死的特稱。《漢書·高祖本紀》（引按，當作《漢書·高帝紀》）'吾雖都關中，萬歲後吾魂魄猶樂思沛。'"[21]用作祝頌之詞當然是對於活人而稱，與作爲諱死之稱不同。

向熹先生說："宋避聖祖玄朗諱，改'玄'爲'元'。……古代祭祀中當酒用的清水叫做'玄酒'。漢桓譚《新論·啓寤》：'玄酒不如蒼梧之醇。'避諱改稱'元酒'。《太平御覽》卷五九七引《新論》作'元酒不如倉吾之醇'。"[22]"玄酒"和後來避諱改稱的"元酒"，都是指稱祭祀鬼神之物，不能用於生人。

小結本文，談一點粗淺認識：

其一、生死事大，故語義有所謂生死之別，這是語言中的客觀事實。語言文字中，字詞表示與"生"相關的人、事、物更多，表示與"死"相關的人、事、物較少，兩者屬於一般與特殊的關係。

其二、古今皆諱言死，故每有諱稱。

其三、析言之，生死有別；渾言之，生死無別。而古人有事死如生的觀念，故生死有別，但又每每通用無別。某些詞在語義上的"生死之別"經歷了從隱含到呈現的歷史過程，我們需要對不同歷史階段的文獻作細緻考察後纔能加以描寫和闡述。

本文只是列舉一些有生死之別的字詞例證，聊充引玉之磚罷了。

2023 年 2 月 28 日

2019 年 1 月 12 日此文曾在湘潭大學舉行的"21 世紀漢字漢語漢文化國際學術研討會"上宣讀，近時稍加增訂，藉《華學》一角發表，用以寄托對選堂饒教授仙逝五周年的緬懷之情。電子文檔承蔡一峰君審校訂補，謹致謝忱。

注　釋

[1] 羅振玉：《增訂殷虚書契考釋》卷中，東方學會，1927 年，第 53—54 頁。

[2] 陳英傑：《西周金文作器用途銘辭研究》，北京：綫裝書局，2008 年，第 20 頁。

[3] 吳大澂：《字説·文字説》，臺北：學海出版社，1998 年，第 29 頁。

[4] 屈萬里著，李偉泰、周鳳五校：《尚書集釋》，上海：中西書局，2014 年，第 139 頁。

[5] 郭沫若：《甲骨文字研究·釋祖妣》，《郭沫若全集·考古篇》第一卷，北京：科學出版社，1982 年，第 19—64 頁。

[6] 羅振玉：《增訂殷虚書契考釋》卷中，第 21 頁。

[7] 李孝定：《讀説文記》，“中央研究院”歷史語言研究所專刊之九十二，臺北：學生書局，1992 年，第 275 頁。

[8] 王筠：《説文解字句讀》，北京：中華書局，2016 年，第 314 頁。

[9] 范常喜：《讀〈長沙馬王堆漢墓簡帛集成〉札記二則》，收入中國文化遺産研究院編：《出土文獻研究》第 十七輯，上海：中西書局，2018 年，第 238 頁。

[10] 段玉裁：《説文解字注》，上海：上海古籍出版社，1988 年，第 383 頁。

[11] 李孝定：《讀説文記》，第 207 頁。

[12] 段玉裁：《説文解字注》，第 164 頁。

[13] 參徐中舒主編：《甲骨文字典》“司”字，成都：四川辭書出版社，2003 年，第 998 頁。

[14] 徐中舒主編：《甲骨文字典》，第 601 頁。

[15] 陳初生：《金文常用字典》(第 2 版)，西安：陝西人民出版社，2004 年，第 264 頁。

[16] 季旭昇：《説文新證》(修訂版)，臺北：藝文印書館，2014 年，第 334 頁。

[17] 吳大澂：《字説·屍字説》，第 32 頁。

[18] 陳初生：《金文常用字典》(第 2 版)，第 821 頁。

[19] 季旭昇：《説文新證》(修訂版)，第 672 頁。

[20] 王力：《同源字典》，北京：商務印書館，1999 年，第 168 頁。

[21] 徐成志、高興、劉秉錚、崔思棣編：《事物異名別稱詞典》，濟南：齊魯書社，1990 年，第 377 頁。

[22] 向熹：《漢語避諱研究》，北京：商務印書館，2016 年，第 322—323 頁。

(作者單位：中山大學中國語言文學系、“古文字與中華文明
傳承發展工程”協同攻關創新平臺)

古幫組部分字在漢越音中讀舌齒音的歷史解釋

麥 耘

一、背 景

1.1 中古重唇音幫組字在漢越音[1]（越南漢字音）中多數讀雙唇音聲母，如波 pa，判 phan，皮 pi，免 mien，等等。但有一部分字讀爲舌齒音，大致是：幫母讀 t 聲母，有少數讀 th，如比 ti，并 tinh，鞭 thien；滂母讀 th 聲母，有少數讀 s，如偏 thien，聘 sinh；并母讀 t 聲母，如便 tien，頻 tən，脾 ti；明母讀 z 聲母，如民 zən，面 zien，名 zanh。其中幫、滂、并母與端、透、定母混，明母與喻四混[2]。

高本漢（Klas Bernhard Johannes Karlgren，1889—1978）先生曾指出這種現象，他説這些字"只在開口三四等裏出現。……它在語音上的理由到現在還不明白"[3]。注意：他所説的"三四等"是《切韵》的三等韵和四等韵，而不是韵圖的三等和四等。他既看不到演變的音理，也看不到分化的音韵條件。

1.2 王力先生在《漢越語研究》中把這些字列爲例外，認爲"唇和齒，在音理上講，頗難相通"。不過這篇文章曾作過一些改寫，在改寫的部分中，王先生指出："重唇的變音字，在《韵鏡》中都屬四等，在《切韵》中是所謂'重紐'字。"[4]就是説，發生這種變化的是重紐四等字[5]。

1.3 潘悟雲先生和朱曉農先生構擬《切韵》重紐三等介音是鬆的前顎介音[-i-]，重紐四等介音是輔音性的、磨擦較強的前顎介音[-j-]。他們最重要的貢獻，是考證這個帶磨擦的[-j-]使雙唇音聲母在漢越音中一步步發生擦化音變，最終變成齒齦音 t 等。這從音理上解決了音法變异與演化途徑的問題。

他們認爲除了個別例外，這現象不涉及純四等（即四等韵）[6]。

1.4 丁邦新先生不同意説漢越音唇音變舌齒音的僅限於重紐四等字，他指出，漢越音中有這種變化的還有一部分四等韵字。他認爲，這説明中古四等韵與重紐四等一樣，也帶有前顎介音。他構擬四等韵介音是[-i-],重紐四等介音是[-j-],認爲兩種介音都使脣音在漢越音中變舌齒音(重紐三等介音則構擬爲[-rj-])[7]。

張渭毅先生根據三根古徹先生《越南漢字音對照表》(其所録材料比王力先生的詳盡),羅列四等韵脣音在漢越音中讀舌齒音的字有如下 12 個(有少數字有舌齒音和脣音兩讀):并、并 tinh,箆、笓 ti,艑 thien,霹、劈、僻、癖 tich,酩、茗 danh/minh,麵 rien/mien[8]。

張先生認爲,重紐與四等韵的關係在《切韵》前後有南、北音的差异:南方是重紐三等[-j-]介音,重紐四等[-i-]介音,四等韵零介音;北方是重紐三等與普通三等韵(無重紐三等韵)爲[-rj-/-j-]介音,重紐四等與四等韵同爲[-i-]介音。後來韵圖繼承了北方音,重紐四等與四等韵合起來構成韵圖四等。依此觀點,可以説漢越音表現的是北方音,或韵圖音,即脣音變舌齒音見於韵圖四等。

張先生的構擬與潘、朱先生正相反,其中會有音理上的問題,今暫不論。

二、討　論

2.1　四等韵脣音字在漢越音中讀舌齒音的不算太少,看來潘悟雲、朱曉農先生把它們視爲例外是不妥的。但是,丁邦新先生把讀舌齒音作爲四等韵脣音在漢越音中的整體表現,問題更大。

事實上,《切韵》四等韵脣音字在漢越音中讀舌齒音的只是一部分,而數量較多的另一部分字還是讀脣音,如邊 bien,片 phien,批 phe,髀 be[9],瓶 binh,迷 me,等等。與之相比,重紐四等脣音字就很整齊,基本上都讀作舌齒音,例外極少[10],且無兩讀現象。對此,無論是丁先生之説,還是張渭毅先生之説,均不能做出完滿的解釋。

要研究漢越音,《切韵》的音類當然是必要的參照系,但面對具體的材料,還要看是否應"離析參照系"[11]。四等韵脣音在漢越音中表現不一致,顯然不能與《切韵》完全對應,有離析的需要。

2.2　此處涉及《切韵》研究中著名的爭議問題:四等韵有没有前顎介音?

在這個問題上,音韵學界一嚮有兩派觀點,一派主張四等韵有前顎介音,一派主張没有。雙方各有理由,今不在此贅述。丁先生主張有,并把四等韵脣音在漢越音與重紐四等的表現相同作爲一個證據,説明四等韵跟重紐四等一樣有前顎介音,不過是兩種不同的前顎介音。

筆者認可《切韵》四等韵無前顎介音之説,因爲四等韵在韵圖裏與重紐四等一起列於四等,從而表現出帶前顎介音,是在《切韵》之後纔發生的狀態;而且筆者還認爲,四等韵脣音字在漢越音中的表現正可以證明這一點。

2.3　對重紐問題的研究已經表明,《切韻》三等韻內有兩類互相對立的介音。筆者曾把其中的重紐四等介音構擬爲[-i-],而把重紐三等介音構擬爲帶捲舌色彩且偏低的前顎介音,寫作[-rɪ-]或[-ri-](開口賅合口,合口加[-u-]介音,下同)[12]。這種構擬的重點是一緊一鬆,"緊"指較高較閉,按潘、朱先生的觀點,磨擦性也較強。下文就依從潘、朱先生的觀點,把重紐四等介音擬作帶磨擦的[-j-],稱爲"重紐四等類",帶[-ri-]介音者則爲"重紐三等類"[13]。

到中古後期,《切韻》的四等韻産生出[-j-]介音,與重紐四等類合流,組成韻圖四等;韻圖三等則大體由重紐三等類構成。於是,中古前期重紐兩類介音的對立就轉化爲韻圖三等介音[-ri-]或[-i-]與韻圖四等介音[-j-]的對立[14]。

當漢語通語從中古前期的《切韻》音系向中古後期的韻圖音系發展的某個時候,四等韻開始産生出[-j-]介音。可以推想這中間曾有一種"半渡"狀態,即一部分四等韻字已帶有此介音,與重紐四等合流,另一部分字則尚未發生變化,有的字還有兩讀。這樣的處於發展過程中的漢語在一步步傳播到越南之際,傳播路綫猝然中斷,以致於後來漢越音中發生[-j-]介音導致脣音變舌齒音的演化時,就會覆蓋所有重紐四等字,而只涉及一部分四等韻字。

2.4　在漢語通語歷史上,四等韻何時産生出[-j-]介音,變得與重紐四等類相同? 在慧琳《一切經音義》(完成於 807 年)的注音中,四等韻已與重紐四等合并;而重紐三等則與普通三等韻的脣牙喉音合并,與"四等韻+重紐四等"有別[15]。由此可知,九世紀初是漢語通語中四等韻基本上完成[-j-]介音産生過程的下限。

經考證,至遲在八世紀,越南(安南)就已經形成穩定的、熟習漢語和漢文化的知識分子階層。漢語和漢字輸入越南的年代起碼須追溯至漢初的南越國時代,此後一直到唐,漢語通語歷代的演變一波又一波地向越南傳播,一次又一次地把早期傳來的層次覆蓋掉。唐末,朝廷失去對安南的控制,其獨立管治的時間約在九世紀末,這自然會影響漢語向當地的傳播。可以假定,九世紀末是漢語向越南傳播路綫中斷的時間[16]。由於中心地區的語音向邊緣地區傳播會有滯後性,況且漢語通語向越南的傳播,還不排除以當時的嶺南漢語(今粵語–平話的前身)爲中介的可能性[17],會有一定的"時間差",所以,説漢越音所對應的是八世紀後葉的漢語通語音系,從文史角度説是可以接受的。取漢越音從聲、韻、調幾個方面與漢語古音作總體比較的結果看,這樣的定位基本上合適[18]。

2.5　上面所謂"半渡",指詞彙擴散理論所言音變過程中的一種中間階段,一部分詞彙(在漢語就是"字")已變,一部分未變[19]。如果此時音變過程因某種原因而被中止,就會呈現發生演變的音類內部不整齊,變而不盡、留有演變殘留成分的狀態。在本文討論的個案裏,使音變過程中止的是政治原因。由於越南政治上的獨立,使漢語中四等韻產生[-j-]介音這一項詞彙擴散過程向越南的傳播被打斷,導致漢越音呈現目前的情況,即一部分四等韻脣音字已混同於重紐四等,後來與重紐四等脣音一起變成舌齒音;而未產生新介音的部分尚保持與重紐四等不同,至今仍讀脣音。其中還有一字兩讀的現象,如"酪""茗""麵",正合詞彙擴散論強調的一種演變中介狀況,即已變形式與未變形式在一些詞彙中共存[20]。

張渭毅先生認爲,當四等韻帶前顎介音時,與重紐四等爲同類,而不是像丁邦新先生那樣,把四等韻介音視爲獨立的一類。張先生是對的,這也正是韻圖所表現的、四等韻與重紐四等都列於四等的狀況。不過,漢越音并不完全是這樣,它反映的是四等韻在產生前顎介音過程中半變半不變的情況。

綜上所述,四等韻脣音在漢越音中有兩類讀法這一事實,再一次證明了:在中古前期,《切韻》四等韻本無前顎介音,它的[-j-]介音是到中古後期纔產生的,而這種介音的產生使四等韻與"重紐四等類"合流,形成韻圖的四等;四等韻字在這一變化中有先有後,僅就脣音而言,在漢越音裏變讀爲舌齒音的是先變成重紐四等類的部分,保持脣音的則是落後一步的、在向越南傳播時尚未產生前顎介音的部分。

2.6 漢越音四等韻字每每帶 i 介音或 i 元音,包括脣音字(見 2.1 所列,更多的例子見王力先生文)。這對上述觀點能提供一個駁論:漢越音四等韻脣音字變或不變舌齒音或許與四等韻在《切韻》後產生前顎介音無關。

對此,筆者目前的想法是:四等韻的 i 在漢越音裏是後起的,出現於[-j-]介音使脣音變舌齒音之後。至少有兩種可能的來源:

(一)在十世紀以後,漢語對漢越音有過新一輪的影響,帶來了四等韻字有 i 介音的讀音。這是接觸語言學的解釋。

(二)在 e 元音的前面產生前顎過渡音,符合人類語音的一般演化規律。這一演化也發生在漢越音中,與漢語的發展方嚮固然相同,但兩者之間未必有直接的關係。這是演化語言學的解釋[21]。

筆者比較傾嚮於後一種推測。當然,這個問題要在對越南語音韻史作更深入的研究之後纔能説清楚。

三、餘　論

3.1 韓語(朝鮮語)漢字音的牙喉音字也有類似漢越音脣音字的情況,能看到"重紐三等+普通三等韵"與"重紐四等+四等韵"的對立。不過在那裏,四等韵字非常整齊地全部混同於重紐四等,不像漢越音這樣,四等韵處於"半渡"狀態。顯然,韓語漢字音對應的漢語通語的年代比漢越音所對應的要稍晚近一些。兩者的共同之處是,都反映了漢語通語在《切韵》之後,四等韵產生前顎介音的現象,唯韓語漢字音是見於牙喉音。[22]

3.2 劉海陽先生發現,在山西多個方言中,韵圖三、四等的見組字能看得出有兩類,以三等即重紐三等爲一類,以四等(即"重紐四等+四等韵")再加二等爲另一類。這些方言與韓語漢字音和韵圖不同的是:一、見組二等也加入到四等裏來,這與元代《蒙古字韵》的情況相似;二、後一類有不少混入前一類中,似是"三四等合流"的迹象[23]。

顯然,山西這些方言及《蒙古字韵》所對應的漢語通語歷史上的階段,比漢越音和韓語漢字音所對應的都更晚近,但比《中原音韵》三、四等完全合流要較古老。

3.3 本文的討論基於如下觀點:漢語語音史上的中古時期可分前、後兩期,中古前期的《切韵》音系與中古後期的韵圖音系之間有傳承關係,但又不同,有必要分別研究[24];韵圖的分"等"以中古後期語音爲基礎;韵圖三等是《切韵》重紐三等類的延伸,四等則是重紐四等類的延伸。尤其要強調:韵圖的"三等""四等"跟《切韵》的"三等韵""四等韵"是不同的概念,也不完全對應[25]。

前文 1.1 所提到的高本漢先生的疑惑,跟他不瞭解漢語中古音須分前、後期有關係,也跟他不瞭解重紐問題有關係。慧琳音、漢越音、韓語漢字音以及《蒙古字韵》和現代山西一些方言所反映的,是《切韵》音系至中古後期及近代前期,發生了一系列演化,其中"重紐四等類"與四等韵合流,組成了韵圖四等,與韵圖三等(主要由"重紐三等類"組成)形成對立。簡言之,這是三等韵中的一部分與四等韵合流。學術界長期以來有一個誤會,把這個現象看成是整個三等韵與四等韵合流,甚至把這叫做"三四等合流",那是不準確的。

與三、四等有關的介音狀況,從中古到近代有幾個發展階段:

① 中古前期(以《切韵》爲代表),三等韵裏的"重紐三等類"和"重紐四等類"與四等韵三響鼎立(前兩者是兩種顎介音,後者無顎介音);

② 中古後期(以韵圖爲代表),三等與四等兩種顎介音對立(比韵圖稍早的慧琳音的脣牙喉音已與韵圖相同,舌齒音還有不同);

③ 近代(以《中原音韵》爲代表),三、四等合流(還加上二等喉牙音)。

漢越音的脣音所反映的是從第①向第②過渡的"半途"階段,韓國漢字音的喉牙音是第②階段,而《蒙古字韵》和現代部分山西方言的喉牙音則對應②與③之間的狀態。

注　釋

[1] 王力先生稱"漢越語"。因其只涉及語音,故稱"漢越音"更合適。參看韋樹關:《論越南語中的漢越音

與漢語平話方言的關係》,《廣西民族學院學報》2001 年第 2 期,第 127 頁。

[2] 詳參王力:《漢越語研究》,《龍蟲并雕齋文集》第二册,北京:中華書局,1980 年,第 732—733 頁;按,此文初稿成於 1943 年。本文所引漢越音,除特別注明外,均用王力的轉寫,聲調略。

[3] 高本漢:《中國音韻學研究》(中譯本),北京:商務印書館,1995 年,第 421 頁。(按,此書陸續發表於 1915—1926 年。)

[4] 王力:《漢越語研究》,《龍蟲并雕齋文集》第二册,第 33 頁。

[5] 包括到韵圖纔正式與庚韵形成重紐的清韵,如"并""名"。有一個可能的例外:"滅"ziet。此字《廣韵》《王三》"亡列切/反",《切三》"亡別反"。"別"是重紐三等字,"列"作爲來母也屬"重紐三等類",所以"滅"在《切韵》應爲重紐三等(唯無與之對立的重紐四等字);但《韵鏡》《七音略》《四聲等子》均列於四等,僅《切韵指掌圖》列三等。可見此字在中古後期已有重紐四等的又讀,所以也不是例外。

[6] 潘悟雲、朱曉農:《漢越語和〈切韵〉脣音字》,《著名中年語言學家自選集·潘悟雲卷》,合肥:安徽教育出版社,2002 年,第 19—28 頁。又,朱曉農:《脣音齒齦化和重紐四等》,《語言研究》2004 年總第 56 期,第 11—13 頁。潘悟雲在《漢語歷史音韻學》(上海:上海教育出版社,2000 年)第 89 頁又寫作:重紐三等[-ɯi-]介音,重紐四等[-i-]介音。雖寫法不同,前者較鬆、後者較緊的精神是相同的。

[7] 丁邦新:《音韻學講義》,北京:北京大學出版社,2015 年,第 78—82 頁。

[8] 張渭毅:《魏晉至元代重紐的南北區別和標準音的轉變》,《中古音論》,開封:河南大學出版社,2006 年,第 208 頁。此處的 d 即王力所轉寫的 z;又,r 是與 t 同部位的顫音,也屬於舌齒音一類。又,原文列有"并",但此字在《廣韻》入清、勁兩韻,均非四等韻。

[9] "髀"《廣韵》薺韵(蟹攝四等韵)傍禮切,又紙韵并弭切和旨韵卑履切(均爲止攝重紐四等)。但止攝在漢越音讀 i 韵母,"髀"字讀 e 韵母是對應蟹攝四等韵的音。

[10] 目前看到的是清韵"餅"banh/binh,幽韵"謬"məu。按,"謬"字《韻鏡》雖置四等,但《廣韻》靡幼切,切上字爲紙韻重紐三等,依"類相關"規則(參看平山久雄:《重紐問題在日本》,《平山久雄語言學論文集》,北京:商務印書館,2005 年),它似應是重紐三等字,是則并非例外。

[11] 麥耘:《漢語歷史音韻研究中的一些方法問題》,《漢語史學報》第五輯,上海:上海教育出版社,2005 年,第 148—149 頁。

[12] 麥耘:《論重紐及〈切韵〉的介音系統》,《語言研究》1992 年第 23 期,第 119—131 頁。

[13] 在《切韵》裏,"重紐四等類"除重紐四等外,還包括各三等韵的精組、喻四、章組和日母;"重紐三等類"除重紐三等外,還包括普通三等韵的脣牙喉音和所有三等韵的莊組、喻三、知組及來母。參看陸志韋:《古音説略》,《燕京學報》專號之二十,1947 年。

[14] 麥耘:《韵圖的介音系統及重紐在〈切韵〉後的演變》,《音韵與方言研究》,廣州:廣東人民出版社,1995 年,第 71—72 頁;又麥耘:《中古研究音系框架——以介音爲核心,重紐爲切入點》,《辭書研究》2022 年第 2 期,第 3 頁。重紐三等類和重紐四等類到韵圖以聲母爲條件有內部分化,因與本文無關,不贅。又,[-ri-]介音中的捲舌音色到中古後期可能在非舌齒音聲母字中弱化乃至消失,變爲[-i-],不過這不涉及音類。

[15] 據黃淬伯《慧琳一切經音義反切攷》(北京:中華書局,2010 年)整理,慧琳音的山攝先、仙、元中有此現象;而趙翠陽《慧琳〈一切經音義〉韵類研究》(北京:中國社會科學出版社,2014 年,第 142—160 頁)發現,《切韵》所有的四等韵、重紐三等韵、普通三等韵在慧琳音裏都是這種關係。

[16] 麥耘、胡明光:《從史實看漢越音》,《語言研究》2010 年第 80 期,第 124—126 頁。

[17] 參看韋樹關:《論越南語中的漢越音與漢語平話方言的關係》,第 127—130 頁。

[18] 具體材料看前引王力文。不過王力文中謂"大批漢字輸入越南乃是第十世紀的事"(第 706 頁),則缺乏

依據。

［19］王士元：《語言變化的詞彙透視》（中譯本），《語言的探索——王士元語言學論文選譯》，北京：北京語言文化大學出版社，2000 年，第 49—69 頁。

［20］有一種誤解，以爲詞彙擴散理論僅涉及音系内部的演變，與語言外部因素無干。按，詞彙擴散理論出現之初，確實只關注内部演變的過程，而且把一些外源影響也混同於内部演變。不過人們現在已經認識到，詞彙擴散是描寫一種音變的過程或方式，至於演變的動因是出自音系内部抑或外部，對於音變的過程或方式并無實質性影響。參看王士元：《語音演變的雙嚮擴散》（中譯本），《語言的探索——王士元語言學論文選譯》，北京：北京語言文化大學出版社，2000 年，第 70—110 頁。

［21］關於演化語言學，參看麥耘：《從普適性自然演化的角度觀察語言關係和語言變遷》，《中國方言學報》第 6 期，北京：商務印書館，2016 年，第 157—168 頁；朱曉農、麥耘、沈瑞清：《演化音法學和漢語音法演化研究》，《歷史語言學研究》第十一輯，北京：商務印書館，2017 年，第 150—170 頁。

［22］參看麥耘、錢有用：《三四等見系在朝鮮漢字音中的表現及相關問題》，收入復旦大學漢語言文字學科《語言研究集刊》編委會編：《語言研究集刊》第三十輯，上海：上海辭書出版社，2021 年，第 1—17 頁。

［23］劉海陽：《韵圖三四等對立在現代方言中的反映》，《方言》2017 年第 4 期，第 401—409 頁。《蒙古字韵》的現象可參看麥耘：《〈蒙古字韵〉中的重紐及其他》（《音韵與方言研究》，廣州：廣東人民出版社，1995 年）、李立成：《元代漢語音系的比較研究》（北京：外文出版社，2002 年）等。

［24］參看 E. G. Pullryblank（蒲立本）：*Middle Chinese: A Study in Historical Phonology*，Columbia：University of British Columbia Press，1984；麥耘：《漢語語音史上"中古時期"内部階段的劃分——兼論早期韵圖性質》，《著名中年語言學家自選集·麥耘卷》，上海：上海教育出版社，2012 年，第 105—124 頁。

［25］古人最初講"等"，是根據韵圖的四横欄來劃分，本無關《切韵》。後代的學者借用韵圖"等"的概念來爲《切韵》韵母分類，從而衍生出"某等韵"這一套新概念，與韵圖既有對應，亦有差異。這套新概念固然有其學術用途，但後來竟形成一種誤解，以爲《切韵》的"某等韵"是原生的，凡韵圖的"等"與今人對《切韵》的分類有出入之處，反被視爲韵圖形制不妥，遂有"假二等""假四等"之謬説，實爲本末倒置。

（作者單位：江蘇師範大學語言科學與藝術學院、

中國社會科學院語言研究所）

北魏吕達、吕通、吕仁三方墓志真僞辨析

梁春勝

  1987 年 8 月,洛陽市文物工作隊在洛陽市吉利區發掘了一批古代墓葬,北魏吕達、吕通、吕仁三方墓志就是在這次發掘中出土的。吕達、吕通墓志出土於 C9M315 號墓,吕仁墓志出土於鄰近的 C9M279 號墓。1991 年 6 月,洛陽市文物工作隊《洛陽出土歷代墓志輯繩》一書出版,收入了吕達墓志和吕通墓志的拓本[1]。2011 年 9 月,洛陽市文物工作隊《河南洛陽市吉利區兩座北魏墓的發掘》一文在《考古》發表,是這次考古發掘的報告,文中將吕達、吕通、吕仁三方墓志的拓本全部收入[2]。對於這三方墓志的真僞,一直存在争議。《洛陽出土北魏墓志選編》以吕達墓志和吕仁墓志爲僞刻,而以吕通墓志爲真[3]。江嵐《歷代碑刻辨僞研究綜述》[4]、馬立軍《北魏〈給事君夫人韓氏墓志〉與〈元理墓志〉辨僞》[5]、梶山智史《北朝隋代墓志所在總合目録》[6]皆承其説,以吕達、吕仁墓志爲僞。《全北魏東魏西魏文補遺》亦據以録入吕通墓志[7],而摒棄了吕達、吕仁墓志。洛陽市文物工作隊《河南洛陽市吉利區兩座北魏墓的發掘》一文則認爲吕達墓志、吕通墓志是同一人的墓志,屬於“一墓雙誌”,此三誌雖然還有不少疑點需要進一步深入研究,但不認爲其中存在僞刻。徐沖《從“异刻”現象看北魏後期墓志的“生産過程”》[8]、張蕾《讀北魏吕達、吕仁墓志》[9]也認爲吕達、吕仁墓志非僞刻,三志皆真。我們認爲《洛陽出土北魏墓志選編》以吕仁墓志爲僞可從,而以吕達墓志爲僞則非,僞造的應是吕通墓志。

  將吕達、吕通二志對比,可發現二志大體雷同,不同之處主要有:

不同 1	吕達墓志志題:魏故威遠將軍積射將軍宫礜令吕君之墓志銘。	吕通墓志志題:魏故輔國將軍博陵太守吕公之墓志銘。
不同 2	吕達墓志:“君諱達,字慈達。”	吕通墓志:“君諱通,字慈達。”
不同 3	吕達墓志“蓋神農之苗裔”之“裔”作“裛”。	吕通墓志“蓋神農之苗裔”之“裔”作“裛”。

續 表

不同4	吕達墓志：“**麜麜**以之遐暢,聽**遶**於是自遠。”	吕通墓志：“**麜麜**以之遐暢,聽**遶**於是自遠。”
不同5	吕達墓志：“擅當官之**譽**,跨不世之名。”	吕通墓志：“擅當官之**轝**,跨不世之名。”
不同6	吕達墓志：“祖父臺……槃桓川**澤**,潛晦爲心。”	吕通墓志：“祖父臺……槃桓川,潛晦爲心。”
不同7	吕達墓志：“貞情峻邈,逸想**沖雲**。”	吕通墓志：“貞情峻邈,逸想**沖深**。”
不同8	吕達墓志：“方**當**藉茲寵會,用階尺木,擊水上騰,**搏飄**九万。”	吕通墓志：“方□藉茲寵會,用階尺木,擊水**中流**,**憑風**九万。”
不同9	吕達墓志無這段話。	吕通墓志：“天子哀悼,縉紳悲惜,賵弔之禮,有國常准。乃下詔追贈輔國將軍、博陵太守。考德立行,諡曰静,禮也。”
不同10	吕達墓志：“懼世代之遷貿,恐**峻**谷之易處。”	吕通墓志：“懼世代之遷貿,恐**峻**谷之易處。”

第一處不同,以吕達墓志爲勝。志文叙志主事迹,有云：“故能出龍闈以衣朱,入虎門而委珮,去來九重之中,往還二宫之裏。淑慎虔恭之節,每鬱沃於帝心；清貞肅穆之操,亦留漣於聖旨。”所述與“宫轝令”一職相應。“宫轝令”一職,史書未見,但北魏太和十五年(485年)設有“宫輿少卿”一職,主中宫車輦,屬大長秋,太和十七年《職員令》則無此職[10]。“轝”“輿”一字异體,“宫轝令”與“宫輿少卿”當有關,頗疑在孝文帝的官制改革中,“宫輿少卿”革除後,其職掌由“宫轝令”來承擔。吕達墓志志題與志文相應,而吕通志題無“宫轝令”一職,則志文以上文字無着落。吕達志題稱“吕君”,與志文“君諱達”相應。而吕通志題稱“吕公”,與志文“君諱通”稱呼不一致。亦以前者爲優。

第二處不同,是志主名諱的不同。吕達、吕通墓志皆稱是“小子仁”所立,所以洛陽市文物工作隊《河南洛陽市吉利區兩座北魏墓的發掘》一文認爲它們是“一墓雙志”,是前刻、後刻的不同[11],但對於子記父名前後不一的情況,也感到匪夷所思：“吕達墓中所出兩方墓志的志主‘名’并不相同,一爲‘達’,一爲‘通’,但均字‘慈達’,推測墓主之名應實爲‘吕達’。從字義看,‘通’‘達’二者相近,且‘通達’二字常連用,但畢竟不是一字。令人費解的是,兒子竟然會把父親的‘名’寫成另一個‘名’。”[12]徐沖《從“异刻”現象看北魏後期墓志的“生產過程”》、張蕾《讀北魏吕達、吕仁墓志》則分别將這種不同歸爲一般的“誤刻”或“謬誤”。我們認爲,二志是同一天製作,子記父名,不當有誤。此處的不同,絶非一般的

"誤刻"或"謬誤"可以解釋,必有一偽。從真偽的角度來看,此處的疑問就可消釋。

第三、四處不同,亦以呂達墓志爲是。呂達墓志的"襄"爲六朝常見俗寫,如北魏奚智墓志"僕膾可汗之後裔"的"裔"作"裵"[13],北周宇文鴻漸墓志"柳下季之苗裔"作"裵"[14],皆字形相近。而呂通墓志的"裵"則未見於同時期石刻,是一個錯誤的寫法。呂達墓志的"蕤蕤"即"葳蕤","蕤"是"蕤"常見俗寫,如北魏元維墓志"葳蕤綠文"之"蕤"作"蕤"[15],北魏元蕭墓志"葳蕤龍序"作"蕤"[16],東魏宇文紹義墓志"雞樹葳蕤"作"蕤"[17],皆其例。"蕤"同"菱",是受下字類化而增旁。"菱蕤"即"葳蕤",本指草木茂盛貌,此處喻指誌主族系之繁盛。呂通墓志的"蘷蘷","蘷"不成字。呂達墓志的"逖"是"逖"字俗寫。東魏義橋石像碑"逖聽前風"之"逖"作"逖"[18],北齊吳穆墓志"逖矣中葉"作"逖"[19],皆字形相近,是其比。《詩·小雅·鶴鳴》:"鶴鳴于九皋,聲聞于野。"毛傳:"興也。皋,澤也,言身隱而名著也。"鄭箋:"興者,喻賢者雖隱居,人咸知之。"[20]"聽逖於是自遠"即出此。呂通墓志的"逖"則不成字。

第五、六、七、八、十等處,也以呂達墓志爲是。呂達墓志"譽"與"名"對文同義,"擅當官之譽"指以居官稱職而享有盛譽。呂通墓志"聱"則是錯字。呂達墓志"槃桓川澤"指隱居於山野,呂通墓志脱"澤"字。呂達墓志"沖雲"與"峻邈"相對,皆狀情志之高潔。呂通墓志作"沖深",是幽深義,於文意扞格難通。呂達墓志"方當"爲墓志常語,呂通墓志漏刻"當"字。呂達墓志"擊水上騰,搏飆九万"是用《莊子·逍遥游》鵬鳥南飛之典,與銘文"方搏九万,擊水上征"亦相應。呂通墓志"擊水中流,憑風九万"則不倫不類,不知所云。呂達墓志"峻谷"即"陵谷","峻"同"陵","峻谷易處"即陵谷貿遷。呂通墓志作"峻谷","峻"字誤。

第九處不同,洛陽市文物工作隊《河南洛陽市吉利區兩座北魏墓的發掘》一文解釋説:"第一方墓志(引按,指呂達墓志)刻好後未及使用,天子下詔追贈新職,故又新刻一志同時入葬。"[21]徐沖《從"异刻"現象看北魏後期墓志的"生産過程"》贊同此説。張蕾《讀北魏呂達、呂仁墓志》更進一步認爲呂達當效力於胡太后,其贈官是胡太后在孝昌元年(525年)四月再度臨朝攝政後所加,這也是呂達墓中出現兩方墓志的原因[22]。二説皆牽强不可從。首先,二志所載製作時間皆是正光五年(524年)十一月丁未朔三日己酉,則是同時製作,不存在先後關係。其次,二志稱作於正光五年十一月,而胡太后復辟是在孝昌元年四月,呂通墓志的贈官不可能是胡太后所加。再次,即使贈官説成立,也沒有必要再刻一方墓志。呂達墓志中還有不少空白,完全可以補刻。北朝墓志中補刻贈官的情況并不罕見,但因爲贈官而再刻一方墓志的,則絕無他例可以參證。

總之,從以上各方面來看,吕達墓志可以確定爲真刻,而吕通墓志則是仿照吕達墓志僞造出來的一方墓志。因係後人僞造,所以此志在内容、文字等方面存在諸多硬傷。前人對於其中的疑點雖多所彌縫,然終捉襟見肘,不能自圓其説。將吕通墓志斷爲僞刻,則所有疑問皆可消釋。《洛陽出土北魏墓志選編》以吕達墓志爲僞,而以吕通墓志爲真,可謂顛倒真僞矣。

吕仁墓志,《洛陽出土北魏墓志選編》以爲僞刻,甚是。此志也是仿照吕達墓志僞造,在僞造的過程中,也露出了很多馬脚。

首先,世系不合。吕仁墓志稱吕仁爲吕達之子,其世系應當是:吕牛—吕臺—吕安—吕達—吕仁。但吕仁墓志却照抄吕達墓志,以高祖吕牛爲曾祖,略去曾祖吕臺,從而形成這樣的世系:吕牛—吕安—吕達—吕仁。由於略去了吕臺,所以在吕仁墓志中,吕臺的事迹就被安到了吕安頭上,吕安的事迹被安到了吕達頭上,吕達事迹被安到了吕仁頭上。對於這樣明顯不合理的情况,洛陽市文物工作隊《河南洛陽市吉利區兩座北魏墓的發掘》一文以爲是墓志撰寫的格式化造成的,即後志以前志爲底本,而刻寫時多有錯漏[23]。張蕾《讀北魏吕達、吕仁墓志》也認爲吕仁卒年三十二,其子吕莱年幼,以家中所藏舊志稿本爲吕仁作志的可能性極大,因事出多端,故誤刻極多[24]。二説皆强爲彌縫,絶不可從。中國古代講究孝道,子爲父製作墓志,是極其重要的事情,在志文中如此不别祖宗,數典忘祖,豈是孝子所爲?所以出現這樣荒謬的情况,只可能是後人僞造的結果,而絶非孝子所爲。

其次,此志多處文字不通。如志題"魏故寧遠將軍吕君之有墓志銘",衍"有"字。"州里言遠逝","言"後脱"其"字。"方之此於","此於"誤倒。"然君志絶籠罩,逸烟霞","逸"前脱"聲"字。"每蔚沃於帝心",改"鬱沃"爲"蔚沃",然"蔚沃"不辭。"擊水中流,憑風九万",與吕通墓志一樣,亦不倫不類,不知所云。"恐峻谷之易處",作"峻谷",與吕通墓志同誤。"以永安二年五月乙丑朔八壬申","八"下脱"日"字。檢《二十史朔閏表》,永安二年(529年)五月壬子朔[25],則八日爲己未,干支亦不合。"遘卒於洛陽承華之里舍","遘"下脱"疾"字。"成照玄名","成""名"爲"式""銘"之誤。這些文字方面的問題,也無法用製作粗疏來解釋,而只能是僞造者在抄襲吕達墓志時又胡亂改造的結果。

再次,此志多個字形不合當時的書寫習慣。如"太公既以鷹揚樹績"之"既"作""(吕達墓志作""),"高聲邁於南夏"之"邁"作"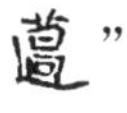"(吕達墓志作"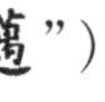"),"蟬冕"之"冕"作"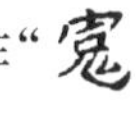"(吕達墓志作""),"逕晉魏以爲甚"之"晉"作"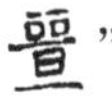"(吕達墓志作""),"聽逖於是自遠"之"逖"作""(吕達墓志作""),"然君志絶籠罩"之"罩"作""(吕達墓志作"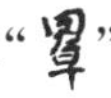"),"接壤懷仁"之"壤"作""(吕達墓志作""),"繼累葉

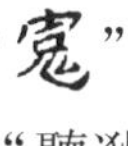

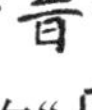

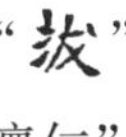

之軌"之"累"作"累"(吕達墓志作"累"),"軌"作"軌"(吕達墓志作"軌"),"淑慎虔恭"之"淑"作"㳦"(吕達墓志作"㳦"),"承華之里舍"之"華"作"華"(吕達墓志作"華"),"詢碩彦以鐫誌"之"碩"作"顧"(吕達墓志作"碩"),"庶流芳於泉户"之"庶"作"庶"(吕達墓志作"庶"),"淑慎流聲"之"淑"作"㳦"(吕達墓志作"㳦"),"方搏九萬"之"搏"作"愽"(吕達墓志作"搏"),"長秘泉庭"之"秘"作"祕"(吕達墓志作"祕"),"圓長方久"之"久"作"又"(吕達墓志作"久"),皆是誤字或不成字,而對應的吕達墓志的字形則合於當時書寫習慣,是當時常見的字形。由此可知吕仁墓志的這些字形,不可能是北魏時人所書寫,而只能是造僞者仿照吕達墓志而又加以胡亂改造的結果。

綜上所述,吕達、吕通、吕仁三方墓志雖是考古發掘所得,但只有吕達墓志爲真刻,吕通、吕仁墓志都是根據吕達墓志僞造的。可見即使是考古發掘所得材料,也不可輕易斷定其爲真,其間仍有僞造的可能,如果其中疑點衆多,同樣需要辨僞。洛陽市文物工作隊《河南洛陽市吉利區兩座北魏墓的發掘》、徐沖《從"异刻"現象看北魏後期墓志的"生産過程"》、張蕾《讀北魏吕達、吕仁墓志》就是過於相信考古發掘所得材料,對兩方僞志的破綻極力加以彌合,但終究難以自圓其説。新近出版的《秦晉豫新出墓志蒐佚三編》收錄了吕達墓志[26],而未收吕通、吕仁墓志,説明編者亦以吕達墓志爲真,而以吕通、吕仁墓志爲僞,這與我們的論斷正相符合。

附圖:

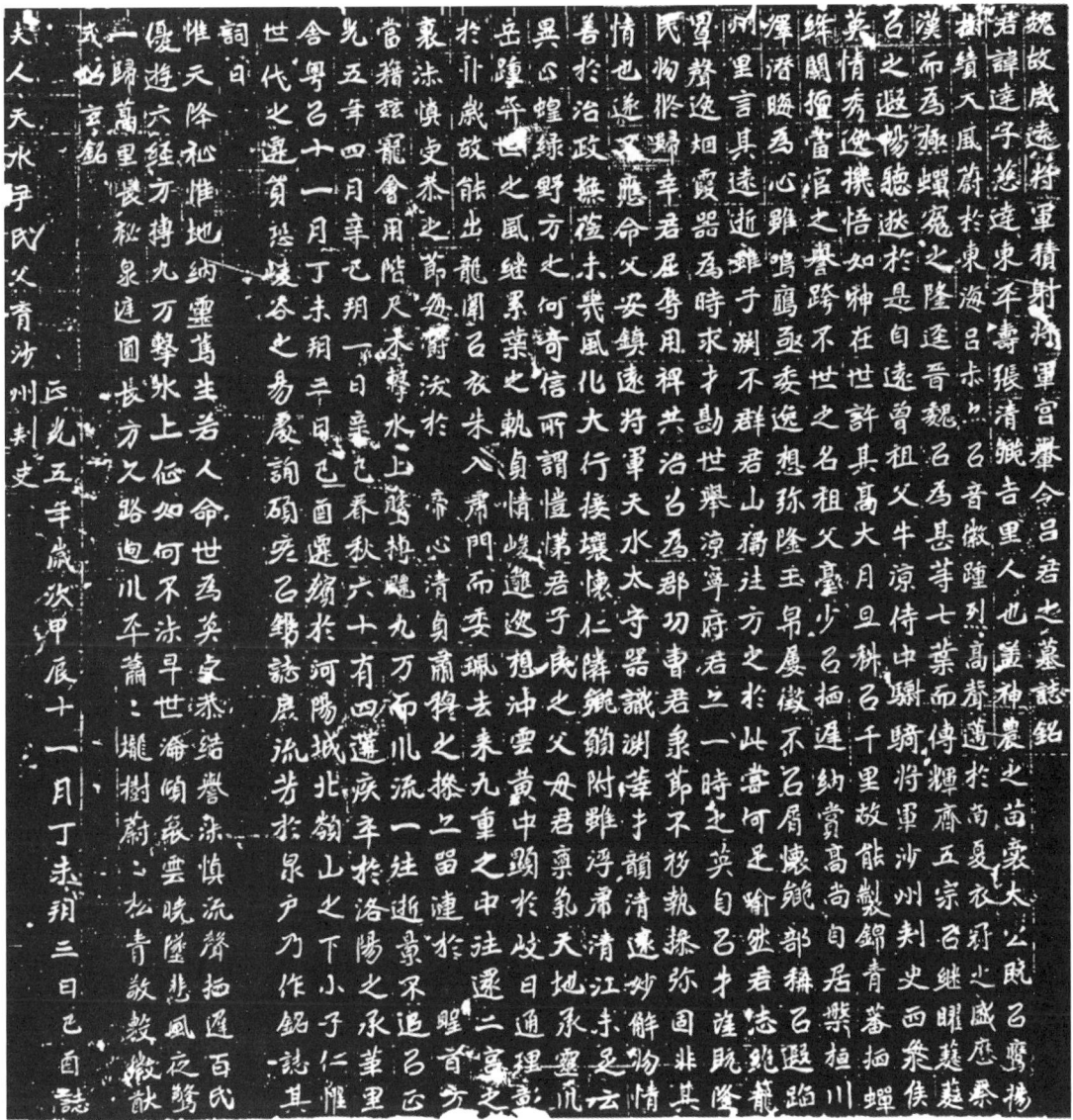

圖1　吕達墓志

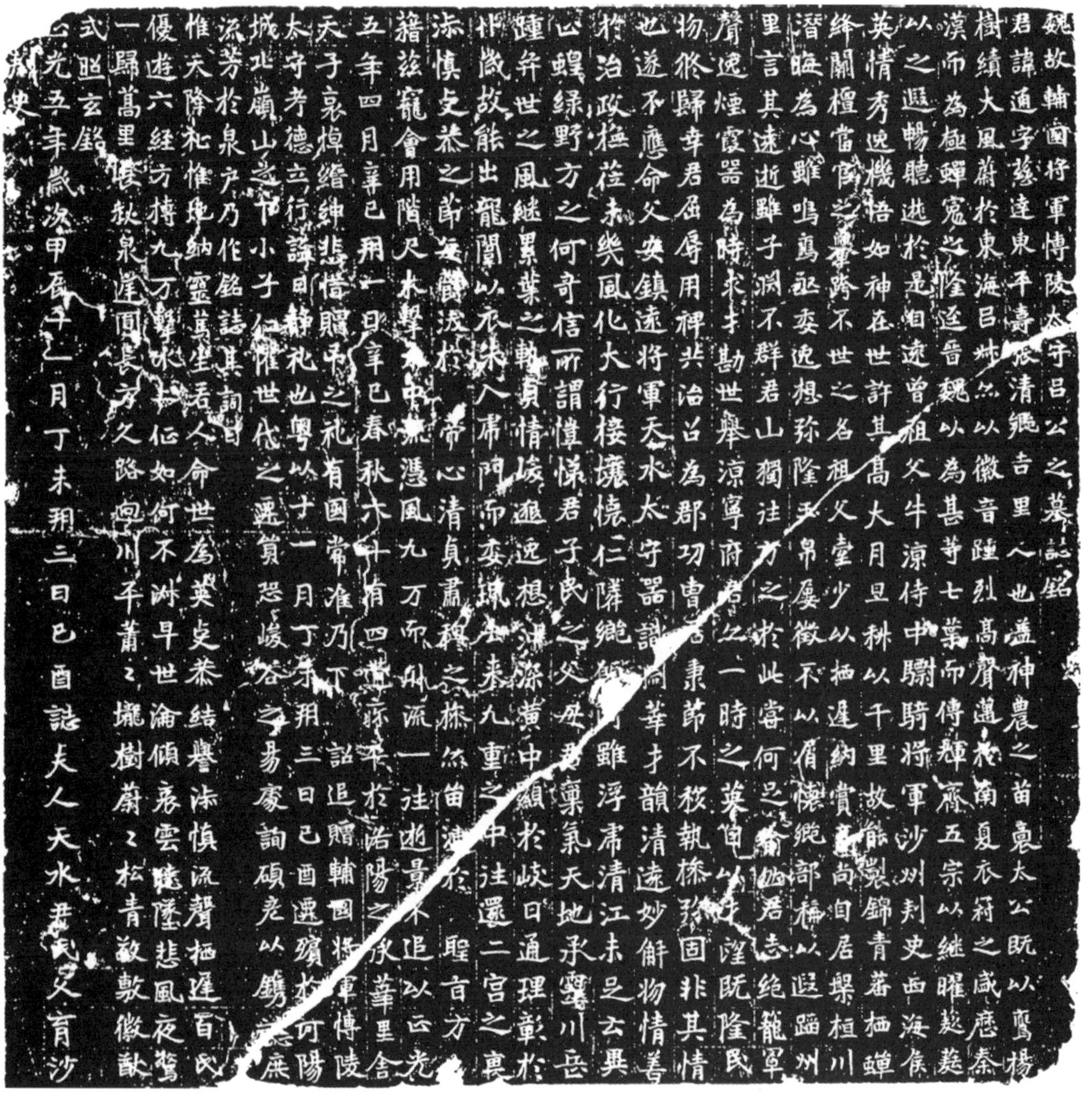

圖 2　吕通墓志

圖3　吕仁墓志

注　釋

［1］洛陽市文物工作隊：《洛陽出土歷代墓志輯繩》，北京：中國社會科學出版社，1991年，第40、41頁。

［2］洛陽市文物工作隊：《河南洛陽市吉利區兩座北魏墓的發掘》，《考古》2011年第9期，第50、51、56頁。

［3］洛陽市文物局：《洛陽出土北魏墓志選編》，北京：科學出版社，2001年。吕達和吕仁墓志録文，分别見該書第201頁（編號爲"偽刻三一"）、第208頁（編號爲"偽刻四四"）。吕通墓志録文，見該書第79頁（編號爲"正光四二"）。

［4］江嵐：《歷代碑刻辨偽研究綜述》，西南大學碩士學位論文，指導教師：毛遠明，2007年，第97頁。

［5］馬立軍：《北魏〈給事君夫人韓氏墓志〉與〈元理墓志〉辨偽》，《江漢考古》2010年第2期，第93頁。

［6］梶山智史：《北朝隋代墓志所在總合目録》，東京：汲古書院，2013年，第27、28頁。

［ 7 ］ 韓理洲等：《全北魏東魏西魏文補遺》,西安：三秦出版社,2010 年,第 201 頁。

［ 8 ］ 徐沖：《從"异刻"現象看北魏後期墓志的"生產過程"》,收入余欣主編：《中古時代的禮儀、宗教與制度》,上海：上海古籍出版社,2012 年,第 443 頁。

［ 9 ］ 張蕾：《讀北魏呂達、呂仁墓志》,《淮陰師範學院學報》2012 年第 5 期,第 653 頁。

［10］ 俞鹿年：《北魏職官制度考》,北京：社會科學文獻出版社,2008 年,第 124 頁。

［11］ 洛陽市文物工作隊：《河南洛陽市吉利區兩座北魏墓的發掘》,第 51 頁。

［12］ 洛陽市文物工作隊：《河南洛陽市吉利區兩座北魏墓的發掘》,第 56 頁。

［13］ 北京圖書館金石組：《北京圖書館藏中國歷代石刻拓本匯編》第 3 册,鄭州：中州古籍出版社,1989 年,第 98 頁。

［14］ 胡海帆、湯燕：《1996—2017 北京大學圖書館新藏金石拓本菁華(續編)》,北京：北京大學出版社,2018 年,第 159 頁。

［15］ 洛陽市文物局：《洛陽出土北魏墓志選編》,第 385 頁。

［16］ 北京圖書館金石組：《北京圖書馆藏中國歷代石刻拓本匯編》第 5 册,第 183 頁。

［17］ 賈振林：《文化安豐》,鄭州：大象出版社,2011 年,第 194 頁。

［18］ 北京圖書館金石組：《北京圖書馆藏中國歷代石刻拓本匯編》第 6 册,第 153 頁。

［19］ 趙君平、趙文成：《秦晉豫新出墓志蒐佚》,北京：國家圖書館出版社,2012 年,第 58 頁。

［20］ 阮元校刻：《十三經注疏》,北京：中華書局,1980 年,第 433 頁上欄。

［21］ 洛陽市文物工作隊：《河南洛陽市吉利區兩座北魏墓的發掘》,第 51 頁。

［22］ 張蕾：《讀北魏呂達、呂仁墓志》,第 652 頁。

［23］ 洛陽市文物工作隊：《河南洛陽市吉利區兩座北魏墓的發掘》,第 56 頁。

［24］ 張蕾：《讀北魏呂達、呂仁墓志》,第 653 頁。

［25］ 陳垣：《二十史朔閏表》,北京：北京古籍出版社,1956 年,第 74 頁。

［26］ 張永華、趙文成、趙君平：《秦晉豫新出墓志蒐佚三編》,北京：國家圖書館出版社,2020 年,第 62 頁。

(作者單位：河北大學文學院)

南宋王質《朴論》成書原委考辨

王媛媛

南宋名臣王質(1135—1189),字景文,號雪山。《宋史·藝文志》稱其著有《詩總聞》二十卷、《雪山集》四十卷;《兩宋名賢小集》則言其"有《雪山集》、《紹陶録》"[1]。王質"博通經史,善屬文"[2],饒宗頤先生贊其所傳詞七十四首,"駿發豪邁,爲張安國作者,猶驂與靳也"[3]。其詩則流暢爽快,有蘇軾的氣派[4]。

王質著作中,與本文有關的是《雪山集》。《雪山集》有兩個版本,一見於《景印文淵閣四庫全書》第1149册,凡十六卷,自稱輯自《永樂大典》;一見於四川大學古籍整理研究所《宋集珍本叢刊》第61册,影印自清孔氏微波榭鈔本,爲四庫本《雪山集》初輯本,凡十二卷。前賢考曰:"初編爲十二卷,旋經奉旨删青詞一類,令總裁重加釐定,改爲十六卷,文字視初本爲減,而卷數則轉增矣。"[5]

當代學者多將王質作爲南宋著名文學家研究,但既往史籍所載王質傳多以其政論是崇。《宋史》有王質傳,全文653字,未提其文學作品,却特別言其"著論五十篇,言歷代君臣治亂,謂之《朴論》"[6]。江西豫章被認爲是王質的籍貫,是以明代郭子章編《豫章書·白志》,該文亦以185字立其傳,可視爲《宋史》本傳之簡本,但傳末附"跋"曰:"王質奏疏剴切明快,通達國體,郭青螺稱其文不下賈誼、陸贄,爲豫章第一。今其集世不傳,所上孝宗封事一篇,反復二千餘言,載《豫章書》中,文多不具録。"[7]後世史料中的王質傳皆據《宋史》本傳,或詳或略。但即便略至60字,"著論五十篇,言歷代君臣治亂,謂之《朴論》"一句仍照録[8],可見後世史家對《朴論》的重視。明代廖道南《楚紀》的王質傳省去《宋史》本傳約百字,但《朴論》一句未省,傳末另加評語盛讚王質的才幹和節操:

史南曰:臣考宋史,見王質徙居興國,上書論天下事而卒不見售,豈權臣當國,匿不以聞;史又稱天子心知質忠,爲讒者所沮。詩有之"讒人罔極,交亂四國",可畏也哉!贊曰:得庸才易,得奇才難;保初節易,保晚節難。景文國士,目擊時難,排雲叫闥,虎豹守關,棲霞入轂,松菊怡顏。嗟乎! 若人才節奇觀。[9]

以上所舉,可見明代史家對王質奏疏的推崇,更把《朴論》看作其代表作,或許至明代,王質《朴論》及其奏疏仍有存世,且兩者間有某種内在聯繫。本文擬在以往研究基礎上,考察兩者之間的聯繫,探究《朴論》成書的真正原委,摸索甄别《朴論》遺篇的新蹊。

一、後人於《朴論》認知之疑誤

現存文獻最早明確記載王質著有《朴論》的,是《宋史》本傳所載"質與張孝祥父子游,深見器重。孝祥爲中書舍人,將薦質舉制科,會去國,不果。著論五十篇,言歷代君臣治亂,謂之《朴論》"[10]。據《建炎以來繫年要録》,張孝祥任中書舍人在紹興二十八年(1158年)九月[11],"去國"在次年八月[12]。而據《宋會要輯稿》,朝廷下詔欲行制舉爲紹興二十九年三月十九日[13],故張孝祥薦王質應制舉一事當發生於紹興二十九年三月至八月間。

對於《朴論》的内容,四庫本《雪山集》"提要"云:"其集久佚不傳,僅散見《永樂大典》中。史稱其嘗著論五十篇,言歷代君臣治亂,謂之《朴論》,今止存漢高帝、文帝,五代梁末帝、周世宗四篇。"[14]此"四篇",即該書卷四所存《漢高帝論》《漢文帝論》《梁末帝論》《周世宗論》,列入"論"類,即以《論》爲總題[15]。《漢高帝論》指出漢高祖爲人外似坦夷大度,實則狹隘多疑;《漢文帝論》批評漢文帝治國"不知賞罰名寔";《梁末帝論》《周世宗論》則評論其於疆土之爭中的策略得失。王質生活在南宋前期,與宋孝宗趙眘(1127—1194)同時代。其時,南宋面臨外憂内患——宋金對峙,内部社會問題叢生。從四篇選題看,似乎都可對應當時實事,或者説此四論更像王質借"歷代君臣"影射現實"治亂"。

此外,辛更儒先生認爲,《雪山集》卷二、三的《論廟謀疏》《論舉能疏》《論馭臣疏》《論固本疏》《論鎮盜疏》《論州郡財賦殿最賞罰札子》《論吏民札子》等七篇亦屬《朴論》[16]。不同於上揭四篇以論古爲主,這七篇文章爲王質對當朝皇帝的建言,其文體倒更像針對時政之策文。蘇軾曾解釋論與策的區别:論"以觀其所以是非於古之人",策"以觀其所以措置於今之世"[17]。這七篇若果屬《朴論》,或表明將《朴論》内容視爲僅"言歷代君臣治亂",并不準確。辛先生實際已懷疑《雪山集》的某些奏議類文章爲《朴論》遺篇,拙文之撰寫亦得助於此提示。不過,辛先生又稱:"《論廟謀》有'聞北朝欲遷汴京之都'諸語,顯指今年金主亮營造汴京宮殿事,則此七篇必皆本年應制舉所作,四庫所輯本列爲奏議,已誤。"[18]這實際是將上揭七篇看作一組文章,推測其同撰於應制舉之年,并非王質的奏議。

此提法,未必盡然。該等文章是否屬於《朴論》是一回事,而它們是否撰於應制舉之年是另一回事。

《宋史》載有"孝祥爲中書舍人,將薦質舉制科"一事。王阮《雪山集原序》云:"中書舍人張公孝祥,使備制舉策略,并論歷代君臣治亂,蓋將舉焉。會去國,不果。"[19]從行文看,《宋史》本傳薦舉之説應源自該序。按,制舉是古代王朝因應需要,選拔特殊人才的一種方式:"制舉無常科,以待天下之才傑,以天子親策之,故謂之制科。"[20]根據《宋史·選舉志》,除了有大臣舉薦外,"凡應詔者,先具所著策、論五十篇繳進"[21]。一般策、論各二十五篇,論在議古,策在論今[22]。王序中"并"字,或爲"兼顧""一并"之意。因此,這句大意或可解作:張孝祥要王質備好應制舉所需的策與論。《朴論》若爲應舉之作,則其"論歷代君臣治亂"只是一個方面的内容。《宋史》本傳的撰者是否讀過《朴論》,不得而知。但所謂"著論五十篇,言歷代君臣治亂,謂之《朴論》",可能斷章自王阮序中的"張公孝祥使備制舉策略,并論歷代君臣治亂"一句。其實,現存王阮原序未提《朴論》,《宋史》本傳也未言"著論五十篇"爲應制舉之作,只是把其記於張孝祥擬薦舉王質之後,而"五十篇"恰與制舉進卷數相同,後人將《朴論》與薦舉相聯繫,甚至推出"爲應制舉,王質是年著論五十篇"[23],恐屬誤解。

上繳策、論,意在考察應舉者既有的水準:論爲"探其博學",策爲"觀其才用"[24]。至於策論撰於何時,并未限定,故"類多燈窗著述之文"[25]。如葉適(1150—1223)[26]"賢良進卷五十篇,蓋水心少時所作,以備制科之舉者"[27]。王質年輕時熱衷於科舉仕途,"少而爲學問文章,年十有六而貢於里,二十有三而升於太學,二十有六而選於禮部"[28]。不管是策或論,在王质擬應制舉時,手頭當有成品或半成品,將它們整理、修訂或增寫若干,備足五十篇上繳,也許更符合實際。孝宗朝監察禦史潘緯曾言:"制科進卷,率皆宿箸……進卷定制五十篇,且皆豫撰。"[29]足見當時應舉者普遍以舊作充制舉進卷。因此,《朴論》即便是應舉之論集,那也是集此前所撰論文的大成,而非屬"急就章"。

況且,王質於制舉次年,即紹興三十年中進士,可見其一直在積極準備參加科舉試。南宋前期,值科舉之年,二月初一頒布科詔,士子們開始投牒應舉,同年八月參加發解試,次年春參加省試、殿試,通過此三級考試之後纔可獲得出身[30]。因此,王質當在紹興二十九年三月朝廷頒制舉詔之前,已投牒應舉;八月,即張孝祥"去國"前後參加并通過了發解試。宋代行制舉,欲擢王佐之才,立意甚佳,但程式複雜,考試難度極大,且與政治鬥爭裏挾不清[31],因此士子們皆視爲畏途。葉適上書批評"制科":

今又使制舉者自以其所謂五十篇之文,泛指古今,敷陳利害,其言煩雜,見者厭視,聞者厭聽,且士人猥多無甚於今世,挾無以大相過之實,而冒不世之名,則朝廷所以汲汲然而求之者,乃爲譏笑之具。[32]

王質雖得張孝祥力薦,但當時制舉"或試而不合,或召而不試,或薦而不召,寥寥寂響,迄未復振"[33]。可以想象,王質并未將自己的前途押在制舉上,甚至他是否全力以赴準備制舉,都可懷疑,其顯然對科舉試更爲重視,也更有信心。總之,薦舉未果一事,在王質一生中恐是小事一椿。王阮特別提及此事,應是爲了表明王質才學早爲人所賞識,同時贊友人張公舉賢之明。而明代史家爲王質立傳,多省去這一情節。筆者推測,《朴論》并非全爲應制舉而作,可能只是其中某些文章與應舉有關。論者既以《論廟謀》爲主要論據,下面無妨以其爲個案,剖析該文是否爲應制舉之作。

二、《論廟謀》或由兩個奏疏整合而成

《論廟謀》見四庫本《雪山集》卷二,題爲《論廟謀疏》[34];其在初輯本則編入卷一,題作《廟謨論二疏》[35]。"廟謨"同"廟謀",即謂朝廷的謀略。内文1 600餘字。是文題目以"論"冠首,結構行文模式以"一曰""二曰"分兩大段,分別論述國策之定,不可被"浮言"所搖,不可爲小利所動;所針對的時政,一對外,一對内。

按一般奏疏的書寫體例,起始應申報啓奏者官職姓名,説明啓奏事由,而後進入實質性内容,以南宋《沈繼祖劾晦庵先生疏》爲例,開篇作:

> 監察御史沈繼祖奏:臣竊見秘閣修撰提舉南京鴻慶宮朱熹,資本回邪,加以忮忍;初事豪俠,務爲武斷。自知聖世此術難售,尋變所習,剽張載程頤之餘論,寓以吃榮事魔之妖術,以簧鼓後進。[36]

而王質是文開頭作:

> 一曰浮言勿搖。臣嘗論之,夫人之爲國,利之不能不喜,害之不能不懼;惟其當利害之際,喜而不示其喜之之形,懼而不露其懼之之迹,故其虛實不可得而窺,而淺深不可得而測。[37]

該文若作爲一篇獨立文章傳世,王質不大可能以"疏"字入題。四庫初輯本作二疏,而定本則删去"二"字,或表明題目之"疏"字爲四庫編者所加。不過,文中頻頻自我稱臣,凡24次,顯見是文原型是呈給皇帝御覽的。原疏的實質性内容應是繼"臣嘗論之"之後的大段文字,這些文字可能爲原疏内容。文中,王質旁徵博引,針對當時朝臣誤信"浮言",以爲

金人真心"欲歸河南之地"和"欲遷汴京之都"做出了辯駁。

是文次段闡發了另一個問題，但開段行文模式與首段同：

二曰小利勿動。臣嘗論之，曰：静而觀天下之變，揣其輕重，量其多寡，而擇其害輕利重、害寡利多者爲之，雖間有所拂於世俗，然固當有所勿恤。[38]

同樣，繼"臣嘗論之曰"之後的大段文字當爲原疏内容。該疏借古諷今，批評朝廷失策，加重江淮、浙西沙田租課，并在當地搜括民間銅器以鑄錢，認爲招來民怨，得不償失。

與四庫本不同，《歷代名臣奏議》將該篇文章"一曰浮言勿揺"和"二曰小利勿動"之後的文字分别作爲兩篇疏文連續録入，劃入"經國"類：

質又奏曰：臣嘗論之，夫人之爲國，利至不能不喜，害至不能不懼；……

質又奏曰：臣嘗論之曰：廟静而觀利害之變，揣其輕重，量其多寡，而擇其害輕利重、害寡利多者爲之，……[39]

按該書體例，不作單篇立題，只言某朝某人奏何事，爾後徑録奏文實質性文字。該書文字與《雪山集》大同小異，因其連"臣嘗論之"四字亦録入，故編纂者所録自非原疏，而是據王質整合而成的論文，與四庫本《雪山集》所輯録者同屬一個宋代文本。文中"謝玄"的"玄"没有作"元"，可能是録者信手改回；文中其他差異或爲四庫編者刻意篡改（如原本之"虜"均改爲"敵"），或爲傳録之技術性錯漏，或因編者修辭觀不同，隨手修改。

明末唐順之（1507—1560）《荆川先生右編》（以下簡稱《右編》）則録該文第一大段，即"一曰"部分，作爲一個獨立的奏疏，題作"論金人歸河南遷汴京　王質　宋光宗時上"：

論金人歸河南遷汴京　王質　宋光宗時上

臣嘗論之，夫人之爲國，利至不能不喜，害至不能不懼；惟其當利害之際，喜而不示其喜之形，懼而不露其懼之迹，故其虚實不可得而窺，淺深不可得而測。……[40]

與《歷代名臣奏議》本對勘，正文僅個别字脱漏，其餘無差。所冠題目與内容契合，但究竟是出自原疏或是據其内容自行酌定，尚難考實。不過，題下云"宋光宗時上"有誤，因王質於1189年正月病逝，其時光宗尚未即位。

明代姚文蔚《右編補》卷三則以"王質上奏孝宗"爲題輯入該部分：

王質上奏孝宗

宋孝宗時，王質奏曰：臣嘗論之，夫人之爲國，利至不能不喜，害至不能不懼；惟其當利害之際，喜而不示其喜之之形，懼而不露其懼之之迹，故其虚實不可得而窺，而淺深不可得而測。……[41]

《右編》録入該篇,《右編補》又録入,内容却未見增加,很可能是直接録自《右編》,如是,何"補"之有？ 應是後者發現"宋光宗時上"之誤,故重録予以改正。無論如何,《右編》將其單獨録出,復加題目;《右編補》再次收録,更改上書皇號,應是將王質此文看做是兩個獨立奏疏的整合。

對此,筆者亦疑《論廟謀》可能是由兩篇疏文整合而成,整合時去除原疏起始套語,分別在段首以"一曰浮言勿搖""二曰小利勿動"提示主旨。《論廟謀》應是王質將兩篇針對時政的奏疏修訂整合而成,以方便輯入某個集子,而這個集子可能就是《朴論》。不過,該疏文并非撰於應制舉的紹興二十九年。

三、《論廟謀》非撰於應制舉之年

據《論廟謀》文中語境,無論"傳北朝欲歸河南之地"或"聞北朝欲遷汴京之都",王質皆稱爲"浮言",批評群臣爲"浮言"所搖,反應不當。如前文所述,辛先生認爲"《論廟謀》有'聞北朝欲遷汴京之都'諸語,顯指今年金主亮營造汴京宫殿事,則此七篇必皆本年應制舉所作"。此論疑於史實對號有誤。

據史料所載,金貞元元年(1153年)完顔亮遷都燕京,僅數年後便思再遷開封。正隆二年(1157年)二月,他對群臣言其夢中受神示"令征某國",并故作神秘云:"豈非天假手於我,令取江南也？然而,君父之語,臣子毋泄於外。"[42]紹興和議之後,每年金主"生辰并正旦",宋"遣使稱賀不絶"[43]。完顔亮選擇這個時間點[44]在大殿上講述"神啓",不得不讓人懷疑其令臣子保密是假,有意讓宋使聽聞并傳達給宋高宗纔是真。可見此時他已在爲南下造勢。同年五月,完顔亮又召吏部尚書李通、翰林承旨翟永固、宣徽使敬嗣暉、翰林直學士韓汝嘉商議遷開封事,李、敬二人贊成,翟、韓二人表示反對[45]。但其時完顔亮決心已定,次年七月,"遷中都屯軍二猛安於南京";十一月,"詔左丞相張浩、參知政事敬嗣暉營建南京宫室"[46],"集諸路夫匠,大興宫室,極其侈靡,將徙居焉"[47]。正隆四年二月,完顔亮"造戰船於通州。詔諭宰臣以伐宋事。調諸路猛安謀克軍年二十以上、五十以下者,皆籍之,雖親老丁多亦不許留侍"[48]。由上述時間綫看,若説正隆二年完顔亮猶在爲南遷造勢的話,那麽,自三年下半年始,此事已付諸實施;進入四年,在汴京宫室初具規模的同時,金已大規模調兵,準備南下伐宋。

對於完顔亮的一系列動作,南宋使臣回國後有所上報:紹興二十八年,孫道夫"除太常少卿,假禮部侍郎充賀金正旦使。金將敗盟,詰秦檜存亡,及關、陝買馬非約,道夫隨事折之。使還,擢權禮部侍郎。……兼侍講,奏敵有窺江淮意"[49]。次年,宋國子司業黄中

"充賀金生辰使,還,爲祕書少監,尋除起居郎,累遷權禮部侍郎。中使金回,言其治汴宮,必徙居見迫,宜早爲計"[50]。且黃中已親見所營開封宮室,一應俱備[51]。同時,歸朝官李宗閔也上書言:"臣竊聞近者金人於岐、雍間伐木以造浮梁,東京、長安修治宮室,遷諸路近戍聚於關陝,游騎千數,出近邊覘視虛實,奸謀詭計,未可窺測。"[52]不過,宰相沈該、湯思退"不以爲慮"[53]。

綜合上述記載可見,紹興二十九年(正隆四年)三月之後,王質準備制舉進卷之時,金國南下汴京的消息來歷清楚,其動嚮與意圖已再明朗不過,不可等同於"浮言"。若此時王質仍撰文稱其爲"浮言",乃是自欺欺人,與沈該、湯思退之流有何區別? 又如何稱得上"通達國體"的"天才"之士[54]? 是以,原疏所云"浮言"當早於紹興二十九年,或傳於二十七、二十八年間,而王質撰文可能也是在這一時期。

至於金人之歸河南地,早在紹興八年秋,金人已遣使來議此事,儘管岳飛不以爲然,言:"金人不可信,和好不可恃,相臣謀國不臧,恐貽後世譏。"導致秦檜"銜之"。[55]但最後還是達成協議。九年春,由大臣王倫爲"交割地界使","至東京,見金右副元帥兀術,交割地界,兀術還燕";但次年"金渝盟,兀術等復取河南"[56]。由是,應驗了岳飛等主戰派的預言。當年"金人既歸河南、陝西地,命士儦謁陵寢,遂入柏城,披曆榛莽,隨宜葺治,禮畢而還。特封齊安郡王,以旌其勞"[57]。兀術等奪回河南後,南宋皇帝最耿耿於懷的是河南的"祖宗陵寢"。至紹興三十二年三月,洪皓季子邁"假翰林學士,充賀登位使,欲令金稱兄敵國而歸河南地。夏四月戊子,邁辭行,書用敵國禮,高宗親札賜邁等曰:'祖宗陵寢,隔闊三十年,不得以時灑掃祭祀,心實痛之。若彼能以河南地見歸,必欲居尊如故,正復屈己,亦何所惜。'"[58]看來金人已抓住了南宋皇帝的這種心態,不時放風"欲歸河南之地"以測試其反應,正如王質論中所言:"以利誘我,而試其喜不喜。"[59]這類"浮言"在紹興十年後恐不止出現一次,不過,因屬無稽之談,史料亦難覓明晰的記載以查證。然王質在奏疏中將"北朝欲遷汴京之都"接敘於後,而後者既被證爲"實言",則前者作爲浮言應屬更早發生的事,與王質應舉無關。

第二篇疏文的撰作時間,大約也在紹興二十八年。因其中有"而今之謀利害者不然,近者括沙田、籍銅器,此其爲利亦末矣"之語。紹興二十八年六月,"甲寅,增浙西、江東、淮東,沙田蘆場租課,置提領官田所掌之"[60];秋七月"己卯,命取公私銅器悉付鑄錢司,民間不輸者罪之"[61]。王質所云"近者括沙田、籍銅器"可能就是針對此二事。

據以上考證,可見構成《論廟謀》的兩篇原疏都是針對時政,并非爲應制舉而撰。第一疏逾870字,可以"論金人歸河南遷汴京"爲名獨立成篇;第二疏750多字,亦可獨立成篇,名以"論括沙田籍銅器"之類。但也存在另一種可能,即王質爲了應舉將此二疏整合成一以進。竊意此種可能性不大。宋代制舉所進策、論,并非五十篇文章的簡單堆砌,而是被組織到一個有結構的整體中,以系統表達作者的主要思想及對各方面具體問題的看法[62]。上揭《四庫提要》所言四篇遺文與應舉有關,其篇幅、主題相近:《漢高帝論》780 餘字,《漢文帝論》670 餘字,《梁末帝論》《周世宗論》約 670 字;《論廟謀》一言外交,一論内政,如作爲兩個單篇,與前四篇篇幅也相當。若從篇幅、結構來考慮,《論廟謀》作爲兩個單篇應可單獨進卷,無需特意整合。

綜上,《論廟謀》可能并非撰於王質應制舉之紹興二十九年,而其他幾篇文章的撰作是否在此年也需另作考證。王三毛先生已疑《論州郡財賦殿最賞罰札子》《論吏民札子》兩篇爲王質通判荆南府任滿所奏[63]。此外,如《論鎮盗疏》,《歷代名臣奏議》卷三一九"弭盗"亦收入該文,稱"孝宗時王質上鎮盗論"[64]。《右編》同樣收入,見卷二十"亂二",題作"論穎盗嚴盗",下標"宋孝宗時上"五字[65]。考其上書背景,可能與陸游上《條對狀》的時間接近[66],若然,則更與備制舉無關。至於其他諸文,也有待一一考實。總之,將該等文章定爲紹興二十九年所作,從而與《朴論》爲應制舉策論説互證,略顯牽强。

四、《論使材》爲《朴論》樣篇考

依上揭所考,無論是四庫編者將《朴論》内容界定爲"言歷代君臣治亂",抑或當代學者認爲《朴論》爲應舉之作,所論均非無懈可擊。根本原因是有關《朴論》的記載并不明晰,而到了明代,該書實際已散佚,僅有殘篇零星存世。由是,難以找到可資參照的樣篇。幸好王三毛先生於南宋學者章如愚《群書考索續集》中,發現了一段引自《朴論》的文字,爲找到《朴論》樣篇提供了重要綫索[67]。章氏引文見氏著卷三〇"官制門·三公九卿"條下:

> 武帝遷推三公九卿不拘常法。臣讀西漢百官年表,以爲武帝規模法度,固不若帝王之粹,而其役用天下,皆聖人不言之妙術也。漢制宰相之闕,則取諸三公;三公之闕,則取諸九卿。然而,石慶之死,御史大夫兒寬當遷而不遷,而太僕公孫賀得之;公孫賀之死,御史大夫商丘成當遷而不遷,而涿郡太守劉屈氂得之;御史大夫延廣之罷,九卿當遷者甚衆,無何,取諸濟南太守之王卿;御史大夫公孫之相,九卿當遷者甚衆,無何,取諸河東太守之晉系。故臣以爲武帝之用人,有不可以次第度之。張歐爲中尉九年而遷,而宵成之遷四年,韓安國之遷一年并中尉,商丘成爲大鴻臚十二年而遷,而田千秋之遷一年,田廣明之遷五年并鴻臚。故臣以爲武帝之用人,有不可以遲速推。并王景文《朴論》[68]

　　該段話的章節附註"并王景文《朴論》",表明録文引自王質《朴論》。按,章如愚,字俊卿,號山堂。南宋婺州金華(今屬浙江)人。生卒年不詳,但知爲慶元丙辰年(1196年)進士,晚王質三十六年[69],他應讀過《朴論》。該段起始"武帝遷推三公九卿不拘常法"一句,實際是提示其所録《朴論》的内容,這部分文字經王三毛先生查對,見於王質《論使材二疏》。是文未見四庫本《雪山集》,却見於清孔氏微波榭鈔本《雪山集》卷二,足見四庫定本奉旨删去的不止青詞一類。

　　就《朴論》的遺篇,無論是清人所認定的四篇,或今人所補充的七篇,均未見有任何直接、間接明示源於《朴論》之綫索,唯獨《論使材二疏》有出自《朴論》的間接證據。因此,分析該文的結構内容,對我們認識《朴論》原貌有重要意義。

　　《論使材二疏》2 000字略多,明顯可分兩大段[70]。從文章結構看,宛似《論廟謀》,係兩篇疏文整合而成。第一篇疏文即首段"一曰無責全材,臣嘗論之曰"之下的文字:"聖人之用天下,常使人欣欣有自喜之心,……然臣之論非所施於大奸慝也。"第二篇疏文即次段"二曰無拘定制。臣嘗論之曰"之下所云:"聖人之於天下,惟其我取必於人,……而烏能以鼓舞天下哉?"其"臣嘗論之曰",與《論廟謀》同,可見下面所云爲原疏内容;原疏文字略有修訂,但未有實質性改動。段首"一曰無責全材"和"二曰無拘定制",或爲整合時添加,用於點示原疏主題。經過整合的兩篇疏文,去除起始套語,成爲一篇政論文,就天子用人之道,博引古典,以漢唐明君名臣爲例,總結出兩條用人要領:

　　其一,即首段所論,大意謂天子於臣僚不可求全責備。任何有才幹之人都有短處,只要不是大奸大惡,就不可過於計較其不足。其間特别替那些被目爲"故相黨"而遭棄用的臣子説話:"陛下以天下之權付之宰相,凡取予黜陟皆出其手。而今之議者,曰某人故相黨也。臣愚不知誰非其黨歟? 既斥其尤,則其他自可以淬磨洗濯而與之更始,故臣以爲莫若棄其舊而開其新。"其二,即次段所論,謂用人不宜拘定制,升遷不宜論資歷。主旨是針砭"故歲之詔,定日月以爲遷易之限"所造成的積弊。文中"故相"當指秦檜,秦檜死於紹興二十五年,該疏應撰於此後。

　　結合王質的疏文内容,紹興二十五年後有兩個時間點可能是其上疏的背景。一是秦檜死後不久,高宗立即着手清除其黨人,起用曾被秦檜打壓的官員,其手詔云:"朕今親除公正之士,以革前弊。繼此者,宜盡心乃職,惟結主知,無更合黨締交,敗亂成法,當謹兹訓,毋自貽咎。"[71]在高宗的支持下,以湯鵬舉爲首的臺諫官員致力於彈劾論罷秦黨,"鵬舉爲臺官凡一年有半,所論皆秦檜餘黨,他未嘗及之"[72]。可見在秦檜死後一年有餘,朝廷嚴糾所謂相黨,或許是在這種政治氛圍下,王質上疏建言。此外,另一時間點在宋孝宗登基之後。孝宗在與金和戰的困窘境地中受禪,其鋭意圖強,甫即位便宣布"改而更張"[73]，并立即"追復岳飛元官，以禮改葬"[74]，同時"逐秦檜黨人，仍禁輒至行在"[75]。有研究指出，孝宗即位時便面臨着對用人政策的選擇，其不以忠節、和戰論，而以邪、正二元作爲用人標準。[76]新君登位，且在用人之道上需進言進策，王質此時上疏，也在情理之中。若要將以上兩個時間點作比較的話，筆者更傾嚮於認爲王質上疏於孝宗即位之後。秦檜死後，高宗仍重用與秦檜有關係的萬俟卨、沈該、湯思退、魏良臣等[77]，繼續奉行秦檜所主張的宋金友好共存路綫[78]，時稱"一檜雖死，百檜尚存"[79]。在這種情況下，王質似乎無須特意爲"其他"相黨中人鳴不平。反觀孝宗即位之後，積極"崇岳貶秦"，且用人政策上也未有較清晰的思路，正可對應於王質上疏所論兩部分內容。當然，無論王質上疏於秦檜死後，抑或孝宗登基之後，其撰作均與備制舉無關。

該文起始未見奏疏常見套語，但像《論廟謀》那樣，作者頻頻自我稱臣。《歷代名臣奏議》依其書編纂體例，是篇亦不作單篇，起始以"王質奏論使材二疏"爲導，表明下文爲"論使材"兩篇疏文的主體內容。但四庫編者可能未識得該文是王質《朴論》遺篇，爲了將之歸入奏議類，改以"二疏"入題。或許，這篇關於用人的專論，在《朴論》中的題目爲"論使材"或"使材二論"。無論如何，該文既是由王質論政的奏疏變造而來，又被輯入《朴論》，自可看作《朴論》的樣篇。以其爲參照樣板，則《論廟謀》可能同爲《朴論》遺篇。

五、《朴論》與王質"上書論天下事"

《宋史·王質傳》不提王質有《雪山集》，卻特別載其"著論五十篇，言歷代君臣治亂，謂之《朴論》"，可見《朴論》或爲王質生前釐定的"單行本"，而非王阮編《雪山集》時始輯編。如第一節所引，廖道南言王質"上書論天下事"，《朴論》內容不全是"言歷代君臣治亂"，倒更像是"論天下事"。之所以特別強調其"言歷代君臣治亂"，或許是因爲在當時王質以講古聞名："聽景文論古，如讀酈道元水經，名川大山，貫穿周匝，無所間斷，咳唾皆成珠璣。"[80]字字珠璣，給人印象太過深刻。

上面既確認《論使材》《論廟謀》爲《朴論》遺篇，而它們均源於指陳國事的奏疏，這就提示我們不可拘泥於《朴論》爲應制舉之作，而將其遺篇與奏議對立分開，畢竟兩者不無淵源。《右編》的歷代群臣奏疏，有不少題目以"論"字冠首，宋代亦然，如程顥《論王霸疏》(卷三)、司馬光《論體要疏》(卷三)、王安石《論本朝百年無事》(卷三)、歐陽修《論小人欲害忠良必指爲朋黨》(卷十八)、李綱《論車馬不可輕重》(卷十九)、蘇軾《論河北京東盜賊》(卷二十)等等，各篇奏疏皆可自成一篇政論文。其中，葉適所上《法度總論》，結構行文與王質《論廟謀》《論使材》同，亦作"其一曰……""其二曰……""其三曰……"[81]，是地地道道的長篇政論文。這些都表明王質所著之"論"與奏議可以相容。當然,所著之"論"既要結集成册并另冠名,或多或少都要經過修訂甚至整合。因此,或可將《朴論》界定爲王質平生論天下事文章之結集。

廖道南感慨王質:"上書論天下事而卒不見售,豈權臣當國,匿不以聞? 史又稱天子心知質忠,爲讒者所沮。"不難想象王質仕途不得意,"奉祠山居"整理舊作時,最耿耿於懷的應是該等"論天下事而卒不見售"的"上書",即其疏札。畢竟這些"上書"纔是其最爲殫思竭慮之作。王質將上書存稿整理結集,期以名山傳世。爲有別於《詩總聞》《紹陶録》之類的文學結集,該集子以"論"入名;但名以"朴論",則另具深意。"朴論"者,顧名思義,朴質之論也。此名或取意於《廣弘明集》"抱朴論道"一語[82]。此外,古代早有"朴學"一詞,謂質朴之學業,即經學也。王質是否有意將《朴論》以經學自况,不敢妄測;但無論如何,以此作爲集子名稱,乃經深思熟慮,顯明其將此五十篇文章視爲自身仕途的代表作。

王質平生所上言天下事之書,當不止五十篇。但《朴論》却以"五十"爲度,有何説法? 古人著述結集有不少取五十篇爲數,如晉代陳壽(233—297)撰《古國志》五十篇[83];南朝劉勰(約465—約532)撰《文心雕龍》凡十卷五十篇[84];唐代陸贄(754—805)晚年"既放荒遠,常闔户,人不識其面。又避謗不著書,地苦瘴癘,只爲《今古集驗方》五十篇示鄉人"[85]。宋代此風尤其,益州華陽歐陽回(896—971)"嘗擬白居易諷諫詩五十篇以獻,(孟)昶手詔嘉美,賚以銀器、錦彩"[86]。真宗朝晁迥(951—1034)"獻《咸平新書》五十篇"[87];英宗、神宗朝的唐英"及進士第,翰林學士孫抃得其《正議》五十篇,以爲馬周、魏元忠不足多。薦試賢良方正,不就"[88]。逮至明代,"坊估射利",多有僞造古書者[89],時標榜諸葛亮撰的《心書》亦爲五十篇[90]。文人編纂集子,似喜以五十篇爲度,或與《易經》有關。《周易·繫辭上傳》:"大衍之數五十,其用四十有九。分而爲二以象兩,掛一以象三,揲之以四以象四時,歸奇於扐以象閏。五歲再閏,故再扐而後掛。天數五,地數五,五位相得而各有合。天數二十有五,地數三十,凡天地之數五十有五。此所以成變化而行鬼神也。"[91]這段繫辭的具體內涵,歷代各家疏釋有分歧,但王弼所言"演天地之數,所賴者五十也"則未見有异議。既然推演天地萬事萬物所用之數爲五十,那麽,這個數字自爲國人所崇尚。應制舉者交策、論五十篇,王質《朴論》也是五十篇,兩者數目相同,就不足爲奇了。總之,《朴論》成書與應舉并無直接因果關係。《朴論》爲王質畢生心血之結晶,在他心目中,或許比其文學作品更重要。而元明史家爲王質立傳,不提其文學著作,對《朴論》則絶無忽略。

至於《朴論》是否也包括某些當年應舉之作,難以斷然肯定或否定。王質當年的上書,尚且被權臣匿不以聞,後世之人應更難過眼原疏。後人編書所輯王質疏札,恐多源於王質結集行世之《朴論》遺篇。由於《朴論》原集已佚，明清之人未識真貌，不瞭解其成書原委，因此，見其遺篇便當疏札輯入，亦無可厚非。

綜上，《朴論》成於王質淡出仕途之後，所輯文章多整理自平生上書論天下事之疏札。若如此，則現存四庫本《雪山集》卷一至卷三所收奏議類文章，或可視爲《朴論》的疑篇，這些奏議内容均爲"論天下事"，但并非照録原疏，而是有所修訂，程度不同而已。見於四庫本卷二的《論舉能疏》[92]《論馭臣疏》[93]和卷三的《論固本疏》[94]《論鎮盗疏》[95]等四篇，文章由兩部分組成，結構體例與上揭《論廟謀》《論使材》同。前三篇可能是兩篇疏文整合而成，《論鎮盗疏》疑删節改寫自一則篇幅較長的條疏。見於卷一的《論和戰守疏》[96]及卷三的《論州郡財賦殿最賞罰札子》[97]《論吏民札子》[98]等三篇，雖未見"一曰""二曰"的形式，但應源於一則奏疏，只是删去一般套語，可能録自《朴論》遺篇，又重被以"疏""札"入題。尤其是僅300餘字的《論和戰守疏》，據四庫編者注釋，上於隆興二年（1164年），時王質未届而立，爲太學正，其上書就對付金人"和、戰、守"的策略提出建言，批評天子對三者關係的看法乃形而上學，認爲三者相互聯繫，互相補益，見解頗爲辨證。大概是由於這一上書，導致"忌者共讒質年少好异論"，但王質却因此疏一舉成名。是疏不僅被全文録入《宋史》本傳，後世史家亦多引録，《朴論》應會收録這篇名文。此外，四庫本《雪山集》卷一《奏議》中有兩篇題名均作《上皇帝書》[99]。《歷代名臣奏議》收録此兩篇，一篇見卷二三四《征伐》[100]，内容是建言皇帝如何用兵出奇掣虜。依該書體例，不將該文作爲單篇，也未明示該篇題目，起始即"王質上書曰：'臣觀陛下即位以來，初欲系單于而獻之廟社，今乃坐困于二僞帥而不能抗……'"。另一篇見《歷代名臣奏議》卷九五《經國》[101]，也無題名，開篇作"王質上言曰：'臣觀今日事勢，訓兵理財，先爲富强，以待天下有變，敵國有釁，則乘機從事于中原。此今日恢復之定規也……'"。《右編》卷二八《夷五》也有録入[102]，題目則爲"論用中原及東南人夾攻金"。這兩篇所謂《上皇帝書》均圍繞如何打敗金人、收復北方河山的問題展開，是當時"天下事"的重中之重，但其抗金的内容可能會令四庫編者敏感，畢竟滿人便是金人後裔。與奏議本對勘，可以發現文字多有篡改，想來，編者即便修改了題目也并不奇怪。因此，不可因題目未見"論"字，便輕易將其排除出《朴論》。

以上《朴論》"疑篇"還有待逐篇考實，這樣，不僅有助於進一步理清《朴論》成書的原委，及其與王質"上書"的内在聯繫，對客觀評估《歷代名臣奏議》《雪山集》等所輯王質奏議文章的史料價值，正確利用該等史料，也不無裨益。

注　釋

[1] 陳思編，陳世隆補：《兩宋名賢小集》卷一九六《林泉結契》，《景印文淵閣四庫全書》第 1363 册，第

586 頁上。

[2]《宋史》卷三九五《王質傳》,北京:中華書局,1985 年,第 12055 頁。

[3] 饒宗頤:《詞集考》,北京:中華書局,1992 年,第 144 頁。張安國,即張孝祥(1132—1170),詳後。

[4] 錢鍾書:《宋詩選注》,北京:三聯書店,2001 年,第 358 頁。

[5] 轉引自四川大學古籍整理研究所:《宋集珍本叢刊》第 61 册《雪山集》首頁説明,北京:綫裝書局,
2004 年。

[6]《宋史》卷三九五《王質傳》,第 12055 頁。

[7] 謝旻:《(雍正)江西通志》卷九四,《景印文淵閣四庫全書》第 516 册,第 163 頁。

[8] 李賢:《明一統志》卷五八,《景印文淵閣四庫全書》第 473 册,第 188 頁上。

[9] 廖道南:《楚紀》卷四三,北京圖書館古籍出版編輯組編:《北京圖書館古籍珍本叢刊》第 7 册,北京:書
目文獻出版社,1998 年,第 692 頁上。

[10]《宋史》卷三九五《王質傳》,第 12055 頁。

[11]《建炎以來繫年要録》卷一八〇,北京:中華書局,2013 年,第 3458 頁。

[12]《建炎以來繫年要録》卷一八三,第 3523—3524 頁。

[13] 徐松:《宋會要輯稿》"選舉一一之二六",《宋會要輯稿》(9),上海:上海古籍出版社,2014 年,第
5485—5486 頁。

[14]《景印文淵閣四庫全書》第 1149 册,第 345 頁上。

[15]《景印文淵閣四庫全書》第 1149 册,第 376—380 頁;《宋集珍本叢刊》第 61 册,第 581—584 頁。

[16] 辛更儒:《張孝祥于湖先生年譜》,臺北:五南圖書出版公司,2003 年,第 84 頁。對此觀點,有學者表示
贊同,參王可喜:《南宋詞人王質行年考》,《長江學術》2007 年第 2 期,第 55—61 頁,有關論述見第 55—
56 頁。

[17] 蘇軾著,孔凡禮點校:《謝梅龍圖書》,《蘇軾文集》卷四九,北京:中華書局,1986 年,第 1424 頁。

[18] 辛更儒:《張孝祥于湖先生年譜》,第 84 頁。

[19]《景印文淵閣四庫全書》第 1149 册,第 346 頁下。

[20] 顧炎武:《日知録集釋》(全校本)卷一六"制科"條,上海:上海古籍出版社,2006 年,第 933 頁。

[21]《宋史》卷一五六《選舉二》,第 3649—3650 頁。

[22] 祝尚書:《宋代科舉與文學》,北京:中華書局,2008 年,第 304、286 頁。

[23] 王可喜:《南宋詞人王質行年考》,見第 55—56 頁。該觀點可能實際源自辛更儒先生。

[24] 岳珂:《愧郯録》卷一一《制舉科目》,《全宋筆記》第七編・四,鄭州:大象出版社,2016 年,第 119 頁。
聶崇岐先生也曾總結試策、論之目的爲"既可由策以觀其識,復可籍論以察其學",參氏著《宋代制舉考
略》,《宋史叢考》(上),北京:中華書局,1980 年,第 203 頁。

[25]《宋會要輯稿》"選舉一一之三四",《宋會要輯稿》(9),第 5489 頁。

[26] 葉適歷仕孝宗、光宗、甯宗三朝,曾爲太學博士、尚書左選郎、國子司業、兵部侍郎等職。詳參《宋史》卷
四三四《葉適傳》,第 12889—12894 頁。

[27] 許嘉璐主編:《孫詒讓全集・溫州經籍志》卷二一《集部》,北京:中華書局,2011 年,第 1052 頁。

[28] 王質:《雪山集》卷五《退文序》,《景印文淵閣四庫全書》第 1149 册,第 384 頁上。

[29] 許嘉璐主編:《孫詒讓全集・溫州經籍志》卷二一《集部》,第 1052 頁。

[30] 何忠禮:《南宋科舉制度史》,北京:人民出版社,2009 年,第 53、115、128—131 頁。

[31] 何忠禮:《南宋科舉制度史》,第 220 頁。

[32] 楊士奇、黄淮等編纂:《歷代名臣奏議》卷五五《治道》,臺北:臺灣學生書局,1964 年,第 788 頁下—

789 頁上，引文見第 789 頁上。

［33］岳珂《愧郯録》卷一一《制舉科目》，第 121 頁。

［34］《景印文淵閣四庫全書本》第 1149 册，第 356—358 頁。

［35］《宋集珍本叢刊》第 61 册，第 545 頁上。

［36］李心傳：《道命録》卷第七上，叢書集成初編，第 3342 册，第 67—69 頁。

［37］《景印文淵閣四庫全書本》第 1149 册，第 356 頁。

［38］《景印文淵閣四庫全書本》第 1149 册，第 357 頁。

［39］《歷代名臣奏議》卷九五《經國》，第 1318 頁下—1319 頁下。

［40］唐順之：《荆川先生右編》卷二八《夷五》，《續修四庫全書》第 460 册，北京：綫裝書局，2002 年，第 140 頁上—141 頁上。

［41］姚文蔚：《右編補》卷三，《續修四庫全書》第 461 册，第 22 頁上—23 頁下。

［42］《三朝北盟會編》卷二四二引張棣《正隆事迹記》，上海：上海古籍出版社，2008 年，第 1740 頁。

［43］《金史》卷七七《宗弼傳》，北京：中華書局，1975 年，第 1755 頁。

［44］據宋之才《使金賀生辰還覆命表》，宋氏作爲賀金生辰使，於紹興十四年九月啓程，十一月進入金國境内。次年正月完成朝見任務後，二月初回程中，先後在平州、燕山府參加金國御宴，三月初出泗州城，渡淮入宋。參周立志《論宋金交聘的運作流程——以宋之才〈使金賀生辰還覆命表〉爲中心的考察》，《東北史地》2015 年第 2 期，第 54—61 頁。從時間來看，南宋使臣很有可能聽到“令取江南”這一消息。

［45］《三朝北盟會編》卷二四二引張棣《正隆事迹記》，第 1740—1741 頁。

［46］《金史》卷五《海陵本紀》，第 109 頁。

［47］《建炎以來繫年要録》卷一八一，第 3483 頁。

［48］《金史》卷五《海陵本紀》，第 110 頁。

［49］《宋史》卷三八二《孫道夫傳》，第 11766 頁。

［50］《宋史》卷三八二《黄中傳》，第 11763 頁。

［51］在黄中之前，沈介作爲賀正旦使使金，沈已知營建汴京事，但回國後不敢上報。因此，對於黄中的彙報，高宗自欺欺人，認爲完顔亮是在修建離宮，黄中遂對云：“臣見其所營悉備，恐不止爲離宮。”《建炎以來繫年要録》卷一八一，第 3484 頁。

［52］《建炎以來繫年要録》卷一八一，第 3488 頁。

［53］《宋史》卷三八二《孫道夫傳》，第 11766 頁。

［54］《宋史》卷三九五《王質傳》，第 12056 頁。

［55］《宋史》卷三六五《岳飛傳》，第 11388 頁。

［56］《宋史》卷三七一《王倫傳》，第 11525 頁。

［57］《宋史》卷二四七《趙士㒟傳》，第 8754 頁。

［58］《宋史》卷三七三《洪邁傳》，第 11571 頁。

［59］《雪山集》卷二，《景印文淵閣四庫全書》第 1149 册，第 356 頁。

［60］《宋史》卷三一《高宗本紀》，第 590 頁。

［61］《宋史》卷三一《高宗本紀》，第 590 頁。

［62］朱剛：《唐宋“古文運動”與士大夫文學》，上海：復旦大學出版社，2013 年，第 260 頁。

［63］王三毛：《南宋王質佚著考》，《黄岡師範學院學報》2007 年第 1 期，第 7—8 頁。

［64］《歷代名臣奏議》卷三一九《弭盜》，第 4145 頁上—4146 頁下。

［65］《續修四庫全書》第 459 册，第 612 頁上—614 頁下。

[66] 拙文：《試論南宋王質〈論鎮盜疏〉之産生及其弭盜方略》，《中華文史論叢》2019 年第 4 期，第 215—235 頁。

[67] 王三毛：《南宋王質佚著考》，第 7 頁。

[68] 《景印文淵閣四庫全書》第 938 册，第 386 頁下。

[69] 徐象梅：《兩浙名賢録》卷三“理學”“山堂章俊卿先生”節下，《北京圖書館古籍珍本叢刊》第 17 册，北京：書目文獻出版社，1987 年，第 112 頁上。

[70] 《宋集珍本叢刊》第 61 册，第 559 頁上—561 頁下。《歷代名臣奏議》卷一四五“用人”亦録入是文。

[71] 《建炎以來繫年要録》卷一七〇，第 3232 頁。

[72] 《建炎以來繫年要録》卷一七六，第 3369 頁。對臺諫所涉秦黨人數，王曾瑜先生有過統計，詳參氏著《荒淫無道宋高宗》，北京：中國書籍出版社，2016 年。

[73] 徐自明撰，王瑞來校補：《宋宰輔編年録校補》，北京：中華書局，1986 年，第 1149 頁。

[74] 《宋史》卷三三《孝宗本紀》，第 618 頁。

[75] 《宋史》卷三三《孝宗本紀》，第 621 頁。

[76] 董春林：《和戰分途：南宋初年的政治轉嚮——以孝宗朝政策遷移爲綫索》，《中南大學學報（社會科學版）》2014 年第 4 期，第 203—208 頁。

[77] 《建炎以來繫年要録》引《吕中大事記》云：“上雖親政，而所任沈該、萬俟卨、湯思退、魏良臣，即檜之黨也。”《建炎以來繫年要録》卷一七二，第 3284 頁。

[78] 寺地遵著，劉静貞、李今芸譯：《南宋初期政治史研究》，上海：復旦大學出版社，2016 年，第 363 頁。

[79] 《建炎以來繫年要録》卷一七二，第 3284 頁。

[80] 《宋史》卷三九五《王質傳》，第 12056 頁。

[81] 《歷代名臣奏議》卷五五《治道》，第 762 頁上—792 頁下。

[82] 語出唐釋道宣：《廣弘明集》卷第五《辨惑篇》第二：“至如楊雄太玄，超然居異，抱朴論道，邈爾開權。”《大正藏》第 52 册，No.2103，第 117c 頁。

[83] 《晉書》卷八二《陳壽傳》，北京：中華書局，1974 年，第 2137—2138 頁。

[84] 《南史》卷七二《劉勰傳》，北京：中華書局，1975 年，第 1781—1782 頁。

[85] 《新唐書》卷一五七《陸贄傳》，北京：中華書局，1975 年，第 4932 頁。

[86] 《宋史》卷四七九《歐陽回傳》，第 13895 頁。

[87] 《宋史》卷三〇五《晁迥傳》，第 10085 頁。

[88] 《宋史》卷三五一《唐英傳》，第 11098 頁。

[89] 葉德輝：《書林清話》卷一〇，北京：中華書局，1957 年，第 264—266 頁。

[90] 《四庫全書總目》卷一〇〇“心書一卷”條下，《景印文淵閣四庫全書》第 3 册，第 165 頁下。

[91] 有關的解讀，參十三經注疏整理委員會：《十三經注疏·周易正義》卷第七“繫辭上”，北京：北京大學出版社，2000 年，第 328—330 頁。

[92] 《景印文淵閣四庫全書》第 1149 册，第 358 頁下—361 頁上。

[93] 《景印文淵閣四庫全書》第 1149 册，第 361 頁上—363 頁下。

[94] 《景印文淵閣四庫全書》第 1149 册，第 364 頁下—367 頁上。

[95] 《景印文淵閣四庫全書》第 1149 册，第 367 頁上—370 頁上

[96] 《景印文淵閣四庫全書》第 1149 册，第 347 頁下—348 頁上。

[97] 《景印文淵閣四庫全書》第 1149 册，第 370 頁上—371 頁上。

[98] 《景印文淵閣四庫全書》第 1149 册，第 371 頁上—372 頁下。

[99]《景印文淵閣四庫全書》第 1149 册，分別見第 348 頁上—350 頁上、350 頁上—355 頁下。

[100]《歷代名臣奏議》卷二三四《征伐》，第 3103 頁上—3104 頁下。

[101]《歷代名臣奏議》卷九五《經國》，第 1315 頁—1318 頁上。

[102]《荆川先生右編》卷二八，第 135 頁下—140 頁上。

（作者單位：中山大學歷史學系）

《點校本〈潮陽縣志〉校訂》序

王彥坤

明潮陽邑（今汕頭市潮陽區、潮南區）人、長史鄭義云：“郡邑之有志，猶國之有史也。有之，則建置沿革、山川形勢、風俗人物、名勝古迹，了然在目，纖悉不遺，誠不可無也。”[1]善哉，斯言！然則文化之傳承，於方志不可不措意焉。

潮陽之有縣志，自明永樂十七年（1419 年）知縣陳時可主持編修之《（永樂）潮陽縣志》始。此後，歷明、清兩朝，潮陽一邑所修縣志凡 8 種。其中，明代 5 種，僅存知縣黃一龍監修之《（隆慶）潮陽縣志》1 種；清代 3 種均存，包括知縣臧憲祖監修之《（康熙）潮陽縣志》、知縣唐文藻監修之《（嘉慶）潮陽縣志》及知縣周恒重監修之《（光緒）潮陽縣志》（下簡稱“光緒志”）。光緒志作爲潮陽舊縣志殿軍之作，不但涵蓋內容之時間跨度最長，篇幅最大，而且所持“首遵通志，次依府志，互證以邑舊三志”“繁者删之，缺者補之，疑者闕之，信者征之”之編纂原則，亦極科學合理，正所謂“後出轉精”，故其稽古之功尤著。

2000 年，時潮陽市方志辦鑒於“光绪志是我市珍贵的文化遗产之一。人们考证历史事件、事迹，常以它为依据，具有比较重要的史料价值”，而“光绪志系文言文记述，繁体字从右往左直排，错字较多，且无标点，阅读难度大”，因此“费一番心血整理出版”，以“助读者一臂之力”[2]。此即今所謂“點校本《潮陽縣志》”（下簡稱“點校本”）也。然是書之執事者，立意不可謂不嘉，奈力不逮何？今披其篇，校勘既甚粗疏，標點尤多未妥，“助力”之初衷不克兌現，反往往以疑誤貽人，誠可憾也！焕良先生此書，即專爲是作者。

先生，潮陽人也，愛家鄉，爰及邑志。讀點校本，嘆曰：“點校之粗疏，有如是者乎！”因起而匡正之，校文字之錯訛，訂標點之舛謬，以期引讀者走出點校本之迷津。及積數年之功，成此大作。全書近 20 萬言，校訂凡 1 352 則，審察辨析，細緻入微，言皆有據，可以信從。有此，則點校本之疾瘝，而光緒志可讀矣。是先生不啻爲點校本編者之諍友，亦光緒志之功臣也。尤須言者，先生之撰是書，乃當目力不逮之境[3]、年逾懸車之時，不能不令人敬佩之至。

　　嗟乎！古籍點校之事,古人極重視之,是以《禮記·學記》有"一年視離經辨志"之訓,《國語·魯語下》有"昔正考父校商之名《頌》十二篇于周太師"之文;今則成"爲者不能,能者不爲"之物。何當人皆如先生者,能者樂爲之,爲者勝其任,則庶幾矣!

2019 年 4 月 6 日於暨南園無名室

注　釋

［１］鄭義:《永樂十七年縣志序》,張其翿纂,周恒重修:《(光緒)潮陽縣志》卷首,清光緒十年(1884 年)刻本。

［２］潮陽市地方志辦公室:《清光緒甲申年(1884)〈潮陽縣志〉規範簡化漢字點校橫排本·整理出版説明》,潮陽市地方志編纂委員會辦公室整理出版,2000 年。因引書爲規範簡化字版,故所引用文段采用簡體,其他文字隨本書體例用繁體。

［３］先生此前曾因視網膜脱落動過手術,手術雖很成功,而視力已大不如前。

(作者單位:暨南大學文學院)

點校本《潮陽縣志》校訂（上）

陳煥良

目　次

前　言

　　拙稿《點校本〈潮陽縣志〉校訂》（下簡稱《校訂》），所校訂的是稱爲"規範簡化漢字點校橫排本《潮陽縣志》"（下簡稱"點校本"）[1]，所依據的底本是清光緒甲申年（1884年）潮陽知縣周恒重主持監修的《潮陽縣志》（下簡稱"光緒志"）。

　　光緒志是歷代流傳下來的最後一部潮陽地方志，篇幅最長，内容較完善，編次頗合理，具有承上啟下的文獻價值。它不僅對於研究潮陽從東晉隆安元年（397年）置縣以來的歷史、地理、文化、政治、經濟等具有重要的史料價值，亦可爲編寫新志提供參考依據。如果對它進行深入研究、認真整理，爲廣大讀者提供一個便於閱讀研究的新版本，無疑是一項有意義的事。潮陽市地方志辦公室正是基於這樣的指導思想，整理出版了點校本，有關人員精神可嘉，值得首肯。但是古籍整理并不是人人皆能勝任之事。因此點校本中存在校勘粗疏、標點錯誤的問題爲數不少。與其"助读者一臂之力"[2]的初衷相背頗遠，甚而有誣古人、誤今人之嫌。

　　筆者本着不没其是、不飾其非的精神，曾先後發表論文兩篇：《〈潮陽縣志〉"物産"卷校議》[3]《〈潮陽縣志〉"風俗""紀事"等卷校議》[4]。雖時隔多年，然意猶未盡。在斷斷續續、反反復復對勘光緒志和點校本，并查閱相關文獻時，隨手札記，積成書稿《校訂》。其中主要針對點校本標點符號和文字校勘的失誤，條列其失誤文例，分析其致誤因由，予以改易。

　　《校訂》正文從"校訂之一"至"校訂之二十三"共分23章，其中"校訂之一"含《潮陽縣志》之"卷首"和"首册"，從"校訂之二"起至"校訂之二十三"止，依次對應《潮陽縣志》卷一至卷二二。《校訂》於分卷中之各條，首先給出條目順序（1）（2）（3）等，其次標明須要校訂的内容在點校本中的頁碼及行數起始，其下再録出該内容之原文。若原文既有正文又有注文，且原字號有大小之别者，則録出之文仍區分大小字號；若原文只有正文或只有注文，則不區分大小字號。至於校訂語，或詳或略，取決於具體情況：難辨者詳之，易明者略之。爲便於比對，除個别條目外，餘經校正之文，概附於後。

　　從點校本的《整理出版説明》可知，點校本主要從事易字（繁體字改易爲簡化字等）、標點、校勘等。《整理出版説明》可視爲點校本整理工作的體例，即凡例。體例是否嚴密、科學，直接影響到點校本的品質。事實上這個體例是不夠嚴密、不夠科學的（如對光緒志目録的改編，使得目録與内文題目不對應等），而且參與整理者并不都遵循其例。對此，《校訂》姑且不論。至於因繁體字替換爲簡化字出現的問題，爲叙述方便，將其與校勘的問題歸并在一起。

《校訂》主要是訂正點校本校勘和標點兩方面的失誤。分述如下：

一、訂正點校本校勘的失誤

校勘是古籍整理的首要工序。點校本既然以光緒志爲底本，首先就必須對光緒志進行校勘，糾正其訛誤。但是點校本由於校勘粗疏，對光緒志存在的訛誤，不覺察而承襲其誤者有之；光緒志不誤，點校本以爲誤而誤改誤注者有之；而因易字、直排改橫排而新增訛誤，尤爲多見。光緒志原爲繁體直排，注文分兩行以小號字附於正文之後，未曾發現正文與注文互竄的情況，點校本改爲簡體橫排以後，文後注時見正文與注文互竄的情況，詳見《校訂》內文，於此不煩舉例。所要舉例以見其概者有以下諸類：

1. 誤而不察

光緒志中存在的訛誤主要是字形相近引起的訛字，還有爲例不多的脱文，但是點校本未能覺察而糾正。例如：

（1）點校本 69 頁《祭器》"俎"條："明堂位日周以房俎，房謂足不拊也。"標點有誤姑且不論，其中"日"字爲"曰"之誤，"不"字爲"下"之誤，"拊"當作"跗"，此三字光緒志亦誤之，點校本未察。詳"校訂之七"（36）。

（2）點校本 166 頁"蛇床子"條引《爾雅》："盰虺床即蛇床也。""盰"字爲"盱"之誤，光緒志亦誤之，點校本失校。詳"校訂之十三"（62）。

（3）點校本 167 頁"艾"條："炙百病有验。""炙"字乃"灸"之誤，光緒志已訛，點校本失校。詳"校訂之十三"（67）。

（4）點校本 533 頁 3 行"事迹大相刺谬"，"刺"字當作"刺"，形近致訛。光緒志已誤之，點校本失校。

（5）點校本 628 頁倒 3 行"锥曾挝博浪"，倒 2 行"甲巳沼句吴"。"锥"字當作"椎"，"巳"字當作"已"，光緒志已誤，點校本失校。

（6）點校本 20 頁 16 行引《宋史·天文書》云云，"书"乃"志"之訛。光緒志已誤，點校本失校。

（7）點校本 162 頁"菱"，光緒志引《説文》："菱，薩也。"點校本"薩"作"蔆"，是。然"菱"亦訛字，當作"芰"，則失校。詳"校訂之十三"（23）。

（8）點校本 456 頁倒 2 行"奉例请丈"，"请丈"當是"清丈"之訛，光緒志已誤，點校本失校。詳"校訂之二十一"（6）。

(9)點校本 531 頁 2 行:"虛危壁,皆龟蛇蟠虬之象。""危"下脱一"室"字。光緒志已脱,點校本未察而仍之。詳"校訂之二十二"(68)。

(10)點校本 548 頁 4 行:"由沟洫涂浍以达于川,说者谓五沟五涂莫不有梁。""涂"爲"遂"字之訛,點校本承襲光緒志之訛而未能訂正。詳"校訂之二十二"(100)。

2. 新增訛誤

光緒志不誤,而點校本新增了訛誤:主要是訛字,其中大多是因字形相近而訛;或因不解字義而訛;或因字音(潮汕語音)相近而訛;也有個别例子訛誤原因暫時不明。加之脱文、衍文等校勘的失誤,不一而足。例如:

(1)點校本 94 頁《祭文》2 行:"义间宣昭,表乡间而共式。""义间"光緒志原文作"義問","间"(間)乃"問"字形訛。詳"校訂之七"(62)。

(2)點校本 625 頁《都門送張旭初比部歸海陽》3 行:"寄语江千车马客,热情未许问闲鸥。""千"字爲"干"之訛。光緒志不誤,當從之。詳"校訂之二十三"(26)。

(3)點校本 411 頁 2 行:"是日俟闲(间),各引绳自经。""俟闲"光緒志原作"俟閒",即"俟間",伺機也。點校本既誤改"閒"作"閑",乃以爲訛字,另注以"间",糊塗之至。詳"校訂之二十"(20)。

(4)點校本 345 頁"郑同元"條:"同元与长吏谋榜诸通衢曰:'富室闭籴(粜)与私贩出境,法无贷。'"括弧内小字注"粜"字當去之,光緒志不誤。詳"校訂之十八"(29)。

(5)點校本 184 頁 5 行"蠢顽慑栗","慑栗"光緒志作"聾慄",不誤。點校本隨意竄改,不妥。詳"校訂之十四"(44)。

(6)點校本 112 頁"宝光寺"條 4 行"祝厘于此","厘"當從光緒志作"釐"。此"釐"通"禧",福也,不能簡化作"厘"。詳"校訂之九"(1)。

(7)點校本 464 頁《與謝鳳池書》8 行"散其党羽","党羽"光緒志原作"黨與",不當妄改。詳"校訂之二十一"(12)。

(8)點校本 101 頁《社學》7 行"良有司继作泽胤学田","胤"字光緒志作"衍"是,點校本作"胤"誤。蓋由音訛。詳"校訂之七"(78)。

(9)點校本 113 頁"六祖庵"條"知县李怵建","李怵",光緒志作"李枊"。詳"校訂之九"(4)。

(10)點校本 529 頁倒 9 行:"索辟甓于陶,诛材于山。""辟"字爲衍文,光緒志所無,當删去。詳"校訂之二十二"(59)。

(11)點校本 575 頁《棲雲石》1 行:"散漫乘风如擘絮,冥风味濛成雨若浮沤。"光緒志原無"风味"二字,乃爲衍文。詳"校訂之二十三"(12)。

(12) 點校本 571 頁《十三夜月》:"已有清辉连四境,何妨对此酌金。"光緒志"金"下有"卮"字,點校本脱。詳"校訂之二十三"(8)。

二、訂正點校本標點的失誤

古書標點,經歷由無到有,從簡到詳的過程。古書原無標點,讀者自行斷句,即《禮記·學記》所云"離經辨志"。其符號有"、"(音讀)"レ"(音絶)"。"(音句)。乃至於今,現代標點符號日臻嚴密完善,其施用於古籍整理,務必遵循其規範化要求。前人有言:"學識如何觀點書。"[5]今人標點古書,尤可見其學識如何。

恕筆者直言,點校本標點之失誤頗爲嚴重。其句讀方面存在的諸種缺失,包括:當斷不斷;不當斷而斷;當從上讀而從下讀;當從下讀而從上讀;句讀無大錯,點號欠推敲;破句之甚不可卒讀;標號(如書名號、引號)失當等。諸種情況,凸現點校本標點方面的嚴重缺陷。《校訂》竭盡所能,予以訂正。兹分別舉例,以見其凡。

1. 當斷不斷。例如:

(1) 點校本 346 頁"林华春"條 1 行:

咸丰四年(1854)进剿锡场贼林元凯,遇伏阵亡。事闻赐恤银,予云骑尉承袭,次恩骑尉。

"咸丰四年""事闻"之下均須一逗而未逗。詳"校訂之十八"(29)。

(2) 點校本 347 頁 5 行:

四年复以少击众,破贼于高资。

"四年"之後,當斷未斷。詳"校訂之十八"(30)。

(3) 點校本 347 頁 9 行:

廷镆追至西门,力斩绣龙黄衣贼目一,炮穿腿骨犹负伤督战不退,舁归,逾旬余卒;守正亦先战殁于北门。

"一炮穿腿骨"當作一句讀,下當有斷而未斷。此條標點尚存在其他問題。詳"校訂之十八"(31)。

(4) 點校本 264 頁《制舉》之"明"9 行:

洪武间(1368—1398)举神童,未任卒。

"未任"之下當有一逗。詳"校訂之十六"(4)。

(5) 點校本 470 頁 6 行:

会有饶埔之寇,诸路用兵,公从中调度,以需大举军储毕集,而民罔告劳。

"公从中调度以需大举"當作一句讀,"大举"下當逗未逗。詳"校訂之二十一"(24)。

(6) 點校本552頁6行:

盖明经所以致用实至而后名归。

"致用"之後當斷,前後作兩句讀。詳"校訂之二十二"(110)。

(7) 點校本526頁倒15行:

率子姓讲德问业,诸以坌埃至者且去毋落吾事。

"去"字後當逗未逗。詳"校訂之二十二"(44)。

(8) 點校本524頁23行:

王编修之谪潮,则三河之汇江书院至今在潮之作,是亭犹斯义也。

"至今在"下當斷未斷。"潮之作是亭"當作一句讀,其下亦宜一逗。詳"校訂之二十二"(39)。

(9) 點校本380頁"林大材"條1行:

倭寇乱,母与兄俱窜误陷贼营。

"窜"字下當斷未斷。詳"校訂之十八"(134)。

(10) 點校本547頁13行:

临阶杂坐,空明镜如倒映碧色云天。在下古树茂密,山鸟朋游,风声涧韵,訇砰铿锵。

此文前後連用八個四字句,"空明镜如""倒映碧色""云天在下"當各作一讀,點校本當斷未斷,遂讓人不知所云。詳"校訂之二十二"(98)。

2. 不當斷而斷。例如:

(1) 點校本536頁8行:

科名、子嗣何往而不获,其美报哉。

"何往而不获其美报哉"當作一句讀,中間不當有逗。點校本於"获"字下點斷,非是。詳"校訂之二十二"(78)。

(2) 點校本513頁4行:

凯还之日,有旌见城上,云中曰"潮州三山神"(下略)。

其"旌"乃見諸"云中",而非見諸"城上"。"城上云中"須連讀,中間不可有逗。點校本將"城上"與"云中"用逗號隔開,謬矣。詳"校訂之二十二"(11)。

(3) 點校本461頁《與大顛書》"其三"倒2行:

独立空旷,无异之地者,非通道也。

"空旷无异"四字合作"地"的修飾語,點校本於"空旷"後加用逗號,是不當斷而斷矣。詳"校訂之二十一"(8)。

（4）點校本 160 頁"芥蓝"條：

甘、辛,如芥叶,蓝色。

"甘辛如芥""叶蓝色"各當作一句讀。點校本於"辛"字下、"叶"字下所用之逗號,均屬不當斷而斷。詳"校訂之十三"（15）。

（5）點校本 539 頁 4 行：

有林妙贵、胡阿秋之孽,以后天教流毒远近,历多年所,招诱四方无赖,为徒数百人,驾言能书符治病,为人求嗣,又能使寡妇夜见其夫。

"招诱四方无赖为徒数百人"當作一句讀,點校本於"无赖"下加逗號,亦屬不當斷而斷。詳"校訂之二十二"（85）。

（6）點校本 509 頁 3 行：

前乎孔颜授受于洙泗者固不外此道;后乎韩子过化,于是邦者亦不外此道。

"过化"之下不當斷而斷。詳"校訂之二十二"（6）。

（7）點校本 364 頁"陳英猷"條 7 行：

历 14 载,著《演周易》4 卷,分为说数说辞,多夺邵氏之席,而翻程、朱之白以诸生。卒于家。

"多夺邵氏之席而翻程、朱之白""以诸生卒于家"皆當作一句讀,"席"後逗號、"生"後句號,皆屬不當斷而斷者。詳"校訂之十八"（78）。

（8）點校本 524 頁 8 行：

始终渥眷,可谓荃、宰两尽。

"荃宰",君臣也,中間頓號宜删。詳"校訂之二十二"（38）。

（9）點校本 554 頁 2 行：

荷圣天子宠灵遏戾,气扶正气。

"遏戾气""扶正气"相對爲文,不可割裂,"戾气"中間不當有逗。詳"校訂之二十二"（115）。

（10）點校本 498 頁倒 6 行：

潮邑繁富。为潮郡七邑称首,迩遂噉然琐尾,斯其故,余难言之矣。

"富"字下不當斷,句號須删。詳"校訂之二十一"（114）。

3. 當屬上讀而屬下讀。例如：

（1）點校本 193 頁末行：

五月朔卯刻日食,既天晦如夜,恒星毕见。

"既"字當屬上讀,"日食既",意爲日全食。詳"校訂之十四"（174）。

（2）點校本 498 頁 15 行：

予特略叙其筮仕之初政,如此奚足以盡侯之大耶。

"如此"二字當屬上讀而誤入於下。詳"校訂之二十一"(112)。

（3）點校本 390 頁"赵乃赓"條 2 行：

计生于前明崇祯辛未(1631),迄雍正乙卯(1735),始卒寿 105 岁。

"始卒"當屬上讀。詳"校訂之十八"(154)。

（4）點校本 406 頁 6 行：

郭氏曰:"始为终焉,已尔岂以将老而弃之哉。"

"始为终焉已"當作一句讀。"已"當屬上讀而誤入下讀。詳"校訂之二十"(4)。

（5）點校本 158 頁"荞麦"條：

茎弱而翘,然易发易收,磨面如麦,故有麦名。

"然"字當從上讀,"翘然"爲狀貌之辭。詳"校訂之十三"(4)。

（6）點校本 171 頁"鳖"條：

《埤雅》云:"其甲以赤苋包置湿地者,化生如细蚕,然谓之种鳖。"

"然"字爲比喻之詞,當從上讀。詳"校訂之十三"(102)。

（7）點校本 189 頁 2 行：

是月初三午刻狂飚海溢,夜大风,雨水皆成火,坏庐舍,淹没人物。

"雨水"當屬上讀而誤入下讀。詳"校訂之十四"(80)。

（8）點校本 206 頁《塗跳》3 行：

左足跪,跳上而使右足以踔泥,右手拾物(下略)。

"跳上"爲"跪"之賓語,當從上讀。詳"校訂之十四"(274)。

（9）點校本 202 頁《鄉厲壇誓文》3 行：

婚姻、丧葬,有乏随力相助,不从众及一切非为之人,并不许入会。

"有乏"當從上讀。詳"校訂之十四"(265)。

（10）點校本 331 頁"李福泰"條 2 行：

至于积年斗案,必曲为劝罢,而因事株连者,辄省释不尽如豪棍所讦。

"辄省释"當入上讀。詳"校訂之十七"(15)。

4. 當屬下讀而屬上讀。例如：

（1）點校本 164 頁"桃李花"條：

《会稽风俗赋》云:"桃李漫山臧,获视之,盖言其多而不足贵也。"

"臧"字當屬下讀,"臧获"爲詞,乃奴婢之賤稱。詳"校訂之十三"(38)。

(2) 點校本 374 頁"陈作舟"條 2 行：

有《潮阳竹枝词》9 首,仿自刘梦得沅湘之作风,雅士率抄诵之。

"风雅士"不可割裂,"风"字當屬下讀。詳"校訂之十八"(122)。

(3) 點校本 376 頁"郑吉庆"條 2 行：

甲寅(1674)草寇窃发,岳家溪头乡,集邻人守御 13 乡,安堵无事。

"13 乡"當屬下讀。詳"校訂之十八"(126)。

(4) 點校本 519 頁倒 8 行：

不疾不徐,匪棘匪舒,卒之事集而不有功成而不居此,其区划念虑,讵可与寻常举动者同日语耶。

"事集而不有""功成而不居"并舉,"此"字當屬下讀。詳"校訂之二十二"(27)。

(5) 點校本 182 頁 24 行：

仁与其党余钦、刘亮俱弃市籍,其产于官,惟余凤、陈茂昭漏网,后俱不得其死。

"籍",登記没收,當屬下讀。詳"校訂之十四"(32)。

(6) 點校本 327 頁"陈瑄"條 4 行：

后贼果从海道至谍,知备严,遁去。

"谍"字當屬下讀。詳"校訂之十七"(5)。

(7) 點校本 407 頁"范氏"條 2 行：

曰："妾所为不死者以萧生未嗣也,今妾自知有身幸,而生男可以下报矣,又何敢二焉!"

"幸"字當屬下讀。"幸而生男",意爲有幸生了男兒。詳"校訂之二十"(11)。

(8) 點校本 523 頁倒 9 行：

是斯堂之建,盖不独为酬酢观美而人已,果有以相成也。

"已"爲"己"之訛,"而人己"當屬下讀。詳"校訂之二十二"(35)。

(9) 點校本 491 頁 2 行：

五音纷兮繁会疏,缓节兮浩倡。

"疏"字當屬下讀。此十二字爲相對兩句。詳"校訂之二十一"(108)。

(10) 點校本 471 頁 5 行：

亲婴孤垒以与贼抗,三战而三却之功,光海隅泽及桑梓,可谓盛矣。

"功"字當從下讀。"功光海隅"與"泽及桑梓"對文。詳"校訂之二十一"(28)。

5. 句讀無大錯,點號欠推敲。例如：

(1) 點校本 47 頁"东山"條 6 行：

林大春曰:往余尝游会稽之东山,寻故晋征西将军谢安登眺处,见其卑之乎无甚奇观也,因叹安石以叔世雄才翼戴晋室,仅贻江左偏安,不能东望岱岳,西窥嵩少,徒以区区山水之好,犹能俾此山垂名不朽如此,若吾邑东山之胜于会稽岂有让哉。特以所在僻远,不得其人以彰之,遂使其名弗克大著于天下,彼世有席珍抱奇,不幸而晦处丘壑,或没世而文采不表于后者,非附青云之士,又乌能以自见也耶。由此观之,物必有托而后传,固不独一山焉尔矣。

"见其卑之乎"後,當有一逗;"无甚奇观也"之後逗號當改句號。"若吾邑东山之胜"後當有一逗。"遂使其名弗克大著于天下",其後逗號當改句號。"岂有让哉"下句號則宜改爲逗號。最後一句的句號改用嘆號。詳"校訂之六"(2)。

(2)點校本465頁《上月庭先生書》4行:

小子不敏,幸而有所觉悟,不敢戕绝其命脉者,非生逢先生之时,得亲先生之教而兴起乎。

反問句,當用問號。詳"校訂之二十一"(15)。

(3)點校本479頁倒8行:

盖地有其宜,人能择之;人有其功,地能显之,何分土分民之有焉。

此句爲因果複句,原因分句之"显之"下以用冒號爲宜。結果分句是一疑問句,其後則當用問號。詳"校訂之二十一"(72)。

(4)點校本489頁15行:

方今统一,首褒忠义,名纪祀典者五人,二公与联焉。南公居其三,信夫大忠大义,超越古今,虽万世犹一日也(下略)。

如此標點,"五人""二公""其三"三者關係不明。"焉"下句號宜改逗號,"三"下逗號宜改句號。詳"校訂之二十一"(105)。

(5)點校本523頁4行:

《诗》有之曰:"人之好我,示我周行"。夫周行尔我所共由,而诗人必欲得于嘉宾之示,且以为好我者之所赠遗。若与其笙簧鼓瑟而相为应和,想其时,宾主冠裳交际之间,必多有指陈性命,论列世故,阐大道之要,而犁然当于其心者,以此交修其不逮而弥缝其缺,正所谓德音孔昭,君子之则效在焉。

點校本標點未能釐清語意之層次及語句之結構關係。今謂:"示我周行"後句號宜置於後引號之内,"夫周行"下當一逗,"赠遗"下句號宜改逗號,"应和"下逗號可改句號,"于其心者"後,逗號宜改爲句號。"德音孔昭",亦爲《詩》語,當加引號。詳"校訂之二十二"(33)。

(6)點校本481頁12行:

况公渐摩之深,而民亲额其德者乎,讴歌满野,岂偶然哉。

"乎"後宜用嘆號。"哉"後宜用問號,方合文句語氣。詳"校訂之二十一"(85)。

(7)點校本524頁8行:

安能以代不数有之伟人,而接踵一门,翼翼如斯之隆者哉。

句末當改用問號。詳"校訂之二十二"(37)。

(8)點校本531頁20行:

方之荆北之民,无桑以自蚕,非不知机杼;无田以自力,非不知稼穑者,人几不欲生,何暇血食好生之帝也哉!

"稼穑者"下逗號以改冒號爲宜,"也哉"下嘆號當改問號。詳"校訂之二十二"(72)。

(9)點校本533頁11行:

庶几亮节孤忠,主宾辉映,是尤余之所愿也夫。

"也夫"之後宜改用嘆號。詳"校訂之二十二"(76)。

(10)點校本481頁5行:

教士以器识为先,以通经学古为务,自宋儒章句,上及汉唐,笺注义疏,凡古今大小之学,靡不析其源流,正其纰缪,令士知俗学之陋,而旷然于古人所以为学之意。

"为务""纰缪"之後宜各用句號。又,"上及汉唐笺注义疏"當作一句讀,中間不當有逗。詳"校訂之二十一"(84)。

6. 破句之甚,不可卒讀。例如:

(1)點校本97頁《鄉飲酒禮》1行:

县令为主宾,以致仕官为之僎,择乡里年高有德者,介以次长其位。主位东南,宾位西北,僎位东北,介位西南。佐属学官,序爵皆正西向众宾,序齿皆正东向教官。一人为司正,主扬觯以罚喧哗无礼者。

《鄉飲酒禮》有"主""賓""介""僎"若干關鍵字,點校者不明其義,盲目標點,遂致不知所云。詳"校訂之七"(64)。

(2)點校本98頁倒8行:

其宾、介之数,在仪礼则有大宾、介宾、众宾,及遵礼记亦称设僎,以辅主礼之遵,即礼记之僎也。在学政全书所载乡饮酒图则有大宾、介宾与僎一、宾二、宾三、宾众,宾与一僎、二僎、三僎。

破句之甚,不可卒讀,尤其亂賓、介之數。詳"校訂之七"(68)。

(3)點校本475頁《重修東山韓祠序》4行:

遂邪与正二,恶与善二,小人与君子二,推而至于寒暑、晦明、燥湿之二。其候也,动静、张弛、翕辟之二。其气也,高卑、上下、升沉之二。其位也,其他之对待者,不胜述。

"二其候也""二其气也""二其位也"皆當連讀,破句之後,不知所云。詳"校訂之二十一"(49)。

(4)點校本510頁19行:

五品克谐世底,时雍夏之学校。校者教也。殷之学序,序者射也。周之学庠,庠者养也。故曰学则三代共之,皆所以明人伦也。

點校本此段標點錯誤百出,不堪卒讀。詳"校訂之二十二"(7)。

(5)點校本549頁倒1行:

愿过是祠者,爱之敬之,从而则效之,且地邻学宫,修士藉以薰陶德性,变化气质处,则为正士,出则为纯臣建勋业于当时,流声名于后世。

原文中"薰陶德性,变化气质""处则为正士,出则为纯臣""建勋业于当时,流声名于后世",原本皆爲并列對舉駢偶句式,因被誤讀破句而不辭。詳"校訂之二十二"(102)。

(6)點校本476頁倒1行:

盖治性体也,经世用也,大体立而后大用,行易兼四圣书备六王礼,兼三代诗列四始春秋,明三纲九法。

本來兩兩相對的并列結構句式,由於誤讀,以致支離破碎,不堪卒讀。詳"校訂之二十一"(57)。

(7)點校本480頁《重刊四禮翼序》倒1行:

士者民之倡贤智者,庸众之倡责有攸属。

此亦破句之甚,不堪卒讀之典型例子。詳"校訂之二十一"(82)。

(8)點校本526頁倒2行:

时而攀陟屺岵,时而命酌叩舷,目景烟云紫翠,波穀潆洄耳。景松涛,谷籁蛙,鼓鸟歌,然而耳目无常接也。幻态殊情,景变而感慨系之矣。

自"目景烟云紫翠"句後,割裂支離,不知所云。詳"校訂之二十二"(49)。

(9)點校本531頁7行:

予世受易,易曰坎者水也,北方之卦,劳卦也。劳为休息,亦为生息,理固然与,传曰天地之大德,曰生坎划,内横一阳,外包两阴,好生之气始于天一震妊之源,是曰天癸,则帝之毓灵昭昭矣。何必广引星经,重诬北极乎。

此段文字,既有引典籍之語,也有作者自述之語。今標點者引文既不標明起訖,典籍也不加用書名號,遂使文意表達一塌糊塗。詳"校訂之二十二"(70)。

(10)點校本55頁4行:

郑昌时《韩江闻见录》:潮之信,三时而盈,三时而缩,昼夜凡再。又云:凡潮之发,中流为高,潮信之来,伏流先动。中流急则其旁有反流,伏流行则上流以次应飓风之变,乃有海翻、潮咸害稼,是潮应风日杲。流竭雨阴,流溢是潮,又应日与雨。

此段文字,除引文不標明起訖外,又或當斷而不斷,或不當斷而斷,文義割裂,層次不清,遂令人不知所云。詳"校訂之六"(29)。

7. 書名號之失誤。書名不加書名號;非書名而加書名號;書名文字置於書名號外;部分非書名文字置於書名號内;或誤篇名爲書名。例如:

(1) 點校本 179 頁 22 行:

郡国利病书吴平以小舟得脱(略)。

"郡国利病书"爲書名,標點者不知之,故未見書名號。詳"校訂之十四"(21)。

(2) 點校本 177 頁 16 行:

纲目书安庆绪杀禄山,不书弑者,所以甚禄山之罪也。

"纲目"指《資治通鑑綱目》,當加書名號,標點者也誤以一般叙述語視之而未加。詳"校訂之十四"(12)。

(3) 點校本 470 頁 14 行:

赋诗诵功,沨沨乎有缁衣之意焉。夫国风既列,子夏序之,汉定四诗,匡衡立说。

"缁衣"爲《詩經》篇名,"国风"乃《詩經》風、雅、頌之一體,皆當加書名號,而點校本闕如,可知標點者并未領會也。詳"校訂之二十一"(26)。

(4) 點校本 474 頁 9 行:

今存者大臣不职一疏,载被谴之繇,乞恩祭省一疏,表孝思之悃,耿耿依依,生平之大致如此。

"大臣不职""乞恩祭省"均爲"疏"篇之名,宜加書名號,而標點者又遺漏矣。詳"校訂之二十一"(45)。

(5) 點校本 178 頁 4 行:

《广东阮志》: 前事略。

"前事略"爲《阮志》編章之一,當置書名號内,標點者顯然不得其詳。詳"校訂之十四"(16)。

(5) 點校本 638 頁倒 6 行:

据□子韩文考异,以与大颠书为真,而陈振孙书录解题,力辩其伪,且言其因,仍方崧卿所编外集之误。然崧卿所刻韩集举正,今尚有淳熙旧刻,考其外集所列二十五篇之目,实无有此三书,疑不能明也。愈与大颠往返事,见与孟简书中,而所传大颠别传即称简作其为依托,灼然可见。韩文考异亦引之,不知何所徵验。考陈善扪虱新语,引宗门统要所載,宪宗诘愈佛光及愈皈依大颠屡参不悟事,一一与此书相合,《宋史·艺文志》载宗门统要十卷,僧宗永所撰,盖缁徒造作言语,以复辟佛之仇,不足为怪,至儒者亦采其说,则未免可讶矣。

此條引文涉及書目者頗多,除《宋史·藝文志》用書名號外,餘皆闕如,令人遺憾。詳"校訂之二十三"(40)。

(6)點校本164頁"鸡冠"條:

《佛书》谓之"波罗奢",有紫白二色,有紫白相间者,状如鸡冠。

"佛书"泛稱與佛教有關之典籍,非具體書名。詳"校訂之十三"(41)。

(7)點校本638頁5行:

钦定《四库全书》提要,雍正戊申(1728),鼎元以普宁知县署理潮阳,因经理其学校,作是编以训士。卷一日同规约,卷二日讲学礼仪、丁祭礼仪、书田志,卷三卷四日闲存录,卷五日道学源流、太极要义、西铭要义。

《四库全書提要》爲書名,"提要"二字當置於書名號内。文中所述各卷篇名,亦當加書名號。詳"校訂之二十三"(35)。

(8)點校本167頁"决明子"條:

《本草》述:"补肝明目。"

《本草述》爲書名,標點者誤割裂之矣。詳"校訂之十三"(63)。

(9)點校本54頁《潮汐》11行:

《余安道海潮图序》:(下略)。

"余安道"爲《海潮圖序》作者,當置書名號外。詳"校訂之六"(26)。

(10)點校本158頁"粟"條:

《尔雅·翼》曰:"谷之最细而圆者为粟。"

此條之"爾雅翼"爲書名,標點者誤爲《爾雅》之篇名矣。詳"校訂之十三"(5)。

8. 引號之失誤。引用原文而未加引號;但引大意而加用引號;引文已始而引號落後;引文未完而引號先止;引文已訖而引號延後;引文之中又有引文,而未予標示;等等。

(1)點校本481頁17行:

韩公所谓丈夫属有念事业无穷年者。余老而废学,乌足以测之。

"丈夫属有念,事业无穷年"乃韓愈《秋懷》詩句,當以引號示之而未示。詳"校訂之二十一"(88)。

(2)點校本531頁16行:

借之信石,以惠后来,虽然是故不足虑也。柳子不云乎兹丘之胜,致之沣、镐、鄠、杜,或为好事者逼处此土,或香火湮泯,今置岩于僻窅冷莫之乡,此当与钴鉧同贺其遭者也!

柳氏言見《鈷鉧潭西小丘記》,所及"兹丘之胜,致之沣、镐、鄠、杜"十字,宜加引號標示而未標。詳"校訂之二十二"(71)。

(3)點校本 527 頁 2 行:

云房子拂袂起而歌曰:在野葛绵绵兮,出山草靡靡兮,去而健美适而栖止兮,已而已而,鼓枻而去,烟波渺渺,不知其处。

歌詞當始於"在野",止於"已而已而",須加引號以示。"鼓枻"以下爲記述之辭。詳"校訂之二十二"(50)。

(4)點校本 173 頁"棉布"條:

《南史·高昌国传》有"草实如茧中丝,取以为布,甚软白。"

此引《南史·高昌國傳》文,大抵屬於意引,引號所不宜加。如若欲加引號,則"有"字當在引號之內。詳"校訂之十三"(127)。

(5)點校本 170 頁"水母"條:

故《江赋》谓水母"目虾"。

郭璞《江賦》曰:"璅蛣腹蟹,水母目蝦。"光緒志引其下句,點校本將"水母"二字置諸引號之外,非是。詳"校訂之十三"(93)。

(6)點校本 512 頁倒 1 行:

祝以文曰:"霡雨既霁,蚕谷以成,织女耕男,欣欣衎衎"其神之保佑乎,人孰不明受其赐。

點校本除了"人"字當從上讀而從下讀之外,引文未訖而引號先止於"衎衎"之後,實當止於"賜"字後。詳"校訂之二十二"(10)。

(7)點校本 159 頁"芹"條:

《诗》云:"思乐泮水,薄采其芹,则在水也。"

"則在水也"非《詩》文,乃修志者之言詞,當置之引號外。詳"校訂之十三"(9)。

(8)點校本 172 頁"蜂"條:

《礼记·檀弓》:"范则冠而有蝉有緌。范,蜂也,其毒在尾。"《传》曰:"蜂虿有毒是也。"

《檀弓》文至"緌"止,以下乃注疏文字,非《檀弓》本文。而點校本於注疏所引《傳》文起止亦誤斷矣。詳"校訂之十三"(115)。

(9)點校本 543 頁 19 行:

余用是爰然不安,进邑人而告之曰:"无念尔祖,聿修厥德,子若孙事也惟桑与梓必恭敬,正邑人之谓也。余与劳君何有焉。"

"无念尔祖,聿修厥德",見《詩·大雅·文王》。"維桑與梓,必恭敬止",見《詩·小雅·小弁》。今"維"作"惟"可通;而"止"作"正",則是點校本之錯訛。所引《詩》文,皆當以單引號標出,以與自述之文相分別。今混而爲一,殊不可解。詳"校訂之二十二"(90)。

(10)點校本 379 頁"姚从茂"條 2 行:

天順间(1457—1464),夏岭贼航海攻城,流劫乡邑,独至茂门,戒勿犯曰:"此善士家也,不火而还。"

"不火而还"是修志者叙述語,非劫贼所言,當置之引號外。詳"校訂之十八"(133)。

(11)點校本 337 頁"王思"條 6 行:

高陵吕楠尝称之曰:闻过而喜。似季路寡过,未能似伯玉则改斋其人也。改斋者,思别号也。

點校本此條標點頗爲錯亂。其中,自"闻过而喜似季路"至"则改斋其人也",爲引吕氏之語,則是當加引號而未用者。詳"校訂之十七"(38)。

點校本以光緒志爲底本所進行的標點校勘,以及筆者對其存在的問題進行校訂,雖然兩者的形式不同,但都屬於有關古籍點校的範疇。有道是,古籍點校是專家"獻醜"。言下之意是,即使專家點校古籍,也難免有舛誤。楊樹達《古書疑義舉例》所列舉的例子都是出自史上專家著述。今人點校古籍,不同程度存在疑誤,更是不足爲奇的了。

潮陽是我的故鄉,作爲故鄉人,留心故鄉地方志,心有所得,公諸同好,權當爲故鄉稍盡綿薄,也是可以的吧? 然而内心難免有些許不安。一來我不是爲點校本"點贊",而是"獻鯁";贊語順聽,鯁言逆耳,人之常情也。二來自己是在視力、腦力漸衰之歲月而完成損目勞神之事,豈非不自量力? 但是"兩力"不佳,"兩心"(誠心、耐心)尚可。有話不説,如鯁在喉,不吐不快,只好盡心盡力了。拙稿雖經數次改易,但難免仍有罅漏訛錯在。所幸者,承蒙中山大學校友、暨南大學博士生導師王彦坤教授百忙之中撥冗鼎力相助,方能以饗讀者。王彦坤教授長期潛心訓詁校勘之學,治學謹嚴,著述卓犖。他應我不情之請,欣然應允所托,細讀全稿,字斟句酌,乃至補充例證,功不可没,謹致謝忱。至於拙稿"獻醜"之處,倘或有之,伏望方家是正爲荷。

校訂之一:卷首、首册

(1)1 頁倒 3 行:

使化理蒸蒸而日上者,非良有司之責乎。

校訂:"非⋯⋯乎",反問句式,句號當改問號,作:

使化理蒸蒸而日上者,非良有司之責乎?

(2) 2頁2行:

良有司下车求治,揽辔而志澄清者,当必识所讲求以善任一邑之保障,固无待联桂之多言也夫。

校訂:"善任"後句意已完,宜加句號。又語氣詞"也夫"連用,"也"表判斷,"夫"表感嘆,其後當用嘆號。今改作:

良有司下车求治,揽辔而志澄清者,当必识所讲求以善任。一邑之保障,固无待联桂之多言也夫!

(3) 2頁《重修潮陽縣志(光緒十年)序》4行:

潮阳县志自前令豫章唐君纂修后,迄今已逾甲子,时异势殊。

校訂:"潮阳县志"當加書名號,作:

《潮阳县志》自前令豫章唐君纂修后,迄今已逾甲子,时异势殊。

(4) 2頁《重修潮陽縣志(光緒十年)序》11行:

年余潮阳县志先成,邑令黄陂周君请序于予。

校訂:時間詞"年余"之後宜有一逗,"潮阳县志"當加書名號,作:

年余,《潮阳县志》先成,邑令黄陂周君请序于予。

(5) 2頁《重修潮陽縣志(光緒十年)序》12行:

阅新志体例,以仪征阮氏通志为宗,掇拾诸志,补缀近事,凡为卷二十有二,原原本本,允称赅备。

校訂:"通志"指道光二年廣東巡按阮元主編的《廣東通志》(或稱《廣東阮志》),當加書名號,作:

阅新志体例,以仪征阮氏《通志》为宗,掇拾诸志,补缀近事,凡为卷二十有二,原原本本,允称赅备。

(6) 3頁6行:

佥曰:"志自豫章唐公钧校至今,且逾甲子,考其时则可矣,惜未有文章品望可以砥中流、排悠谬,如邑先辈林井丹先生者从事,其难哉。"余慨然曰:"此有司责也,诸君子其又奚辞。"

校訂:"惜未有文章品望可以砥中流、排悠谬如邑先輩林井丹先生者"當作一句讀,"悠谬"後逗號宜去。而"从事"當屬下讀,此句辭有省略,意謂"若有文章品望可以砥中流、排悠谬如邑先輩林井丹先生者,則從事之豈有难哉",其後之句號可改嘆號。又"诸君

子其又奚辞"乃問句,其後句號宜改問號。今改作:

僉曰:"志自豫章唐公鈞校至今,且逾甲子,考其时则可矣,惜未有文章品望可以砥中流、排悠谬如邑先辈林井丹先生者,从事其难哉!"余慨然曰:"此有司责也,诸君子其又奚辞?"

(7) 3頁14行:

今者首遵通志,次依府志,互证以邑旧三志,征文考献之,大凡具矣。

校訂: "征文考献之",讀之拗口。此"之"字用法實同於"則",宜屬下讀。今改作:

今者首遵通志,次依府志,互证以邑旧三志,征文考献,之大凡具矣。

(8) 3頁18行:

自古迄今,史有得失,巨刃摩天,斯称手笔,兹区区之海隅,岂易言乎。

校訂: "自古迄今,……斯称手笔",句意已經完整,其後宜用句號。"岂……乎",反問句式,其後當用問號。今改作:

自古迄今,史有得失,巨刃摩天,斯称手笔。兹区区之海隅,岂易言乎?

(9) 4頁倒6行:

予尝读诗,有曰"普天之下,莫非王土;率土之滨,莫非王臣。"

校訂: "诗"指《詩經》,當加書名號。詩句出自《小雅·北山》。又,"王臣"後之句號亦宜移出引號之外。今改作:

予尝读《诗》,有曰"普天之下,莫非王土;率土之滨,莫非王臣"。

(10) 5頁6行:

其取之去之,岂有一毫容私于其间哉。

校訂: "岂……哉",反問句式,句號當改問號,作:

其取之去之,岂有一毫容私于其间哉?

(11) 5頁8行:

皇上万几之暇,一览是书,则见吾潮阳山川、风俗、人物、宫室、道德文章,有超于岭南之列郡,而况他邑之小乎。

校訂: "道德""文章"之間亦宜一逗。"而况……乎",反問句式,其後當用問號。今改作:

皇上万几之暇,一览是书,则见吾潮阳山川、风俗、人物、宫室、道德、文章,有超于岭南之列郡,而况他邑之小乎?

(12) 5頁《成化十四年(1478)縣志序》11行:

顾予衰拙,奚克堪哉。

校訂: "奚……哉",反問句式,句號改問號,作:

顾予衰拙,奚克堪哉?

(13) 6 頁《宏(弘)治二年(1489)縣志序》4 行:

粤自莅官以来,夙夜只惧,以图报称,凡暇则旁询邑志于士夫耆德,欲一阅以考故典,以观民俗,以察民瘼。金曰,自古逮今,未有成书刊行于时,郁然不悦者数月。

校訂:“只惧”光緒志原作“祇惧”。“祇”通“祇”,“祇敬”义;“祇惧”意同“敬畏”。點校本誤以“祇”爲“只”字繁體,改爲“只惧”,非也。“金曰”下標點亦有未妥。所“曰”之語僅及“自古逮今,未有成书刊行于时”一句,至“郁然不悦者数月”一句,則是作者寫其聞語後之感受,故“曰”字下當有冒號,前句當加引號。今作改易如下:

粤自莅官以来,夙夜祇惧,以图报称,凡暇则旁询邑志于士夫耆德,欲一阅以考故典,以观民俗,以察民瘼。金曰:“自古逮今,未有成书刊行于时。”郁然不悦者数月。

(14) 6 頁《宏(弘)治二年(1489)縣志序》18 行:

书成,诸君子欲予为之序,并锓诸梓以行。予欲无言,则大宗伯之诲,托诸空言矣,故书之。将使来者有考于万古,庶传于今日,宁无快乎。

校訂:“则大宗伯之诲托诸空言矣”宜作一句讀,中間逗號可删。“宁……乎”,反問句式,後當用問號。今改作:

书成,诸君子欲予为之序,并锓诸梓以行。予欲无言,则大宗伯之诲托诸空言矣,故书之。将使来者有考于万古,庶传于今日,宁无快乎?

(15) 6 頁《弘治二年(1489)縣志後序》1 行:

古者,列国皆有史,汉有舆地图,唐有十道图,宋有寰宇记,所以记国事也。

校訂:“舆地图”即地圖册,亦稱地圖或輿圖。“十道图”亦屬地圖册,唐太宗省并州郡,分全國爲關内、河東、河南、河北、山南、淮南、江南、隴右、嶺南、劍南等十道,故稱。《舊唐書·經籍志上》有“《長安四年十道圖》十三卷、《開元三年十道圖》十卷”,是也。“寰宇记”爲宋代樂史所撰《太平寰宇記》之簡稱,書成於太平興國間,故冠以“太平”二字,則當加書名號,作:

古者,列国皆有史,汉有舆地图,唐有十道图,宋有《寰宇记》,所以记国事也。

(16) 7 頁 10 行:

其县治沿革之由,学校开创之盛,贡赋物产之宜,人材宦绩之著,以至风俗之淳厚,节义之昭明,诗文之富丽,庶乎一览而毕。见上可以裨圣化之隆,下可以惇民彝之善,岂徒资检阅而已哉。

校訂:“一览而毕见”,意思相承,不容割裂,“见”字當從上讀。“庶乎”語氣直貫至“惇民彝之善”,“一览而毕”後句號當改逗號。“岂……哉”,反問句式,當用問號。今改作：

其县治沿革之由,学校开创之盛,贡赋物产之宜,人材宦绩之著,以至风俗之淳厚,节义之昭明,诗文之富丽,庶乎一览而毕见,上可以裨圣化之隆,下可以惇民彝之善,岂徒资检阅而已哉?

(17) 7頁14行:

昔吴范石湖作志,郡士咸荐所闻,始得成书,则斯志也,予之有赖于钟先生者岂少也耶。

校訂:"岂……也耶",反問句式,句號當改問號,作:

昔吴范石湖作志,郡士咸荐所闻,始得成书,则斯志也,予之有赖于钟先生者岂少也耶?

(18) 7頁《隆慶六年(1572)縣志序》3行:

司马迁搜辑史记,有本纪、世家、书表、列传。

校訂:"史记"當加書名號,作:

司马迁搜辑《史记》,有本纪、世家、书表、列传。

(19) 7頁《隆慶六年(1572)縣志序》4行:

然尝观史记所陈,上下贯穿,极详且备,至于吏治之循酷,独拳拳焉。为之传以论著其始末,其间叙道德法令之效应,灼然不爽,得非以吏者民之师帅,其治行之得失,固世道之所由以污隆耶。

校訂:"史记"當加書名號。"独拳拳焉……论著其始末"宜作一句讀,"焉"後句號可刪。"得非……耶",反問句式,其後當用問號。今改作:

然尝观《史记》所陈,上下贯穿,极详且备,至于吏治之循酷,独拳拳焉为之传以论著其始末,其间叙道德法令之效应,灼然不爽,得非以吏者民之师帅,其治行之得失,固世道之所由以污隆耶?

(20) 8頁8行:

一不得其人,则民方疾视之不暇,而何职事之能称哉,是予之所为感者也。

校訂:"而何……哉",反問句式,逗號改問號,作:

一不得其人,则民方疾视之不暇,而何职事之能称哉? 是予之所为感者也。

(21) 8頁12行:

是又予之所大惧而不能自己者。

校訂:"己"是"已"之誤,今訂正:

是又予之所大惧而不能自已者。

（22）8頁倒8行：

考禹贡之书，综周官周礼之所记载仿之。史掌邦国四方之义，斯志之所为作也。

校訂："禹贡""周官"，爲書名或篇名，當加書名號。《禹貢》是《尚書》篇名。《周官》爲《周禮》本名，漢代劉歆始改稱《周禮》。又"仿之"當屬下讀，此"考……""綜……""仿之"三語并列，故"所記載"後亦當用逗號。今改作：

考《禹贡》之书，综《周官》周礼之所记载，仿之史掌邦国四方之义，斯志之所为作也。

（23）9頁2行：

遐陬僻壤，遂听风声，岂潮阳滨海而不敬修成书，以仰副圣天子求治若渴之至意乎。虽然玉卮无当，虽宝非贵；华言失实，虽丽亦轻。

校訂："岂潮阳滨海"之後宜有一逗。"而不敬修成书以仰副圣天子求治若渴之至意乎"則當作一句讀，中間無須有逗。"岂……乎"，反問句式，其後當用問號。"虽然"宜作一讀，加逗號，意爲儘管如此，其後"玉卮……，虽……"與"华言……，虽……"乃對文。今改標點作：

遐陬僻壤，遂听风声，岂潮阳滨海，而不敬修成书以仰副圣天子求治若渴之至意乎？虽然，玉卮无当，虽宝非贵；华言失实，虽丽亦轻。

（24）9頁《嘉慶二十四年（1819）縣志序》1行：

春秋编年纪事，法律谨严，而一字褒贬，有华衮铁钺之异。其所以启百代之史学者，不綦大哉。

校訂："春秋"當加書名號。《春秋》是經書名，孔子據魯史而製作者也。"不……哉"，反問句式，其後當用問號。今改作：

《春秋》编年纪事，法律谨严，而一字褒贬，有华衮铁钺之异。其所以启百代之史学者，不綦大哉？

（25）9頁《嘉慶二十四年（1819）縣志序》8行：

海滨邹鲁不洵然乎。

校訂："鲁"字下宜有一逗。又此句屬反問句式，其後當用問號。今改作：

海滨邹鲁，不洵然乎？

（26）9頁倒7行：

欣欣焉日迁善而不自知也哉。

校訂：語氣詞"也哉"連用，"也"表示判斷，"哉"表感嘆，句號宜改嘆號，作：

欣欣焉日迁善而不自知也哉！

(27) 10 頁 2 行:

典章、礼乐、祀事,孔明山川、扼要、守望相助,而后可渐期于移风易俗,还朴归淳,其所以鼓荡斯民,以共臻于上理者,又非特以备典故、矜该博巳也。

校訂:"孔明"當從上讀。孔,大也。"孔明"意爲大明。"山川扼要"當連讀,"扼要"言扼據其重要之形勢也。今改作:

典章、礼乐、祀事孔明,山川扼要,守望相助,而后可渐期于移风易俗,还朴归淳,其所以鼓荡斯民,以共臻于上理者,又非特以备典故、矜该博巳也。

(28) 10 頁 5 行:

而守土者与有训养斯民之责,敢辞固陋,而不以正人心、厚风俗为急务哉。

校訂:"敢……哉",反問句式,句號當改問號,作:

而守土者与有训养斯民之责,敢辞固陋,而不以正人心、厚风俗为急务哉?

(29) 12 頁《凡例》1 行:

考据以《广东阮志》为则,故征引书目"阮志"为多,其间有见之别书者,亦备采而标所自出。

校訂:"阮志"當用書名號,與下文《阮志》《唐志》《林志》《臧志》同例,作:

考据以《广东阮志》为则,故征引书目《阮志》为多,其间有见之别书者,亦备采而标所自出。

(30) 12 頁《凡例》14 行:

《经费》、《兵米》叠经奉行裁酌,而仓储亦非复如前,必全录之,不敢忘旧制也。

校訂:"仓储"亦志書中章節名,當加書名號,作:

《经费》《兵米》叠经奉行裁酌,而《仓储》亦非复如前,必全录之,不敢忘旧制也。

(31) 12 頁倒 3 行:

《职官》、《选举》不用表,前志相沿已久,今因之;其制举、辟荐分为二门。及国朝孝廉方正系于制举者,则依《阮志》所定。

校訂:"制举""辟荐"皆志書中章節名,當加書名號。又"及"爲連詞,其前句號當删去之。今改作:

《职官》《选举》不用表,前志相沿已久,今因之;其《制举》《辟荐》分为二门及国朝孝廉方正系于《制举》者,则依《阮志》所定。

(32) 12 頁倒 1 行:

《仕宦》,即《林志》所谓例贡监者,《臧志》既标作仕宦,其未仕者不宜复载。

校訂:"《仕宦》"後之逗號可删,又下文之"仕宦"亦當加書名號,作:

《仕宦》即《林志》所谓例贡监者,《臧志》既标作《仕宦》,其未仕者不宜复载。

(33) 13 頁 7 行:

《人物列传》别类分门。《唐志》谓本诸府志,便于查阅,然其间有"儒林"、"义行"而入"文苑"者,有"循吏"而入"儒林"者,有"义行"而入"循吏"、"隐逸"者,有叙先代义行而入"名臣"者,有为承平武吏及未为武吏而入"武功"者,反致掩乡先达之优良,稍为易位,或合叙、或分叙、或补遗、或删冗,庶芳型益彰。

校訂:"别类分门"後之句號宜改逗號,使其語意一直貫至"庶芳型益彰"。又引例中"府志"當加書名號。至依次出現之"儒林"(2 见)、"义行"(2 见)、"文苑"、"循例"(2 见)、"隐逸"、"名臣"、"武功"等,則或須改引號爲書名號或否,宜區而分之。今改作:

《人物列传》别类分门,《唐志》谓本诸《府志》,便于查阅,然其间有"儒林""义行"而入《文苑》者,有"循吏"而入《儒林》者,有"义行"而入《循吏》《隐逸》者,有叙先代义行而入《名臣》者,有为承平武吏及未为武吏而入《武功》者,反致掩乡先达之优良,稍为易位,或合叙、或分叙、或补遗、或删冗,庶芳型益彰。

(34) 13 頁 17 行:

今悉遵钦定《四库全书》提要暨《潮府周志》为定论,即一二施田铸钟,前志所尝藉,藉为"义行"者,仍附于寺观之内,示有别也。

校訂:"提要"二字當置於書名號内。《四庫全書提要》全稱《四庫全書總目提要》,清代官修,凡二百卷。"藉藉"形容多而雜亂之貌,其間逗號當删。又"义行"當加書名號,"寺观"亦當加書名號。今改作:

今悉遵钦定《四库全书提要》暨《潮府周志》为定论,即一二施田铸钟,前志所尝藉藉为《义行》者,仍附于《寺观》之内,示有别也。

校訂之二:卷一 星野

(1) 19 頁 3 行:

《尔雅》:星纪斗牵牛也。

校訂:"星纪"是星次名,與黄道十二宫之摩羯宫相當。此句語出《爾雅·釋天》,大意是:星紀爲斗、牽牛所聚處。引文當加引號,"星纪"一逗,"斗"下一頓,作:

《尔雅》:"星纪,斗、牵牛也。"

(2) 19 頁 4 行:

《周礼疏》:南斗牵牛星纪也,吴越扬州分野。

校訂:引文大意:南門、牽牛所聚處就叫星紀,也就是吳越揚州的分野。當標讀爲:

《周礼疏》:南斗、牵牛,星纪也,吴越扬州分野。

(3) 19頁5行:

《春秋·元命苞》:牵牛流为扬州,分为越。

校訂:"《春秋·元命苞》"乃《春秋元命苞》之誤,是書爲漢代緯書《春秋緯》中之一種。原文大意謂牽牛(星次名)對應的分野是揚州、越,"牽牛"當一逗。今改作:

《春秋元命苞》:牵牛,流为扬州,分为越。

(4) 19頁6行:

《史记·天官书》:牵牛婺女扬州。

校訂:引文大意:牽牛、婺女對應的分野是揚州。"牽牛"後宜一頓,"婺女"後當一逗。又所引爲《史記·天官書》原文,引文當加引號。今改作:

《史记·天官书》:"牵牛、婺女,扬州。"

(5) 19頁7行:

《史记·正义》:南斗、牵牛、须女为星纪,于辰在丑,越之分野。

校訂:"《史記·正義》"乃《史記正義》之誤,《史記正義》爲唐人張守節爲《史記》所作之注。又"須女"後當一逗。今改作:

《史记正义》:南斗、牵牛、须女,为星纪,于辰在丑,越之分野。

(6) 19頁8行:

《前汉书》:吴斗分野,越牵牛、婺女分野。

校訂:"《前汉书》"即《漢書》,東漢班固撰。《漢書·地理志》:"吳地,斗分野也。""粵地,牽牛、婺女之分野也。"此爲意引,今標讀作:

《前汉书》:吴,斗分野;越,牵牛、婺女分野。

(7) 19頁15行:

《晋书·天文志》:牵牛六星,上一星主道路,次二星主关梁,次三星主南越。

校訂:此之所引,見《晉書·天文志上》,標點似宜作:

《晋书·天文志》:牵牛六星,"上一星主道路,次二星主关梁,次三星主南越"。

(8) 19頁19行:

《唐书·天文志》:一行以为"天下山河之象,存乎两界,越及百越,去南河为远。牛女为越分。"

校訂:今考《新唐書·天文志一》,"一行以为"者,乃如下之語:"而一行以爲,天下山河之象,存乎兩戒。北戒……南戒……故《星傳》謂北戒爲'胡門',南戒爲'越門'。"至"越

及百越"云云,則非出一行語。點校本標點有誤,今改作:

《唐书·天文志》:"一行以为天下山河之象,存乎两界。"越及百越,去南河为远。牛女为越分。

(9) 20 頁 14 行:

《星经》玉衡:第六星指扬州,常以五巳之日候之。

校訂:《後漢書·天文志上》注引《星經》曰:"玉衡者,謂斗九星也。……第六星主揚州,常以五巳日候之……"據此,冒號宜前移至"《星经》"後,而"玉衡第六星指扬州"當作一句讀。今改作:

《星经》:玉衡第六星指扬州,常以五巳之日候之。

(10) 20 頁 16 行:

《宋史·天文书》:天市垣二十二星,东藩十一星,其二曰南海,六曰吴越。

校訂:《宋史》篇目未見有《天文書》,"书"乃"志"之訛,當校改。又《宋史》原文"藩"作"蕃",通。今訂作:

《宋史·天文志》:"天市垣二十二星,东藩十一星,其二曰南海,六曰吴越。"

(11) 20 頁倒 9 行:

《前汉书·天文志》牵牛为牺牲,其北河鼓,婺女其北织女,而《律历志》牛 8 度、女 12 度者,即牵牛、婺女与月令同称所谓星纪。初斗 12 度大雪,中牵牛初冬至,终于婺女 7 度也。

校訂:光緒志引《漢書·天文志》及《律曆志》爲文,或全引或意引,而點校本標點未加區別,不妥。"月令"當加書名號而未加,"即牵牛、婺女"後當有逗而未逗,并誤。今訂作:

《前汉书·天文志》:"牵牛为牺牲,其北河鼓。""婺女,其北织女。"而《律历志》,牛 8 度、女 12 度者,即牵牛、婺女,与《月令》同称,所谓"星纪,初斗 12 度,大雪。中牵牛初,冬至。终于婺女 7 度"也。

(12) 20 頁倒 5 行:

然溯《尔雅》、《周礼》所纪,统曰牵牛。其所谓女,则曰须女、婺女,而不曰织女。至晋书说分野犹沿牵牛之名,唐以后始分言之,显为区别。

校訂:"晋书"爲史書名,唐代房玄齡等奉敕所撰,當加書名號。今改作:

然溯《尔雅》《周礼》所纪,统曰牵牛。其所谓"女",则曰须女、婺女,而不曰织女。至《晋书》说分野,犹沿牵牛之名,唐以后始分言之,显为区别。

(13) 20 頁倒 3 行:

明《天文志》潮州牛分,是已其《一统志》曰"潮州属牵牛",则沿旧不悟之失。

校訂:"明天文志"指《明史·天文志》,"明"字宜入書名號內,并補充"史·"。《明史·天文志一》曰:"潮州府,牛分。"是也。"是已"猶"是矣",此前自成一句,其後當用句號。後一句批評《一統志》"沿旧不悟之失"者,牛指牛宿,爲二十八宿之一,牽牛指牽牛星,兩者不同,故有此說。今訂作:

《明史·天文志》潮州牛分,是已。其《一统志》曰潮州属牵牛,则沿旧不悟之失。

(14) 21 頁《暑度》1 行:

极度暑景常相,因知北极出地之高,即可知各节气。

校訂:"暑景"即日影,"因"字當從上讀,"相因"爲詞。又,"度"後以加頓號爲好。今改作:

极度、暑景常相因,知北极出地之高,即可知各节气。

(15) 21 頁《暑度》7 行:

谨检御制数理精蕴八线表 22 度,其正切 4220167 为 22 度 52 分 50 秒,则潮阳北极出地之高度也。

校訂:"御制数理精蕴",即《數理精蘊》,凡五十三卷,爲清聖祖所撰《律曆淵源》之第三部,當加書名號。"八线表"則爲篇名,見該書下編之卷一、卷二。故標點宜作:

谨检《御制数理精蕴·八线表》22 度,其正切 4220167 为 22 度 52 分 50 秒,则潮阳北极出地之高度也。

(16) 21 頁《氣候》2 行:

韩昌黎诗:穷冬或携扇,盛夏或重裘。

校訂:"韩昌黎诗"指韓愈《寄三學士》詩,引用詩句當加引號:

韩昌黎诗:"穷冬或携扇,盛夏或重裘。"

(17) 21 頁《氣候》3 行:

龚茂良题惠来驿诗:晴云欲午常挥扇,晓雾生寒又著绵。自是岭南多气候,日中常有四时天。

校訂:"题惠来驿"爲詩篇名,當加書名號。所引詩句也須加引號。今改作:

龚茂良《题惠来驿》诗:"晴云欲午常挥扇,晓雾生寒又著绵。自是岭南多气候,日中常有四时天。"

(18) 21 頁《氣候》5 行:

《苏文忠公集》:岭南气候不常,菊花开时,即重阳凉天,佳月即中秋,不须以日月为断也。

校訂:引文見《東坡全集》之《江月》五首引言。點校本斷句破碎支離,義既費解,而節律全失。今訂作：

《苏文忠公集》：岭南气候不常，菊花开时即重阳，凉天佳月即中秋，不须以日月为断也。

（19）21 頁《氣候》倒 1 行：

《通书》：岁占立春微微雨兆有年。谚云：干冬湿年，禾黍满田。

校訂：此條所引之文，亦見諸《（乾隆）潮州府志》卷二《氣候》引《通書歲占》，疑此文即抄襲自彼。《通書歲占》其書不詳，然據《（乾隆）潮州府志》，則當加書名號。又其中引及諺語，亦當加用引號。今改標爲：

《通书岁占》："立春微雨，兆有年。谚云：'干冬湿年，禾黍满田。'"

（20）22 頁《颶風》1 行：

《投荒杂录》：岭南诸郡皆有飓风。

校訂：《投荒雜録》，唐高州刺史房千里撰，一卷，見《新唐書·藝文志二》。引文當加引號，作：

《投荒杂录》："岭南诸郡，皆有飓风。"

（21）22 頁《颶風》5 行：

苏叔党《飓风赋》：排户破牖，殒瓦摋屋，礌击巨石，揉拔乔木，势翻渤澥，响振坤轴。疑屏翳之赫怒，执阳侯而将戮。鼓千尺之清澜，襄百仞之陵谷；吞泥沙于一卷，落崩崖于再触；列万马而并骛，溃千军而争逐。虎豹慑骇，鲸鲵奔蹙。类巨鹿之战，殷声呼而动地；似昆阳之役，举百万于一覆。

校訂：蘇過（1072—1123），北宋文學家，字叔黨，蘇軾三子，時稱小坡。所引賦文當加引號。"排户"二句爲對，"屋"下逗號宜改句號。"礌击"二句爲對，"木"下逗號宜改句號。至於"襄百仞之陵谷"後及"落崩崖于再触"後之分號，則以作句號爲宜。今改爲：

苏叔党《飓风赋》："排户破牖，殒瓦摋屋。礌击巨石，揉拔乔木。势翻渤澥，响振坤轴。疑屏翳之赫怒，执阳侯而将戮。鼓千尺之清澜，襄百仞之陵谷。吞泥沙于一卷，落崩崖于再触。列万马而并骛，溃千军而争逐。虎豹慑骇，鲸鲵奔蹙。类巨鹿之战，殷声呼而动地；似昆阳之役，举百万于一覆。"

（22）22 頁《颶風》10 行：

《岭南志》：飓风将发，有微风细雨，先缓后急，谓之炼风。

校訂：《嶺南志》又稱《嶺南史志三種》，清代阮元撰。引文屬全引，當加引號：

《岭南志》："飓风将发，有微风细雨，先缓后急，谓之炼风。"

校訂之三：卷二 疆域

(1) 27 頁 2 行：

高宗绍兴二年(1132)废潮阳入海阳。十年复置潮阳。

校訂："高宗绍兴二年""十年"宜各一逗,作：

高宗绍兴二年(1132),废潮阳入海阳。十年,复置潮阳。

(2) 27 頁 3 行：

邑自得名以来,在唐之永徽、宋之绍兴间一议废,然皆不久而复,得非其中有不便于民者在耶,要之,既废复置,徒滋纷扰,不如不废之为愈也。

校訂："得非……耶",疑問句式,逗號當改問號,作：

邑自得名以来,在唐之永徽、宋之绍兴间一议废,然皆不久而复,得非其中有不便于民者在耶? 要之,既废复置,徒滋纷扰,不如不废之为愈也。

(3) 27 頁《沿革》之"国朝"3 行：

时巡抚杨文乾据普宁令王廷相、蓝鼎元、黄道泰先后所请,奏称前明嘉靖年间(1522—1566)析潮阳之黄坑、减水、洋乌 3 都置普宁县,后洋、减 2 都复归于潮,普邑疆域失旧为地仅 40 里,因请将该都析与之。

校訂："奏"字宜屬上,以"请奏"連讀,今改作：

时巡抚杨文乾据普宁令王廷相、蓝鼎元、黄道泰先后所请奏,称前明嘉靖年间(1522—1566)析潮阳之黄坑、减水、洋乌 3 都置普宁县,后洋、减 2 都复归于潮,普邑疆域失旧为地仅 40 里,因请将该都析与之。

校訂之四：卷三 城池

(1) 28 頁《城池》1 行：

县城

校訂：此二字,光緒志原與所附《署廨》《坊巷》《井泉》《溝渠》同例,以同號字作爲標題名。點校本改易爲不同字號而移位於句首,顯然不妥。當仍其舊,按標題名格式處之。

(2) 28 頁"县城"條 5 行：

知县陈瑄自址至堞增石高 2 丈,周 974 丈,立门五,上各有楼。

校訂:"增石"之後宜有一逗,作:

知县陈瑄自址至堞增石,高 2 丈,周 974 丈,立门五,上各有楼。

(3) 28 頁"县城"條 10 行:

明年,推官张默修;十八年飓风,南北二楼俱圮(圯),知县胡景华修;三十七年倭寇逼境,知县蔡明复增高 4 尺,又析东南民居近马路者以 9 尺为度;四十二年倭寇围解,知县郭梦得增修,又筑铳台 13 座;四十四年设望楼十四座,知县陈王道建。

校訂:"十八年""三十七年""四十二年""四十四年"宜准上文各有一逗,今改作:

明年,推官张默修;十八年,飓风,南北二楼俱圮(圯),知县胡景华修;三十七年,倭寇逼境,知县蔡明复增高 4 尺,又析东南民居近马路者以 9 尺为度;四十二年,倭寇围解,知县郭梦得增修,又筑铳台 13 座;四十四年,设望楼十四座,知县陈王道建。

(4) 28 頁"县城"條 15 行:

四年飓风、霪雨,坏东南城墙暨马路 40 余丈,一龙再修完之。

校訂:"四年"宜有一逗,作:

四年,飓风、霪雨,坏东南城墙暨马路 40 余丈,一龙再修完之。

(5) 28 頁"县城"條 16 行:

万历十一年(1583)大雨城坏,知县章邦翰详支官帑修完;

校訂:"大雨"後宜一逗,作:

万历十一年(1583)大雨,城坏,知县章邦翰详支官帑修完;

(6) 28 頁"县城"條 18 行:

三十二年塌城 120 余丈,知县王训修;四十一年霪雨,城坏 11 处,知县沈淙修;四十三年复修;四十四年久雨两月,西北城倾 40 余丈,知县周之祯修;

校訂:"三十二年""四十一年""四十三年""四十四年",各当一逗,作:

三十二年,塌城 120 余丈,知县王训修;四十一年,霪雨,城坏 11 处,知县沈淙修;四十三年,复修;四十四年,久雨两月,西北城倾 40 余丈,知县周之祯修;

(7) 28 頁"县城"條 21 行:

五年六月飓风,城坏,知县陈国纪修;七年因海寇屡警,加修完固。

校訂:"五年六月""七年"之後,宜有一逗,作:

五年六月,飓风,城坏,知县陈国纪修;七年,因海寇屡警,加修完固。

(8) 28 頁末行:

知县李怵

校訂:光绪志作"知縣李枏",此作"李怵"誤。

(9) 29 頁 5 行:

十二年寇警,知县唐禎麟于城上筑大炮台 5 座。

校訂:"十二年"後,宜有一逗,作:

十二年,寇警,知县唐禎麟于城上筑大炮台 5 座。

(10) 29 頁倒 3 行:

濠

记详艺文。

校訂:"濠"字光緒志原與所附《署廨》《坊巷》《井泉》《溝渠》同例,以同號字作爲標題名。點校本改易如此,顯然不妥。當仍其舊,按標題名格式處之。又,"记"蓋指吳裕《新開潮陽縣城濠記》(見點校本《潮陽縣志》511 頁),"艺文"則須加書名號,作:

记详《艺文》。

(11) 30 頁 2 行:

记详艺文;

校訂:"记"蓋指陳大器《重修潮河記》(見點校本《潮陽縣志》515 頁),"艺文"則須加書名號:

记详《艺文》;

(12) 30 頁 5 行:

知县李烋

校訂:光緒志知縣名作"李枬",點校本誤。

(13) 30 頁 9 行:

记详艺文。

校訂:"记"蓋指蕭重光《重浚河渠記》(見點校本《潮陽縣志》548 頁),"艺文"則須加書名號:

记详《艺文》。

(14) 30 頁 14 行:

海门城

校訂:"海门城"三字光緒志原與所附《署廨》《坊巷》《井泉》《溝渠》同例,以同號字作爲標題名。點校本改易如此,顯然不妥。當仍其舊,按標題名格式處之。

(15) 31 頁 1 行:

详坊表。

校訂:"坊表"爲本書卷六《學校》所附章節之一,當加書名號,作:

详《坊表》。

(16) 31 頁 2 行：

两旁有榜廊《林志》云：榜示不法者姓名于其上，楼下左右各有密室。

校訂：注文所引《林志》語，當加引號。又，點校本標點不科學，凡正文、注文同時出現時，正文末之點號例置於注文後，遂使注文本身不能再標點號。本條即是如此(書中此種情況尚多，恕不一一指出)。今將注文後之逗號前移至正文末，另於注文後補加句號，作：

两旁有榜廊，《林志》云："榜示不法者姓名于其上。"楼下左右各有密室。

(17) 31 頁 22 行：

二十二年，知县臧宪祖增建官斋，三十年又建大门谯楼川堂；

校訂："三十年"後宜有一逗，"大门""谯楼"之後各宜一頓，作：

二十二年，知县臧宪祖增建官斋，三十年，又建大门、谯楼、川堂；

(18) 31 頁 24 行：

光绪九年(1883)大堂倒塌则知县周恒重捐赀修之。

校訂："光绪九年""大堂倒塌"各宜一逗，作：

光绪九年(1883)，大堂倒塌，则知县周恒重捐赀修之。

(19) 32 頁"际留仓"條 1 行：

详"仓储"

校訂："仓储"引號當改用書名號(《仓储》見本書卷九《賦役》所附)，作：

详《仓储》

(20) 33 頁"常平仓"條 3 行：

详仓储

校訂："仓储"當加書名號，作：

详《仓储》

(21) 33 頁"社仓"條 2 行：

详仓储

校訂："仓储"當加書名號，作：

详《仓储》

(22) 34 頁"三圣泉"條 1 行：

瀹茗者往往取给，于是石碣为邑令韩凤翔书。

校訂："于是"意爲"于此"，當屬上讀。又句意至此已完，其後宜用句號。今改作：

瀹茗者往往取给于是。石碣为邑令韩凤翔书。

（23）34 頁"挂壁泉"條：

以上俱详山川。

校訂："山川"爲《潮陽縣志》卷五篇目,當加用書名號,作：

以上俱详《山川》。

（24）35 頁"宝佑井"條：

详古迹。

校訂："古迹"爲《潮陽縣志》卷五章目,當加用書名號,作：

详《古迹》。

校訂之五：卷四 鄉都

（1）42 頁"水吼桥"條：

详艺文。

校訂：此"艺文"指《潮陽縣志》卷二十一《藝文(中)》,當加書名號,作：

详《艺文》。

（2）43 頁"和平桥"條 3 行：

据蔡氏谱作蔡谆,乃震之祖。

校訂："蔡氏谱"當加書名號,"蔡谆"宜加引號,作：

据《蔡氏谱》作"蔡谆",乃震之祖。

（3）43 頁"林八港桥、大沟桥、鲤鱼尾沟桥"條：

详艺文。

校訂："艺文"須加書名號,作：

详《艺文》。

（4）43 頁"麒麟桥"條 1 行：

邑人林大春纪文山入潮遗事,有"野桥芳草白麟孤"之句,即此。

校訂："纪文山入潮遗事"爲詩篇名(見點校本《潮陽縣志》591 頁《藝文(下)·詩》,"文山"作"文相"),當加書名號,作：

邑人林大春《纪文山入潮遗事》,有"野桥芳草白麟孤"之句,即此。

（5）46 頁"黄公堤"條 1 行：

明隆庆五年(1571)知县黄一龙倡筑,邑人林大春撰碑,详艺文。

校訂："黄一龙"光緒志皆訛作"黄一宠",點校本正之,可從。餘不一一。"碑"指林

大春《黃公堤遺愛碑》(見點校本《潮陽縣志》496頁),其後句意已完,宜用句號,"艺文"則當加書名號,作:

明隆庆五年(1571)知县黄一龙倡筑,邑人林大春撰碑。详《艺文》。

校訂之六:卷五 山川

(1) 47頁"龙首山"條2行:

唐时,县治本在临昆山之麓,《元和郡县志》作在县东南50里,今在县北3里,非有两歧也。

校訂:所引《元和郡縣志》之語,宜加引號示之,作:

唐时,县治本在临昆山之麓,《元和郡县志》作"在县东南50里",今在县北3里,非有两歧也。

(2) 47頁"东山"條6行:

林大春曰:往余尝游会稽之东山,寻故晋征西将军谢安登眺处,见其卑之乎无甚奇观也,因叹安石以叔世雄才翼戴晋室,仅贻江左偏安,不能东望岱岳,西窥嵩少,徒以区区山水之好,犹能俾此山垂名不朽如此,若吾邑东山之胜于会稽岂有让哉。特以所在僻远,不得其人以彰之,遂使其名弗克大著于天下,彼世有席珍抱奇,不幸而晦处丘壑,或没世而文采不表于后者,非附青云之士,又乌能以自见也耶。由此观之,物必有托而后传,固不独一山焉尔矣。

校訂:點校本如此標點,未能顯示語句之層次及語氣,須予改易。首句至"卑之乎"後,可有一逗;至"无甚奇观也",語意已經完整,其後逗號宜改句號。"因叹"一句,至"东山之胜"後,宜有一逗;而語氣直貫至"遂使其名弗克大著于天下",其後逗號當改句號,中間之問號則宜改爲逗號。"又乌能……也耶",乃反問句,其後句號當改問號。末句"焉尔矣"三語氣詞連用,"焉"表肯定語氣,"尔"相當於"而已",與"独"呼應,"矣"表感嘆語氣,句號宜改用嘆號。即:

林大春曰:往余尝游会稽之东山,寻故晋征西将军谢安登眺处,见其卑之乎,无甚奇观也。因叹安石以叔世雄才翼戴晋室,仅贻江左偏安,不能东望岱岳,西窥嵩少,徒以区区山水之好,犹能俾此山垂名不朽如此,若吾邑东山之胜,于会稽岂有让哉,特以所在僻远,不得其人以彰之,遂使其名弗克大著于天下。彼世有席珍抱奇,不幸而晦处丘壑,或没世而文采不表于后者,非附青云之士,又乌能以自见也耶?由此观之,物必有托而后传,固不独一山焉尔矣!

（3）47 頁"北岩"條 1 行：

明邑人周笃柴自天台挂冠归,始开创之。

校訂："柴"字爲"棐"之誤。光緒志作"棐"。

（4）48 頁"白牛岩"條 4 行：

又有石笋拔数丈,题曰"擎天"柱。

校訂："擎天"柱,本書《藝文(中)·東岩記》篇作"擎天柱"是,當從之,作：

又有石笋拔数丈,题曰"擎天柱"。

（5）48 頁"白牛岩"條 4 行：

有记详艺文。

校訂："记"指吳紹宗《東岩記》(見點校本《潮陽縣誌》537 頁),其下宜有一逗,又"艺文"須加書名號,作：

有记,详《艺文》。

（6）48 頁"叠石山"條 2 行：

迤东又一洞,上盖下底皆石,宛若天成,即邑人陈英猷演易处。

校訂："易"即《易經》,當加書名號,作：

迤东又一洞,上盖下底皆石,宛若天成,即邑人陈英猷演《易》处。

（7）49 頁"黄冈山"條 1 行：

陈白沙、湛甘泉、张东所诸公有寄题黄冈书屋诗。

校訂：陳白沙即陳獻章。湛甘泉即湛若水,又稱湛民澤。張東所名詡,號東所。本書《藝文》載有陳獻章《寄題吳處士黄岡書屋次湛民澤韻》詩(見點校本《潮陽縣志》582 頁)及張詡《題黄岡書室》詩(見點校本《潮陽縣志》584 頁),本條所稱"寄題黄冈书屋诗"指此,似宜加書名號,作：

陈白沙、湛甘泉、张东所诸公有《寄题黄冈书屋》诗。

（8）49 頁"贵屿山"條 1 行：

上有朝阳石,为元人刘南海所书。

校訂：劉南海所書當爲"朝阳石"三字,須加引號示之,作：

上有"朝阳石",为元人刘南海所书。

（9）49 頁"华阳山"條 1 行：

距县北 15 里,卢琴坪在其北。中有养木山房,为邑人吴如璋读书处。

校訂：名勝"养木山房"系一片語,爲免誤解,以加引號爲宜,作：

距县北 15 里,卢琴坪在其北。中有"养木山房",为邑人吴如璋读书处。

(10) 49 頁"大化山"條 1 行:

其形如凤,海滨望之绝肖,俗呼为"飞凤饮水。

校訂: "飞凤饮水"脱下引號,當補之,作:

其形如凤,海滨望之绝肖,俗呼为"飞凤饮水"。

(11) 49 頁"凤山"條 4 行:

及迩来山海煽乱,闻各村避乱者往往于深山中览得岩穴之胜,多不下此,急则亡匿其中,自以为固矣,乃贼以奸宄为向导,尽识其处,率骈首就毙,不则反为贼所据,适足以贻山川之累,于胜乎奚取。

校訂: 此疑問句,句號當改問號,作:

及迩来山海煽乱,闻各村避乱者往往于深山中览得岩穴之胜,多不下此,急则亡匿其中,自以为固矣,乃贼以奸宄为向导,尽识其处,率骈首就毙,不则反为贼所据,适足以贻山川之累,于胜乎奚取?

(12) 51 頁"岁寒堂"條 1 行:

苏文忠公有记。

校訂: "记"指蘇軾《歲寒堂十二石記》(見點校本《潮陽縣志》504 頁)。光緒志"記"字爲正文,是。點校本"记"爲小字注文,誤。此"有记"當連讀,作:

苏文忠公有记。

(13) 51 頁"岁寒堂"條 2 行:

详艺文。

校訂: 詳本書卷二十一《藝文(中)·記》所載蘇軾《歲寒堂十二石記》(見點校本《潮陽縣志》504 頁),"藝文"當加書名號:

详《艺文》。

(14) 52 頁"太子楼"條倒 2 行:

然史又谓浅湾为潮阳地,及今询之海人,则已不知其所在矣,惟钱澳人所共识,与太子楼相近,岂当时传讹,因遂误为浅湾耶。

校訂: "岂……耶",反問句式,句號當改問號,作:

然史又谓浅湾为潮阳地,及今询之海人,则已不知其所在矣,惟钱澳人所共识,与太子楼相近,岂当时传讹,因遂误为浅湾耶?

(15) 52 頁"千秋镇"條:

宋处置使邹凤驻兵其上,为铭刻之石。

校訂: "凤"字光緒志作"瀜",從水從鳳(簡化字作"凤")。點校本獨將右旁"鳳"中之

"鳥"簡化,又省去"凡"字中之點畫,甚是不妥。宜仍其舊,作:

宋处置使邹沨驻兵其上,为铭刻之石。

(16) 52 頁"仰高亭"條 3 行:

又有石门在其右,题曰张许二公之祠。

校訂:題額宜加引號,作:

又有石门在其右,题曰"张许二公之祠"。

(17) 53 頁 1 行:

见《林志》乡都注。

校訂:"乡都"當是《林志》中篇章名,標點宜改作:

见《林志·乡都》注。

(18) 53 頁"溪云庐"條 2 行:

有诗详《艺文》。

校訂:"诗"指羅萬傑《題溪雲廬》(見點校本《潮陽縣志》602 頁),其後宜有一逗,作:

有诗,详《艺文》。

(19) 53 頁"远志山房"條:

见邑令沈淙八景诗注。

校訂:沈淙《潮陽八景》詩,本書卷二十二《藝文(下)》録其五(見點校本《潮陽縣志》600 頁),"八景诗"宜加書名號,作:

见邑令沈淙《八景诗》注。

(20) 53 頁"潮阳八景"條 3 行:

海阳郑昌时有句云:亭下留衣陈法服,为招方外好归来。

校訂:所引鄭昌時句當加引號,作:

海阳郑昌时有句云:"亭下留衣陈法服,为招方外好归来。"

(21) 54 頁《潮汐》1 行:

《说文》:朝至曰潮,夕至曰汐。

校訂:《説文·水部》未收"潮""汐"二字,唯見"淖,水朝宗于海也",《集韵·宵韵》以爲"淖,……隸作'潮'",其説與本條不同。本條之説,亦見《(乾隆)潮州府志》卷一〇《潮汐》,蓋即襲取自彼。然不詳《(乾隆)潮州府志》何有此説。

(22) 54 頁《潮汐》2 行:

《王充论衡》:水者,地之血脉,随气进退。

校訂:作者"王充"當移出書名號外,引文亦當加引號,作:

王充《论衡》:"水者,地之血脉,随气进退。"

(23) 54 頁《潮汐》3 行:

《抱朴子》:天河从北极分为二条至于南极:其一经南斗中过,其一经东斗中过。两河随天转入地下,遇两水相得,又与海水合,三水相荡而天转之,乃激涌而成潮水。夏时,日居南宿,阴消阳盛,而天高一万五千里,故夏潮大也;冬时,日居北宿,阳消阴盛,而天卑一万五千里,故冬潮小也。

校訂:引文蓋爲葛洪《抱樸子》佚文,亦見於《太平御覽》卷六八,文字不盡相同,宜加引號,作:

《抱朴子》:"天河从北极分为二条至于南极:其一经南斗中过,其一经东斗中过。两河随天转入地下,遇两水相得,又与海水合,三水相荡而天转之,乃激涌而成潮水。""夏时,日居南宿,阴消阳盛,而天高一万五千里,故夏潮大也;冬时,日居北宿,阳消阴盛,而天卑一万五千里,故冬潮小也。"

(24) 54 頁《潮汐》7 行:

《高丽图经》:天包水,水承地,而一元之气升降于太空之中方。其气升地沉则海水溢而为潮,及其气降地浮则海水缩而为汐。潮汐往来,应期不爽,为天地之至信。

校訂:《高麗圖經》全稱《宣和奉使高麗圖經》,宋代徐兢撰。點校本有誤讀處:"中方"連讀,非也。"方"當屬下讀,"方"意爲"當"。"沉""浮"之下宜各一逗。"方其……則……及其……則……"爲并列式複句,其間可用分號示之。又引文宜加引號。今改作:

《高丽图经》:"天包水,水承地,而一元之气升降于太空之中。方其气升地沉,则海水溢而为潮;及其气降地浮,则海水缩而为汐。潮汐往来,应期不爽,为天地之至信。"

(25) 54 頁《潮汐》10 行:

《性理精义》邵子曰:海潮者,地之喘息也,所以应月者,从其类也。

校訂:《性理精義》全稱《御纂性理精義》,清李光地等纂修。此所引邵子語,見宋邵雍《皇極經世書》卷一四《觀物外篇下》,引文當加引號,作:

《性理精义》邵子曰:"海潮者,地之喘息也,所以应月者,从其类也。"

(26) 54 頁《潮汐》11 行:

《余安道海潮图序》:潮之涨退,海非增减,盖月之所临,则水往来从之。月临卯酉则水涨,月临子午则潮平。彼竭此盈,往来不绝,皆系于月。太阴西没之期,常缓于日三刻有奇,潮之日缓其期率亦如是,自朔至望常缓一夜潮,自望而晦复缓一昼潮。

校訂:"余安道",即宋人余靖(安道乃其字),爲《海潮圖序》作者,當移置書名號外。光緒志引以爲文,有删節改易,屬意引,可不用引號,然點校本標點仍有可推敲處。"潮之日緩"之下,當有一逗。"其期率亦如是",意謂其期率亦三刻有奇也。"如是"下逗號以改句號爲宜。"自朔至望""自望而晦"之後,均須一逗,又"一夜潮"下逗句可改分號,以使層次分明。今訂作:

> 余安道《海潮图序》:潮之涨退,海非增减,盖月之所临,则水往来从之。月临卯酉则水涨,月临子午则潮平。彼竭此盈,往来不绝,皆系于月。太阴西没之期,常缓于日三刻有奇,潮之日缓,其期率亦如是。自朔至望,常缓一夜潮;自望而晦,复缓一昼潮。

(27) 54 頁"《潮汐》"倒 1 行:

> 《山堂肆考》:早潮下,晚潮上,两水相合谓之沓潮。

校訂:《山堂肆考》,萬歷年間彭大翼撰。此之所引,見該書卷二十三《地理》"兩水相合"條,引文當加引號,作:

> 《山堂肆考》:"早潮下,晚潮上,两水相合谓之沓潮。"

(28) 55 頁 1 行:

> 马古洲曰:朔后三日明出而潮壮,望后三日魄见而汐涌。又云:每岁仲春月濛,木生而潮微;仲秋月明,木落而潮倍。减于大寒,极阴而凝;弱于大暑,亢阳而缩。

校訂: 引文宜加引號。又該文見鄭昌時《韓江聞見録》卷六"海潮"條,亦見方以智(1611—1671)《物理小識》卷一"潮汐"條。前者"月濛""木生""木落""亢陽",後者作"月落""水生""水落""畏陽"。相較之下,"木生""木落"當作"水生""水落"爲是,潮之微、倍本無關乎木之生、落也。光緒志作"木"者,乃因與"水"形近致訛。餘兩異文,則當以作"月濛""亢陽"爲是。"仲春月濛""仲秋月明"爲對文,"濛""明"其義相對,作"落"則失其對。又上文言"極陰",下文言"亢陽",二句皆取"物極必反"之義,作"畏陽"則費解。今訂作:

> 马古洲曰:"朔后三日明出而潮壮,望后三日魄见而汐涌。"又云:"每岁仲春月濛,水生而潮微;仲秋月明,水落而潮倍。减于大寒,极阴而凝;弱于大暑,亢阳而缩。"

(29) 55 頁 4 行:

> 郑昌时《韩江闻见录》:潮之信,三时而盈,三时而缩,昼夜凡再。又云:凡潮之发,中流为高,潮信之来,伏流先动。中流急则其旁有反流,伏流行则上流以次应飓风之变,乃有海翻、潮咸害稼,是潮应风日杲。流竭雨阴,流溢是潮,又应日与雨。

校訂: 光緒志全引清鄭昌時《韓江聞見録》文,然點校本多誤其讀,如"伏流行則上流以次應",當斷而不斷;"乃有海翻潮",不當斷而斷;"是潮应风",當斷而不斷;"日杲,流竭;雨阴,流溢",是兩個并列複句,當用分號;"是潮又应日与雨"爲一讀,中間不當有斷。今改訂作:

郑昌时《韩江闻见录》:"潮之信,三时而盈,三时而缩,昼夜凡再。"又云:"凡潮之发,中流为高;潮信之来,伏流先动。中流急,则其旁有反流;伏流行,则上流以次应。飓风之变,乃有海翻潮,咸害稼,是潮应风。日杲,流竭;雨阴,流溢:是潮又应日与雨。"

(30) 56 頁 7 行:

一世承节墓葬仙境山莲花心。

校訂:"承节"下宜一逗,作:

一世承节,墓葬仙境山莲花心。

(31) 56 頁 10 行:

子解元山葬九层墓,孙泰葬蟹地、春葬小白竹双头。

校訂:"山",吴丙子名,爲解元。"泰""春",吴丙二孙名。小白竹雙頭,地名。此條點校本標點其實不誤,然若稍改進,則文意更爲顯豁,有助於讀者理解,或可作:

子解元山,葬九层墓。孙泰,葬蟹地;春,葬小白竹双头。

(32) 56 頁 14 行:

子东海葬二龙争珠;孙教谕德俊葬风吹罗;曾孙星葬金浦上埔山。

校訂:此條與上條同例,或可改作:

子东海,葬二龙争珠;孙教谕德俊,葬风吹罗;曾孙星,葬金浦上埔山。

(33) 56 頁 16 行:

在古埕白墓。左一世宣教葬白墓。二世致政葬大坭都。

校訂:"左"當屬上讀。首句謂姚鼎墓在古埕白墓的旁邊,二句、三句言一世、二世葬地。"宣教""致政",宜各一逗。今改作:

在古埕白墓左。一世宣教,葬白墓。二世致政,葬大坭都。

(34) 56 頁 18 行:

孙逢庆葬和平径、祐之葬白竹寨外。

校訂:"逢庆""祐之",二孙名,其下可各一逗,"径"下頓號則改分號,作:

孙逢庆,葬和平径;祐之,葬白竹寨外。

(35) 56 頁《塋墓》之"元"條 1 行:

子库使仁靖葬于墓下。孙蒙泉葬横山洒酒地。

校訂:"仁靖",子名;"蒙泉",孙名。其下各宜一逗,作:

子库使仁靖,葬于墓下。孙蒙泉,葬横山洒酒地。

(36) 56 頁《塋墓》之"元"條 4 行:

一世进士升葬举都铁砧石。二世深源葬甲子所苏公澳。孙子原葬华阳清口小埔。

校訂:"升""深源",一世、二世之名。"子原",孫名。其後各宜一逗,作:

一世进士升,葬举都铁砧石。二世深源,葬甲子所苏公澳。孙子原,葬华阳清口小埔。

(37) 56 頁《塋墓》之"元"條 11 行:

子德葬亭左。

校訂:"德",子名,後宜一逗,作:

子德,葬亭左。

(38) 57 頁 1 行:

父赠员外东野也葬于乡外倒地木。

校訂:父名"东野"之後宜有一逗。例中"也"字非句中或句末語氣詞,用法同"亦"(本書"也"字多有此種用法,此不贅舉)。標點可改:

父赠员外东野,也葬于乡外倒地木。

(39) 57 頁 3 行:

父封御史继志葬大白竹。玄孙横州训导善葬港头南陂子。

校訂:"继志""善"後宜各一逗,作:

父封御史继志,葬大白竹。玄孙横州训导善,葬港头南陂子。

(40) 57 頁 12 行:

世孙举人奇章祔葬于侧。

校訂:"奇章"後可一逗,作:

世孙举人奇章,祔葬于侧。

(41) 57 頁 14 行:

祖道亨葬牛牯岭。

校訂:"道亨"後可一逗,作:

祖道亨,葬牛牯岭。

(42) 57 頁 18 行:

祖子礽葬水吼山,父哲葬大山。

校訂:"子礽""哲"下各加一逗號,"水吼山"下逗號改爲句號,或更清晰,作:

祖子礽,葬水吼山。父哲,葬大山。

(43) 57 頁 23 行:

孙继祖葬桑田鲂鱼山。

校訂:"继祖"後可有一逗,作:

孙继祖,葬桑田鲂鱼山。

（44）57 頁倒 2 行：

父贈给事宁葬牛路山。

校訂："宁"後可有一逗,作：

父贈给事宁,葬牛路山。

（45）58 頁 5 行：

祖毅然葬鹤洋剪刀地。

校訂："毅然",祖名,其後宜一逗,作：

祖毅然,葬鹤洋剪刀地。

（46）58 頁 11 行：

父贈主事惠葬县北灯心坑。

校訂："惠",父名,其後宜一逗,作：

父贈主事惠,葬县北灯心坑。

（47）58 頁 14 行：

孙衍绪葬后溪山。

校訂："衍绪",孙名,其後宜一逗,作：

孙衍绪,葬后溪山。

（48）58 頁 15 行：

兄举人继述葬于落水獭。

校訂："继述",兄名,其後宜一逗,作：

兄举人继述,葬于落水獭。

（49）58 頁 18 行：

祖汉葬普之神山。父贈知县梓葬磨石坑。

校訂："汉"爲祖名,"梓"爲父名,其後各宜一逗,作：

祖汉,葬普之神山。父贈知县梓,葬磨石坑。

（50）58 頁 20 行：

曾孙贡生士瑛葬陇都瓯坑瓦窑敦。

校訂："士瑛",曾孙名,其後宜一逗,作：

曾孙贡生士瑛,葬陇都瓯坑瓦窑敦。

（51）58 頁 25 行：

父贈知县大佐葬陇都新寨门金枧银槽山。

校訂："大佐",父名,其後宜一逗,作：

父赠知县大佐,葬陇都新寨门金枧银槽山。

(52) 58 頁倒 6 行:

在揭阳县地美都铺前,名天鹅抱卵。

校訂:"地"字後宜有一逗,"天鹅抱卵"可加引號,作:

在揭阳县地,美都铺前,名"天鹅抱卵"。

(53) 58 頁倒 4 行:

子序班衍庆葬粗石山。

校訂:"序班",官名。"衍庆",子名,其後宜一逗,作:

子序班衍庆,葬粗石山。

(54) 59 頁 9 行:

孙贡生鸿琛葬竹都乌毛龙尖峰仔前。

校訂:"鸿琛",孙名,其後宜一逗,作:

孙贡生鸿琛,葬竹都乌毛龙尖峰仔前。

(55) 59 頁 10 行:

祖光显葬新住莲花心。

校訂:"光显",祖名,其後宜一逗,作:

祖光显,葬新住莲花心。

(56) 59 頁 13 行:

弟举人孙炳葬贵都石佛心。

校訂:"孙炳",弟名,其後宜一逗,作:

弟举人孙炳,葬贵都石佛心。

(57) 59 頁 15 行:

子举人应造葬泷水都羊桃坑。

校訂:"应造",子名,其後宜一逗,作:

子举人应造,葬泷水都羊桃坑。

(58) 59 頁《塋墓》之"国朝"條 7 行:

父赠怀远将军顺和也葬于此。祖赠怀远将军宅俊葬赤港赤石埔。

校訂:"顺和"爲父名,"宅俊"爲祖名,其後各宜一逗,作:

父赠怀远将军顺和,也葬于此。祖赠怀远将军宅俊,葬赤港赤石埔。

(59) 59 頁《塋墓》之"国朝"條 9 行:

父赠中宪大夫松龄也葬于此。

校訂:"松龄",父名,其後宜一逗,作:

父赠中宪大夫松龄,也葬于此。

(60) 59 頁《塋墓》之"国朝"條 10 行:

父赠奉政大夫九龄葬附都七里港。

校訂:"九龄",父名,其後宜一逗,作:

父赠奉政大夫九龄,葬附都七里港。

(61) 59 頁《塋墓》之"国朝"條 11 行:

子赠中宪大夫精玉葬内。

校訂:"精玉",子名,其後宜一逗,作:

子赠中宪大夫精玉,葬内。

(62) 60 頁 2 行:

孙侍卫岐山葬后溪王厝岭。

校訂:"岐山",孫名,其後宜一逗,作:

孙侍卫岐山,葬后溪王厝岭。

(63) 60 頁 3 行:

父赠武义大夫振球葬小白竹,名水流石。

校訂:"振球",父名,其後宜一逗,作:

父赠武义大夫振球,葬小白竹,名水流石。

(64) 60 頁 4 行:

曾祖万我葬旧铺岭,名班鸠飞。

校訂:"万我",曾祖名,其後宜一逗。"班"乃"斑"字之誤。今訂作:

曾祖万我,葬旧铺岭,名斑鸠飞。

(65) 60 頁 6 行:

祖赠武翼大夫衍球葬砂都东湖乡后。

校訂:"衍球",祖名,其後宜一逗,作:

祖赠武翼大夫衍球,葬砂都东湖乡后。

(66) 60 頁 7 行:

祖赠武功大夫俊秀葬光湖。子游击锡侯葬东湖。

校訂:"俊秀"爲祖名,"锡侯"爲子名,其後各宜一逗,作:

祖赠武功大夫俊秀,葬光湖。子游击锡侯,葬东湖。

(67) 60 頁 9 行:

祖贈文林郎肇熙葬平和坊钟厝龙马草宫。父贈文林郎进型葬姐墓龙。

校訂:"肇熙"爲祖名,"进型"爲父名,其後各宜一逗,作:

祖贈文林郎肇熙,葬平和坊钟厝龙马草宫。父贈文林郎进型,葬姐墓龙。

(68) 60 頁 11 行:

祖贈文林郎茂福葬贵都石佛寨后。父贈文林郎朝模葬橄妆案寨后。

校訂:"茂福"爲祖名,"朝模"爲父名,其後各宜一逗,作:

祖贈文林郎茂福,葬贵都石佛寨后。父贈文林郎朝模,葬橄妆案寨后。

(69) 60 頁 13 行:

子贈文林郎世标葬双髻脚。

校訂:"世标",子名,其後宜一逗,作:

子贈文林郎世标,葬双髻脚。

(70) 60 頁 15 行:

祖贈文林郎乃勋葬稳小乡店(后)。父贈文林郎祚昌葬龙溪墘。

校訂:"乃勋"爲祖名,"祚昌"爲父名,其後各宜一逗。又,"店"字下括號"后"系點校本加注,蓋疑"店"爲"后"之形誤,然"后"之繁體與"店"形殊甚遠,既無理據,不宜擅改。今更正之:

祖贈文林郎乃勋,葬稳小乡店。父贈文林郎祚昌,葬龙溪墘。

(71) 60 頁 19 行:

子贈武翼都尉龙骧葬砂都苏澳。玄孙贈征仕郎遇春葬砂埔乡前。

校訂:"龙骧"爲子名,"遇春"爲玄孙名,其後宜各一逗,作:

子贈武翼都尉龙骧,葬砂都苏澳。玄孙贈征仕郎遇春,葬砂埔乡前。

(72) 60 頁 21 行:

父朴也葬内埔凤地。

校訂:"朴",父名,其後宜一逗,作:

父朴,也葬内埔凤地。

(73) 60 頁 22 行:

父贈朝议大夫鸿韬葬峡都锦鹪鸪。弟封武翼都尉廷治葬县东鸡母石。

校訂:"鸿韬"爲父名,"廷治"爲弟名,其後宜各一逗,作:

父贈朝议大夫鸿韬,葬峡都锦鹪鸪。弟封武翼都尉廷治,葬县东鸡母石。

(74) 60 頁 27 行:

曾祖贈奉政大夫邦梁葬招都新寮乡尖石山。祖贈文林郎崇挥、父贈文林郎嘉宽同葬八公池龙须窟。

校訂："邦梁"爲曾祖名，"嘉寬"爲父名，其後宜各一逗，作：

曾祖赠奉政大夫邦梁，葬招都新寮乡尖石山。祖赠文林郎崇挥、父赠文林郎嘉宽，同葬八公池龙须窟。

（75）60 頁 30 行：

祖赠昭武都尉开赞葬白竹岭。父赠昭武都尉锡龙葬太平门外三甲寮。

校訂："开赞"爲祖名，"锡龙"爲父名，其後宜各一逗，作：

祖赠昭武都尉开赞，葬白竹岭。父赠昭武都尉锡龙，葬太平门外三甲寮。

（76）61 頁 1 行：

孙赠振威将军炳楼葬普宁县港口。曾孙赠振威将军泰光葬竹都尖山。

校訂："炳楼"爲孫名，"泰光"爲曾孫名，其後宜各一逗，作：

孙赠振威将军炳楼，葬普宁县港口。曾孙赠振威将军泰光，葬竹都尖山。

（77）61 頁 3 行：

子封知县成仪葬冈头乡外华径山。

校訂："成仪"，子名，其後宜一逗，作：

子封知县成仪，葬冈头乡外华径山。

校訂之七：卷六 學校

（1）62 頁《先師孔子贊》2 行：

此正学所以常明人心，所以不泯也。

校訂：此句之中，"正学所以常明"與"人心所以不泯"爲對文，"人心"當屬下讀，作：

此正学所以常明，人心所以不泯也。

（2）62 頁《先師孔子贊》6 行：

后之人而欲探二帝三王之心法，以为治国平天下之准，其奚所取衷焉。

校訂：此爲疑問句，句號當改問號，作：

后之人而欲探二帝三王之心法，以为治国平天下之准，其奚所取衷焉？

（3）62 頁《先師孔子贊》7 行：

巡省东国谒祀，阙里景企，滋深敬搞笔而为之赞曰：

校訂：此例句首原由三個分句"巡省东国""谒祀阙里""景企滋深"組成，其中前兩個爲動賓結構，末一個爲動補結構。今作如此標點，破句甚矣，遂致不知所云。當改讀作：

巡省东国,调祀阙里,景企滋深,敬搞笔而为之赞曰:

(4)62頁《先師孔子贊》倒3行:

序书删诗,定礼正乐。

校訂:"书""诗""礼""乐",分別指《尚書》、《詩經》、《周禮》、《樂經》(已佚),皆古代儒家經典,當加書名號,作:

序《书》删《诗》,定《礼》正《乐》。

(5)63頁《御制顏曾思孟四子贊》9行:

康熙二十五年(1686)颁御书"万世师表",匾额敬悬大成殿。

校訂:"康熙二十五年"後宜一逗。又"颁御书'万世师表'匾额敬悬大成殿"當作一句讀,此謂颁匾額,且懸之於大成殿。"匾额"既爲"颁"之賓語,又爲"悬"之主語,中間不宜點斷。今改作:

康熙二十五年(1686),颁御书"万世师表"匾额敬悬大成殿。

(6)63頁《御制顏曾思孟四子贊》9行:

雍正三年(1725)颁御书"生民未有",匾额敬悬大成殿;

校訂:"雍正三年"後宜一逗。又"颁御书'生民未有'匾额敬悬大成殿"當作一句讀。今改作:

雍正三年(1725),颁御书"生民未有"匾额敬悬大成殿;

(7)63頁《御制顏曾思孟四子贊》10行:

乾隆五年(1740)颁御书"与天地参",扁额敬悬大成殿。

校訂:"乾隆五年"后宜一逗。又"颁御书'与天地参'匾额敬悬大成殿"當作一句讀。今改作:

乾隆五年(1740),颁御书"与天地参"扁额敬悬大成殿。

(8)63頁《御制顏曾思孟四子贊》11行:

嘉庆六年(1801)颁御书"圣集大成",匾额敬悬大成殿。

校訂:"嘉庆六年"後宜一逗。又"颁御书'圣集大成'匾额敬悬大成殿"當作一句讀。今改作:

嘉庆六年(1801),颁御书"圣集大成"匾额敬悬大成殿。

(9)63頁《御制顏曾思孟四子贊》12行:

道光元年(1821)颁御书"圣协时中",匾额敬悬大成殿。

校訂:"道光元年"後宜一逗。又"颁御书'圣协时中'匾额敬悬大成殿"當作一句讀。今改作:

道光元年(1821),颁御书"圣协时中"匾额敬悬大成殿。

(10) 63 頁《御制颜曾思孟四子贊》13 行:

咸丰元年(1851)颁御书"德齐帱载",匾额敬悬大成殿。

校訂:"咸丰元年"後宜一逗。又"颁御书'德齐帱载'匾额敬悬大成殿"當作一句讀。今改作:

咸丰元年(1851),颁御书"德齐帱载"匾额敬悬大成殿。

(11) 63 頁《御制颜曾思孟四子贊》14 行:

同治元年(1862)颁御书"圣神天纵",匾额敬悬大成殿。

校訂:"同治元年"後宜一逗。又"颁御书'圣神天纵'匾额敬悬大成殿"當作一句讀。今改作:

同治元年(1862),颁御书"圣神天纵"匾额敬悬大成殿。

(12) 63 頁《御制颜曾思孟四子贊》14 行:

光绪元年(1875)颁御书"斯文在兹",匾额敬悬大成殿。

校訂:"光绪元年"後宜一逗。又"颁御书'斯文在兹'匾额敬悬大成殿"當作一句讀。今改作:

光绪元年(1875),颁御书"斯文在兹"匾额敬悬大成殿。

(13) 63 頁《御制颜曾思孟四子贊》17 行:

至太宗贞观二年(628)用左仆射房元龄之议,始专祀孔子为先师,而颜子配之。

校訂:房元齡即房玄齡,此避清聖祖玄燁偏諱而追改。"至太宗贞观二年"後宜一逗,作:

至太宗贞观二年(628),用左仆射房元龄之议,始专祀孔子为先师,而颜子配之。

(14) 63 頁《御制颜曾思孟四子贊》20 行:

巳(己)卯二十七年(739)八月追谥孔子为文宣王,制自今,孔子南向坐,披王者之服,释奠用宫悬。

校訂:"制"後當用冒號。"自今……用宫悬"爲制文之内容,宜加雙引號。該制文見載於《資治通鑒》卷二一四《唐玄宗紀·開元二十七年》。今訂作:

巳(己)卯二十七年(739)八月追谥孔子为文宣王,制:"自今,孔子南向坐,披王者之服,释奠用宫悬。"

(15) 64 頁 1 行:

元武(成)宗元贞间(1295—1297)加号"大成至圣文宣王",遣使阙里祀以太牢。

校訂:"遣使阙里"後宜一逗,作:

元武(成)宗元贞间(1295—1297)加号"大成至圣文宣王",遣使阙里,祀以太牢。

(16) 64 頁 2 行:

明洪武元年(1368)始定每岁仲春秋上丁日遣官行释奠礼;二十六年颁乐于天下。

校訂:"明洪武元年""二十六年"之後均宜一逗,"仲春"與"秋"之間可有一頓,作:

明洪武元年(1368),始定每岁仲春、秋上丁日遣官行释奠礼;二十六年,颁乐于天下。

(17) 64 頁 5 行:

嘉靖九年(1530)从辅臣张璁议,正孔子祀典,定谥号章服,配享从祀之礼,改"大成至圣文宣王"为"至圣先师孔子",四配为复圣、宗圣、述圣、亚圣,十哲以下称先贤,公羊高以下称先儒,大成殿改称先师庙,一切公侯伯不复称,以别成周一代封爵之制。

校訂:"公""侯"之後,各宜一頓,作:

嘉靖九年(1530)从辅臣张璁议,正孔子祀典,定谥号章服,配享从祀之礼,改"大成至圣文宣王"为"至圣先师孔子",四配为复圣、宗圣、述圣、亚圣,十哲以下称先贤,公羊高以下称先儒,大成殿改称先师庙,一切公、侯、伯不复称,以别成周一代封爵之制。

(18) 65 頁倒 5 行:

汉安帝延光三年(124)始祀孔子及七十二子于阙里。

校訂:"汉安帝延光三年"後可一逗,作:

汉安帝延光三年(124),始祀孔子及七十二子于阙里。

(19) 65 頁倒 5 行:

唐太宗贞观二十一年(647)始以左丘明、卜子夏、公羊高、谷梁赤、伏胜、高堂生、毛苌、戴圣、孔安国、刘向、郑众、杜子春、马融、卢植、郑康成、服虔、何休、王肃、王弼、杜预、范宁、贾逵22人从祀。

校訂:"唐太宗贞观二十一年"後宜一逗。又複姓"穀梁"之"穀"不簡化作"谷",此作"谷"誤。今訂作:

唐太宗贞观二十一年(647),始以左丘明、卜子夏、公羊高、穀梁赤、伏胜、高堂生、毛苌、戴圣、孔安国、刘向、郑众、杜子春、马融、卢植、郑康成、服虔、何休、王肃、王弼、杜预、范宁、贾逵22人从祀。

(20) 65 頁倒 1 行:

理宗淳祐二年(1242)加周敦颐、张载、程颢、程颐、封爵与朱熹并从祀。

校訂:"程颐"後頓號當去,"封爵"之後宜有一逗,作:

理宗淳祐二年(1242)加周敦颐、张载、程颢、程颐封爵,与朱熹并从祀。

(21) 66 頁 3 行:

正统二年(1437)以宋胡安国、蔡沈、真德秀从祀;八年从辅臣杨士奇议,以元吴澄从祀。

校訂:"正统二年""八年"之後,各宜一逗,作:

正统二年(1437),以宋胡安国、蔡沈、真德秀从祀;八年,从辅臣杨士奇议,以元吴澄从祀。

(22) 66 頁 10 行:

国朝康熙五十一年(1712)以朱熹升祔十哲;五十五年以范仲淹从祀。

校訂:"国朝康熙五十一年""五十五年"之後,各宜一逗,作:

国朝康熙五十一年(1712),以朱熹升祔十哲;五十五年,以范仲淹从祀。

(23) 66 頁 15 行:

乾隆二年(1737)复以吴澄从祀;三年以有若升祔十哲。六年颁定先贤、先儒配祀位次于天下学宫。

校訂:"乾隆二年""三年""六年"之後各宜一逗,"十哲"之後当用分號,今訂作:

乾隆二年(1737),复以吴澄从祀;三年,以有若升祔十哲;六年,颁定先贤、先儒配祀位次于天下学宫。

(24) 66 頁 16 行:

又道光二年(1822)以刘宗周从祀;三年以汤斌从祀;五年以黄道周从祀;六年以陆贽、吕坤从祀;八年以孙奇逢从祀;二十三年以文天祥从祀;二十九年以谢良佐从祀。

校訂:"道光二年""三年""五年""六年""八年""二十三年""二十九年"之後,各宜一逗,作:

又道光二年(1822),以刘宗周从祀;三年,以汤斌从祀;五年,以黄道周从祀;六年,以陆贽、吕坤从祀;八年,以孙奇逢从祀;二十三年,以文天祥从祀;二十九年,以谢良佐从祀。

(25) 66 頁 18 行:

咸丰元年(1851)以李纲从祀;二年以韩琦从祀;三年以公明仪从祀;七年以公孙侨从祀;九年以陆秀夫从祀;十年以曹端从祀。

校訂:"咸丰元年""二年""三年""七年""九年""十年"之後,各宜一逗,作:

咸丰元年(1851),以李纲从祀;二年,以韩琦从祀;三年,以公明仪从祀;七年,以公孙侨从祀;九年,以陆秀夫从祀;十年,以曹端从祀。

(26) 66 頁 20 行:

同治二年(1863)以毛亨、吕楠从祀;三年以方孝孺从祀;八年以袁燮从祀;十一年以张履祥从祀。

校訂:"同治二年""三年""八年""十一年"之後,各宜一逗,作:

同治二年(1863),以毛亨、吕楠从祀;三年,以方孝孺从祀;八年,以袁燮从祀;十一年,以张履祥从祀。

(27) 66 頁 21 行:

光绪二年(1876)以许慎、陆世仪从祀;四年以刘德从祀;五年以张伯行从祀;六年以辅广从祀。

校訂:"光绪二年""四年""五年""六年"之後,各宜一逗,作:

光绪二年(1876),以许慎、陆世仪从祀;四年,以刘德从祀;五年,以张伯行从祀;六年,以辅广从祀。

(28) 67 頁 3 行:

孔子之位乃采先臣宋濂、谢铎、程敏政之议,以子虽齐圣,不先父食,回、参俱坐享堂上,则其父不宜列食于庑下,始以颜无繇、曾点、孔鲤、孟孙激配启圣祠,俱称先贤某氏之位,以程珦、朱松、蔡元定从祀。

校訂:"孔子之位"之後宜逗。"回"謂颜回,"参"指曾参,"伋"乃孔子孫子思之名,"参"下當有一頓。今訂作:

孔子之位,乃采先臣宋濂、谢铎、程敏政之议,以子虽齐圣,不先父食,回、参、伋坐享堂上,则其父不宜列食于庑下,始以颜无繇、曾点、孔鲤、孟孙激配启圣祠,俱称先贤某氏之位,以程珦、朱松、蔡元定从祀。

(29) 67 頁 6 行:

国朝雍正元年(1723)命改"启圣祠"为"崇圣祠",追王五代。二年以张迪从祀,称先儒。

校訂:"雍正元年""二年"之後,各宜一逗。又"追王五代"之後,點校本同類例子多用分號,似優。今訂作:

国朝雍正元年(1723),命改"启圣祠"为"崇圣祠",追王五代;二年,以张迪从祀,称先儒。

(30) 67 頁《祀期》3 行:

会典文庙为中祀。

校訂:"会典"是記載一代政典事例之書。此指清代官修之《清會典》,"会典"當加書名號,其後則宜加冒號,作:

《会典》:文庙为中祀。

(31) 67 頁《祀期》5 行:

《公羊传》鲁襄公二十一年(前 552)十一月庚子孔子生。

校訂:"《公羊传》"下可加冒號,"鲁襄公二十一年十一月庚子"下宜有一逗,作:

《公羊传》:鲁襄公二十一年(前 552)十一月庚子,孔子生。

(32) 67 頁《祀期》5 行:

《谷梁传》二十一年十月庚子孔子生。

校訂:書名《穀梁传》之"穀"不作"谷",此作"谷"誤,當訂正。又其下宜加冒號,"二十一年十月庚子"之後則須一逗。今改作:

《穀梁传》:二十一年十月庚子,孔子生。

(33) 67 頁《祀期》6 行:

考《春秋》,是年十月庚辰,朔经有明文,庚子为二十一日,而十一月无庚子,自当以谷梁为是矣。

校訂:"朔"字當屬上讀。"经"指《春秋經》;"谷梁"當作"穀梁",指《穀梁傳》:皆當加書名號。今訂作:

考《春秋》,是年十月庚辰朔,《经》有明文,庚子为二十一日,而十一月无庚子,自当以《穀梁》为是矣。

(34) 67 頁《祀期》9 行:

前人以杜预长历合之,是年酉月甲戌(戍)朔,自甲戌推至庚子为二十七日,酉月周十月今之八月,故罗泌路史余论孔氏家谱祖廷记,俱从《史记》,今谨遵御批《通鉴辑览》定八月二十七日为孔子生日。

校訂:"长历"即《春秋長曆》,當加書名號。"路史余论""孔氏家谱""祖廷记"亦皆當加書名號。《祖廷記》即《孔氏祖庭廣記》,元代孔元措撰。又"《史记》"下逗號宜改句號;"御批《通鉴辑览》"當作"《御批通鉴辑览》",其後可有一逗。今訂作:

前人以杜预《长历》合之,是年酉月甲戌(戍)朔,自甲戌推至庚子为二十七日;酉月,周十月,今之八月,故罗泌《路史余论》《孔氏家谱》《祖廷记》,俱从《史记》。今谨遵《御批通鉴辑览》,定八月二十七日为孔子生日。

(35) 67 頁《祀期》倒 3 行:

汉刘歆以三统术治春秋,亦云是月癸酉朔,则庚子为八月二十八日,相差一日,存以备考。

校訂:"春秋"爲書名,當加書名號。"二十八日"之後,以用句號爲宜。今改作:

汉刘歆以三统术治《春秋》,亦云是月癸酉朔,则庚子为八月二十八日。相差一日,存以备考。

(36) 69 頁《祭器》"俎"條:

明堂位日周以房俎,房谓足不拊也。孔疏云:"俎豆各有两足,足下各别为拊;其间有横似堂壁,横下二拊似堂,东西各有房也。"以载牲醴。

校訂:"明堂位"是《禮記》篇名,當加書名號。"日"爲"曰"之誤。"周以房俎"系《明堂位》文,當加引號。"房谓"句乃鄭玄注語,然"不"字爲"下"之誤,光緒志亦誤之,"拊"當作"跗"(下同)。下引孔穎達疏文,并非全文照引,不宜用引號。今改訂爲:

《明堂位》曰:"周以房俎。"房谓足下拊(跗)也。孔疏云:俎豆各有两足,足下各别为拊(跗),其间有横似堂壁,横下二跗似堂,东西各有房也。以载牲醴。

(37) 70 頁《儀注》3 行:

及期,陈设祭品具庭燎。

校訂:"品"下宜一逗,明其爲二事:

及期,陈设祭品,具庭燎。

(38) 70 頁《儀注》6 行:

引唱诣盥洗所。

校訂:"唱"字下宜加冒號,唱詞加引號。又此爲祈使句,句末宜用嘆號。今訂作:

引唱:"诣盥洗所!"

(39) 70 頁《儀注》7 行:

典仪生唱执事者各司其事。

校訂:"唱"字下宜加冒號,唱詞加引號。又此爲祈使句,句末宜用嘆號。今訂作:

典仪生唱:"执事者各司其事!"

(40) 70 頁《儀注》9 行:

典仪唱:"迎神跪,一叩首,二叩首,三叩首,兴!"

校訂:"迎神""跪""一叩首""二叩首""三叩首"皆爲典儀所唱之指令,屬祈使語氣,其後俱宜用嘆號,今訂作:

典仪唱:"迎神! 跪! 一叩首! 二叩首! 三叩首! 兴!"

(41) 70 頁《儀注》10 行:

引唱升坛。

校訂:"唱"字下宜加冒號,唱詞加引號,句末宜用嘆號。今訂作:

引唱:"升坛!"

(42) 70 頁《儀注》11 行:

引唱诣至圣先师孔子位前,

校訂:"唱"字下宜加冒號,唱詞加引號,句末宜用嘆號。今訂作:

引唱:"诣至圣先师孔子位前!"

(43) 70 頁《儀注》倒 6 行:

引唱诣复圣颜子位前,

校訂:"唱"字下宜加冒號,唱詞加引號,句末宜用嘆號。今訂作:

引唱:"诣复圣颜子位前!"

(44) 70 頁《儀注》倒 2 行:

引唱复位,

校訂:"唱"字下宜加冒號,唱詞加引號,句末宜用嘆號。今訂作:

引唱:"复位!"

(45) 71 頁 6 行:

又唱。读祝者捧祝,执帛者捧帛,各恭诣燎位,

校訂:"唱"字下宜加冒號,唱詞加引號,句末宜用嘆號。今訂作:

又唱:"读祝者捧祝,执帛者捧帛,各恭诣燎位!"

(46) 71 頁 8 行:

引唱诣望燎位。

校訂:"唱"字下宜加冒號,唱詞加引號,句末宜用嘆號。今訂作:

引唱:"诣望燎位!"

(47) 71 頁"附赞礼生"條 1 行:

康熙二十五年(1686)以在学肄业,仪表端庄、声音宏亮者补充。

校訂:"康熙二十五年"之後宜有一逗,作:

康熙二十五年(1686),以在学肄业,仪表端庄、声音宏亮者补充。

(48) 72 頁"金部"條 3 行:

金载云:金生于土而别于土,其卦则兑,其方则西,其时则秋,其风阊阖,其声尚羽,其音铿,立秋之气也。

校訂:"金载"爲書名,指《朝野僉載》,是書爲唐代張鷟所撰,當加書名號。其後所引文,則宜加引號。今訂作:

《金载》云:"金生于土而别于土,其卦则兑,其方则西,其时则秋,其风阊阖,其声尚羽,其音铿,立秋之气也。"

(49) 73 頁"匏部"條 1 行:

《国语》曰:匏竹利制,匏竹相合而成声,得清浊之适故也。

校訂：此所引《國語》文，爲"匏竹利制"四字（見《周語下》），引文宜加引號。今訂作：

《国语》曰："匏竹利制。"匏竹相合而成声，得清浊之适故也。

（50）74 頁"律吕宫谱"條 1 行：

《阙里志》曰：周礼，太师掌六律六同，以合阴阳之声，以作乐典，同掌六律六同之和以辨天地四方阴阳之声，播之八音以为乐器。

校訂："周礼"爲書名，當加書名號。此《阙里志》所引《周禮》文，分別見諸《春官·太師》及《典同》（非全文照引），其中分述太師及典同職掌，本甚清晰，今乃破"典同"分屬於上下句，遂致不堪卒讀。今訂作：

《阙里志》曰：《周礼》，太师掌六律六同，以合阴阳之声，以作乐；典同掌六律六同之和，以辨天地四方之声，播之八音，以为乐器。

（51）74 頁倒 4 行：

每章麾生唱："乐奏某平之章"六字。

校訂："每章"下宜一逗，"唱"下冒號須去，作：

每章，麾生唱"乐奏某平之章"六字。

（52）78 頁 4 行：

歌咸平之章毕，礼生唱奠帛，行初献礼，持麾。乐生接唱，乐奏宁平之章、持节。舞生应唱，乐奏宁平之舞。

校訂："唱""接唱""应唱"之下當用冒號。唱詞則須加引號，以其内容屬祈使句，句末又宜改用嘆號。又"持麾""持节"并應屬下句讀，"咸平之章""宁平之舞"均須加書名號。今訂作：

歌《咸平之章》毕，礼生唱："奠帛，行初献礼！"持麾乐生接唱："乐奏《宁平之章》！"持节舞生应唱："乐奏《宁平之舞》！"

（53）79 頁倒 1 行：

行初献礼毕，礼生唱行亚献礼，持麾乐生接唱，乐奏安平之章，持节舞生应唱，乐奏安平之舞。

校訂："唱""接唱""应唱"之下當用冒號。唱詞則須加引號，其句末且宜改用嘆號。又"安平之章""安平之舞"，皆當加書名號。今訂作：

行初献礼毕，礼生唱："行亚献礼！"持麾乐生接唱："乐奏《安平之章》！"持节舞生应唱："乐奏《安平之舞》！"

（54）81 頁倒 2 行：

行亚献礼毕，礼生唱行终献礼、持麾。乐生接唱，乐奏景平之章、持节。舞生应唱，乐奏景平之舞。

校訂："唱""接唱""应唱"之下當用冒號。唱詞則須加引號,其句末且宜改用嘆號。又"持麾""持节"并當屬下句讀,"景平之章""景平之舞"均須加書名號。今訂作:

行亚献礼毕,礼生唱:"行终献礼!"持麾乐生接唱:"乐奏《景平之章》!"持节舞生应唱:"乐奏《景平之舞》!"

(55) 83 頁"文庙"條 2 行:

其傍中立戟门,门匾曰"大成"门凡三。

校訂:此"其傍……门匾曰'大成'"爲一句,"门凡三"自成一句,其下宜各用句號,作:

其傍中立戟门,门曰"大成"。门凡三。

(56) 83 頁"文庙"條 19 行:

二十三年,佥事陈英重修大成殿,知县王銮作泮池左右拱桥易石阑。

校訂:"池"後宜有一逗,作:

二十三年,佥事陈英重修大成殿,知县王銮作泮池,左右拱桥易石阑。

(57) 84 頁"明伦堂"條 7 行:

成化十一年(1475)佥事陈昭修明伦堂,十二年知县吴谷重建两斋。

校訂:"成化十一年""十二年"後各宜一逗,"明伦堂"後逗號可改分號,作:

成化十一年(1475),佥事陈昭修明伦堂;十二年,知县吴谷重建两斋。

(58) 84 頁"明伦堂"條 11 行:

十八年知县徐而泰复修。

校訂:"十八年"後宜有一逗,作:

十八年,知县徐而泰复修。

(59) 84 頁"敬一亭"2 行:

明嘉靖初(元年为 1522)颁敬一箴并御注视、听、言、动、心五箴于学宫,勒之贞珉,始作亭。

校訂:"明嘉靖初"後宜有一逗,"敬一箴""御注视听言动心五箴"皆當加書名號,作:

明嘉靖初(元年为 1522),颁《敬一箴》并《御注视听言动心五箴》于学宫,勒之贞珉,始作亭。

(60) 85 頁"混混泉亭"條 2 行:

有记,详艺文。

校訂:本書《艺文》有周伯通撰《混混泉記》(見點校本《潮陽縣志》507 頁),是也。

"艺文"當加書名號,作:

> 有记,详《艺文》。

(61) 85 頁"号舍"條 1 行:

> 明正统五年(1440)主簿黄容始作 10 间、成化元年(1465)佥事戈立、知县尹鉴、教谕陈侃又增拓至 20 间有奇。二十三年通判吴璘重修。

校訂:"10 间"之後頓號當改逗號,"二十三年"之後宜有一逗,作:

> 明正统五年(1440)主簿黄容始作 10 间,成化元年(1465)佥事戈立、知县尹鉴、教谕陈侃又增拓至 20 间有奇。二十三年,通判吴璘重修。

(62) 94 頁《祭文》2 行:

> 义间宣昭,表乡间而共式。

校訂:"义间",光緒志原文作"義問","间"(間)乃"問"字形訛。"問"通"聞"。義問即"美名,善声"。典出《詩·大雅·文王》:"宣昭義問。"毛亨《傳》:"義,善。"孔穎達《疏》:"布明其善聲,聞于天下。"當予訂正,作:

> 义问宣昭,表乡间而共式。

(63) 94 頁《祭文》2 行:

> 祇事懋彝伦之大,性挚莪蒿,克恭念天显之亲情,殷棣萼模楷。咸推夫懿德纶恩,特阐其幽光祠宇,维隆岁时式祀,用陈尊簋,来格几筵。

校訂:"祇"當從光緒志作"祇","祇事"謂"敬事"。"情"字當屬下讀,"情殷"爲辭,與"性挚"相對爲文,乃攝取《詩經》之《菁菁者莪》與《常棣》二篇之意,而曰"性挚莪蒿""情殷棣萼",以表忠義之親、孝悌之情。又,"模楷""纶恩""祠宇"俱當屬下句讀。"模楷咸推夫懿德,纶恩特闡其幽光"爲對偶句,其後宜用句號。而"祠宇維隆"之後,則須一逗。今予訂正如下:

> 祇事懋彝伦之大,性挚莪蒿;克恭念天显之亲,情殷棣萼。模楷咸推夫懿德,纶恩特阐其幽光。祠宇维隆,岁时式祀,用陈尊簋,来格几筵。

(64) 97 頁《鄉飲酒禮》1 行:

> 县令为主宾,以致仕官为之僎,择乡里年高有德者,介以次长其位。主位东南,宾位西北,僎位东北,介位西南。佐属学官,序爵皆正西向众宾,序齿皆正东向教官。一人为司正,主扬觯以罚喧哗失礼者。

校訂:此段中有"主""宾""介""僎"若干關鍵字,不明其義,則難免破句誤讀。點校本正是因此以致亂序、亂數、亂位或不知所云(連及下幾例)。如讀"县令为主宾",蓋以"主"爲"主次"義。其實不然,此篇《鄉飲酒禮》"主宾"相屬連言凡十一見(如"主宾揖让而入""主宾各就位"),未一見"主"爲"主次"義。"主"即"主人"("主人速宾既至")。"主宾"或言"宾主"("宾主相鄉")。或"主""宾"單言("主速宾""宾西主东")。"介",輔佐宾客者也。"僎",輔佐主人者也。以致仕官(退休官員)爲"僎",亦稱"遵",《儀禮·鄉飲酒禮》注:"遵者謂此鄉之人仕至大夫者也,今來助主人樂宾,主人所榮而遵法者也。"大意是:本鄉人,官至大夫,能讓宾客高興,爲主人增光又足以令人遵循、效法的人。"宾""介""僎"以人數言之,則有"大宾""介宾""衆宾","一宾""二宾""三宾","一僎""二僎""三僎"。以上說爲據,點校本上例當改讀爲:

县令为主,宾以致仕官为之,僎择乡里年高有德者,介以次长其位。主位东南,宾位西北,僎位东北,介位西南。佐属学官序爵,皆正西向;众宾序齿,皆正东向。教官一人为司正,主扬觯以罚喧哗失礼者。

(65) 98 頁 11 行:

主献,宾引赞至主位前请献宾,执事者酌酒授主至宾位前,宾旁立,主置酒于席,僎介皆酌以酒,揖复位。

校訂:"主献宾"當作一讀,下用冒號。"酌酒授主"下宜一逗。"僎""介"中間宜有頓號。"揖"後宜有逗號。今訂作:

主献宾:引赞至主位前请献宾,执事者酌酒授主,至宾位前,宾旁立,主置酒于席,僎、介皆酌以酒,揖,复位。

(66) 98 頁 15 行:

歌诗,主宾皆起,歌《鹿鸣三章》,以钟鼓为节。

校訂:"诗",指《詩經》,《鹿鳴》是其篇名,"诗"當加書名號,"三章"二字當移出書名號。《鹿鳴》全詩共有三章,此非謂但歌其第三章。今訂作:

歌《诗》,主宾皆起,歌《鹿鸣》三章,以钟鼓为节。

(67) 98 頁 17 行:

歌四牡皇皇者,华间歌鱼丽,及南有嘉鱼,南山有台,俱以鼓钟为节。

校訂:"四牡""皇皇者华""鱼丽""南有嘉鱼""南山有台",都是《詩經》篇名,點校本乃不知此,又多破句割裂,其誤甚矣。今予訂正如下:

歌《四牡》《皇皇者华》,间歌《鱼丽》及《南有嘉鱼》《南山有台》,俱以鼓钟为节。

(68) 98 頁倒 8 行:

其宾、介之数,在仪礼则有大宾、介宾、众宾,及遵礼记亦称设僎,以辅主仪礼之遵,即礼记之僎也。在学政全书所载乡饮酒图则有大宾、介宾与僎一、宾二、宾三、宾众,宾与一僎、二僎、三僎。

校訂:破句之甚,不堪卒讀,尤亂賓、介之數矣。"仪礼""礼记""学政全书""乡饮酒图",皆書名,俱當加書名號。又,"众宾"下之逗號宜刪。今訂作:

其宾、介之数,在《仪礼》则有大宾、介宾、众宾及遵,《礼记》亦称设僎以辅主。《仪礼》之遵,即《礼记》之僎也。在《学政全书》所载《乡饮酒图》则有大宾、介宾与僎,一宾、二宾、三宾、众宾与一僎、二僎、三僎。

(69) 98 頁倒 4 行:

至僎之为义,乃公卿大夫之居乡者,来助主人以乐宾仪礼注,亦称或有、或无、或来、或不来,是僎本无常数,有则备,无则缺也。

校訂:"仪礼注"指漢鄭玄《儀禮注》,當加書名號,并屬下讀。今訂作:

至僎之为义,乃公卿大夫之居乡者,来助主人以乐宾,《仪礼注》亦称或有、或无、或来、或不来,是僎本无常数,有则备,无则缺也。

(70) 99 頁"东山书院"條 4 行:

山长余用宾云:"东临渤澥难为水,山到衡嵩不让尘。东望娜嬛开福地,山登宛委阅奇书。东箭南金真品格,山经海赋大文章。东观藏书百家考义,山公持正一字拔人。"

校訂:"山经"指《山海经》,"海赋"爲西晉辭賦家木華所撰賦名,均須加書名號。又,光緒志引"余用宾云",每兩句用空格區分,點校本乃一并置於引號之内,恐非是。兹改易爲:

山长余用宾云:"东临渤澥难为水,山到衡嵩不让尘。""东望娜嬛开福地,山登宛委阅奇书。""东箭南金真品格,《山经》《海赋》大文章。""东观藏书,百家考义;山公持正,一字拔人。"

(71) 99 頁"东山书院"條 7 行:

书院创置,前志俱未详,及考《通志》,《李文藻宦绩传》云:邑有东山书院,延进士郑安道为之师,乃知培育人材匪自今始矣。

校訂:"及"字當屬上讀。《通志》指《(道光)廣東通志》,此所引《李文藻宦績傳》文,見該書卷二五九《宦績録二十九·李文藻》,原文作"縣有東山書院,延進士鄭安道爲師"。點校本標點欠妥,今訂作:

书院创置,前志俱未详及,考《通志·李文藻宦绩传》云邑有东山书院,延进士郑安道为之师,乃知培育人材匪自今始矣。

(72) 99 頁"东山书院"之"附载院租"條 4 行:

十三年置青蓝中田 5 亩 2 分,下田 8 亩,租 68 石 9 斗 8 升 8 合 7 勺 5 抄;

校訂:"抄"字爲"杪"之訛,光緒志作"杪",今據以正之,作:

十三年,置青蓝中田5亩2分,下田8亩,租68石9斗8升8合7勺5杪;

(73) 99頁"培元堂文祠"條2行:

堂凡三进,计斋舍16间;祠外有路,东北通司徒卿第,西抵大街之"卿台三锡"坊照墙以南,界城隍庙,西北墙阴为李提学祠,东有新亭曰"凤鸣朝阳",东南有高楼曰"文明楼",

校訂:"16间"下分號宜改句號。"坊"字宜前移入引號内。"照墙以南"當屬下讀。"文明楼"下逗號可改句號。今訂作:

堂凡三进,计斋舍16间。祠外有路,东北通司徒卿第,西抵大街之"卿台三锡坊",照墙以南界城隍庙,西北墙阴为李提学祠,东有新亭曰"凤鸣朝阳",东南有高楼曰"文明楼"。

(74) 100頁"文昌旧院"條:

文昌旧院

校訂:"旧"乃"书"字之誤。蓋"旧"字繁體作"舊","书"字繁體作"書",形近而致訛。當從光緒志作"书",今訂作:

文昌书院

(75) 100頁"文昌旧院"條:

详坛庙。

校訂:"坛庙"爲本書卷七篇名,當加書名號,今訂作:

详《坛庙》。

(76) 101頁"文光书院"條:

详见坛庙。

校訂:"坛庙"當加書名號,作:

详见《坛庙》。

(77) 101頁《社學》7行:

《吴荣光吾学录》

校訂:《吾學錄》24卷,清吴榮光撰,專記清代典章制度。作者名當置於書名號外,作:

吴荣光《吾学录》

(78) 101頁《社學》7行:

厥后,良有司继作泽胤学田,祠名书院,倡义学,增登龙统大小学而薰陶之。

校訂:"胤"字光緒志作"衍"是,點校本作"胤"誤。蓋因潮語二字音近而訛。"良有司继作""增登龙"之後均宜一逗。今訂作:

厥后,良有司继作,泽衍学田,祠名书院,倡义学,增登龙,统大小学而薰陶之。

校訂之八：卷七 壇廟

（1）102 頁"社稷坛"條 6 行：

一书县社之神,居右;一书县稷之神,居左。

校訂：所書内容,宜加引號示之,作：

一书"县社之神",居右;一书"县稷之神",居左。

（2）104 頁 1 行：

镇按坛场,鉴察诸鬼神等。类其中有为良善误遭刑祸死于无辜者,神当达于所司,使之还生中国,永享太平之福;

校訂："类"字當屬上讀,"其中"下宜一逗,作：

镇按坛场,鉴察诸鬼神等类。其中,有为良善误遭刑祸死于无辜者,神当达于所司,使之还生中国,永享太平之福;

（3）105 頁 6 行：

又将后溪土名舟仔坛外及大坪路外河坪各 10 亩召佃黄我德等垦耕,各纳租银 4 两,付住持僧收为该祠香灯。

校訂："10 亩"下宜一逗,作：

又将后溪土名舟仔坛外及大坪路外河坪各 10 亩,召佃黄我德等垦耕,各纳租银 4 两,付住持僧收为该祠香灯。

（4）106 頁"东岳庙"條 2 行：

知县李烋重建。

校訂："李烋",光緒志作"李枘"。"枘"與"烋"形、音、義俱不相近,而本書點校本每誤"李枘"爲"李烋",不知何故。今訂正作：

知县李枘重建。

（5）106 頁"城隍庙"條 2 行：

厥后,知县徐宪、黄一龙、章邦翰、杨灼、李烋叠次重修。

校訂："黄一龙",光緒志皆訛作"黄一宠",點校本改爲"黄一龙",下不一一指出。"李烋",光緒志作"李枘",當從之。今訂作：

厥后,知县徐宪、黄一龙、章邦翰、杨灼、李枘叠次重修。

（6）107 頁 4 行：

若县官新任则迎社稷山川及境内应祀神祇于庙,以羊一豕一合祀誓戒。

校訂:"新任"後宜一逗。"衹"字乃"祇"之誤,今訂正之,作:

若县官新任,则迎社稷山川及境内应祀神祇于庙,以羊一豕一合祀誓戒。

(7) 107 頁"灵威庙"條 1 行:

自宋熙宁间(1068—1077)特祀唐张许二公之神。

校訂:"自宋熙宁间"宜有一逗,"张""许"中間當加頓號。今訂作:

自宋熙宁间(1068—1077),特祀唐张、许二公之神。

(8) 107 頁"灵威庙"條 6 行:

事闻赐今额,册封二公王爵。

校訂:"事闻"後當有一逗,作:

事闻,赐今额,册封二公王爵。

(9) 108 頁 3 行:

褒盛典于熙朝也,不亦宜乎。

校訂:此反問句,句末當用問號,作:

褒盛典于熙朝也,不亦宜乎?

(10) 108 頁倒 4 行:

中座增祀左丞相陆公、枢密使越国张公,前志俱未详,然庙前华表额曰"宋室三仁"则其由来也旧矣。

校訂:"未详"之下逗號宜改句號,"则"字前當有逗號,作:

中座增祀左丞相陆公、枢密使越国张公,前志俱未详。然庙前华表额曰"宋室三仁",则其由来也旧矣。

(11) 109 頁 1 行:

同治二年(1863)置租谷 40 余石,田分后溪、达濠两处,归新进诸生照序轮收为岁祭之费。

校訂:"照序轮收"之後宜有一逗,作:

同治二年(1863)置租谷 40 余石,田分后溪、达濠两处,归新进诸生照序轮收,为岁祭之费。

(12) 111 頁"慰忠祠"條 1 行:

光绪间(1875—1908)游击刘国辉等详请祀阵亡官兵,十年创建。

校訂:"十年"後宜一逗:

光绪间(1875—1908)游击刘国辉等详请祀阵亡官兵,十年,创建。

校訂之九：卷八 寺觀

（1）112 頁"宝光寺"條 4 行：

国朝文武各官恭逢皇太后千秋、皇上万寿祝厘于此。

校訂："厘"當從光緒志作"釐"。此"釐"通"禧"，福也，不能簡化作"厘"。又"万寿"之下，宜有一逗。今訂作：

国朝文武各官恭逢皇太后千秋、皇上万寿，祝釐于此。

（2）112 頁"超真观"條 1 行：

唐咸亨间（670—673）作宋咸淳误，今依《林志》更正龙虎山道士陈假庵建。

校訂：注文"宋咸淳"宜加引號，作：

唐咸亨间（670—673）作"宋咸淳"误，今依《林志》更正龙虎山道士陈假庵建。

（3）113 頁"治平寺"條 8 行：

乾隆八年（1743），寺僧不守戒律，知县左兴详请将该寺租谷 1 020 石折仓斛 816 石，园租钱 60 千有奇归官征收，（中略）余归官，完纳僧海渊寺户银米并抵补萧元贞等 390 余户虚粮米之用。

校訂："完纳"當從上讀，"归官完纳"與上文"归官征收"結構相同，語意相應。且至此句意已完，其下宜用句號。又，"银米"下亦須一逗。今訂作：

乾隆八年（1743），寺僧不守戒律，知县左兴详请将该寺租谷 1 020 石折仓斛 816 石，园租钱 60 千有奇归官征收，（中略）余归官完纳。僧海渊寺户银米，并抵补萧元贞等 390 余户虚粮米之用。

（4）113 頁"六祖庵"條：

明崇祯十三年（1640）知县李怵建。

校訂："李怵"當從光緒志作"李枫"，今訂作：

明崇祯十三年（1640）知县李枫建。

校訂之十：卷九 賦役

（1）117 頁《户口》4 行：

征派银两详田赋。

校訂："银两"下當一逗。"田赋"爲本書卷九《賦役》章目之一，須加書名號。今

訂作:

征派银两,详《田赋》。

(2) 117 頁《戶口》9 行:

详田赋。

校訂:"田赋"當加書名號,作:

详《田赋》。

(3) 117 頁《戶口》10 行:

雍正五年(1727)恩诏特命天下州县,所有丁口俱配入亩米均匀俵征。

校訂:"亩米"之下宜有一逗,作:

雍正五年(1727)恩诏特命天下州县,所有丁口俱配入亩米,均匀俵征。

(4) 117 頁《戶口》14 行:

明洪武二十四年(1391)19 126 户 72 390 口。崇祯十五年(1642)22 231 户 91 410 口。

校訂:"明洪武二十四年""崇祯十五年"及二"户"字下均須一逗,作:

明洪武二十四年(1391),19 126 户,72 390 口。崇祯十五年(1642),22 231 户,91 410 口。

(5) 119 頁倒 1 行:

内于康熙十一年(1672)起至乾隆九年(1744)止,垦复起征税(下略)。

校訂:"内于康熙十一年起"宜一逗,作:

内于康熙十一年(1672)起,至乾隆九年(1744)止,垦复起征税(下略)。

(6) 120 頁 11 行:

十年归并惠来县项下照数豁免(下略)。

校訂:"十年"下宜一逗,作:

十年,归并惠来县项下照数豁免(下略)。

(7) 120 頁倒 8 行:

自康熙十二年(1673)起至雍正八年(1730)垦复起征税(下略)。

校訂:"自康熙十二年起""至雍正八年"之下,均宜一逗,作:

自康熙十二年(1673)起,至雍正八年(1730),垦复起征税(下略)。

(8) 120 頁倒 5 行:

自康熙六十年(1721)起至雍正二(1724)、三、五等年起征税(下略)。

校訂:"自康熙十二年起""至雍正二、三、五等年"之下,均宜一逗,作:

自康熙六十年(1721)起,至雍正二(1724)、三、五等年,起征税(下略)。

(9) 121 頁 8 行:

乾隆十七年(1752)报垦复迁移上则税(下略)。

校訂:此條及以下若干條以年爲序,記載當年稅情,實則以年序爲陳述對象。爲使表述清晰,年序後一逗爲好。故訂此條作:

乾隆十七年(1752),报垦复迁移上则税(下略)。

(10) 121 頁 11 行:

乾隆十八年(1753)报垦额外沙坦税(下略)。

校訂:"乾隆十八年"下宜一逗,作:

乾隆十八年(1753),报垦额外沙坦税(下略)。

(11) 121 頁 15 行:

乾隆十九年(1754)报垦额外水田税(下略)。

校訂:"乾隆十九年"下宜一逗,作:

乾隆十九年(1754),报垦额外水田税(下略)。

(12) 121 頁 18 行:

乾隆二十六年(1761)报垦额外水田熟税(下略)。

校訂:"乾隆二十六年"下宜一逗,作:

乾隆二十六年(1761),报垦额外水田熟税(下略)。

(13) 121 頁 20 行:

乾隆二十七年(1762)起征额外水田熟税(下略)。

校訂:"乾隆二十七年"下宜一逗,作:

乾隆二十七年(1762),起征额外水田熟税(下略)。

(14) 121 頁 22 行:

乾隆二十八年(1763)起征报垦荒芜税(下略)。

校訂:"乾隆二十八年"下宜一逗,作:

乾隆二十八年(1763),起征报垦荒芜税(下略)。

(15) 121 頁 25 行:

乾隆二十九年(1764)编征报垦额外荒芜税(下略)。

校訂:"乾隆二十九年"下宜一逗,作:

乾隆二十九年(1764),编征报垦额外荒芜税(下略)。

(16) 121 頁 27 行:

乾隆二十九年(1764)报垦熟税(下略)。

校訂:"乾隆二十九年"下宜一逗,作:

乾隆二十九年(1764),报垦熟税(下略)。

(17) 121 頁 29 行:

乾隆三十三年(1768)起征报垦额外水田熟税(下略)。

校訂:"乾隆三十三年"下宜一逗,作:

乾隆三十三年(1768),起征报垦额外水田熟税(下略)。

(18) 121 頁 31 行:

乾隆三十四年(1769)起征报垦额外水田税(下略)。

校訂:"乾隆三十四年"下宜一逗,作:

乾隆三十四年(1769),起征报垦额外水田税(下略)。

(19) 122 頁 2 行:

乾隆三十六年(1771)、三十七年起征报垦额外水田税(下略)。

校訂:"三十七年"下宜一逗,作:

乾隆三十六年(1771)、三十七年,起征报垦额外水田税(下略)。

(20) 122 頁 5 行:

乾隆四十一年(1776)起征报垦额外荒芜税(下略)。

校訂:"乾隆四十一年"下宜一逗,作:

乾隆四十一年(1776),起征报垦额外荒芜税(下略)。

(21) 122 頁 7 行:

乾隆四十三年(1778)起征报垦熟税(下略)。

校訂:"乾隆四十三年"下宜一逗,作:

乾隆四十三年(1778),起征报垦熟税(下略)。

(22) 122 頁 9 行:

乾隆四十七年(1782)起征报垦额外水田税(下略)。

校訂:"乾隆四十七年"下宜一逗,作:

乾隆四十七年(1782),起征报垦额外水田税(下略)。

(23) 122 頁 11 行:

乾隆五十九年(1794)起征报垦额外荒埔熟税(下略)。

校訂:"乾隆五十九年"下宜一逗,作:

乾隆五十九年(1794),起征报垦额外荒埔熟税(下略)。

(24) 122 頁倒 4 行:

雍正三年(1725)奉文裁汰潮州卫、海门所、靖海所 3 屯,归并潮阳县管理,原裁并屯丁续于一并详请,屯户丁随粮纳等事案内,

校訂:"雍正三年"下宜一逗。"奉文裁汰潮州卫、海门所、靖海所 3 屯归并潮阳县管理"當作一句讀,中間不應有逗。"案内"下逗號宜改句號。今訂作:

雍正三年(1725),奉文裁汰潮州卫、海门所、靖海所 3 屯归并潮阳县管理,原裁并屯丁续于一并详请,屯户丁随粮纳等事案内。

(25) 122 頁倒 3 行:

雍正九年奉文自十年始将额派屯户丁粮按照额征屯粮米石匀派(下略)。

校訂:"雍正九年""奉文自十年始"后均宜一逗,作:

雍正九年,奉文自十年始,将额派屯户丁粮按照额征屯粮米石匀派(下略)。

(26) 123 頁《新編》1 行:

光绪四年(1878)报升上则熟坦 8 顷 7 亩 5 分 4 厘 7 毫(下略)。

校訂:"光绪四年"下宜一逗,作:

光绪四年(1878),报升上则熟坦 8 顷 7 亩 5 分 4 厘 7 毫(下略)。

(27) 123 頁《新編》6 行:

征本色米始于顺治九年(1652)以给兵食,及康熙四年(1665)以支驻府绿旗援剿军糈。

校訂:"征本色米始于顺治九年""及康熙四年"下均宜一逗,"以给兵食"後逗號以改分號爲好。今訂作:

征本色米始于顺治九年(1652),以给兵食;及康熙四年(1665),以支驻府绿旗援剿军糈。

(28) 124 頁"地丁民粮派征银米则例"條 7 行:

康熙十二年(1673)至雍正十年(1732)首垦下则田每亩征银 2 分 9 厘 8 毫 8 丝 7 忽;乾隆八年(1743)至五十九年首垦沙坦、水田、斥卤每亩征银 4 厘 6 毫 4 丝;乾隆十七年首垦迁移上则田每亩征银 1 分 2 厘。

校訂:"康熙十二年至雍正十年""乾隆八年至五十九年""乾隆十七"之後,均宜一逗,作:

康熙十二年(1673)至雍正十年(1732),首垦下则田每亩征银 2 分 9 厘 8 毫 8 丝 7 忽;乾隆八年(1743)至五十九年,首垦沙坦、水田、斥卤每亩征银 4 厘 6 毫 4 丝;乾隆十七年,首垦迁移上则田每亩征银 1 分 2 厘。

(29) 126 頁"靖海所屯"條 4 行:

至雍正三年(1725)裁卫、所归诸有司。于是潮州卫、海门所、靖海所三屯始归潮阳县

管理。

校訂：此條實爲前後語意相承之兩個分句組成之複句，"有司"後句號宜改逗號，作：

至雍正三年（1725）裁卫、所归诸有司，于是潮州卫、海门所、靖海所三屯始归潮阳县管理。

（30）127 頁 12 行：

以上各项每年照十二月中旬中米变价按定价 7 钱支销外，所有盈余银两及支存余米变价汇解藩库投纳咨报。

校訂："各项""变价"之下，宜各一逗，作：

以上各项，每年照十二月中旬中米变价，按定价 7 钱支销外，所有盈余银两及支存余米变价汇解藩库投纳咨报。

（31）127 頁 21 行：

于乾隆元年（1736）正月钦奉上谕，嗣后民屯买卖田房仍著照旧自行立契，按则纳税，将契纸契粮永行停止，至于活契典业不必投税，用印收取税银；

校訂："上谕"之下逗號宜改冒號。其後之文則當加雙引號，句末分號亦當改用句號。今訂作：

于乾隆元年（1736）正月钦奉上谕："嗣后民屯买卖田房仍著照旧自行立契，按则纳税，将契纸契粮永行停止，至于活契典业不必投税，用印收取税银。"

（32）127 頁 24 行：

于乾隆二年（1737）正月奉准文行照旧复设契尾，由布政司编号给发地方官粘连民契之后，填明价值银数，钤印给民收执，其税银尽收尽解；

校訂："奉准"之下宜有冒號。其後之文則當加雙引號，句末分號亦當改用句號。又，"文行照旧""钤印给民收执"之後宜用句號，"地方官"下當有一逗。今訂作：

于乾隆二年（1737）正月奉准："文行照旧。复设契尾，由布政司编号给发地方官，粘连民契之后，填明价值银数，钤印给民收执。其税银尽收尽解。"

（33）127 頁 26 行：

于乾隆十五年（1750）十二月钦奉谕旨，条奏依议，钦此。

校訂："谕旨"下逗號宜改冒號，其後爲詔書語，當加雙引號。又"条奏依议"自成一句，當用句號。今訂作：

于乾隆十五年（1750）十二月钦奉谕旨："条奏依议。钦此。"

（34）132 頁《原額在縣坐支經費》之"训导"條 5 行：

康熙十四（1675）、十七等年奉行存 3 名（下略）。

校訂:"奉行"之下當逗。今訂作:

康熙十四(1675)、十七等年奉行,存3名(下略)。

(35) 132 頁《原額在縣坐支經費》之"训导"條9行:

康熙十四(1675)、十七等年奉行存3名(下略)。

校訂:"奉行"之下當逗。今訂作:

康熙十四(1675)、十七等年奉行,存3名(下略)。

(36) 136 頁《地丁留支》1行:

内于咸丰十年(1860)奉入中祀加银13两3钱3分3厘,归起运项内坐支。

校訂:"中祀"之下宜有一逗,作:

内于咸丰十年(1860)奉入中祀,加银13两3钱3分3厘,归起运项内坐支。

(37) 143 頁《隘口》倒4行:

按《唐志》云:通郡场地七,而邑居其三。河东、河西、隆井坒、埡、围、漏、间,滩沙成白者山积。

校訂:"按"字光緒志作"案",與下文同號字緊接,不當改易。又,"其三"下句號宜改冒號,"隆井"下當加句號。"坒",光緒志作"壆"(方言字,音 bó,義指田壘),似不宜自行簡化。"漏",光緒志作"塥",點校本作"漏"誤,其後頓號也當删去。今訂作:

通郡场地七,而邑居其三:河东、河西、隆井。壆、埡、围、塥间,滩沙成白者山积。

(38) 144 頁《驛傳·鋪數兵額》下附:

旧驿传考。

旧铺递考。

改递考。

旧驿传支费考。

校訂:諸"考"字後句號均不宜有,今訂作:

旧驿传考

旧铺递考

改递考

旧驿传支费考

(39) 144 頁"改递考"條1行:

康熙元年(1662)奉斥其北路一带,华阳、河溪、桑田、海田、禄景5铺俱属界外(略)。

校訂:"奉斥"下宜有一逗。"其北路一带……俱属界外"當作一句讀,"带"後逗號宜删。今訂作:

康熙元年(1662)奉斥,其北路一带华阳、河溪、桑田、海田、禄景5铺俱属界外(略)。

(40) 144 頁"改递考"條 3 行：

康熙二年(1663)再斥,又自深洋铺改曰荆山、曰大窖、曰岐头、曰土尾抵揭阳界。

校訂："曰土尾"下宜有一逗,作：

康熙二年(1663)再斥,又自深洋铺改曰荆山、曰大窖、曰岐头、曰土尾,抵揭阳界。

校訂之十一：卷十 兵防

(1) 149 頁《水師海門營》5 行：

船身大小丈尺、配巡官员名、器械炮位与府志详注澳镇右营同。

校訂："府志"當加書名號,作：

船身大小丈尺、配巡官员名、器械炮位与《府志》详注澳镇右营同。

(2) 149 頁《水師海門營》7 行：

每月初十日东与达濠营守备会哨于钱澳滧外龙潭鼻交界,每月二十日西与碣石镇标左营游击会哨于神泉交界。

校訂："每月初十日""每月二十日"下宜各一逗,"交界"後逗號可改分號,作：

每月初十日,东与达濠营守备会哨于钱澳滧外龙潭鼻交界;每月二十日,西与碣石镇标左营游击会哨于神泉交界。

(3) 151 頁 3 行：

每月初十日西与海门营参将会哨干于钱澳滧外龙潭鼻交界;每月二十日东与澄海营守备会哨于莲澳交界。

校訂："每月初十日""每月二十日"之下,宜各一逗,作：

每月初十日,西与海门营参将会哨干于钱澳滧外龙潭鼻交界;每月二十日,东与澄海营守备会哨于莲澳交界。

(4) 151 頁"炮台"條"謹案"2 行：

康熙元年(1662)提督杨遇明巡勘滨海始创之,三年增筑,八年规划水陆兼设汛防炮台。

校訂："康熙元年""三年""八年"之下,宜各一逗。"创之""增筑"之下,逗號可改句號。今訂作：

康熙元年(1662),提督杨遇明巡勘滨海始创之。三年,增筑。八年,规划水陆兼设汛防炮台。

（5）152 頁"和平桥"條：

详都图。

校訂："都图"蓋即本書卷四《鄉都》中之《十三都圖》（今本但有其名而未見其圖），宜加書名號作：

详《都图》。

校訂之十二：卷十一 風俗

（1）153 頁 2 行：

李士淳书院记

校訂："书院记"當加書名號，作：

李士淳《书院记》

（2）153 頁 2 行：

冠婚丧祭多用文公家礼，故曰"海滨邹鲁"。

校訂："文公家礼"即朱熹撰《朱子家禮》，當加書名號，作：

冠婚丧祭多用《文公家礼》，故曰"海滨邹鲁"。

（3）153 頁 8 行：

今晦庵家礼一书，与蒙谷所定宗法，潮人遵行之不废，二先生之力也。

校訂：晦庵，朱熹號。蒙穀，朱熹弟子林夔孫號。"家礼""宗法"皆當加書名號，作：

今晦庵《家礼》一书，与蒙谷所定《宗法》，潮人遵行之不废，二先生之力也。

（4）153 頁 14 行：

广东旧通志

校訂："广东旧通志"指舊編（與新編者相對）之《廣東通志》，《通志》當加書名號，作：

广东旧《通志》

（5）153 頁倒 4 行：

烝畀祖妣，旅集宾筵。

校訂："畀"字光緒志作"畀"是，點校本作"昇"誤。昇、畀形似而音義有別。"烝畀祖妣"，語出《詩·周頌·豐年》。烝，進也。畀，給也。今訂正之：

烝畀祖妣，旅集宾筵。

（6）154 頁 15 行：

惟有士者，礼义千橹。

校訂："千櫓"爲"干櫓"之誤,光緒志作"干櫓"。其語本《禮記·儒行》:"禮義以爲干櫓。"干櫓即大楯小楯也。今訂正之:

惟有士者,礼义干櫓。

(7) 154 頁 17 行:

迄于我朝《臧志》既多沿旧,《唐志》又不能道其详,此亦纂修者之阙事也。谨仿府志条列八则于下。

校訂:《臧志》指清康熙二十六年(1687 年)知縣臧憲祖纂修《潮陽縣志》。《唐志》指清嘉慶二十四年(1819 年)知縣唐文藻纂修《潮陽縣志》。"府志"指清乾隆二十七年(1762 年)知府周碩勛纂修《潮州府志》。"我朝"下宜加逗號,"府志"當加書名號,作:

迄于我朝,《臧志》既多沿旧,《唐志》又不能道其详,此亦纂修者之阙事也。谨仿《府志》条列八则于下。

(8) 156 頁 1 行:

观者塞涂,土牛过争掷以豆谷。

校訂:"土牛过",時間狀語,意爲土牛經過之時,後宜有一逗,作:

观者塞涂,土牛过,争掷以豆谷。

(9) 156 頁 3 行:

元旦沿门书宜春帖,族里往来拜贺,翼日或延春酌。

校訂:"元旦"後宜一逗,作:

元旦,沿门书宜春帖,族里往来拜贺,翼日或延春酌。

(10) 156 頁 4 行:

上元则张灯树、放烟火,其祖先画容各悬于堂,一时往来者如织也;妇女投纸入于门外,谓之渡厄,尽五夜乃止。

校訂:"上元"下宜一逗。"纸入"乃"纸人"之訛。"谓之'渡厄'"之"渡厄",與上文"谓之'发春'"及下文"谓之'饲耗'""谓之'围炉'"等同例,特殊稱謂,宜加引號。今訂作:

上元,则张灯树、放烟火,其祖先画容各悬于堂,一时往来者如织也;妇女投纸人于门外,谓之"渡厄",尽五夜乃止。

(11) 156 頁 8 行:

五月朔日,村村金鼓宣阗,谓之转龙船鼓;

校訂:特殊稱謂"转龙船鼓"宜加引號,以與前後文一致。今訂作:

五月朔日,村村金鼓宣阗,谓之"转龙船鼓";

(12) 156 頁 8 行:

端午酿角黍,饮雄黄酒,插艾蒲于门。

校訂:"端午"後宜一逗,作:

端午,酿角黍,饮雄黄酒,插艾蒲于门。

(13) 156 頁 9 行:

七夕晒衣,祭房中神,报产育功,绣女列瓜果乞巧于中庭。

校訂:"七夕"一逗。"祭房中神报产育功"八字共指一事,宜作一句讀,中間逗號當删。今訂作:

七夕,晒衣,祭房中神报产育功,绣女列瓜果乞巧于中庭。

(14) 156 頁 10 行:

中元作盂兰盆会,曰"施孤",醵金演剧,乡俗尤甚。

校訂:"中元"下宜一逗,作:

中元,作盂兰盆会,曰"施孤",醵金演剧,乡俗尤甚。

(15) 156 頁 14 行:

腊月二十四日,祀灶及诸神,谓之送神朝天;

校訂:特殊稱謂"送神朝天"(或謂之"老爷上天")宜加引號,以與前後文一致。今訂作:

腊月二十四日,祀灶及诸神,谓之"送神朝天";

(16) 156 頁 14 行:

除夕放爆竹,家人团坐而食,谓之"围炉"。

校訂:"除夕"下宜一逗,作:

除夕,放爆竹,家人团坐而食,谓之"围炉"。

(17) 156 頁《社會》末行:

附志之以俟后之能恤民隐者。

校訂:"志之"下宜一逗,作:

附志之,以俟后之能恤民隐者。

(18) 156 頁《術業》2 行:

至于巨商逐海洋之利,往来燕、齐、吴、越。号富室者,颇多工有金石草木之类,皆极精致,而铜、锡器之雕镂,尤通行宇内。

校訂:"越"下句號宜改逗號。"颇多"當從上讀,并後加句號。"金石草木"宜仿上文"燕、齐、吴、越"及下文"铜、锡器"之做法,中間各以頓號隔開。今訂作:

至于巨商逐海洋之利,往来燕、齐、吴、越,号富室者颇多。工有金、石、草、木之类,皆极精致,而铜、锡器之雕镂,尤通行宇内。

(19) 157 頁《習尚》1 行:

巨家大族类以孝友为家法,而助饷、赈谷及储义仓、倡文祠亦有好善之风,惟过听小人,岁糜无益之费者,且比比也有。

校訂:"族"下宜有一逗,避免"族类"連讀誤釋。"类",大率也,皆也。"糜"通"縻",謂縻費。今訂作:

巨家大族,类以孝友为家法,而助饷、赈谷及储义仓、倡文祠亦有好善之风,惟过听小人,岁糜无益之费者,且比比也有。

2017 年 10 月

注　釋

[1] 潮陽市地方志編纂委員會辦公室整理出版,2000 年。其時潮陽市包括今汕頭市潮陽區、潮南區。本文中引自規範簡化漢字點校橫排本《潮陽縣志》的文字以及對該書的校訂文字采用簡體,其他文字隨本書體例用繁體。

[2] 潮陽市地方志辦公室:《清光緒甲申年(1884)〈潮陽縣志〉規範簡化漢字點校橫排本·整理出版説明》。

[3] 初稿載於吳奎信、徐光華主編:《第五屆國際潮學研討會論文集》,香港:西元出版有限公司 2005 年,第454—466 頁。後作若干修改,收入陳焕良:《訓詁學與古漢語論集》,廣州:中山大學出版社,2018 年,第 226—237 頁。

[4] 初稿載於陳春聲、陳偉武主編:《地域文化的構造與播遷:第八屆潮學國際研討會論文集》,北京:中華書局,2012 年,第 281—289 頁。後作若干修改,收入陳焕良:《訓詁學與古漢語論集》,廣州:中山大學出版社,2018 年,第 238—246 頁。

[5] 見唐代李匡乂《資暇録》所引稷下諺語。

(作者單位:中山大學中國語言文學系)

廣式滿洲窗的藝術紋樣研究

李名璨

　　廣式滿洲窗是嶺南建築中獨特的窗户類型,其製作技藝是匠作智慧的結晶,其裝飾紋樣體現了中華民族優秀紋樣符號的歷史積澱,體現了嶺南民俗民情,也體現了中華傳統文化與西洋文化的相互交流及融合。但隨着經濟社會的發展與更迭,傳統的廣式滿洲窗因原材料缺乏、工匠斷層、工藝失傳等原因,其製作和修復行當漸漸式微,現存的滿洲窗是嶺南建築構件中具有重要文化價值的珍貴遺產之一,具有重要的研究意義。

一、廣式滿洲窗的定義及來源

　　滿洲窗的來源有多種説法,流傳比較廣的是"滿洲人的創造發明"。據説其原型是東北的滿族建築所用的窗櫺,而流傳至廣州則是因爲平南王府的建造。相傳清順治六年(1649年),平南王尚可喜和靖南王耿仲明(途中自裁,由其子耿繼茂接任)圍攻廣州城,兩年後廣州城成爲兩王天下。耿繼茂在廣州城開闢了80畝(約等於5.3公頃)地,建造了平南王府——九間滿洲風格濃郁的宏偉府邸。而後,其他官員府邸競相效仿、趨之若鶩,滿洲窗從此在嶺南地區被廣泛使用。早期的滿洲窗多出現在今廣州市海珠路、惠福路、光塔路、朝天路、解放中路一帶。之後城外西關的富户也紛紛開始仿效這種擁有精美圖案的窗格和欄柵。現存的廣式滿洲窗文物多産於清末民初。後來出於原材料缺乏等多種原因,滿洲窗的形式漸漸匿迹[1]。道光年間陳作霖在《炳燭里談》中描述:"江南房屋嚮來皆用雕花直窗,而於書屋客廳則用大方窗,窗中鑲嵌玻璃大片,俗呼滿洲窗,蓋北方旗式也。"[2]廣式滿洲窗與東北滿洲窗最明顯的區別就在於廣式滿洲窗啓用了玻璃這一新型材料,而東北滿洲窗使用窗紙。[3]

　　廣式滿洲窗經過幾百年的演變,如今在形式上已具有一定的樣式,但在不同地區廣式滿洲窗的使用功能、尺度、製作技藝以及裝飾會呈現不一樣的風格特徵,因此,本文研究的區域主要限定在廣州範圍內。廣州地區的傳統建築是嶺南傳統建築文化的縮影,它在保留中國傳統建築文化的基礎上,凸顯着嶺南本土建築的獨有特色,并且在融合外來文化之後變得更加豐富而耐人尋味。本文選取的研究樣本爲廣州地區比較有特色的酒樓、園林、民居建築上的廣式滿洲窗。

對於"廣式滿洲窗"這個稱謂的定義,現存資料顯示,2005年湯國華將傳入嶺南地區的滿洲窗户名稱劃分爲"滿洲窗"和"滿周窗"兩種[4];2006年劉溪在碩士論文中根據側窗形式分爲"玻璃檻窗""滿洲窗"和"玻璃格扇",玻璃檻窗形狀爲竪長矩形,開啓方式爲轉軸平開,而滿洲窗多爲矩形,開啓方式爲竪嚮推拉[5];2008年陸琦將"滿洲窗"定義爲"珠江三角洲一帶民居和庭園建築喜用的一種建築形式,一般爲方形,分成上、中、下三段,形成方形九宫格窗狀,其格芯欞子紋樣很多,且在欞間鑲嵌彩色玻璃"[6];2009年曾娟在博士論文中根據前人的研究,提出"傳統'滿洲窗'已經不能涵括此類滿洲窗的特色",爲彰顯其地方特色,她定義爲"滿洲窗主要起源於嶺南廣府地區,主要在廣府地區廣泛運用,故命名爲'廣式滿洲窗'"[7];2011年樓慶西在《户牖之藝》中所作的門窗分類并未提及滿洲窗,提及相關窗户時僅以"玻璃窗"代指,并形容爲"南國建築特有的新窗户"[8];2013年楊靜在其碩士論文中按開啓方式分爲"滿洲窗""平開窗""支摘窗""水準趲窗"和"横披窗",滿洲窗特指上下推拉式方形窗[9];韓放認爲"滿洲窗"雖爲民間稱謂,但已經有一定年頭,符合約定俗成原則,并將"滿洲窗"定義爲"以具有中國傳統裝飾圖案效果的木框欞花門窗爲基礎,鑲嵌源自歐洲的彩色玻璃而成的裝飾花窗"[10];2020年廣州博物館將由中式傳統木窗欞鑲嵌彩色玻璃的南風窗定義爲"廣式彩色玻璃窗",俗稱"滿洲窗"。本文將廣府地區帶有傳統裝飾紋樣的木欞花并鑲嵌彩色玻璃的窗户統稱爲"廣式滿洲窗"。

在形狀方面,傳統滿洲窗爲近似正方形,高寬比約爲6∶7[11];但是在筆者調研和查文獻的過程中,發現新式滿洲窗經過技藝發展,其外框已不拘泥傳統矩形,甚至出現了器物以及嶺南瓜果的造型(如組圖1)。

組圖1　外框呈現非傳統矩形的廣式滿洲窗
(圖片來源:筆者自攝於廣州市泮溪酒家與南園酒家)

二、廣式滿洲窗的製作工藝

廣式滿洲窗最傳統的做法是以木制榫卯結構製作外框,并且選用套色蝕刻玻璃進行内膽鑲嵌。在外框的設計上,傳統的廣式滿洲窗是穩而有序的,内膽的尺寸通常在 45 厘米以内,纔能保證整體窗結構的穩固。傳統的套色玻璃蝕刻不會輕易被刮花,而且技法上還能做出漸變的效果,歷久彌新[12]。

與傳統窗的邊框相仿,廣式滿洲窗中最周邊的窗邊框稱爲"窗梆"。廣式滿洲窗還借用書畫中的"畫心"與"襯底"概念。(圖 2)"畫心"爲窗的中部欄條與玻璃組合的部分,同時也是整個廣式滿洲窗的視覺中心。除了畫心以外的欄條與玻璃組合的部分稱爲"襯底",襯底又分爲直子襯底和曲子襯底。窗梆以内通透部分又稱爲格心,由窗欄構成。

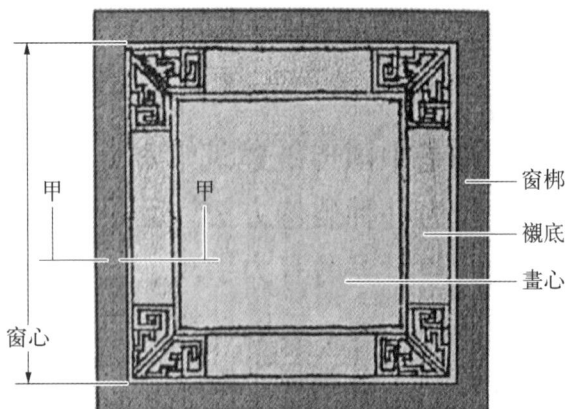

圖 2　廣式滿洲窗"畫心"與"襯底"的關係
(圖片來源:夏昌世,莫伯治《嶺南庭園》,北京:中國建築工業出版社,2008 年,第 168 頁)

(一) 玻璃種類及工藝

在廣式滿洲窗裏,常見的玻璃種類按顏色可分爲兩種,一爲透明無色玻璃,二爲彩色玻璃;按製作工藝可分爲四種,一爲兩面平滑的普通玻璃,二爲單面有大面積凹凸的單面壓花玻璃,三爲繪製具體圖樣的蝕刻玻璃,四爲磨砂玻璃。

在古代,玻璃常被用於器物製作,但作爲建築材料則經歷了漫長的發展過程。清雍正年間,玻璃僅作爲珍貴朝貢物品在宮中使用。到了晚清,嶺南庭園建築中已大量使用彩色玻璃,其來源有二:一是國外進貢者帶入中原地區,再從中原地區傳入嶺南;二是嶺南對外貿易中直接引入的品種。蝕刻玻璃的原材料便是這種彩色玻璃,嶺南工匠運用蝕刻工藝,將嶺南傳統文化作爲主要題材,繪製出精美的彩色玻璃窗,這就是早期的廣式滿洲窗,它是國外材料與本地藝術的結合。

到了清末民初,市場上出現了單面壓花玻璃(圖 3),早期的壓花圖案爲"鳳梨皮",後期出現了十字梅花以及多種不同紋樣的壓花玻璃。其優點是可把各種進入室内的直射光擴散投射,且花紋多樣,藝術效果良好。民國時期這種玻璃被大量用到了傳統門窗當中,彩色玻璃的使用則逐漸減少。

蝕刻彩色玻璃的製作工藝較爲複雜。光緒六年
（1880年）趙之謙在《勇廬閒詰》中描述當時的套色玻
璃工藝：“余居京師近十年，見紅者二，藍者一，其言非
虛。有綠黑白，白者或藍綠地，或黑地，無紅地者。套
藍有紅地，然不多見。更有兼套，曰二采、三采、四采、
五采或重疊套。雕鏤皆精絶。康熙中所製，渾樸簡
古，光豔照爛如异寶。乾隆以來，巧匠刻畫，遠過詹
成。矩鑿所至，細入豪髮，捫之有棱。龍鳳盤螭，魚雁
花草，山川彝鼎，千名百種，淵乎清妙。”玻璃蝕刻技術
原是從國外傳入，通過嶺南匠師們的改進和創新，形

圖3　單面壓花玻璃
（圖片來源：筆者自攝於廣州市荔灣
區西關大屋民居）

成了中國玻璃刻畫的特有風格，匠師們利用濃度不同的氫氟酸，配合不同的腐蝕時間，使
畫面色調出現不同的濃淡、深淺，圖案呈現凹凸的淺浮雕效果，把中國畫的筆墨技法在彩
色玻璃上表現得淋漓盡致。這種技術上的大膽變革，顯示了嶺南文化靈活開放、兼收并
蓄、多變善變的特色。

銀光磨砂玻璃亦稱“藥水銀光”，其制窗手法與製作彩色玻璃窗的流程大致相同，只是
材料用的是光片（透明玻璃）。銀光磨砂玻璃在裝飾效果上不如彩色蝕刻玻璃，但也有人
喜歡它清雅中帶光澤的特色。

（二）玻璃紋樣

廣式滿洲窗玻璃紋樣根據其種類，可分爲壓花玻璃的花紋和磨砂玻璃的花紋，它們的
製作工藝存在非常大的差异，但是在本文中，因這兩種花紋在紋樣組合上存在相似性，故
暫時放在一起討論。在廣式滿洲窗中，壓花玻璃最常見的花紋是十字海棠，其他還有雨
花、布紋、海棠花、金絲、春龍、冰花、七巧板、香梨、千喜格、四季虹、雙方格、木紋、水紋、鑽
石、竹編、福字、銀霞等各種花形，在筆者收集到的廣式滿洲窗樣本中，常見的壓花玻璃紋
樣如表1所示。壓花玻璃表面有深淺不同的立體花紋，其製作方法爲：在高溫環境下對尚
未硬化的玻璃進行雕刻。光綫透過玻璃時，由於其表面的高差，漫射光使其成像不清晰，
形成壓花玻璃透光不透視的特點。

與壓花玻璃相比，廣式滿洲窗中運用磨砂玻璃和噴砂玻璃的次數較少，有一特
別之處在於，磨砂和噴砂工藝除了用於製作襯底紋樣外，也運用在畫心主題中，只
是出現次數較蝕刻玻璃少（表2）。噴砂玻璃包括噴花玻璃和砂雕玻璃，與壓花玻璃

的打磨工藝不同,它是用金剛砂和水的混合劑,通過高壓噴射在玻璃表面,形成水平的或凹雕的花紋。如果在混合劑中加入色素,使花紋帶有不同顏色,則稱爲"噴繪玻璃"。

表 1　壓花玻璃的不同紋樣與具體圖例

名稱	十字海棠	文字紋	菱格花紋	錘紋
圖樣				
采集位置	陶陶居等酒樓園林	泮溪酒家	西關大屋民居	劉美卿故居等紀念館

表 2　磨砂與噴砂玻璃的不同紋樣與具體圖例

名稱	冰裂梅花紋	卍字紋	格芯花紋
圖樣			
采集位置	南園酒家、餘蔭山房等	廣州博物館	廣州博物館

在廣式滿洲窗中,除了襯底的玻璃紋樣外,研究價值最高的仍是畫心部分,畫心的玻璃工藝有噴砂玻璃和蝕刻玻璃兩種。由於蝕刻玻璃多爲畫心的玻璃,其具體分類將在下

面畫心主題紋樣中展開介紹。

（三）欞條結構

滿洲窗的欞條結構是決定窗欞作爲裝飾構件的基礎。東北傳統滿洲窗窗欞樣式較爲簡練，綫條粗獷，大都由簡單的基本樣式組合而成，如方格、菱形和梅花等。隨着滿漢文化的相互交融，中原窗户上造型靈活、裝飾精美、寓意深刻的雕花，也完美地嫁接到了廣式滿洲窗的窗欞上。廣式滿洲窗的木制欞心隔扇作爲裝飾構件的基礎，其欞條的結構圖案既繼承了中原傳統風格，也反映了嶺南靈活而精美的工藝特點，又注意了玻璃材料的加工特點。綫型的變化有直綫形、曲綫形和綜合形，其中畫心圖形較多的是寓意美好的植物、傳統神話人物和幾何吉祥圖案。

襯底部分的欞條與畫心一樣精細，傳統製作方法主要有斗心、拉花、浮雕、透雕、釘凸等[13]。直子襯底即畫心多爲規則形，襯底采用井字或套方斗心。斗心術多以 1 厘米厚的木條拼成各種形狀，變化多端，但最常見的變體是冰裂紋、套方卍字紋、正斜卍字紋、亞字紋、六耳紋、斜二字紋等。在拉花工藝上，傳統的做法是先將木條上的刻痕磨平，再用刻刀刻出圖案并打磨平整，再使用砂紙、毛筆對圖案細細打磨。透雕是在襯底上雕刻出各種裝飾紋樣，用於襯底的雕工較多，但通常用雕刀將花紋内層的木條雕刻出凹痕，然後再進行細緻的雕刻。釘凸是在襯底上直接鑽孔、釘釘，然後再雕刻出裝飾紋樣。隨着時代發展和市場需求的變化，如今釘凸、拉花等已不常用了。而傳統製作工藝一般只用於畫心和直子襯底（部分直子襯底采用鏤空刻花）上，而裝飾於室内或室外的構件或柱子上則使用浮雕、透雕等做法。廣式滿洲窗的欞條組合多用傳統榫卯結構，如組圖 4 所示。

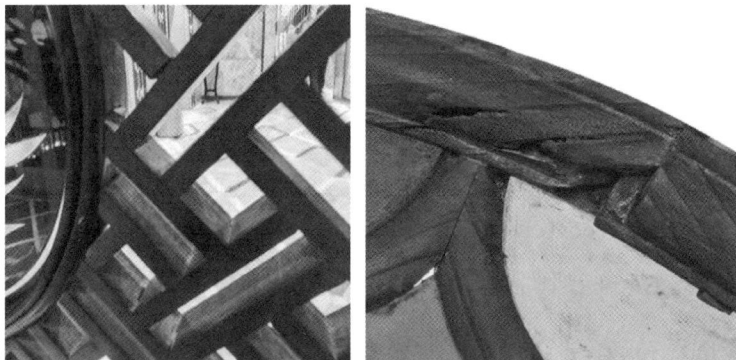

組圖 4　傳統廣式滿洲窗的欞條用榫卯拼接
（圖片來源：筆者自攝於陶陶居）

廣式滿洲窗的窗櫺構造和畫心裝飾的形式風格,在結合了廣府本土人文風貌之後得到了充分的發展。應該説,它的形成與發展一定程度上展現了嶺南乃至中國近現代傳統民族建築的文化吸收與融合的過程。廣式滿洲窗的形式風格,其實就是嶺南傳統建築文化與中國傳統文化的一種延續。廣式滿洲窗以其豐富多樣的形式與内容,成爲嶺南建築的重要組成部分。

(四)加工工藝

除了櫺條不同的組合形式,廣式滿洲窗的精巧木構還體現在其表層的加工工藝上,如加金漆、鏤空木雕等。

廣州南園酒家中,多處廣式滿洲窗的襯底木構部分做了金漆處理,給人一種高貴典雅的感覺(圖5)。

圖5　木構櫺條做金漆處理
(圖片來源:筆者自攝於南園酒家)

在一些私家園林及酒家中,還可以發現廣式滿洲窗的木構部分采用了雕刻工藝(圖6),在陶陶居每層樓梯的轉角,裝飾有通雕及鏡面襯底的廣式滿洲窗。在南園酒家中,亦有門扇上的廣式滿洲窗外框飾有精美立體浮雕的,其表層通常會髹銀漆或銅漆(圖7)。

圖6 滿洲窗襯底部分選用通雕裝飾
（圖片來源：筆者自攝於陶陶居酒家）

圖7 滿洲窗外框裝飾有浮雕
（圖片來源：筆者自攝於南園酒家）

三、廣式滿洲窗的畫心主題紋樣

通過分析案例資料，筆者發現，廣式滿洲窗的主題圖案一般應用在畫心部分，如幾何圖形、動植物、器物、書法作品、神話故事等，而其裝飾紋樣主要體現在襯底上。

（一）幾何紋樣

幾何圖案具有很強的規律性，當門窗數目較多時連續使用，具有極強的節奏感。常見的幾何畫心紋樣有海棠紋、圓鏡紋、八角井、菱格紋等（圖8）。幾何紋樣是人類最古老的紋樣之一，它的產生是人類認識和理解自然與社會的結果。恩格斯說："和數的概念一樣，形的概念也完全是從外部世界得來的，而不是在頭腦中由純粹的思維產生出來的。必須先存在具有一定形狀的物體，把這些形狀加以比較，然後纔能構成形的概念。"[14]

（二）植物紋樣

如表3所示，廣式滿洲窗選取的植物紋樣通常是寓意美好的植物，如有"四君子"之稱的梅蘭竹菊，有長壽之意的松，寓意多子的石榴，出淤泥而不染的荷花，還有嶺南常見的水果如香蕉、荔枝等。

組圖 8　畫心爲幾何紋樣的滿洲窗
（圖片來源：筆者自攝於永慶坊；廣州博物館展覽"户上千色映羊城"）

表 3　植物紋樣的廣式滿洲窗

紋　　樣	菊花紋樣	荷花紋樣
局部圖樣		
完整廣式滿洲窗		
圖片來源	廣州博物館展覽"户上千色映羊城"	筆者自攝於陶陶居

（三）動物紋樣

如表 4 中的花鳥主題,廣式滿洲窗常用到的動物主題有仙鶴、鹿、喜鵲、蝴蝶、鴛鴦、鯉魚等,而動物常與植物一起出現。

表 4　動物紋樣的廣式滿洲窗

紋　　樣	喜鵲、竹葉	喜鵲、梅花
局部圖樣		
完整廣式滿洲窗		
圖片來源	筆者自攝於陶陶居	筆者自攝於李小龍故居

（四）文字紋樣

在嶺南庭園中常見有各種詩詞、楹聯、書法等文字裝飾的窗戶,現代也有采用字母紋樣的。玻璃上的文字,因正背兩面都能看到,因此一般會寫成正背面一樣的藝術字體。這樣,游園者既可欣賞到優美的書法,又可品味嶺南庭園主人的藝術才華和文學造詣。所以説,在中國園林文化中,裝飾文字的作用不可忽視。常見的匾額、楹聯、書畫和獨特的廣式滿洲窗上的文字,不僅有藝術價值與觀賞價值,更有歷史意義與文化内涵。

組圖 9　裝飾文字紋樣的廣式滿洲窗
（圖片來源：筆者自攝於劉美卿故居/永慶坊）

（五）器物紋樣

器物紋樣包括花瓶、樂器、古錢、陶瓷、青銅器等。另外,宗教物件也是廣爲采用的器物題材,如丹爐、暗八仙、佛八寶、八吉祥[15]。（組圖 10）

組圖 10　裝飾器物紋樣的廣式滿洲窗
（圖片來源：廣州博物館展覽"户上千色映羊城"；筆者自攝於泮溪酒家）

（六）人神故事紋樣

　　廣式滿洲窗常用的神話傳説的主角包括神仙、歷史人物。常見的神仙包括壽星、八仙等。傳説中，八仙代表老少男女、貧富貴賤，由於八仙都是凡人成道，性格更加貼近百姓，所以成爲道教中非常重要的神仙代表。"八仙過海""八仙祝壽"等裝飾題材常被用到故事情節中。人物故事以普通百姓生活場景爲主，如漁樵耕讀、子孫滿堂、三代同堂等。（組圖 11）

組圖 11　裝飾神話故事紋樣的廣式滿洲窗
（圖片來源：筆者自攝於泮溪酒家/南園酒家）

(七) 山水風景紋樣

廣式滿洲窗的山水畫常常體現了嶺南傳統繪畫的審美内涵,自然山水時常配有樓閣庭院等建築。在傳統的寫實題材上大膽運用透視畫法,結合退暈的玻璃工藝,以渲染背景的方式增強空間感。(組圖 12)

組圖 12　山水風光内容的廣式滿洲窗
(圖片來源: 筆者自攝於泮溪酒家)

四、廣式滿洲窗的襯底裝飾紋樣

在曾娟的《西風東漸新材舊制》一書中,廣式滿洲窗的襯底樣式分爲兩種,一種是以直綫爲主的直子襯底,一種是以曲綫爲主的曲子襯底[16]。但是筆者在調研中發現,還有一種比較少見的綜合襯底,其紋樣并非規律性的幾何綫條,而是更爲精美的立體祥瑞木雕。

(一) 直子襯底

直子襯底規則而端莊,常出現在正式的社交空間如客廳、園林式茶樓(南園酒家、泮塘酒家)等,包括卍字紋、冰裂紋、方勝紋、回字紋、編織紋等紋樣。下面根據樣本收集過程中出現於廣州地區的廣式滿洲窗上的襯底紋樣進行逐一分類介紹。

1. 方勝紋

方勝紋爲漢族的傳統吉祥寓意紋樣,基礎樣式爲兩個正方形壓角相疊(表 5)。"方勝"原爲古代漢族神話中西王母所戴的髮飾,《山海經·西山經》中記載:"西王母其狀如人,豹尾虎齒而善嘯,蓬髮戴勝,是司天之厲及五殘。"《海内北經》又説:"西王母,梯几而戴勝杖。"其中的"勝"便指的是一種髮飾,根據材料、紋飾和造型的不同,有華勝、玉勝、金勝、方勝、人勝、春勝、寶勝、羅勝、方番勝、彩勝等多種類别[17]。"方勝"之"方"取其形而得名,意爲勝的四邊角爲正方形而非傳統的曲形。

表5　襯底使用方勝紋的廣式滿洲窗

紋　樣	方勝紋	方勝紋變形體
局部圖樣		
完整廣式滿洲窗		

2. 回字紋

回字紋,又叫回紋,是一種傳統的"回"字形裝飾紋樣,因爲它的結構回環連綿不絶,所以民間賦予它"富貴不斷"的寓意。二方連續的回紋在視覺上具有整齊劃一的效果,常被用來作爲間隔或鎖邊圖案。

回字紋是從古代陶瓷及青銅器中的雲雷紋演變而來,其特徵是以橫豎短綫構成方形或圓形的回環狀的圖案。現有的考古學資料顯示,我們目前能見到的最早的回紋,是出土於馬家窑文化中馬廠類型遺址中距今四千多年的新石器時代的古陶器皿上的回紋。《説文解字·口部》:"回,轉也。从口,中象回轉形。"清代段玉裁注:"中當作口。外爲大口。内爲小口。皆回轉之形也。如天體在外左旋,日月五星在内右旋是也。"回字既寓意着取之不盡用之不竭的能力與財富,又寓意着萬事萬物都有起伏波折,事物到了下限的時候又要開始一次新的上升。

表6　襯底使用回字紋的廣式滿洲窗

紋　樣	回字紋	回紋變體	回雲紋
局部圖樣			
完整廣式滿洲窗			

如表中最左側的回紋四方格心套藍花草紋滿洲窗,此窗中部開光所嵌套的藍色蝕刻玻璃畫爲茉莉花圖。茉莉花也是文人畫中常見的花卉題材,寓意"忠貞""純潔",蝕刻畫心四周爲"回紋"邊飾,與回紋襯底呼應。兩兩相接,綿延不絶,寓意"富貴不斷頭"。

3. 卍字紋

卍,讀音同萬,故卍字紋亦稱"萬字紋"。"卍"在佛教中是一種具有神秘色彩的符號,被佛教徒視爲吉祥、功德的象徵。新譯《華嚴經》云:"如來胸臆有大人相,形如卍字,名吉祥海雲。"

它的起源非常早,而且使用範圍也非常廣泛。公元前5000年左右的美索不達米亞的西亞陶瓷中就發現了這種紋樣。卍字紋也大量出現在古希臘人的生活中,公元前10—前8世紀愛琴海沿岸流行使用的彩陶器皿中,許多彩繪就有明顯的卍字圖形。古印度、波斯也都發現了它的身影。"卍"字紋在歐洲也甚爲流行,作爲裝飾性符號,在早期基督教藝術和拜占庭藝術中亦屢見不鮮[20]。後來被一些古代宗教沿用,如婆羅門教、佛教等,用以概括宇宙萬物的本質規律。在中國,卍字紋目前最早的紀錄爲9 000年前彭頭山文化(現今的湖南)出土的陶器,之後全國各地均出土過含有卍字紋樣的器皿、服飾等,如青海、甘肅的馬家窑文化[21]、內蒙古小河沿文化、浙江河姆渡文化、山東大汶口文化、廣東的石峽文化等。從新石器時代陶器到古巴蜀國的銅帶鉤、唐代銅器以及鏤空門窗、明清的家具、織錦、玉器上,都可以發現卍字紋。它已經成爲中國傳統紋樣中的一種,用作護身符和宗教象徵[18],象徵着光明、輪回不斷。

"卍"字的四端向外延伸,又可以演變出各種各樣的紋路,其中連續的紋路稱爲"萬壽錦",寓意長生不老、萬福萬壽[19]。卍字紋的應用與回紋不大相同,回紋一般只用於器物邊緣或作爲分界之用,而卍字紋既可用於邊緣裝飾,也可以作爲"萬字錦"大面積應用於建築物的門窗和牆梁,取"富貴不斷頭"之意。

表7　襯底用卍字紋的廣式滿洲窗

紋　　樣	卍字紋	卍字紋變形體
局部圖樣		
完整廣式滿洲窗		

"卍"字檻花圖案呈現的是一種旋轉的形態[22]。其如流水中的旋渦,又似旋轉的風車。民間認爲這種螺旋狀的運動代表了生命力,象徵着無限循環的宇宙。

4. 蓮花紋

蓮花紋,是我國古代傳統宗教裝飾紋樣中時代較早的一種,其變化一般采用對偶、對稱等形式,視覺上呈現穩定有序的特點(表8)。《摛藻堂四庫全書薈要·爾雅注疏》:"荷,芙渠,其莖茄,其葉蕸,其本蔤,其華菡萏,其實蓮,其根藕,其中的,的中薏。"蓮花,古代名爲芙蕖,又名荷花,開花可供觀賞,果實可食,春秋時期便作爲裝飾圖案用於服飾器皿上。1923年河南新鄭鄭公大墓出土的春秋蓮鶴方壺,其壺蓋被鑄造成雙層張開的蓮花形狀,最上面的壺蓋由10組雙層并列的青銅蓮花瓣構成。自佛教傳入中國後,蓮花作爲佛教標志,化作"淨土""純潔""吉祥"的象徵[23]。在民間,蓮花是聖潔、高雅的象徵。在建築裝飾中,選用蓮花紋樣,除了本身的宗教寓意,人們也會以諧音的形式引申出更多層次的文化意蘊,如"蓮"與"連""廉""憐"等諧音,使蓮花更有"連年有餘""一品清廉""惹人憐愛"等寓意。

表 8　襯底使用蓮花紋的廣式滿洲窗

紋　樣	蓮花紋	蓮花紋變體方形蓮花
完整廣式滿洲窗		

5. 編織紋

編織紋最早出現於新石器時期,是早期陶器的原始紋樣之一。通常是由幾組連續的幾何紋組成。編織紋的具體形狀有席狀、葉脉狀等。它的産生與原始人的漁獵生活有關,先民們用竹繩、蘆葦、藤條、麻繩等編織物製作盛物的容器,在燒製陶器時,這些容器常常和泥一起被送進火裡,編織物的肌理因而被陶泥拓印了下來,又經過高温燒製保存。這種陶器也被稱爲印紋陶[24]。後來,工匠們根據印紋陶的印痕,用刀刻進行複製模擬、拼貼,形成各種各樣精美的編織紋。商周時期，編織紋在原始青瓷、印紋硬陶及灰陶器上已作爲常用裝飾紋樣。漢代陶瓷器承襲了這一傳統紋飾。自唐代至清代，編織紋經久不衰，不僅應用於器物的裝飾，也應用於家具、服飾等。

編織紋作爲建築裝飾紋樣之一，以其細密之美體現了中國傳統手工藝的精美絶倫（表9），以及古代勞動人民對生活的美好願望。

表9　襯底使用編織紋的廣式滿洲窗

局部圖樣	完整廣式滿洲窗（編織格心套藍色花鳥紋）

6. 菱格紋

菱格紋，又稱斜方格紋，民間俗稱豆腐格。一般由兩斜欞相交後組成，有單體的菱格幾何圖，也有大面積相連的菱形錦。菱格紋有單層、多層橫嚮排列和上下交錯排列幾種形式，有招財納福、財源滾滾的寓意。菱格圖案最初是以其"菱行"之形狀而得名，後來又演變爲以"橫平竪直"四方形孔洞組成的幾何紋樣，所以就形成了斜方格紋。[25]（表10）

《正中形音義綜合大字典》："菱即芰；水生艸本名，葉浮水上，白花角實。"[26]菱角是一種可食用的草本植物，常常被作爲大自然所賜予的豐碩果實的象徵符號。在中國傳統吉祥圖案中，菱形是文人的八寶之一。菱形紋也是由原始先民捕魚的網狀演化而來，寓意着招財進寶。網用於捕魚，"魚"與"餘"同音，故而"網"也有剩餘的含義。在中國古代傳統建築中，菱格一般作爲門窗上框和扇形花飾的主要紋樣之一，象徵着財富有餘。網格紋的各個正方形孔洞因其四個角呈直角代表了處處正直之意。因此，網格紋作爲門窗格心欞花出現在建築上，既包含着主人對財富有餘有剩的期望，又表示主人富有而且正直。

表 10　襯底使用菱格紋的廣式滿洲窗

紋　樣	菱格紋	菱格紋變體	菱形錦
局部圖樣			
完整廣式滿洲窗			

7. 龜背紋

龜背紋,又稱鎖紋。通常以六邊形爲基本單位組成四方連續紋樣(表 11),因其形似龜板背部紋路而得名[27]。作爲傳統的幾何紋樣,龜背紋在北魏時開始裝飾於紡織品上[28],并且被賦予長壽、吉祥等寓意,如"龜年鶴壽""龜龍麟鳳"等。龜背紋作爲門窗裝飾最早出現於宋金時期,如平陽墓室的磚雕仿木格門窗[29],在這之前漢唐千餘年均使用直櫺窗,直到受外來文化的影響,窗櫺類型開始出現複雜的變化[30],龜背紋也開始應用於建築上。

《説文解字·龜部》:"龜,舊也。外骨内肉者也。从它,龜頭與它頭同。天地之性,廣肩無雄;龜鼈之類,以它爲雄。象足甲尾之形。"龜通天地之靈性,是祥瑞的標志,《禮記·禮運》:"麟、鳳、龜、龍,謂之四靈。"古人將龜視爲靈物,唐代人以龜爲名者屢見不鮮,如李龜年、陸龜蒙、楊龜山等。《淮南子·説林》:"必問吉凶於龜者,以其歷歲久也。"龜的鱗甲分布很整齊,龜板的裂紋也很規則,古人以爲是天地預兆,於是他們將占卦的内容刻於龜甲上,"甲骨文"從而得名。

表 11　襯底使用龜背紋的廣式滿洲窗

紋　　樣	龜背紋	龜背紋
局部圖樣		
完整廣式滿洲窗		

8.　八角井

八角井是井紋的一種變體。《說文解字·八部》:"八,別也,象分別相背之形。"八的含義在古時與方位有關,八角形多被用來象徵四方。在中國傳統建築裝飾中,藻井的造型多爲斗八造型,有"天圓地方"的寓意。

井是水的象徵。中國人認爲水是生命之源,有生命纔有財富,所以水井被視爲"財源""福源",寓意是財富和福氣如泉水般源源不絕。在中國古代,水井的形狀通常有方井、八角井、葫蘆井等。井紋圖案主要用於裝飾建築物中,它既可以起到分隔作用,又起到美化裝飾的作用(表12)。

(二) 曲子襯底

曲子襯底活潑多變,多爲波形曲綫、圓形等形狀,大多使用在氛圍輕鬆的私密空間裏,如卧室、書房等。

表 12　含有八角井的廣式滿洲窗

紋　樣	八角井	八角井变体
圖樣		

1. 海棠紋

　　海棠紋,其花形雅潔,四片花瓣呈十字形對稱,是一種高貴和風雅的象徵符號[31]。海棠爲多年生草本植物,花開時繁。宋代詩人王禹偁在《商山海棠》中稱:"春裏無劲敵,花中是至尊。"明代王象晉《二如亭群芳譜·花譜一》:"其株翛然出塵,俯視衆芳,有超群絕類之勢,而其花甚豐,其葉甚茂,其枝甚柔,望之綽約如處女,非若他花冶容。"海棠樣式櫺花圖案在古典建築的窗格中,有着很高的地位。清代以來,富貴官宦宅院多用十字海棠圖案來點綴格心。海棠盛開之時正是"萬紫千紅總是春"之時,所以被視爲富貴、吉祥、繁榮、多子多福的象徵。

　　如下表(表 13)中廣式滿洲窗以海棠紋爲格心主體,嵌黃、綠、紅三色玻璃,以中式傳統圖樣爲形制基礎,又隱含西洋風味,將中西互融體現得淋漓盡致。

表 13　含有海棠紋的廣式滿洲窗

紋　樣	海棠紋	海棠紋变体
圖樣		

2. 盤長紋

盤長紋,由盤長結或吉祥結衍生而來,通常爲一種回環的菱形繩索紋樣。盤長是佛教八吉祥的法器之一,代表佛身上的部位,也記作"盤腸"。佛家認爲盤長"回環貫徹,一切通明",含有事事順、路路通之意[16]。因其編織具有連綿不斷的工藝特性(表14),常被人們作爲諸事順利、好事連綿的象徵[32]。正因爲盤長所包含的吉祥寓意,民間由此引申出對家族興旺、子孫延續、富貴吉祥世代相傳的美好祈願。

表 14　含有盤長紋的廣式滿洲窗

紋樣	盤長紋	盤長紋变体
局部圖樣		
完整廣式滿洲窗		

3. 蝴蝶紋

蝴蝶,最早見於《山海經》,被稱爲"蛺蝶",也叫"粉蝶""蝶粉"等。蝴蝶造型優美,在古代的應用十分廣泛。自唐朝以來,已有匠人在銅鏡和錦緞上應用蝴蝶圖案,其造型圓潤飽滿,色彩豔麗。蝴蝶多與花卉或文錢組成主體紋飾,也有一些作爲輔助紋樣點綴在山水花鳥畫面中的,很少單獨出現。如宋代畫家郭熙在《林泉高致》中,畫了一幅《蝴蝶雙飛圖》,將蝴蝶與牡丹、菊花搭配,組成一對組合紋樣,寓意"花容長在""蝶戀花"。

廣式滿洲窗上的蝴蝶紋樣多爲對稱式排列,但其造型往往變化多端。單隻的蝴蝶以一朵花爲主體,雙隻的則是兩朵花相互襯托。由於"蝴""福"諧音,"蝶"音同"耋",《禮記》中"七十曰耄,八十曰耋",蝴蝶紋樣通常具有"長壽"的寓意。若用一對蝴蝶裝飾,則表示夫妻長壽,白頭偕老。在清代滿族裝飾圖案中,蝴蝶紋還可解讀爲"捷報",疑是因爲"蛺""捷"諧音之故。

圖 13　廣式滿洲窗上的蝴蝶紋

（圖片來源：筆者自攝於餘蔭山房）

4. 如意紋

如意源自印度佛教的法器。其造型早期爲手爪形,後吸收融合了本土的雲紋與卷草的形態特徵,逐漸演變發展成爲一種約定俗成的符號[33]。如意紋抽象提煉了玉如意端頭的類心形旋渦形狀,由兩條捲曲的綫交接而成,也可與其他吉祥紋樣進行組合,表達不同的寓意(表 15)。

表 15　含有如意紋的廣式滿洲窗

紋　樣	如意紋	如意紋変体
局部圖樣		

續　表

紋　樣	如意紋	如意紋变体
完整廣式 滿洲窗		

如意往往與卍字或十字相套,寓意着建築主人能萬事如意、延年益壽。或與海棠紋相套,成果實累累之相。

5. 寶相花紋

寶相花紋是中國佛教植物紋樣。"寶相花"一詞最早出現在宋代的文獻中,《營造法式》稱之爲"寶相華""華通花"[34]。寶相花紋采用中心對稱的形式,整體造型以十字、米格爲主,圓心向外層層擴展,花瓣呈對稱放射狀,數量通常采用四、六、八、十二等偶數(表16)。它吸收了許多花卉的造型特徵,包括蓮花、忍冬等。

表 16　含有寶相花紋的廣式滿洲窗

紋　樣	寶相花紋	寶相花紋
圖樣		

寶相花紋的對稱形式蘊含着中國傳統文化的深刻内涵,它源於古人對自然世界的質樸認識,同時象徵着整個宇宙的和諧與圓融。

6. 繩紋

繩紋與編織紋類同,來源於原始人製作印紋陶所留下的印痕,屬於原始的紋飾之一。後經歷史的發展演化,繩紋與盤長紋、銅錢紋等吉祥紋樣相結合(表17),寓意堅韌不斷、纏綿不絕。

表 17 含有繩紋的廣式滿洲窗

紋　　樣	繩　　紋	繩紋變體
局部圖樣		
完整廣式 滿洲窗		

7. 圓鏡紋

圓鏡紋,顧名思義造型爲正圓形,常與十字、燈籠錦圖案組合。(表18)《周髀算經·卷上》:"方屬地,圓屬天,天圓地方。"圓形既代表着天,也代表着月亮。道教認爲,妖魔鬼魅常常變幻形狀以迷惑人,但在鏡子照鑒之下就會現出原形。《抱樸子·内篇·登涉》:

"萬物之老者,其精悉能假託人形,以眩惑人目而常試人,唯不能於鏡中易其真形耳。是以古之入山道士,皆以明鏡徑九寸已上,懸於背後,則老魅不敢近人。"

表 18　含有圓鏡紋的廣式滿洲窗

紋　　樣	圓鏡紋	圓鏡紋
局部圖樣		
完整廣式滿洲窗		

圓鏡是對天、地和人的一種想象或抽象,表現了古人對世界上萬事萬物所具有的一種完整和諧、統一關係的認識。古人多用圓鏡紋裝飾於客房户牖上,以示客人安宿之意,同時祝願招財進寶。廟宇建築亦常用圓鏡紋裝飾,以作辟邪之用。

8. 花結紋

花結紋是利用花、莖、枝、葉組合而成的複合紋樣,通常成條狀或團狀,是一種多元素的集合體。(表 19)花結紋根據不同形態分爲忍冬花結、柿形花結和石榴花結等類型,在唐代金銀器中有廣泛的應用[35]。花結紋象徵着一年四季萬紫千紅、五彩繽紛、群花爭豔，是櫺花中的一種點綴紋樣，它通常裝飾在格心四周，在櫺花中起連接的作用。

表 19　含有花結紋的廣式滿洲窗

紋　　樣	花結紋	花結紋变体
局部圖樣		
完整廣式滿洲窗		

結　　論

　　本文對廣式滿洲窗的藝術特徵進行分類研究，簡單介紹了廣式滿洲窗的製作工藝及使用原料，并根據材質區域不同將紋樣類型劃分爲兩部分，分別爲玻璃部分的廣式滿洲窗的主題紋樣，以及木構部分的廣式滿洲窗的襯底紋樣。以玻璃材質爲主的主題紋樣在本文中被歸類爲七種，分別爲幾何紋樣、植物紋樣、動物紋樣、文字紋樣、器物紋樣、人神故事紋樣以及山水風景紋樣。其在廣式滿洲窗中位置多集中在畫心,但尺寸大小不一致,顏色隨着使用材料而調整,造型及綫條較之襯底紋樣更加精美與複雜。

本文介紹了襯底紋樣中直子襯底的八種類型與曲子襯底的八種類型。由於廣式滿洲窗的襯底紋樣隨着與不同文化的碰撞呈現的樣式也變化多端,即便是同一種紋樣也有不同的變形與變體,故在本文中僅以調研數據爲依據,歸類整理了出現頻率較高的紋樣種類,如直子襯底中的方勝紋與卍字紋、曲子襯底中的海棠紋與盤長紋等。廣式滿洲窗的襯底紋樣造型較主題紋樣更爲單一,但是位置多變,且數量不定,有重複單一紋樣滿鋪襯底的,也有多種紋樣組合在同一畫面的。廣式滿洲窗的藝術紋樣繼承了中華傳統文化,也融合了外來文化,其獨特的造型與紋樣風格是中西文化相互融合的體現。

本文爲 2020 年教育部人文社會科學研究規劃基金項目“嶺南歷史橋樑數位化保護實踐與研究”(20YJA760041)、2023 年廣東省學位與研究生教育項目“新創意設計校科研機構聯合培手研究生示範基地”(KA23YY100)成果。

注　釋

[1] 黃湘菡:《嶺南傳統建築中窗户的研究》,華南理工大學碩士學位論文,指導教師:周劍雲、沈粤,2013 年,第 46—47 頁。

[2] 陳作霖:《金陵瑣志八種之炳燭里談》,卷上之記南京戲園,南京:十竹齋,1963 年。

[3] 薛穎、鄭瀟童:《嶺南特色滿洲窗的求新嬗變》,《古建園林技術》2019 年第 2 期,第 14—17 頁。

[4] 湯國華:《嶺南濕熱氣候與傳統建築》,北京:中國建築工業出版社,2005 年,第 49 頁。

[5] 劉溪:《珠江三角洲傳統窗式研究》,華南理工大學碩士學位論文,指導教師:程建軍,2006 年,第 13—18 頁。

[6] 陸琦:《廣東民居》,北京:中國建築工業出版社,2008 年,第 244 頁。

[7] 曾娟:《近代轉型期嶺南傳統建築中的新型建築材料運用研究》,東南大學建築學院博士論文,指導教師:陳薇,2009 年,第 49—51 頁。

[8] 樓慶西:《户牖之藝》,北京:清華大學出版社,2011 年,第 128—129 頁。

[9] 楊靜:《嶺南傳統庭園門窗的特色及傳承研究》,廣州大學碩士學位論文,指導教師:湯國華,2013 年,第 50 頁。

[10] 韓放:《中西文化融合的嶺南傳統建築裝飾元素》,《廣州大學學報(社會科學版)》2013 年第 9 期,第 92—97 頁。

[11] 楊靜:《嶺南傳統庭園門窗的特色及傳承研究》,第 50 頁。

[12] 劉溪:《珠江三角洲傳統窗式研究》,第 13—18 頁。

[13] 曾娟:《廣式滿洲窗起源、發展及裝飾技藝特色解析》,《首屆中國高校美術與設計論壇論文集》(下),北京:中國美術出版社,2010 年,第 359—366 頁。

[14] 〔德〕卡爾·馬克思、弗里德里希·恩格斯:《馬克思恩格斯全集》,中文第 1 版第 20 卷,北京:人民出版

社，2016 年，第 41 頁。

[15] 暗八仙爲道教八仙的法器：魚鼓、寶劍、扇子、荷花、葫蘆、花籃、簫管、玉板。佛八寶：佛珠、艾葉、犀角、書、磬、方勝、金錢、菱鏡。藏傳佛教八吉祥：盤長、寶瓶、法螺、法輪、雨傘、白蓋、蓮花、金魚。

[16] 曾娟：《西風東漸新材舊制：近代嶺南傳統建築中的建築材料運用研究》，北京：科學出版社，2014 年。

[17] 管彥波：《中國頭飾文化》，呼和浩特：内蒙古大學出版社，2006 年。

[18] 辭海編輯委員會：《辭海》（第三版），上海：上海辭書出版社，1979 年，第 220 頁。

[19] 郭廉夫、丁濤、諸葛鎧：《中國紋樣辭典》，天津：天津教育出版社，1998 年，第 13 頁。

[20] 吳承均、賈佳：《古典紋樣中“卍”字紋藝術》，《中國包裝工業》2013 年第 8 期，第 46 頁。

[21] 魏紅友：《馬家窰彩陶中的“卍”形紋飾》，《文物鑒定與鑒賞》2012 年第 3 期，第 88—91 頁。

[22] 沈豔：《“卍”字紋初探》，《數位時尚》（新視覺藝術）2011 年第 6 期，第 63—65 頁。

[23] 李其瓊：《敦煌圖案摹本》，南京：江蘇古籍出版社，2000 年。

[24] 鄒春林：《原始彩陶的造型與裝飾特徵》，《景德鎮陶瓷》2009 年第 1 期，第 21—22 頁。

[25] 中國建築中心建築歷史研究所：《中國江南古建築裝修裝飾圖案》，北京：中國工人出版社，1994 年。

[26] 高樹藩編：《正中形音義綜合大字典》（增訂本），南京：正中書局，1993 年，第 1495 頁。

[27] 辭海編輯委員會：《辭海》（第三版），第 15 頁。

[28] 敦煌文物研究所：《新發現的北魏刺繡》，《文物》1972 年第 2 期，第 54—59 頁。

[29] 山西考古研究所：《平陽金墓磚雕》，太原：山西人民出版社，1999 年，第 120—121 頁。

[30] 董波：《明代絲綢龜背紋來源探析》，《絲綢》2013 年第 8 期，第 63—69 頁。

[31] 裴元生：《海棠紋樣在蘇州地區古今園林景觀設計中的運用》，《美術大觀》2016 年第 10 期，第 86—87 頁。

[32] 吳衛、陳雅：《中國傳統裝飾紋樣方勝紋解讀》，《包裝學報》2012 年第 1 期，第 75—79 頁。

[33] 葉蕊：《解析中國傳統如意紋中的合和之美》，《北京印刷學院學報》2011 年第 2 期，第 68—70 頁。

[34] 翟恬：《寶相花紋樣歷史流變及造型探析》，西安工程大學碩士學位論文，指導教師：梁昭華，2014 年。

[35] 陳妍言：《唐代金銀器角隅紋樣研究》，清華大學碩士學位論文，指導教師：尚剛，2007 年。

（作者單位：廣州美術學院建築藝術設計學院）

後　記

　　《華學》由選堂饒宗頤先生於 1995 年創辦,自 2016 年出版第十二輯"饒公百年慶壽專號"之後,時序易遷,如今由曾師經法先生任主編。原主編選堂先生於 2018 年 2 月 6 日仙逝,迄今已五載,我們懷着無比崇敬的心情,編纂《華學》專號來紀念饒公仙逝五周年。原編委李學勤、汪德邁和蔡鴻生諸位先生也於過去幾年裏先後謝世,對於他們,我們都表示深切的悼念。

　　本輯由編委林悟殊教授幫忙邀稿,敦煌學家榮新江先生和宋史研究後勁王媛媛女士的大文就是林先生邀約之作。饒公的學問汪洋恣肆,廣博深厚,使得人們不禁對饒公的藏書産生好奇。而林楓林先生同饒公有着長期密切的聯繫,本次寫出長篇文章詳細介紹饒公梨俱室的藏書,滿足了讀者的好奇心。現在,饒公的藏書大體由香港大學饒宗頤學術館珍藏。王輝和黃錫全兩位先生或與饒公有過學術合作,或在各種學術活動、學術會議同饒公多所接觸,此次也都賜稿《華學》以紀念饒公。黃天樹和吳麗婉師徒都就甲骨學專題展開研討,這是從學術上對饒公的最好紀念。

　　1928 年,中央研究院歷史語言研究所創立於廣州。它的創立可説是中國現代學術史上的大事件,對後來百年的學術走嚮有着深遠影響。本輯裏林倫倫教授就"史語所"對中國現代語言學的重大作用撰有專文論述。

　　中山大學八十周年校慶前夕,筆者奉曾師命撰有小文《選堂先生與中山大學之夙緣》,後來又續有增訂。最近李啓彬君窮搜博討,踵事增華,多所闡發,撰有《饒宗頤先生與中山大學的因緣》,對饒學必有新的弘揚作用。

　　《華學》創辦迄今已經二十八年了。如何辦好《華學》,確實值得我們認真思考,加倍努力,力求無負前輩學者創立的初衷,爲中國文化學術事業的繁榮和發展做出應有的貢獻。

　　啓彬君負責第一批組稿,范常喜教授又組了第二批稿。賀張凡君帶領多位博士生、碩士生同學認真編校,上海中西書局的領導和責任編輯對此輯《華學》的出版鼎力支持。他們的付出和支持都值得我們由衷感謝。

在饒公仙逝五周年之際,饒公的同鄉好友陳偉南先生於 2023 年 3 月 20 日壽終正寢,享年 106 歲。天上有饒宗頤星,又有陳偉南星,同光齊輝,永照人間。

陳偉武

2023 年 7 月 23 日於廣州康樂園愈愚齋

圖書在版編目（CIP）數據

華學. 第十三輯／曾憲通主編. —上海：中西書局，2023
ISBN 978-7-5475-2171-7

Ⅰ.①華…　Ⅱ.①曾…　Ⅲ.①漢學—文集　Ⅳ.①K207.8-53

中國國家版本館 CIP 數據核字（2023）第 194978 號

華學（第十三輯）

曾憲通　主編

責任編輯　王　媛
裝幀設計　楊鍾瑋
責任印製　朱人傑

出版發行　上海世紀出版集團
　　　　　中西書局（www.zxpress.com.cn）
地　　址　上海市閔行區號景路 159 弄 B 座（郵政編碼：201101）
印　　刷　上海商務聯西印刷有限公司
開　　本　787 毫米×1092 毫米　1/16
印　　張　20.25
字　　數　382 000
版　　次　2023 年 12 月第 1 版　2023 年 12 月第 1 次印刷
書　　號　ISBN 978-7-5475-2171-7/K·447
定　　價　98.00 元

本書如有質量問題，請與承印廠聯繫。電話：021-56044193